# 推进中国式现代化的经济维度

## 长江产经院研究报告选编（2023）



陈　柳　张月友　编著

中国财经出版传媒集团
中国财政经济出版社

**图书在版编目（CIP）数据**

推进中国式现代化的经济维度：长江产经院研究报告选编.2023／陈柳，张月友编著. --北京：中国财政经济出版社，2023.7

ISBN 978-7-5223-2335-0

Ⅰ.①推… Ⅱ.①陈… ②张… Ⅲ.①中国经济-经济发展-研究报告-中国-2023 Ⅳ.①F124

中国国家版本馆CIP数据核字（2023）第118684号

责任编辑：王　芳　　　　责任校对：张　凡

封面设计：陈宇琰　　　　责任印制：张　健

**推进中国式现代化的经济维度**

**TUIJIN ZHONGGUOSHI XIANDAIHUA DE JINGJI WEIDU**

中国财政经济出版社 出版

**URL**：http：//www. cfeph. cn

E-mail：cfeph@ cfeph. cn



社址：北京市海淀区阜成路甲28号　邮政编码：100142

营销中心电话：010-88191522

天猫网店：中国财政经济出版社旗舰店

网址：https：//zgczjjcbs. tmall. com

北京财经印刷厂印刷　各地新华书店经销

成品尺寸：170mm×240mm　16开　25.75印张　489 000字

2023年7月第1版　2023年7月北京第1次印刷

定价：92.00元

ISBN 978-7-5223-2335-0

（图书出现印装问题，本社负责调换，电话：010-88190548）

本社质量投诉电话：010-88190744

**打击盗版举报热线：010-88191661　QQ：2242791300**

# 以高水平社会主义市场经济体制推进中国式现代化

（代序）

刘志彪

在实现中国式现代化的新征程上，只有继续坚持社会主义市场经济改革方向，构建高水平社会主义市场经济体制，才能为高质量发展提供体制保障。战略与目标决定体制，体制决定机制。受中国式现代化战略目标的本质、特点和任务所决定，中国社会主义经济体制转型的方向、重点和领域也发生了较大变化，同时也使中国具体的经济发展政策必须作出某些重要的调整。这体现在对过去一系列长期积累及新出现的突出矛盾和问题的解决上，体现在“两个毫不动摇的所有制基础 + 全国统一大市场 + 有为政府 + 新型分配机制 + 高水平开放”这个具体的制度框架中。“高水平”社会主义市场经济体制在内涵上，至少有以下一些重要的特点。

第一，在“两个毫不动摇”的旗帜下，更加重视巩固和发展公有制经济，推动国有资本和国有企业做强做优做大。过去在效率第一、兼顾公平的市场经济取向改革中，国有经济作为缺少市场效率的所有制形式，一直是被重组和调整的对象。这对于收缩国有经济分布战线、集中力量聚焦于国计民生重要领域、提高宏观效益都具有历史性的作用。在追求中国式现代化的过程中，公平正义、共同富裕是中国特色社会主义的本质要求，发展不仅要讲市场效率，而且要讲社会效率。为了坚决防止两极分化，逻辑上就不仅要求国有经济提升市场效率，而且要求把其作为追求社会效率的基础工具。通过把国有经济做强做优做大，在经济现代化、治理现代化、人的现代化建设方面发挥其他所有制形式无可替代的功能，承载独特的历史使命。如规定国有企业把收益的一定比例作为全民社会保障基金等，就是追求共同富裕的基本形式。需要重点指出的是，随着数量有限、规模巨大的国有企业集中分布于国民经济中少数最重要的产业领域，国有企业的做强做优做大，与毫不动摇地鼓励、支持、引导非公有制经济发展之间可以实现和谐共处，实现相互补充和相互依赖，从而促进非公有制经济更好地发展壮大。如要求国企勇当现代产业链链长，就可以更好地为产业链上游的广大中小微企业创造市场需求和商业运用场景，为产业链现代化创造条件。

第二，为构建新发展格局提供支撑，在更高层面上构建全国统一大市场，深化要素市场化改革，建设高标准市场体系。过去在以对外开放促进国内市场化改革的过程中，经济发展的模式是通过创造局部优化的环境来吸引外资。如通过各种形式的经济开发区利用两个市场、两种资源，大进大出、出口导向，因而中国成为世界加工制造平台，成为世界车间或世界工厂，经济增长依靠的是西方国家的市场。这时中国自身的市场尤其是要素市场并没有得到充分的发育和发展，不仅功能不够完善，而且经常是扭曲的市场反而有利于刺激企业选择出口。也就是说，在过去的发展模式下，市场功能是否完善和强大，与国内经济增长之间只有弱相关性。在新发展格局中实现中国式现代化，以内循环主导外循环、转换中国参与经济全球化的方式，需要高度重视和充分利用中国强大的国内市场。全国统一大市场建设对推进国家治理现代化等具有特殊的作用。一方面，它是中国未来各种发展战略实施中可以依靠的比较优势甚至是绝对优势。过去中国的比较优势是低成本生产要素，现在除了政治制度优势，另一个就是在超大规模国家基础上形成的超大规模经济和超大规模市场。让中国大市场成为世界大机遇，就是以中国市场集聚全球资源、发展创新经济、创造推动全球经济增长的新的支撑力量。另一方面，它也是中国进行产业升级和产业结构调整的主要工具。高标准要素市场体系的建设，将为产业结构调整和产业链向高端攀升提供信号指引和激励作用，为高质量发展奠定微观基础。为此需要我们在完善产权保护、市场准入、公平竞争、社会信用等市场经济基础制度建设和法治体系建设方面，进行长期不断的改革努力，全面优化营商环境。

第三，在高质量发展首要任务下，要更好而不是更多地发挥政府作用。过去在贫困走向小康的时代，物质的贫乏匮缺要求我们尽快地实现增长速度的赶超。为了实现这种高速增长的目标，尽快解决“有无”问题，就不能主要让市场发挥自我调节作用，而必须由政府介入替代市场机制，运用非均衡战略和行政手段干预资源分配，加快重点行业企业的增长，以便通过这些优先部门的快速增长，拉动或推动整个经济快速增长。这个时候政府的职能较多、活动领域较宽，介入经济活动较深。现在我们在物质相对丰裕的全面小康条件下，全面开启中国式现代化追赶战略，“有无”问题让位于“好坏”问题，速度问题虽然重要但已经不是处于第一位的选择，就必须把发展建立在动力变革、效率变革、质量变革的基础上，把高质量发展作为全面建设社会主义现代化国家的首要任务。如果我们不能够实现这种发展的转型，那么发展就可能是严重非均衡的，就要通过占用和消耗更多的资源来达到既定的人均收入目标，这就可能成为不可持续的发展。为此，不仅要求中国的经济发展战略机制更多地关注创新驱动和科教兴国，而且要求中国社会主义市场经济取向的改革不断升级，更加注重充分发挥市场在资源配置中的决定性作用，更好不是更多地发挥政府的作用，准确地定位政府在现代市场经济中的职能和作用，充分发挥政府对市场失灵失效领域的宏观调节作用，对市场经济运行是把放手当抓手，松手而不是甩手，成为既有为又有效的政府。如要加强和完善现代金融监管，依法将各类金融活动全部纳入监管；要加强反垄断和反不正当竞争，破除地方保护和行政性垄断，依法规范和引导资本健康发展等。

第四，顺应开放的大门越开越大的趋势，更为主动地推进高水平开放型经济新体制建设。过去在出口导向型经济发展战略下，中国经济增长的对外依赖程度较高，不仅技术，而且市场也主要是依赖外国尤其是发达国家。显然这种要素型开放，不仅对国内的市场发育程度要求较低，而且在开放的程度、范围和方向上都是不够的。如“引进来”与“走出去”不均衡，要素开放与制度规则开放不均衡，对外开放与对内开放不均衡等。现在要尽快形成双循环型发展格局，要求形成更高水平开放型经济新体制，实施更大范围、更宽领域、更深层次的对外开放，这意味着要重点解决以下几个方面的非均衡发展。一是要利用超大规模国内市场的绝对优势、完整工业体系的相对优势以及制度等方面的政治优势，实施基于内需的经济全球化战略，积极主动地参与全球价值链重组，继续拥抱新型经济全球化时代的到来。目前西方以美国主导的全球产业链重组，对中国来说既是严峻挑战又是重大机遇。它并不意味着经济全球化的结束，而是经济全球化的形式发生的一次重要变化。其中本质的变化就是中国以出口导向为特征的经济全球化结束，而基于内需的经济全球化开始，即中国要利用自己的强大的全国统一市场，逐步形成以内需为主要驱动力的全球价值链和国内价值链，今后国门大幅度地开放，都要在内需主导的力量下来进行，不仅由此吸引更多的国际合作伙伴，而且以此为诱导大力发展自主创新技术。二是按照建立高水平社会主义市场经济体制的要求，进行规则改革和对内开放，有效对接全球通行的先进规则。如要继续放宽市场准入，推出若干有标志意义的开放举措。现在国内规制的改革，其重要意义一点也不亚于对外资股比限制、经营范围限制的取消。实施制度型开放，使政策规则统一和一致，要求降低国内市场进入壁垒，破除不必要的经济管制，平等各种所有制企业的竞争条件，实现国内外贸易一体化。未来吸引外资和产业转移，不应该主要靠政策优惠，而是主要靠提升市场化、法治化、国际化、便利化的投资营商环境。

第五，在分配制度上，要建设促进共同富裕的基础性制度。过去，在走向全面小康的过程中，为了鼓励人们投入更多的生产性努力，快速地增加和积累财富并形成高度的示范性，我们提出“让一部分人先富起来”；为了在物资匮缺的条件下优先投资生产，我们采取积累优先消费其次的策略；为了更多地发挥政府的作用，我们在国民收入分配上倾向于政府占据较大部分比例。现在开启中国式现代化道路，意味着分配体系必须根据共同富裕的基本原则和方向进行重塑，并且分配和消费的重心应该根据生产的发展和生产率的上升情况，逐步向民众这个中心倾斜。根据按劳分配为主体、多种分配方式并存的原则，构建初次分配、再分配、第三次分配协调配套的制度体系，保持工资增长与劳动生产率增长基本同步的原则，不断提高居民收入在国民收入中的比重、劳动报酬在初次分配中的比重、居民公共福利支出在财政支出中的比重。通过加大税收、社会保障、转移支付等机制的调节力度，增加低收入者收入，扩大中等收入群体。要探索按要素分配的政策和制度，多渠道增加中低收入者的要素收入，增加城乡居民的财产性收入。尤其是党的二十大报告提出了要“规范财富积累机制”的重大问题，这是社会主义市场经济下分配制度改革和调整的一个重要信号和政策取向。

总之，未来中国式现代化战略目标，必须在高水平的社会主义市场经济体制的支撑下逐步实现。不断改革和完善这个体制的框架和内涵，是未来中国经济转型与发展的主要方向和任务。与此同时，未来中国经济社会发展将面临下述“四大平衡”关系的挑战，会对中国建设高水平社会主义市场经济体制产生重要的影响，因此我们必须在战略和政策上做好充分的准备。

第一，在深度参与全球产业分工和合作的前提下，实现经济全球化的效率与安全之间的平衡。当前世界经济逆全球化的现实发展特征，证实了过去某些全球化理论的不可靠性与不稳定性，实现全球范围内的市场经济这一理想目标距离实践甚远，如效率导向的产品内分工理论开始失效，变为安全第一；以“世界是平的”、世界成为以“地球村”为特征的新自由主义理论已经破产。党的二十大报告对未来中国参与经济全球化的基本态度十分坚决：“深度参与全球产业分工和合作，维护多元稳定的国际经济格局和经贸关系”。因此高水平的具有开放型经济特征的社会主义市场经济体制，首先面对的问题就是在参与全球产业链分工中，如何均衡发展与安全的关系？中国必须长期面对某些发达国家政府的逆全球化政策以及跨国企业采取的“China + 1”竞争战略的挑战。

从发展态势来说，一是在全球产业链的形态上，将会呈现为纵向缩短的趋势，企业组织由跨越全球各国的纵向非一体化状态，向邻近国家的纵向非一体化状态转化。其中地缘政治、技术变化是导致其变化的主因。后者如3D打印等新的制造技术，将使生产与消费的枢纽更加靠近本国。这对中国来说，将面临发达国家制造业回流或外资企业再配置的竞争。二是在空间上，全球产业链的地理重组将呈现为区域化集聚的态势，从而过去中间投入品供应商（国际代工者）竞争“链主”订单和技术的全球竞争方式，将让位于产业集群之间的竞争以及全球产业链集群之间的竞争。这对中国利用国内强大市场塑造全球产业链集群问题提出新要求。三是全球产业链数字化重组的趋势，将使全球产业链中的信息传递更加透明，信息传输效率提升，由此将极大地缓解产业链上的“长鞭效应”，中国应及早做好准备抓住提升产业链效率、增强自身竞争力的机遇。四是全球产业链绿色化重组的趋势，通过碳边境调节税等手段，促使全球价值链的参与国必须大力发展新能源产业。如果继续沿用传统能源，中国出口的外贸产品将因被征收碳边境调节税而缺乏足够的现实竞争力。五是全球产业链按价值观主导重组的趋势，将有可能在一些重要的战略性产业方面出现排挤中国的效应，迫使中国参与的全球产业链脱钩、解构和被边缘化。由此，需要防止全球价值链的分工格局从过去的嵌入状态，演变成平行化的两大集团之间的竞争的不良格局。

中国过去是经济全球化的被动参与者，现在已经成为全球化的坚定提倡者、支持者、维护者和一定程度上的领导者。我们不能简单地追求绝对的安全，而要在发展中求动态的安全，如果不能开放发展，将会遇到绝对的不安全。由此，中国应该重新思考和设计新的适应双循环型发展格局的经济政策。如我们要主动采取更加开放的战略，不能自我设限，更不能主动降低与国外的垂直专业化联系，同时，也要在不断开放中主动塑造和拉长国内价值链，让一些产业循环留在国内进行，增强自主可控能力。从技术供给看，要善于利用外国资源进行创新，一方面要以内需集聚国内外资源来中国创新创业，或者有意识地发展“逆向外包”业务，以有效地利用外部人力技术资本；另一方面要利用内需诱导和拉动创新，培育出更多的高水平、自立自强的技术。从力量均衡看，要加快培育产业的反制能力，反击某些国家的政府把具有公共品性质的产业链作为政治武器的恶劣行为。为此需要从“扬长避短”战略转向“扬长补短”战略。从技术安全和维护看，要全面推进中国企业的国际专利战略布局，构建自主知识产权保障体系等。

第二，在新发展格局下，实现国际市场循环与国内市场循环之间的平衡。中国过去的经济发展格局是国际循环主导国内循环。这一发展格局能够实现均衡的基本前提是：西方国家可以而且愿意长期消化中国的过剩生产能力。中国生产 + 西方消费的均衡模式不可能长期持续，减少对西方市场依赖、自己扩大内需，既是中国经济实现可持续发展的要求，也是实现世界经济均衡的要求。客观上，中国也到了利用内循环为中国和世界经济增长做贡献的时间节点了。从需求看，超大规模国家决定的超大规模经济和超大规模市场，使中国的投资消费需求以及由此派生的进口需求位居世界首位，今后随着人均收入的上升仍有巨大的成长空间。从供给看，中国拥有全球最大的生产能力，不仅有全球最完整的生产门类和体系，而且能够根据国内外需求变化，满足全球市场对质量品质要求不断趋严的商品服务需求。因此中国国内市场主导经济循环的特征，就是要在增长的动力上，从利用西方市场转变为利用自己的市场；就是要在产业联系上，增加国内产业与全球产业之间的关联度，拉长产业在国内循环和增值的比重；就是要在产业发展安全与效率关系的处理上，利用内需刺激创新，解决潜在和现实的“卡脖子”瓶颈，实现高水平的自立自强。

在以国内市场主导经济循环的新发展格局下，一个比较容易出现的问题，可能就是容易陷入自我设限和自我循环，单纯强调内循环，忽视或者排斥外循环。也就是说，很容易忘记把已经开放的大门继续开大而陷入封闭。因此建设高水平社会主义市场经济体制，在处理国际市场循环与国内市场循环之间的平衡关系时，需要重点考虑三个方面的因素：一是思想观念；二是外部环境；三是对内开放或国内改革。我们重点说一下前两点。现在流行一些不利于中国进一步开放国门的思想观念和认识，主要是认为要搞国内市场主导的双循环了，今后的着力点是“自给自足、自力更生”，因此对外开放的地位下降了；认为我们在很多领域对西方产业和技术的替代能力、创新能力已经很强，对外开放的作用和必要性不如以前了，今后不是我们要对接国际规则问题，而是世界要对接中国规则的问题了；对外开放中要坚持“以我为主”，过去注意多方利益平衡、讲究方式策略的原则不适用了；以开放、发展要守住安全底线为由，反对通过进一步开放、发展来提升国家安全等。显然，什么都要以“我”为主、人家必须按照“我”的规则来改的思想如占据上风，将会严重影响和阻碍中国在新形势下的开放步伐，最终影响中国式现代化的进程。外部环境主要取决于我们如何处理中美关系。当代中国的开放主要是面向以美国为主导的西方发达国家，加入美国主导的全球价值链分工使中国取得了巨大的发展红利。但是如今美国不仅在战略和政治层面上对中国进行遏制、打压，而且在贸易、产业、科技等方面对中国发起了一轮又一轮的摩擦，同时千方百计地寻求在全球价值链上排挤和脱钩中国。这方面最重要的表现是在对华关系中嵌入敌对的价值观和意识形态因素，以将国家安全泛化、极化来追求构建所谓“友岸外包”。俄乌冲突对世界格局演变和中国发展环境带来的最大的不确定性影响，是世界会不会重新出现以中俄为一方、以美欧日为另一方的“两大集团”和两个“平行体系”。改革开放四十多年的实践证明，冷战时期形成的“平行体系”，不仅不利于世界经济的健康发展，也不利于中国发展利益，因此我们要采取一切可能采取的措施，坚决地避免这一于中国严重不利的局面和格局出现。

第三，在建设全国统一大市场基础上，实现中央政府主导型产业政策与发挥地方政府发展积极性之间的平衡。尽快地形成新发展格局的战略要求，把建设全国统一大市场问题的迫切性提到了优先位置，建设全国统一大市场是构建新发展格局的基础支撑和内在要求。如果通过竞争规则和自由流动规则，在政策统一、规则一致、执行协同的基础上，形成了全国一体化运行的大市场体系，将对中国地区间竞争、产业转移和协调发展等产生广泛而深远的影响，相应地对市场经济体条件下的政府管理提出一些新的要求，需要我们在战略和政策上做好应对工作。

一是全国统一大市场影响地方政府参与竞争的模式与方法。高标准市场体系建设改变了区域竞争模式，由过去以争取优惠政策、创造政策“洼地”参与区域竞争的办法，如举办各种高新产业区、经济技术开发区、自贸区、政策特区、试验区、示范区等，转变为创造更优的投资营商环境的办法，目的是为企业降低交易成本。争取优惠政策创造政策“洼地”，是在过去整体营商环境不佳的条件下，通过局部优化的方式吸收外资参与地区竞争。今后高标准市场体系将不可能允许给全国统一大市场的竞争环境“挖坑”，各种开发区、政策特区、试验区、示范区等形式的优惠政策区将会大大减少。因此中央应该改变地方政府官员业绩考核的标准，把争取政策获得发展为主的评价官员政绩的标准，转变为能否创造好的投资营商环境。二是全国统一大市场使产业政策的主体、任务等发生根本性变化。建设全国统一大市场，要让中央政府主导型产业政策站到前台来。过去在分散竞争条件下，中国的产业政策主要是地方政府主导型的，是地方政府通过挑选输家赢家来实现资源配置的。这种政策格局的形成，与中央对地方放权让利改革的历史有关，是地方政府成为“准市场主体”参与竞争的直接表现。现在建设统一大市场，地方政府主导型产业政策应让位于中央主导型产业政策。在中国式现代化目标下，中央政府主导型产业政策更应该侧重于为相对后进地区创造优良的投资营商环境，引导国内外产业有序向后进地区转移。一个比较可行的办法，就是要在中央主导型产业政策的指导下，通过统一大市场建设重新建立起沿海与内地、南部与北部之间的国内价值链循环关系。三是全国统一大市场建设使地区间竞争的常用手段受到巨大抑制。高标准市场体系建设，要求限制地方政府利用各种隐性补贴和交叉补贴手段干扰市场竞争的做法。这可能会削弱发达地区利用强大的财政实力参与区域竞争的能力。但是这也可能有利于中西部地区形成相对公平的竞争环境。因为，在过去竞争大项目大企业时，发达地区可能会动用各种或明或暗的补贴方式留住它们，而相对落后地区因为受财力约束只能放弃竞争，这对落后地区是不公平的。但是在高标准的市场体系下，上述行为将受到反不正当竞争法的严厉限制，因此竞争环境对落后地区来说就显得相对公平。因此建议中央政府应该坚定不移地加快推进公平取向的竞争政策的实施。四是在全国统一大市场建设初始阶段，可能会加剧区域失衡现象。全国统一大市场建设的初期，地区经济发展可能会出现“极化－扩散”效应。为此，中央主导的产业政策要做好充分的区域调节准备。当政策和规则趋向统一时，地区间的竞争将不再是“给优惠政策”的竞争，而是效率竞争。如果我们不重视优化中西部地区投资营商环境，中西部的产业不仅可能留不住，反而会在“马太效应”的作用下，被东部进一步虹吸并加剧区域失衡现象。

第四，在中国式现代化目标下，实现财富创造与分配公平之间的平衡。过去我们在较贫困的环境中为了追求快速经济增长，采取的是效率第一、兼顾公平的发展策略。实现中国现代化要求实现效率与公平的均衡，否则将会在收入和财富分配已经严重失衡的状态下发生较大的社会矛盾甚至冲突。规范收入分配秩序和财富积累的机制，核心问题是要注重财富创造与分配公平之间的平衡。因为如果一个社会不强调通过生产性努力去创造财富、去做大“蛋糕”、去鼓励提高效率，那么社会必然自动走向追求分配性努力，其结果将导致分光吃尽、一穷二白；而发展到了一定程度，如果不强调公平地分“蛋糕”，最终引起的贫富差距和导致的社会矛盾将会毁灭发展的基础和积累的财富。根据中国现阶段生产力发展的实际情况，实现中国式现代化、强调公平分配，不能仅仅进行以税收为主的强制性的二次分配，而必须结合税收手段，主要从生产端进行。公平分配必须从初次分配就全面开始，不能等到发生了严重的分配失衡，再主要依赖税收等手段去强制调节。因为以税收为主的强制性的二次分配，不仅不能较好地调节分配的公平性，而且会给社会各阶层形成一种沉重的压迫感，尤其是在现阶段会吓跑社会心理脆弱的非公有资本。强调政府全面介入分配领域的效率也不见得高，因为除了征收过程将导致高昂的社会成本外，还会形成规模巨大的低效政府；更重要的是，从再分配阶段搞共同富裕，抑制的是社会的生产性努力，鼓励的是社会的分配性努力，不仅不利于发挥各方面的积极性，反而有损于公平本身的正义性。

从初次分配阶段就开始搞共同富裕，绝不能放任市场机制对分配的盲目调节作用，而需要引入有为政府的有效推动作用。主要表现在：其一，要真正实现以人民为中心的发展，围绕劳动者保护、提高劳动者生活水平、消费水平、福利水平等，根据经济增长的情况和劳动生产率的提高，不断地改善和提高劳动者的收入水平，增加其获得感、幸福感。这样，就能在经济发展中慢慢使国民收入向国民为中心倾斜，由此调整好“资本收益/劳动力收入”的比例，调整好国民收入中“居民收入/企业或政府收入”的比例。其二，需要在产权理论上承认人力资本对价值创造的贡献，明确人力资本也要根据贡献大小适当参与剩余的分配。其三，要确立实施分享经济的政策体系。为了在初次分配阶段就形成相对平等、公平的竞争条件和分配格局，就必须发挥以分享为核心的经济政策的威力，如充分发挥竞争政策的基础作用，尽量减少那种挑选输家赢家的、一开始就不公平的产业政策；再如明确确立科技人员、技术工人的持股政策。其四，完善资本市场的财富增值功能，以为人民财富增值为中心改革其法治管理和行政管理等。

过去一年，长江产经研究院认真学习党的二十大精神，围绕中国式现代化建设的部分领域进行专题研究，故将书名定为“中国式现代化建设的经济维度”。以高质量发展推进中国式现代化的含义十分丰富，很显然，本书的内容不能涵盖中国式现代化所涉及的所有领域。我院作为以产业和区域经济为主要研究方向的经济型智库，始终注重发挥自身建设特点和优势，本书是我们对中国式现代化研究的一个阶段性总结，我们也期待与政产学研各界同仁携手共同开展更加深入和广泛的合作研究！

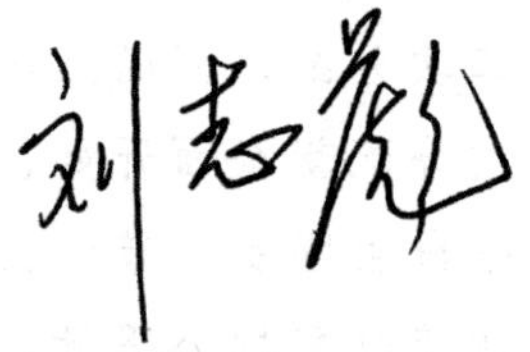

2023 年 6 月

# 目　录

## 第一篇　构建高水平社会主义市场经济体制


**第一章　用改革开放创新办法激发经济发展潜力与动力** …… 3
第一节　影响经济增长潜力的因素分析 …… 3
第二节　中国经济增长潜力 …… 6
第三节　激发中国经济发展潜力和动力 …… 11

**第二章　加快建设全国统一大市场的国际借鉴和启示建议** …… 25
第一节　统一大市场建设的国际经验与启示 …… 25
第二节　对标高标准经贸规则，推进全国统一大市场建设 …… 33
第三节　我国加快建设全国统一大市场的对策建议 …… 38

**第三章　我国消费中长期发展趋势研究** …… 46
第一节　我国居民消费发展现状和主要特征 …… 46
第二节　我国居民消费中长期发展：机遇与挑战 …… 55
第三节　我国居民消费中期发展趋势（2025 年）：规模和结构 …… 63
第四节　我国居民消费长期发展趋势（2035 年）：规模和结构 …… 72
第五节　结论与建议 …… 80


## 第二篇　建设现代化产业体系


**第四章　中央主导型产业政策与中国式现代化** …… 91
第一节　如何深入理解中国的产业链供应链安全 …… 91
第二节　内需主导型 GVC 视角下的产业链安全发展的着力方向 …… 92
第三节　新发展格局下中央主导型产业政策的重点、特征及实施方式 …… 97

第四节 中央主导型产业政策促进产业链安全发展的机制 …………104
第五节 案例分析 ……………………………………………………112

**第五章 产业链供应链贯通研究** ……………………………………117
第一节 产业链供应链贯通的内涵和支撑 ……………………………117
第二节 产业链供应链贯通指标体系及其应用 ………………………125
第三节 政策建议 ……………………………………………………130

**第六章 产业链供应链生态建设思路与举措研究** …………………136
第一节 产业链供应链生态体系：内涵与评价 ………………………136
第二节 产业链供应链生态体系建设面临难题 ………………………144
第三节 产业链供应链生态建设经验及启示 …………………………150
第四节 加快产业链供应链生态建设的对策建议 ……………………154

## 第三篇 促进区域协调发展

**第七章 制造业重大生产力布局研究** ………………………………163
第一节 重大生产力布局的历史及其启示 ……………………………163
第二节 “十四五”规划之重大生产力布局……………………………167
第三节 面向2035年的重大生产力布局 ………………………………172

**第八章 县域商业体系建设和改善农村消费环境研究** ……………195
第一节 县域商业体系建设的理论与实践进展 ………………………195
第二节 我国县域商业体系建设的主要问题 …………………………212
第三节 推进县域商业体系建设和改善农村消费环境的建议 ………222

**第九章 长三角地区服务稳定全国宏观经济大盘研究** ……………230
第一节 长三角地区产业发展现状与发展特色 ………………………230
第二节 长三角地区产业协同发展的现实基础与问题剖析 …………240
第三节 推进长三角地区产业协同发展的思路与对策 ………………244

## 第四篇 推进高水平对外开放

**第十章 对标高标准国际经贸规则 促进深层次改革研究** …………255
第一节 五大高标准经贸规则重点内容与发展趋势比较 ……………255

第二节　对标绿色经贸规则促进绿色发展体制机制改革 …………… 277
第三节　对标数字经济规则促进数字经济治理创新 ………………… 282
第四节　对标政府采购规则促进政府采购市场开放 ………………… 286

**第十一章　制造业外资企业撤离问题调查研究 …………………………… 292**
第一节　全球制造业跨国（地区）投资现状 ………………………… 292
第二节　当前及今后一个时期我国制造业的引资形势分析 ………… 294
第三节　制造业外资企业撤离及引资下降的原因分析 ……………… 297
第四节　我国外资制造业稳存量、促增量的制约因素 ……………… 301
第五节　吸引外商直接投资、稳定产业链供应链的对策建议 ……… 303

## 第五篇　加快实施创新驱动发展战略

**第十二章　制造业领域战略科技力量建设的路径与政策 ………………… 311**
第一节　内涵范畴及框架结构 ………………………………………… 311
第二节　历史使命及发展历程 ………………………………………… 315
第三节　现状分析及问题诊断 ………………………………………… 318
第四节　作用发挥及模式比较 ………………………………………… 330
第五节　建设路径及对策建议 ………………………………………… 338

**第十三章　增强企业创新主体地位若干重点问题研究 …………………… 342**
第一节　2013—2020 年长三角地区企业创新主体地位的总体评估 … 342
第二节　营造激发企业创新活力的政策环境 ………………………… 351
第三节　引导高端人才向企业流动 …………………………………… 355
第四节　加大对企业研发创新的金融支持 …………………………… 359

**第十四章　加快服务中小企业的创新资本形成路径探究 ………………… 364**
第一节　科技型中小企业各发展阶段的直接融资工具 ……………… 364
第二节　中小企业的投融资现状分析——基于江苏省创业投资的调查 ……………………………………………………………… 370
第三节　发达经济体创新资本形成路径的经验借鉴 ………………… 381
第四节　股权融资的激励措施与政策建议——从种子期到成熟期 … 386
第五节　拓宽“专精特新”企业债券融资渠道 ……………………… 390

**参考文献 ………………………………………………………………… 393**

# 第一篇

# 构建高水平社会主义市场经济体制

# 第一章　用改革开放创新办法激发经济发展潜力与动力

从供给视角看，影响经济增长潜力的主要因素包括要素投入和全要素生产率水平；从需求视角看，影响经济增长潜力的主要因素包括投资、消费和出口。随着数字经济的快速发展，数据要素和数字技术已经成为影响经济增长潜力的新因素。中国经济仍具有广阔的增长空间，经济增长潜力主要包括新型城镇化、人才红利、大国经济优势以及数字经济四个方面。同时，人口老龄化、能源资源约束、消费需求不足，以及自主创新能力有待进一步提升，构成制约中国经济增长潜力的主要瓶颈。服务于稳增长的宏观政策体系要统筹推进疫情防控和经济社会发展，推动短期政策应对与中长期经济治理相结合。

## 第一节　影响经济增长潜力的因素分析

从供给视角看，影响经济增长潜力的主要因素包括要素投入和全要素生产率水平；从需求视角看，影响经济增长潜力的主要因素包括投资、消费和出口。随着数字经济的快速发展，数据和数字技术已经成为影响经济增长潜力的新因素。

### 一、供给侧：要素投入和全要素生产率水平

新古典增长模型从供给侧出发，将经济增长的源泉归结为劳动、资本等要素投入的增加以及全要素生产率的提升。其中，全要素生产率包括技术进步、技术效率和资源配置效率等方面。由于要素投入受到自身禀赋和边际递减规律的约束，提升全要素生产率被视为长期经济增长的决定因素。但是，

新古典增长模型没有进一步探究产生技术进步的原因，因而未能完全说明经济增长及各国经济发展差距的根源所在。

为了解决这一问题，内生增长理论在新古典增长模型的基础上，将微观经济主体行为最优化纳入分析框架，建立了从微观行为到宏观增长的逻辑链条，以此说明一国经济增长的源泉以及各国之间出现经济增长差异的原因。其中，罗默建立的知识溢出模型和研究开发模型表明，技术进步来自企业研发投入而产生的新知识；卢卡斯建立的人力资本模型表明，技术进步是教育部门进行人力资本投资的结果。在内生增长理论框架下，经济增长被内生化为微观经济主体的投资决策，即研发部门或企业的投资（决定知识存量和技术进步）、厂商的投资（决定资本），以及家庭的投资（决定劳动、储蓄水平）；各国经济发展水平的差异来自微观经济主体投资水平的差异。

进一步地，由于微观经济主体基于成本和收益的比较分析作出最优投资决策，则影响投资成本和预期收益的因素都可以被纳入微观经济主体的决策函数中。因此，在内生增长理论的分析框架下，对影响一国经济增长因素的分析转化为对影响各微观经济主体投资期望收益（或成本）因素的分析，包括知识产权保护水平、税收政策和补贴政策、金融发展水平、社会基础设施水平、自然资源禀赋等；如果考虑开放经济状态，还可以纳入开放政策、国际贸易以及跨国技术转移和扩散等的影响。因此，影响经济增长潜力的因素可更具体地归结为产权制度、金融发展水平、税收政策、对外开放水平等（见图1-1）。

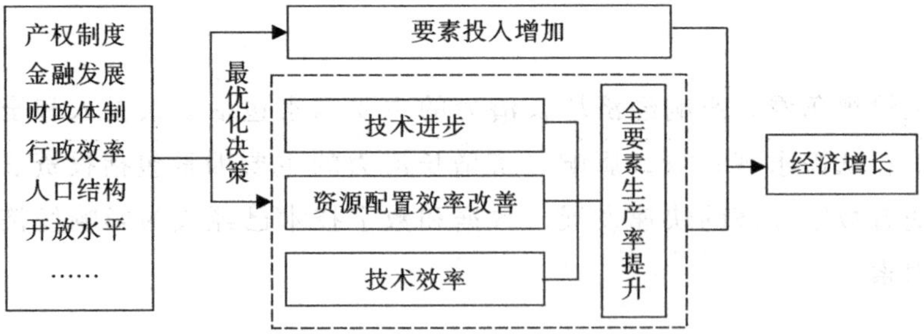


**图1-1　供给视角下影响经济增长潜力的主要因素**

## 二、需求侧：投资、消费和出口

凯恩斯主义学派从需求侧出发，将有效需求作为分析经济增长的起点。凯恩斯主义学派认为，社会总产出量取决于由消费需求和投资需求组成的社会总需求量，通过投资、消费和出口形成“需求拉动型经济增长”，需求和需求结构会对生产体系产生影响。从需求视角看，经济体在长期仍会面临有效需求不足问题，因此扩大有效需求是激发经济增长潜力的重要因素。

## 三、新因素：数据和数字技术

习近平总书记指出，“数字经济发展速度之快、辐射范围之广、影响程度之深前所未有，正在成为重组全球要素资源、重塑全球经济结构、改变全球竞争格局的关键力量”。随着数字经济的快速发展，数据和数字技术已经成为影响经济增长潜力的新因素。数据和数字技术对经济增长的影响主要包括以下方面。

### （一）优化资源配置，提升传统要素使用效率

数据是数字经济时代的关键生产要素。由于数据几乎不存在折旧，投资数据资本的回报率高于传统资本。此外，数据要素的同质化，即所有数据均以二进制为底层标准，以及可重新编程性，即对数据进行处理的程序容易复制和编辑，使其能够接近零成本共享和复制，因而在某种程度上接近无限供给。

数据和数字技术的结合，一是推动了企业生产流程的信息化和数字化，强化了企业对运营和生产全流程的信息把控，从而降低了交易成本。二是放大了传统要素的使用价值，通过优化劳动、资本等要素的配置效率，减少了资源错配，提高了企业的投入产出效率。

### （二）赋能创新模式变革，加速技术进步

数据和数字技术引发创新模式的深刻变革，带来“对创新的创新”。

从创意的产生看，一是数据和数字技术提高了科学研究效率。如，生物学研究借助人工智能对蛋白质结构进行预测、中医学研究借助天河新一代超级计算平台进行中药有效成分的筛选工作等。二是数据和数字技术拓展了科学研究的广度和深度。知识在数据化后，具备高效、便捷、近乎零成本传播的特性，有利于弱化学科边界，促使学科交叉融合。

从创新的过程看，依托数据可复制、可共享的特性，数字技术将研发创新的全流程虚拟化，在降低研发成本的同时，使得科研主体、生产主体、消费主体深度参与协同创新的全过程，从而加速了技术的更新迭代。特别地，

数字平台能够整合生产信息和需求信息，让反馈消费需求的消费者成为创新主体，从而推动通用性技术与差异性消费需求的有机结合，实现生产与创新的“个性化定制”。

从创新的结果看，数据和数字技术改变了创新成果的价值实现形式。无论是农业经济还是工业经济时代的创新成果，最终都需要将新技术物化到机器设备等物质载体当中；离开了物质载体，创新的价值难以体现。而在数字经济时代，创新成果以数据要素为载体，以数据库为基础，借助数字技术实现从生产端到消费端的链接。

### （三）产生新业态，创造新需求

数字技术的渗透推动了各产业部门的智慧化改造和数字化转型，催生了新的生产和服务业态，拓展了传统产业发展的新空间。同时，随着企业、消费者对数字产品服务的需求不断提升，数据开发利用走向数字产业化，形成数字产业链和数字产业集群。从需求角度看，产业数字化和数字产业化创造了新的投资、消费需求，从而拉动了经济增长。

# 第二节　中国经济增长潜力

从国际比较看，中国经济仍具有广阔的增长空间。中国经济增长潜力主要包括新型城镇化、人才红利、大国经济优势以及数字经济四个方面。

## 一、经济增长的国际比较

伴随着新冠疫情的持续暴发以及地区局势动荡加剧，世界经济艰难复苏。近期，联合国、世界银行和国际货币基金组织（IMF）等机构均下调了对2022年和2023年全球经济增速的预测值。尽管如此，中国经济增速仍高于全球平均值和美国①，仍然是世界经济增长的重要引擎（见图1－2）。

① IMF预计2022年和2023年全球经济增速为3.6%，美国分别为3.7%和2.3%，中国分别为4.4%和5.1%。同期，世界银行对2022年及2023年的全球经济增速预测值分别为4.1%和3.2%，预计美国分别为3.7%和2.6%，中国分别为5.1%和5.3%。联合国对2022年及2023年的全球经济增速预测值均为3.1%，预计美国2022年仅增长2.6%、2023年增长1.8%，而中国2022年预计增长5.1%、2023年增长5.3%。

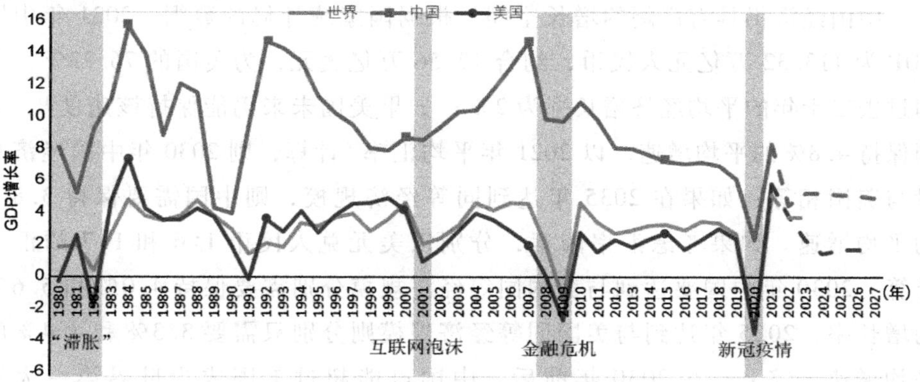


**图 1－2 中美经济增长率比较**

注：图中虚线段是 IMF 对 2022—2027 年的预测值。

资料来源：IMF, World Economic Outlook Database：April 2022 Edition.

从发达国家的历史经验看，2019 年中国以购买力平价计算的人均国内生产总值（GDP）为 1.4 万美元，约为美国的 22.4%；日本在 1956 年、新加坡在 1971 年、韩国在 1983 年，以及中国台湾地区在 1971 年大致达到该相对水平。从人均 GDP 的绝对值看，1.4 万美元大致相当于日本 1971 年、新加坡 1983 年、韩国 1990 年，以及中国台湾地区 1985 年的水准。以上经济体在此后 15 年仍保持了较高的增长速度（见表 1－1）。因此，根据中国所处的发展阶段和各经济体的历史经验，2019—2035 年的 15 年间，中国仍可以保持中高速增长①。

**表 1－1 东亚主要经济体历史阶段的平均增长率**

| 人均 GDP 达到美国的 22% 后 15 年的平均增长率 | | 人均 GDP 达到 1.4 万美元后 15 年的平均增长率 | |
|---|---|---|---|
| 日本（1956—1970 年） | 9.89% | 日本（1971—1985 年） | 3.95% |
| 新加坡（1971—1985 年） | 9.67% | 新加坡（1983—1997 年） | 7.45% |
| 中国台湾地区（1971—1985 年） | 8.74% | 中国台湾地区（1985—1999 年） | 7.08% |
| 韩国（1983—1997 年） | 10.64% | 韩国（1990—2004 年） | 7.12% |
| 平均值 | 9.73% | 平均值 | 6.40% |

资料来源：依据 Penn World Table 10.0 计算。

① 根据中国社会科学院宏观经济研究中心课题组的预测，中国到 2035 年经济平均增长率为 4.87%。

中国经济仍具有广阔的增长空间。根据国家统计局的数据，2021 年中国 GDP 为 113.32 万亿元人民币，约合 17.56 万亿美元，为美国的 76.23%。美国过去二十年的平均经济增长率为 2%；如果美国未来仍能保持该速度①，中国保持 4.8% 的平均增速，以 2021 年平均汇率②计算，则 2030 年中国经济总量与美国相等；如果在 2035 年达到同等经济规模，则中国需要保持 3.8% 的平均增速。如果考虑汇率因素，分别以美元兑人民币 1:6 和 1:7 的汇率计算，2030 年中国要达到与美国同等经济规模分别需要保持 4.0% 和 5.6% 的增长率，2035 年达到与美国同等经济规模则分别只需要 3.3% 和 4.4% 的平均增速。综上，在 2030 年前后，中国可能超过美国成为世界第一大经济体。

## 二、中国经济增长潜力分析

中国经济增长潜力主要包括新型城镇化、人才红利、大国经济优势以及数字经济四个方面。

### （一）新型城镇化

中国的城镇化水平还有很大的提升空间。我国第七次全国人口普查数据显示，2020 年常住人口城镇化率为 63.89%，仍然低于东亚平均水平，尤其是低于日本、美国等发达国家 80% 以上的城镇化水平（见图 1－3）。

展望未来，新型城镇化和城市更新将继续带动大规模投资、消费需求，成为拉动中国经济增长的重要动力。据预测，到 2035 年中国的城镇化率将达到 73.9%（见图 1－3），将增加近一亿城市人口。城市人口的增加将导致对城市各项基础设施和公共服务的需求增加，带动建材、钢铁冶金、医疗器械、交通设备等制造业以及教育、文化等服务业的大规模投资。同时，这也意味着城市消费规模进一步扩张，不仅有利于扩大内需，而且带动消费升级和产业结构升级。此外，随着新型城镇化的推进，中心城市和重点城市群都市圈的辐射带动能力将进一步增强。

---

① 美联储估计的美国长期经济增长率也是 2%。

② 2021 年美元兑人民币的平均汇率是 1:6.4515。

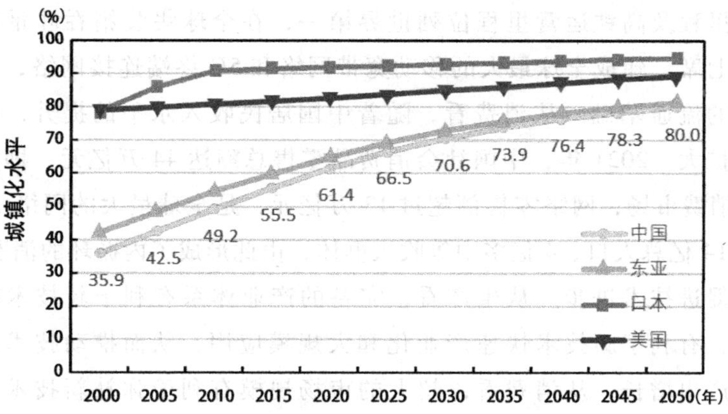


**图 1－3　城镇化水平的国际比较**

资料来源：United Nations，World Urbanization Prospects：The 2018 Revision.

### （二）人才红利

中国对教育事业的长期投入和教育的适度超前发展，为经济发展提供了大规模高素质人才队伍。我国第七次人口普查数据显示，2020 年每 10 万人中具有大专及以上学历人数为 15476 人，是 2010 年的 1.7 倍、2000 年的 4.2 倍；受教育程度在大专及以上学历人口超过 2.18 亿。2021 年，我国劳动年龄人口平均受教育年限 10.9 年，新增劳动力平均受教育年限达到 13.8 年，远高于其他新兴市场经济体。

从产业角度看，高素质劳动力为产业结构升级和向全球价值链攀升提供人力资本支撑，推动中国制造从依靠人口红利的成本优势向依靠人才红利的技术优势转变。从需求角度看，人口素质的显著上升促进劳动生产率的提高，从而带动收入上升和收入分配格局优化，有利于扩大内需。

### （三）大国经济优势

“狂风骤雨可以掀翻小池塘，但不能掀翻大海。”完备的产业体系、完善的基础设施、超大规模且差异化的市场，构成了中国经济在实现内部循环和促进技术进步上的独特优势。

一是实现内部循环。大国经济的优势就是内部可循环，即生产、分配、流通和消费在大国经济体内部的循环。从生产看，中国建成了世界上规模最大、门类最完整的工业体系，是唯一拥有联合国产业分类中全部工业门类的国家，由此形成了内循环的生产基础。从流通看，经过大规模基础设施建设，高速公路里程及高铁运营里程位列世界第一，在全球集装箱吞吐量前十名港口中占据七席，建成全球最大的移动宽带网络和5G终端连接网络，由此形成了内循环的流通基础。从消费看，随着中国居民收入水平的提升，国内消费规模不断扩大。2021年，中国社会消费品零售总额达44万亿元，即将成为全球最大的消费市场；网络零售额超过13万亿元，是全球最大的网络零售市场。中国拥有14亿总人口、4亿多中等收入群体，由此形成了内循环的消费基础。

二是促进技术进步。从生产看，完备的产业体系有利于新技术转化和新产品生产，有利于新技术快速产业化和大规模应用，从而推动技术进步转化为实际的产出增长。从消费看，超大的市场规模有利于弥补新技术和新产品研发投入的前期成本，扩大创新收益；市场多样性和超大规模市场相伴而生，多层次、多类型的需求有利于引导多样化创新，促进创新的迭代升级。

### （四）数字经济

数字经济是后发经济体实现赶超的重要机遇。中国不仅与发达国家站在发展数字经济的同一起跑线上，而且在数字基础设施、数据资源、数字化场景应用等方面具有优势。

在数字经济规模方面，根据中国信通院的数据，2020年中国数字经济规模近5.4万亿美元，居世界第二位；数字经济规模占GDP的比重连年上升，2016年超过1/3，2020年达到38.6%；2020年数字经济保持9.7%的增长率，位列世界第一，也是同期名义GDP增速的3.2倍。

在数字基础设施方面，适度超前布局的数字基础设施为数字经济发展奠定了基础。中国已经建成全球规模最大、覆盖最广的光纤网络和4G网络，4G基站数量占全球4G基站的一半以上；5G基站总量占全球60%以上，5G网络基本覆盖了全国地级及以上城市主要城区。

在数据资源方面，数据被誉为“新时代的石油”，数据要素积累对数据开发利用具有“循环强化”的效果，海量数据资源构成了中国数字经济发展的显著优势。依靠庞大的人口规模和完善的数字基础设施，中国形成了世界上最庞大的互联网用户规模，拥有巨大数据要素积累空间。截至2021年12月，中国网民规模达到10.32亿人①。根据IDC（International Data Corporation）的测算②，2018—2025年中国创造和积累的数据量将以30%的年平均速度增长，

---

① 资料来源：2022年《中国互联网络发展状况统计报告》。

② IDC报告：《IDC：2025年中国将拥有全球最大的数据圈》。

到2025年将占据全球数据量的27.8%，高于美国10.3个百分点，成为全球最大的数据中心。

在数字化场景应用方面，电子商务、在线支付、共享经济、数字化治理等核心应用领域，诞生了一批具有国际竞争力的中国互联网科技企业。从企业数量看，无论是互联网头部企业，以全球互联网上市企业前10名、前30名为代表，还是互联网新兴科技企业，以互联网独角兽企业为代表，中国的互联网科技企业数量均仅次于美国。

## 第三节　激发中国经济发展潜力和动力

受逆全球化思潮、大国博弈、新冠疫情、俄乌冲突等影响，中国经济发展的外部环境日益严峻，产业链供应链的安全稳定受到重大冲击，经济发展的不确定性明显增大。要统筹短期政策应对与中长期治理，通过持续推进要素市场改革、高水平开放和高质量创新，加快构建新发展格局，进一步激发中国经济发展潜力和动力，实现经济稳定增长。

### 一、制约中国经济发展潜力的主要瓶颈

人口老龄化、能源资源约束、消费需求不足，以及自主创新能力有待进一步提升，构成制约中国经济增长潜力的主要瓶颈。

#### （一）人口老龄化

中国进入老龄社会的趋势无可避免。根据国家统计局数据，2021年人口自然增长率为0.34‰，中国即将进入人口负增长时代。一方面，老龄人口比重迅速上升。我国第七次人口普查显示，2020年65岁以上年龄人口占比达到13.5%。按照一般标准，一国老年人口超过7%即进入“老龄化社会”，超过14%则进入“老龄社会”。另一方面，生育率迅速下降。2020年全国总和生育率只有1.3，属于极低生育率①。根据公安部的数据，2021年出生并到公安机关进行户籍登记的新生儿为887.3万人，我国新出生人口近六十年来首次

① 总和生育率2.1是人口世代更替水平，低于2.1即属于低生育率，如果低于1.3则属于极低生育率，被认为陷入“低生育率陷阱”。

低于 1000 万人。

中国具有“未富先老”的典型特征。从全球范围看，根据世界银行的数据，2011 年中国老年人口比重开始超过中高收入国家的平均水平；当前的人口总抚养比则已经与中高收入国家平均水平相当。如果以中国在 2017 年 65 岁及以上人口占比超过 10% 为基准①，美国在 1970 年、日本在 1985 年、韩国在 2009 年达到这一水平，而同期按购买力平价折算的人均 GDP 中国是 1.4 万美元，美国是 2.5 万美元，日本是 2.0 万美元，韩国则超过 3.4 万美元。

从供给角度看，人口老龄化降低了劳动力供给。中国劳动年龄人口占比（以 15—64 岁人口占比计算）在 2010 年达到峰值（见图 1－4），劳动年龄人口的数量则在 2013 年达到峰值，此后开始加速减少。2014—2016 年年平均减少 32.6 万人，2017—2019 年年平均减少 463.6 万人，而 2020 年比 2019 年减少了 2681 万人，劳动年龄人口大幅下降。此外，由于人口出生率快速下降，劳动年龄人口的下降趋势仍将持续，导致劳动力成本快速上升。如果无法通过技术进步提高劳动生产率，快速上升的劳动力成本将直接影响中国产业竞争力和经济增长潜力。

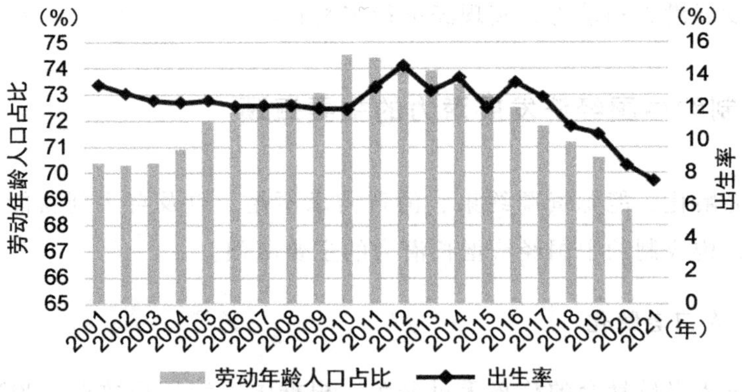


**图 1－4　中国劳动人口占比及出生率变化**

资料来源：国家统计局。

从需求角度看，人口老龄化对社会总需求造成冲击。由于老年人口的消费能力和消费倾向较低，老龄人口规模的上升将减少总体消费需求。此外，尽管近年来生育率的下降导致少儿抚养比有所下降，但人口老龄化意味着老年抚养比提高。总体而言，总抚养比仍处于上升阶段（见图 1－5），在“未

① 世界银行数据与我国国家统计局的数据略有出入。根据我国国家统计局的数据计算，2014 年中国 65 岁及以上人口占比已超过 10%。

富先老”的情况下将抑制年轻人口的消费支出。

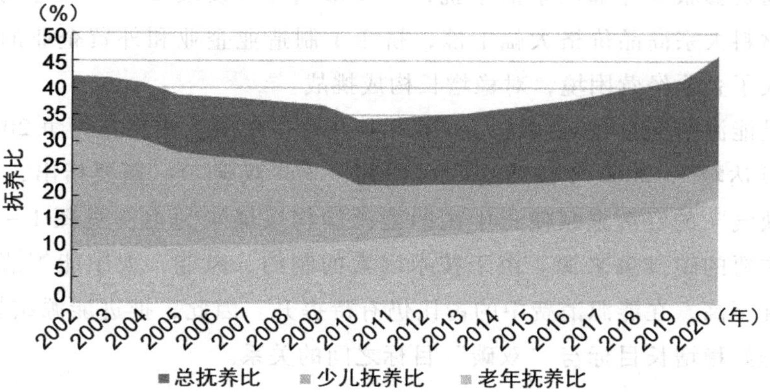


**图 1-5　中国抚养比变化**

资料来源：国家统计局。

### （二）能源资源约束

2021 年下半年，煤炭供给短缺导致电力供应紧张，叠加“能耗双控”压力，部分地区出现“拉闸限电”“限电限产”，是近期能源资源约束影响中国经济增长的集中体现。能源资源约束对中国经济发展潜力的制约将长期存在，主要包括以下方面。

一是能源资源存在供需矛盾。中国能源消费总量和能源生产总量的缺口不断扩大，能源进口总量不断上升（见图 1-6）。石油、铁、铜等资源性产品对外依存度高，其中，原油对外依存度超过 70%，铁矿石、精铜等部分初

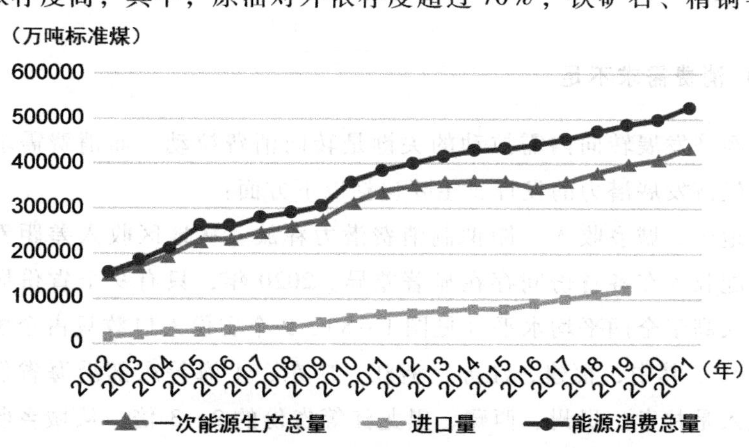


**图 1-6　中国能源生产、消费与进口量**

资料来源：国家统计局。

级产品对外依存度超过80%，使得中国经济发展容易受到初级产品供给冲击、输入型通货膨胀等外部因素的干扰，直接影响经济发展安全。如近期国际能源和原材料大宗商品价格大幅上涨，挤压了制造业企业和外贸企业的利润空间，加大了企业经营困境，对稳增长构成挑战。

二是能源结构存在转型压力。2020年9月，中国正式宣布力争2030年前实现“碳达峰”、2060年前实现“碳中和”（“双碳”）。需要指出，“多煤、少油、缺气”的资源禀赋使得中国的能源结构以煤炭为主（见图1－7），而煤炭是主要的碳排放来源。由于技术因素的制约，风能、太阳能等清洁能源的经济性不高，在能源消费中的占比仍有待提升。因此，推进能源结构转型，必须处理好稳增长目标与“双碳”目标之间的关系。

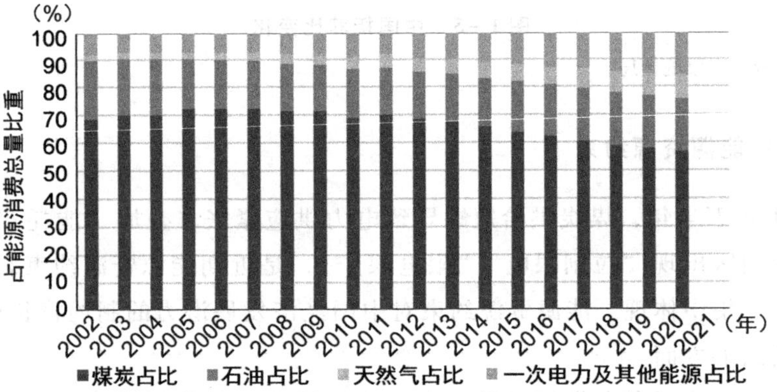


**图1－7　各类能源占能源消费总量的比重**

资料来源：国家统计局。

### （三）消费需求不足

中国经济发展转向内需拉动的关键是转向消费拉动，而消费需求不足制约了中国经济发展潜力的发挥，主要包括以下方面：

一是地区、城乡收入差距抑制消费潜力释放。从地区收入差距看，居民人均可支配收入在各省份间存在显著差异。2020年，只有9个省份居民人均可支配收入高于全国平均水平（见图1－8），9个省份人口数只占全国人口总数的35.6%。其中，福建、江苏、浙江、广东、上海等东部沿海省份的人均可支配收入是甘肃、贵州、西藏、黑龙江等省份的2—3倍。从城乡收入差距来看，2021年农村居民人均可支配收入为18931元，仅为城镇居民的40%左右。

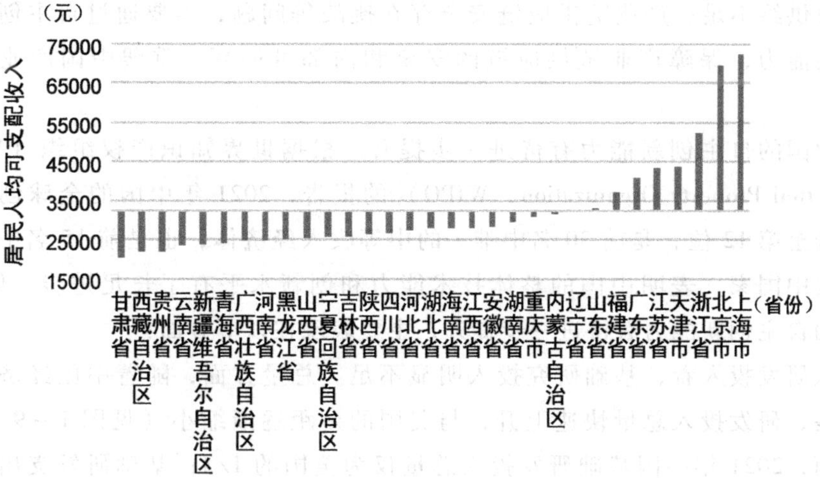


图1-8 2020年各省份居民人均可支配收入差异

资料来源：国家统计局。

二是市场分割阻碍全国统一大市场的形成。市场分割的主要体现是地区市场的开放性不足，形成某种形式的地方保护主义。其中，既有根据行政边界限制要素和商品流通的显性封闭，也有在招标采购、税收政策、行政管理上，对不同市场主体进行歧视性、差异性对待的隐性封闭。如行政区边界的“断头路”；在招标采购中设置不合理条件，以此排除外地企业；在行政管理中设置歧视性收费政策、采取不同的认证和检验标准，以此削弱外地企业竞争力等。市场分割不仅提高了贸易成本、要素流动成本和交易成本，而且导致地区之间出现“逐底竞争”和重复建设，既不利于发挥国内市场的规模效应，也降低了资源配置效率和对创新的激励效应。

## （四）自主创新能力有待进一步提升

创新是突破中国经济发展瓶颈的核心。一是通过创新推动技术进步、提高劳动生产率，应对人口老龄化带来的人口红利消退。二是通过创新推动能源资源高效利用和能源结构转型，应对能源资源约束对经济增长的负面影响。

创新是重塑中国产业竞争优势的关键。从国内外形势看，中国产业发展面临发达国家“高端回流”和发展中国家“中低端分流”的双重压力。一方面，由于人口红利逐渐消失和资源环境约束趋紧，中国参与国际分工的低成本优势逐步丧失。另一方面，由于前期技术积累不足，部分关键元器件、设备和原材料高度依赖进口；受到发达国家实施产业链本土化战略和大国博弈的影响，“卡脖子”问题突出。面对供给结构无法适应需求结构的变化、中高端有效供给不足、产业链供应链安全存在挑战等问题，需要通过自主创新提高供给能力，保障产业链供应链的安全和内部可循环，重塑中国产业竞争优势。

中国的自主创新能力有待进一步提升。根据世界知识产权组织（World Intellectual Property Organization，WIPO）的报告，2021 年中国的全球创新指数跃升至第 12 位，是前 30 名中唯一的中等收入经济体，也是前 15 名中唯一的发展中国家，表明中国的整体技术能力和创新水平有了长足进步。但是，中国的自主创新能力有待进一步提升，主要表现在以下方面：

从研发投入看，基础研究投入明显不足。总量方面，随着中国经济的快速发展，研发投入总量快速上升，与美国的差距逐渐缩小（见图 1－9）。结构方面，2021 年中国基础研发投入总量仅为美国的 1/3；基础研发支出占全部研发支出的比重约为 6%（见图 1－10），远低于美、日、韩、德等发达国家的 15%—20% 的水平。随着中国逼近世界科技前沿，技术引进空间不断缩小，基础研发投入的不足将制约自主创新能力的提升，尤其是制约中国在关键核心技术上的突破。

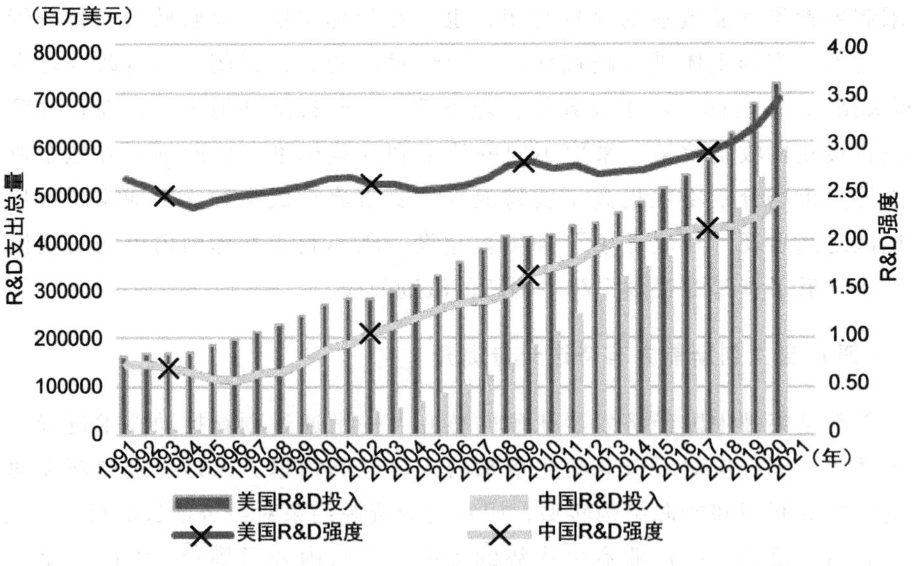


**图 1－9　中美 R&D 投入对比**

资料来源：经济合作与发展组织（OECD）。

从创新产出看，中国的创新产出质量还有较大提升空间。根据 WIPO 的数据，中国的专利申请量在 2012 年超越美国，成为世界第一大专利申请国；2020 年中国专利申请总数占世界总数的 45.7%（见图 1－11），体现了中国在

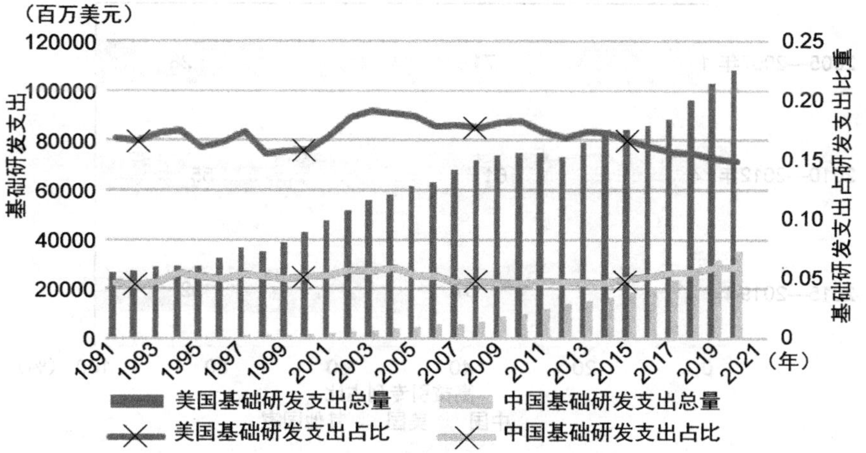


**图 1－10　中美基础研发投入对比**

资料来源：OECD。

研发费用上大量投入的结果。但是，中国的专利产出存在“多而不精”“重数量轻质量”等问题，高质量专利匮乏。从专利引用①看，中国的高被引专利②占世界高被引专利的比重在近年来有所提升，但仍然与美国存在明显差距（见图 1－12）。

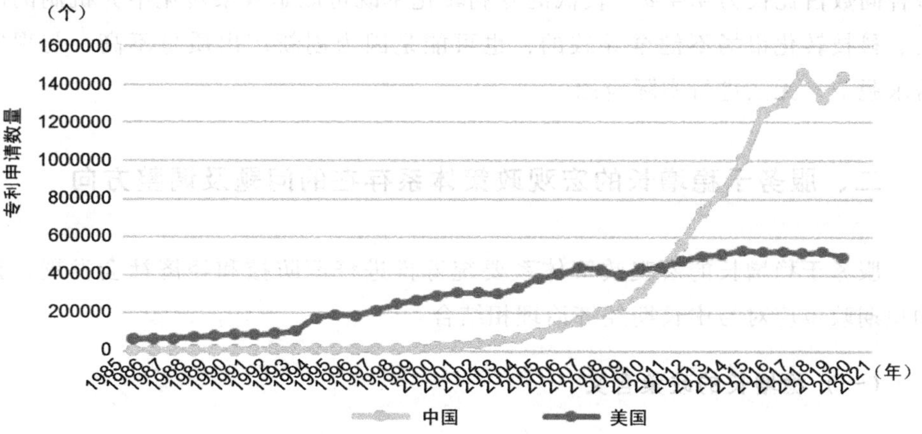


**图 1－11　中美专利申请数对比**

资料来源：WIPO IP Statistics Data Center。

---

① 对于专利质量的测度尚未形成较为一致的方法，而专利被引用次数在一定程度上可以反映专利的价值。一般而言，专利被引用的次数越多，表明该专利的创新性越强，对后续研发的促进作用更大，专利质量相对较高。

② 高被引专利是指申请后 3 年内被引用次数最多的前 5% 的专利，数据来自中金研究院。

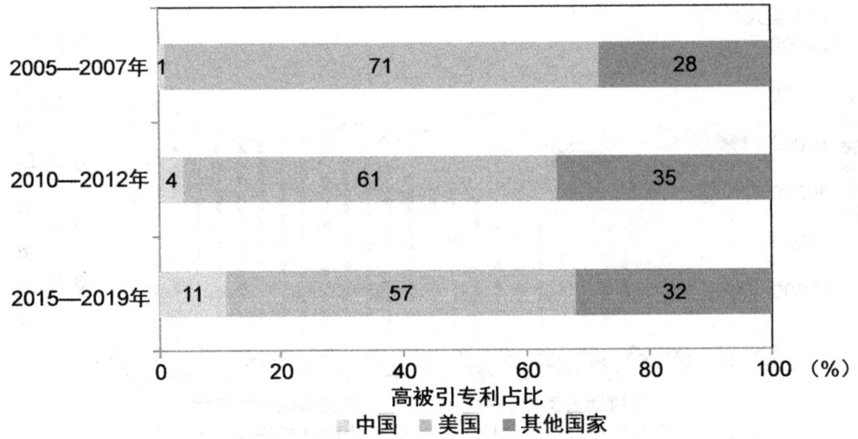


**图1－12　中美高被引专利数量占比**

从创新成果转化看，中国的科技成果转化率仍然不高，科学研究、技术创新和经济增长“两张皮”的问题有待解决。根据国家知识产权局发布的《2020年中国专利调查报告》，2020年中国企业的专利产业化率[①]为44.9%，而科研单位和高校仅分别为11.3%和3.8%。根据教育部《2020年高等学校科技统计资料汇编》的数据，2019年高校授权专利共有206030件，而专利出售合同数占比仅为4.4%。较低的专利转化率既可能是成果转化中介机制的缺失、科技转化市场不健全导致的，也可能是因为创新产出质量不高，与现实需求脱节，无法进行实际应用。

## 二、服务于稳增长的宏观政策体系存在的问题及调整方向

服务于稳增长的宏观政策体系要统筹推进疫情防控和经济社会发展，推动短期政策应对与中长期经济治理相结合。

### （一）稳增长的政策含义

中国经济增速下行，既有周期性、阶段性因素，也有结构性、体制性因素。这使得稳增长既是短期问题，也是长期问题；既是供给侧问题，也是需求侧问题。

稳增长兼具短期平抑经济周期波动和长期提高潜在增长率的双重目标。

① 专利产业化率是指专利权人用于生产出产品并投放市场的专利件数占拥有的有效专利数量的比例。

稳增长政策既需要在经济下行压力增大的情况下，重视需求侧管理，也需要进行供给侧结构性改革，去除制约经济增长的体制性、结构性障碍。其中，宏观调控政策着重应对阶段性和周期性问题，以短期经济稳定增长创造长期提质增效空间，保持量的合理增长和质的稳步提升。

从短期看，“疫情要防住、经济要稳住、发展要安全”是稳增长政策的内在要求。虽然 2022 年底到 2023 年初我国度过疫情高峰，但中国经济恢复基础尚不牢固，要实现全年增长 5% 左右的目标并不轻松，需要倍加努力。

稳中求进的关键在高质量发展上取得新进步，要特别打宏观政策的组合拳、扩大需求的组合拳、改革创新的组合拳、防范化解风险的组合拳。

从长期看，结构性因素是中国长期经济增长率下滑的主要原因，主要表现为供给侧未能及时调整，导致经济结构失衡和经济循环不畅。因此，稳增长政策要以供给侧结构性改革为主线，优化供给体系，提高供给与需求的适配性，形成经济增长的内生动力。

### （二）服务于稳增长的宏观政策体系存在的不足

稳增长政策的落实离不开地方政府。由于当前地方政府在经济发展思路、中央政策执行等方面仍存在思维惯性，如果宏观政策组合缺乏对地方政府行为的考量，无法对地方政府行为形成及时有效的监督、激励和纠正，将直接限制稳增长和推进经济高质量发展的政策体系目标的实现。

一是少数地方政府没有根本转变经济发展思路，依然习惯于用行政手段代替市场手段，难以适应市场经济形势的变化。如在推进落实“双碳”目标时，忽视以煤为主的能源结构的客观现实，习惯于以行政命令进行“运动式”减排，对企业“一刀切”地“关停转”，对产业链上下游造成了冲击，影响了全国经济稳增长大局。这种做法不仅在政策执行上背离了中央政府的顶层设计本意，而且不利于市场在资源配置中发挥决定性作用，也不利于形成稳定的市场预期。

二是不规范的地方政府行为对宏观政策的执行效果构成制约。由于存在信息不对称，地方政府行为无法受到完全的监管。因此，地方政府出于自身的利益，可能存在应付、扭曲中央政策目标的行为。如少数地方政府在疫情防控责任压力下，对疫情防控“层层加码”，而在经济发展上出现“懒政”“怠政”。再比如，对于中央政策的学习和理解不到位，曲解了政策本意，把乡村振兴变成扩大投资的短视行为，把扩大内需理解成盲目借贷、扩大投资的机会。

三是地方政府之间的非理性竞争。地方政府各自为政的思维惯性仍然存在，不仅导致市场分割、制约大国经济优势发挥，而且降低了宏观政策的效果。污染治理就是典型案例，地方政府不仅可能存在治标不治本的粉饰性治污行为，而且不同地区缺乏联防联控的共识，导致治理污染变成污染的空间转移，降低了环境治理效率，影响了整体经济质量的提升。

### （三）政策调整方向

针对宏观政策体系存在的不足，要从改革、开放、创新的角度综合施策，实现多个层面的协调，从而提振市场信心，激发市场主体活力。

一是政府和市场关系的协调。坚持发挥市场对资源配置的决定性作用，尽量运用改革思路和市场化手段解决问题。在稳增长的政策设计上坚持竞争中性原则，强化竞争政策的基础性地位。只有尊重市场规律，才能防止政策的不确定性伤害市场预期。要做好预期管理，出台相关政策时应及时做好信息发布和政策的宣传解读，积极回应市场关切，稳定市场信心。

二是中央和地方以及地方之间的协调。一方面，中央层面的顶层设计要充分考虑地方实际，以及地方发展水平差异、地方诉求差异以及地方政府行为异质性，科学设置目标任务。同时，既要充分调动地方积极性，因地制宜挖掘自身政策潜力，也要压实地方主体责任，形成有效监督，推动稳经济政策落地见效。另一方面，地方政府要转变发展思路，强化对宏观经济政策的理解，确保对政策理解到位、执行到位和传导到位。避免各自为政、画地为牢，坚持“全国一盘棋”和整体性推进。

三是疫情防控、经济稳定和发展安全的协调。在一系列宽松政策推动下，当前流动性已经较为充裕，但是2023年4月新增信贷、固定资产投资等经济指标都出现大幅下滑，表明当前企业的投资信心不足。因此，政策发力应特别注重提振市场信心和引导市场形成良好预期，尽可能对冲新冠疫情对市场情绪的负面影响。对内高效统筹疫情防控和经济社会发展，尽快推动受疫情影响地区的复工复产，保障交通物流畅通和产业链供应链稳定循环；对外加强国际宏观经济政策协调，努力营造稳定、良好的外部经济环境，确保海外供应链安全稳定，在有效防范风险的前提下扩大海外投资收益。

## 三、稳增长政策的优先序和组合

激发经济增长潜力和动力的主要路径，从供给侧看，是提高要素供给能力和要素质量，通过技术进步和优化资源配置效率提升全要素生产率水平，进而提升潜在经济增长率；从需求侧看，是进一步扩大有效需求；同时，要抓住数字经济时代的新发展机遇。其根本落脚点，是通过深化要素市场化配置改革、高水平开放和高质量创新，加快构建新发展格局，实现经济稳定增长。具体而言，稳增长政策包括如下方面：

### （一）加快形成全国统一大市场

要推动区域间要素顺畅、合理和高效流动，加快形成全国统一大市场，发挥大国经济优势，激发经济增长潜力。

一是整体推进中央层面顶层设计。要以制度性改革“立破并举”，破除各种妨碍商品和服务流通的体制机制障碍，及时清理各地区地方保护和歧视性优惠政策，代之以全国统一的市场准入标准、税收执行标准和市场监管标准等市场规则和制度，全面实施市场准入负面清单制度，加速商品和生产要素在全国范围内的自由流动和市场化配置。

二是强化市场基础制度规则的统一。第一，加快破解区域市场分割和地方市场垄断，在降低区域间交易成本的同时，倒逼地方政府提高部门效率，从拼优惠、拼补贴向拼公共服务质量转变。第二，发挥数字技术对降低制度性交易成本的作用。加快推动公共数据的统一和开放，以国家统一认证的电子化程序代替各地互不通认、烦琐复杂的各类证明、行政许可和审批文件等，打破地区间“数据孤岛”。第三，深化区域间分工和协作，避免地方政府非理性竞争导致的重复投资、产能过剩、地方债务高企等问题，提高整体竞争力。

需要指出，疫情防控“层层加码”导致区域分割、产业链分割，直接影响了国内供应链稳定，以及市场主体预期。要统筹疫情防控和经济发展的关系，重点确保交通物流的畅通和关键基础设施的正常运转。

### （二）推动城乡要素双向流动

要推动城乡间要素双向流动、要素互补，促进城乡协同发展，巩固扩大内需的基础，激发经济增长潜力。

一是继续破除城乡要素流动的体制机制障碍。要通过优化城乡要素资源配置，进一步释放经济增长潜力。如2020年中国常住人口城镇化率为63.9%，但是户籍人口城镇化率仅为45.4%，2020年流动人口比2010年增加了1.5亿人，人户分离人口增加了2.3亿人。通过户籍制度改革让这部分人口在城镇安家落户，能够缓解人口红利的消退。此外，这部分人口进入城镇，不仅能够提高城镇消费水平，也能够带动城镇基础设施、公共服务等需求，因而将极大释放内需潜力，促进经济增长。

二是推进城乡要素互补、功能互补。第一，要发挥城市尤其是中心城市和城市群对农村的辐射和带动作用，促进资金、技术、人才和管理等要素向乡村流动，助力农业农村现代化，为乡村振兴增加活力。第二，以缩小城乡收入差距为重点扩大消费。中国收入差距的主要来源是城乡收入差距。收入是消费的基础，扩大消费首先应以缩小城乡收入差距为重点。要推动以县城为重要载体的新型城镇化，提高城乡要素跨界配置的效率，提升城市对农村的辐射和带动效能，加速城乡协同发展，在弥合城乡收入差距中扩大内需。要深化农村土地制度改革，在农村土地三权分置基础上，深化农村宅基地制度改革试点，推动农村集体经营性建设用地入市，健全农村产权流转交易的市场体系和市场平台，盘活农村土地资源，增加农民财产性收入。

### （三）实施高水平开放

要保障国内国际资源和要素稳定流动，以高水平开放增强经济增长活力。

一是推动构建人类命运共同体。要“以对外开放的主动赢得经济发展的主动、赢得国际竞争的主动”，以互利共赢的方式扩大中国“朋友圈”，以推动建设开放型世界经济应对“围追堵截”。以构建人类命运共同体为理念引导，从主动适应全球化向积极引领全球化转变，主动作为，深入参与全球经济治理体系改革，推动完善更加公平合理的国际经济治理体系。第一，促进国家间产业链供应链的紧密融合，建立稳定可靠、多来源的能源资源供应链，确保海外供应链安全可控。第二，以高水平、互惠、包容的区域贸易协定为平台，推动区域间贸易和投资自由化、便利化，进一步拓宽中国经济增长的外部空间。美国政府近期又提出“亚太经济框架”，力图建立将中国排除在外的供应链体系。中国在积极融入全球市场的同时，要以更加积极主动的姿态考虑加入《全面与进步跨太平洋伙伴关系协定》（CPTPP）和数字经济伙伴关系协定（DEPA），高水平推进“一带一路”建设《区域全面经济伙伴关系协定》（RCEP）进程。特别地，要抓住RCEP正式生效的机遇，争取实现中日韩自贸区谈判的重大突破，重点巩固东盟等亚太市场。第三，抓住中国在数字经济领域的领先优势，加强在数字经济监管、数字技术标准等领域同欧盟等的全球合作，深度参与全球数字治理，维护中国数字主权安全。

二是吸引全球生产要素“为我所用”。第一，要引资引技引智并重，清理由于地方政府贪大求洋、追求政绩而进行低层次重复引进的各类不合理优惠政策。第二，对外商直接投资实施全国统一的准入前国民待遇加负面清单的管理体制，由单纯引进资本转向重点关注外资能够带来的技术、品牌、营销和管理经验、供应链和销售渠道等，建立对引进外资的质量评价体系。第三，加快实施自由贸易区战略，主动对接高标准国际经贸规则，加快推进制度型开放，通过市场化、法治化、国际化的营商环境、高标准的市场体系和富有竞争力的发展空间，吸引全球生产要素。

三是坚持开放创新。任何一个国家进行自主创新都无法排斥世界其他国家先进科技知识。中国的技术基础与发达国家相比仍存在较大差距，因此自主创新更不能闭关自守。要通过吸收全球创新资源，强化自主创新力量。第一，扩大本国企业学习知识界面，增加获取先进技术知识的信息源和渠道。第二，通过设置海外研发机构、开展合作研发等形式，构建消化吸收国外先进技术知识的全球化平台，拓宽获取前沿技术知识的途径，突破少数国家对先进技术知识的隔离和控制。第三，利用完备的制造业体系优势和大国市场规模优势带来的广阔发展前景，建立良好的国际科技交流合作环境和创新环境，建设全球科技创新中心，着力引进创新资源，尤其是引进高端创新人才，凝聚全球创新要素。

### （四）推动高质量创新

新发展理念把创新放在首位，体现了创新在发展全局的核心位置。随着劳动力成本的提高以及资本回报率下降，依靠投资驱动经济高速增长难以为继，转向以创新推动的全要素生产率的提高是中国经济增长的必然路径。因此，要持续推进高质量创新，增强经济增长动力。以科技自立自强保障中国产业链供应链的安全和内部可循环，以创新重塑中国产业竞争优势，以及创新推动技术进步、突破增长瓶颈，完善金融支持创新体系，改革创新体制机制，深化数字技术赋能，促进要素向支持高质量创新流动。

一是丰富支持创新的金融工具和激励机制。第一，要健全完善金融支持创新的制度安排。加快健全多层次的资本市场体系，建立支持创新的普惠型金融制度，通过专利交易会、科技成果推介会等形式建立资金供给与需求的沟通平台，让各类创新主体获得公平的金融支持和金融服务。特别地，发挥“新三板”、北京证券交易所等服务创新型中小企业主阵地的作用，解决创新型中小企业的资金瓶颈。第二，推动金融机构更好地为创新服务，特别是可以利用中国在数字经济上的应用优势，在保障金融稳定的前提下加快发展数字金融。第三，利用大数据、物联网等数字技术手段，实现对知识产权的定价确权和对高质量创新型企业的识别；加快发展知识产权质押融资、科技保险等科技金融产品，助力企业完成高质量创新。

二是要加快创新体制机制改革。第一，改革科研和创新的评价和激励机制，完善优化科研创新生态，将科研和创新成果评价从看重数量转向突出质量。第二，健全职务科技成果产权制度，深化科技成果使用权、处置权和收益权改革，使科研人员和创新人才能从产出高质量创新成果和成果转化中获得合理报酬，获得有效激励。第三，加快构建以企业为主体、市场为导向的产学研用相结合的创新体系，发展科技成果转化市场，尽快推进创新成果市场化应用。第四，发挥大国创新优势，加强基础研发投入和共性技术研发投入；发挥国家作为重大科技创新组织者的作用，通过新型举国体制集中攻关、集中突破，推进重大科技项目工程，加快破除“卡脖子”问题的制约。

三是要以数字经济为抓手。以信息技术为代表的新一轮技术革命带来了研发方式、制造方式以及产业形态的深刻变化，将重塑全球产业分工格局。中国在数字基础设施、数据资源、数字化场景应用等方面具有先发优势，要牢牢把握数字经济发展的窗口期“换道超车”，加速发挥数字技术及数据资源对创新发展的赋能作用。第一，构建科技创新信息交互平台。依托数字技术“泛在智联”的特性，形成开放式、跨空间、一体化的协同创新平台，广泛联结和汇聚全球各类创新资源，充分发挥数字技术赋能创新变革的作用，提高创新效率，加速前沿技术攻关和共性技术研发。第二，重点推进数字经济相关核心技术的突破，加速构建数字经济人才培养体系，补齐中国在算力算法、高端芯片等底层核心技术方面的短板。第三，重点推进大数据、人工智能、物联网、云计算等相关行业发展，支持基于互联网的各类创新。第四，以信息化和工业化深度融合为主线，发挥“灯塔工厂”的引领作用，推进工业互联网平台建设，提高数字经济的渗透度，提高产业数字化水平，推进企业尤其是中小企业进行数字化转型升级，打造具有国际竞争力的数字产业集群。

通过短期政策应对与中长期治理有机结合，以要素市场改革激发潜力、高水平开放提高经济竞争力、高质量创新转换经济增长动力，在加速构建新发展格局中实现经济稳定增长和经济高质量发展，中国经济一定能继续乘风破浪，实现向第二个百年奋斗目标的稳步迈进。

（本章作者：沈坤荣，南京大学长江产业经济研究院中国宏观经济研究方向首席专家、南京大学商学院教授，教育部长江学者特聘教授）

# 第二章　加快建设全国统一大市场的国际借鉴和启示建议

对标高标准经贸规则，推动全国统一大市场建设的理论逻辑在于，全国统一大市场与区域贸易协定的建设重点相同，全国统一大市场与区域一体化的实现方式一致，全国统一大市场与高标准经贸规则的开放要求相同，包括对标竞争中性原则，实现充分的公平竞争，对标服务贸易与投资规则，建设统一的劳动和资本要素市场，对标数字贸易规则，加快构建数据要素统一市场，我国统一大市场建设可以从高标准经贸规则中获得借鉴。

## 第一节　统一大市场建设的国际经验与启示

美国和欧洲不仅是全球经济最发达的国家或地区，也是统一大市场建设历史最长、建设成效最好的国家或地区。本部分分别归纳美国、欧洲的统一大市场建设经验，并总结出我国可借鉴的若干启示。

### 一、美国统一大市场建设的经验

在美国早期经济发展过程中，十三个州经济相对独立，国内贸易形态也发生变化，最早在殖民地时期以南北部之间的区域间贸易为主，第二次美英战争后以南部、北部和西部间三角贸易为主。到南北战争后，随着全国铁路网形成，美国历经一百多年的曲折发展，在 19 世纪末才形成真正的统一大市场。据估计，19 世纪末到 20 世纪初，美国国内贸易大约等于对外贸易的二十倍，甚至超过世界各国对外贸易总和。概括起来，美国统一大市场建设的成功经验主要包括三方面。

### （一）加强顶层设计，奠定统一大市场建设的宪法基础

美国宣布独立后，先制定《十三州邦联宪法》作为临时宪法，建立起一个由各州组成的松散邦联。这一时期美国联邦政府权力很小，各州拥有对进出口，甚至各州间贸易的征税权，以及独立控制州内货币发行和信贷供给。各州都制定了措施保护本州产业和产品，阻碍其他州产品进入本州市场，产生了严重的市场分割和封锁现象。在这种情况下，美国统一大市场显然不可能实现。

1787 年《美国宪法》的出台从根本上改变了这一松散的邦联格局。其第 1 条第 8 款赋予国会建设统一大市场的强大政治权力，规定只有国会才能规定和征收直接税、间接税、进口税和货物税，所有间接税、进口税与货物税全国统一；国会管理美国与外国的、各州之间的以及与印第安部落的贸易；国会铸造货币、厘定本币和外币价值、确定度量衡标准。其第 1 条第 9 款限制各州割裂全国市场的能力，规定对各州输出之货物，不得课税；任何有关商务或纳税的条例，均不得赋予某一州的港口以优惠待遇，也不得强迫任何开往或来自某一州的船舶驶入或驶出另一州，或向另一州纳税。这两个条款从正面强化国会的权力，从反面弱化各州的权力，为美国后续建设统一大市场提供了法律保障。

需要强调的是，美国独立革命后，南北经济体制和社会形态存在显著差别，南方以奴隶制为主，农场主主导农业经济，北方是资产阶级领导的工业经济。经济形态差异阻碍南北地区形成完整的统一大市场。南北战争扫除了南方和北方间奴隶制和资本主义之间的壁垒，为真正落实 1787 年《美国宪法》提供了根本保障。

### （二）推进公路、运河和铁路建设，完善交通基础设施网络和运输体系

18 世纪到 19 世纪初，美国运输体系落后，以陆地四轮运货马车为主，运输成本高，速度慢，受季节和天气影响大，严重妨碍国内贸易和国际贸易开展。美国交通基础设施建设经历了从公路到运河，再到铁路的分阶段发展历程。

第一阶段以公路建设为主。为提高马车运输效率，19 世纪初美国开始建设公路，最早集中在东北部的新英格兰地区，然后向中部各州拓展，1820 年美国公路总长达 1 万英里。尽管这些公路建设能降低一半的运输成本，但由于私人投资运营公路的收益普遍不足以偿还其投资成本，此后公路建设速度

放缓。

第二阶段以运河建设为主。与公路相比，运河的运输成本更低，18 世纪 90 年代美国就开始探索运河建设。1825 年，美国第一条大运河——伊利运河建成，连接哈德逊河与伊利湖，开辟纽约市和美国中西部地区间贸易通道。伊利运河前十年营运收益率就超过 8%，引起其他州纷纷效仿建设运河，在 1815—1860 年出现运河投资建设高潮。直到 19 世纪 80 年代，运河仍是推动美国区域间运输量增长的主要方式。

上述两阶段中，尽管对于联邦政府是否应该积极为公路和运河建设提供资金存在争议，但总体上联邦政府还是积极参与公路和运河建设中，包括筹集资金、修建国道、清理州界河道等。

第三阶段以铁路建设为主。与运河运输相比，铁路运输有明显优势，速度快，投资少，能实现点对点运输，更灵活便利。1830 年美国第一条铁路正式通车，1840 年铁路里程与运河里程相当，同期美国通过美墨战争夺取加利福尼亚等西部土地后，铁路建设速度加快。1869 年，连接美国东西部的铁路干线建成，即联合太平洋铁路与中央太平洋铁路接轨，美国进入铁路大发展的黄金时期；通过统一技术标准和时刻表，美国真正形成全国铁路网络，1916 年美国铁路里程就已位居世界第一。目前美国依然是世界上铁路里程最长的国家，且以普通铁路为主。该阶段不同于前两个阶段之处在于，由于铁路投资运营的回报率远高于公路和运河，私人投资积极性高，政府直接投资相对较少，但也通过土地赠与等方式推动了铁路网络建设。

总体上，美国交通基础设施与相应的运输体系不断完善，将东西部各州紧密联系起来，方便开展专业化地区分工，进而促进各州之间的贸易，提高跨州运输的商品量，然后进一步推动交通基础设施投资和建设，完善运输体系。这一正反馈机制的循环作用把美国各州的市场充分融合在一起，成为真正的一体化市场，体现出市场发展的强大内生动力。

### （三）实施反垄断，打击垄断企业的市场分割行为

19 世纪中后期，电报电话在美国的应用进一步降低了长距离信息传递难度，将美国各地区紧密联系到一起，和前面两个方面共同推动美国统一大市场建设。统一大市场形成为美国企业迅速做大提供了足够的市场空间，而企业规模做大，拥有垄断地位后，为维持其垄断利润，进而实施分割市场等垄断行为，阻碍统一大市场建设。所以，从 19 世纪后期开始，美国开始建立反垄断法律体系，加大反垄断力度，维护市场统一。例如，随着美国铁路企业

规模迅速扩大，美国加大对铁路行业的反垄断和管制。1887 年，国会通过《州际贸易法》，专门成立州际贸易委员会，对铁路的经营和收费进行管制，禁止一切不公正或不合理的运费以及歧视性收费。后续《埃尔金斯法案》等一系列法案均体现加大对铁路行业管制力度的政策目标。

1890 年颁布的《谢尔曼法》是美国第一部反垄断法，制定了全国的统一市场规则。该法明确提出通过反垄断来保障统一市场的基本原则，第 1 条规定“所有限制州际或对外商业贸易，以托拉斯或其他形式组成联合，签订合同或秘密协议的，都属于违法行为”。虽然这不是全世界最早的反垄断法，但这是世界范围内最有影响力和代表性的反垄断法。随后，美国在 1914 年颁布《克莱顿法》，进一步完善反垄断法律体系；同年，颁布《联邦贸易委员会法》，建立联邦贸易委员会，加强反垄断执法力量。这些法律沿用至今，有效限制了垄断企业分割市场、阻碍区域贸易与自由竞争的垄断行为，维护了美国统一大市场。

需要指出，虽然美国是世界上国内市场统一程度最高的国家之一，但迄今为止，美国并没有完全在所有领域都实现统一大市场。例如，目前美国的电力市场割裂，且市场化程度各州不一。同时，当前美国各州在招聘政府工作人员、考驾照、律师和医生资质认定等方面，依然有各自的规定，存在一定区别。但这并不能视为是分割市场的措施，因为这些措施对于所有人都是一致有效的，不论是州内的当地居民，还是州外的外地居民，都要遵守这些相同的规则，所以这些措施并不构成分割国内市场的壁垒。

## 二、欧洲统一大市场建设的经验

欧洲中世纪行会保护严重，封闭当地市场，防止外来竞争，导致市场分割。直到 14—15 世纪，农业和手工业生产力提高，扩大贸易范围，促进商品经济发展，加上“地理大发现”推动资本主义发展，逐步打破封建行业体系，为欧洲统一大市场建设提供了初始机会。但真正意义上的欧洲统一大市场建设开始于第二次世界大战后，以 1993 年 11 月 1 日《马斯特里赫特条约》生效且欧盟成立作为建成欧洲统一大市场的标志性事件。欧洲建设统一大市场的进程同时也是其实现一体化的进程，成功经验也可概括为以下三方面。

### （一）坚持战略思维，放弃历史包袱持续推动一体化

欧洲统一大市场建设在起步阶段依然面临着客观条件限制和历史负担，

例如，欧洲国家规模普遍较小，国家数量多；尽管历史上各国间文化交流频繁，但战争多，国家间冲突事件多。但第二次世界大战后欧洲经济衰退，各国普遍实施关税和配额，限制对外贸易。零碎的市场和狭小的空间难以支撑欧洲各国经济复苏，所以，欧洲各国政治精英放弃历史恩怨，选择一体化道路，建设统一大市场，客观上这也是欧洲重建复兴和应对美日竞争的需要。同时，美国也支持欧洲一体化，其在1948年实施的“马歇尔计划”直接援助欧洲，其前提条件就是欧洲内部的广泛合作。

正是在政治精英的战略眼光指引下，欧洲从1948年比利时、荷兰和卢森堡建立关税同盟开始，向共同市场、经济联盟、完全经济一体化等一体化高级阶段逐步演进，持续推进经济一体化进程，最终消除各经济体之间的经济边界，使得商品、服务和要素充分自由地跨国跨地区流动。欧洲共同体在发展过程中，就通过推动经济自由化、共同规制和共同政策、成员国承诺和禁令等方式不断深化，不断拓展其经济和其他权利的范围，不断扩大成员国数量。

欧洲一体化不仅限于经济一体化，还包括政治一体化，政治一体化也是现实中推动经济一体化的重要保障条件。1957年《欧洲经济共同体条约》就提出政治一体化的期望，其前言中宣称要力争实现“一个日益紧密的欧洲人民之间的联盟”。

**（二）坚持实用主义，分阶段逐步推进一体化**

欧洲统一大市场建设要取得成功，除了政治精英的战略引领之外，还需要各国及其民众的普遍赞同，形成全欧洲范围内的共识。为了实现这一目标，欧洲坚持实用主义，强调不要设计议题广泛的一揽子协议，不要抽象议论统一大市场建设的利弊，而是针对具体事务，逐步推进做好每一件统一大市场建设的具体事务。让欧洲人在特定领域一体化进程中真正感受欧洲一体化给其带来的好处，从而改变欧洲人对统一大市场建设的认识，形成对欧洲统一大市场的广泛支持。从产品市场一体化向服务市场一体化，再到要素市场一体化，欧洲依次推进各类市场一体化进程，进而形成完整的统一大市场，就是实用主义导向下的“三步走”战略。

这种实用主义的典型案例就是1950年法国提出“舒曼计划”，建议以法国和联邦德国的煤钢工业为基础，联合其他西欧国家的煤钢企业，将煤炭和钢铁这两种基础工业一体化到一个超国家的行业联合体，对煤钢进行统一管理。1951年，联邦德国、法国、意大利和比利时、荷兰、卢森堡签署《欧洲煤钢共同体条约》，揭开了法德和解的序幕，为法德和解的实现奠定了基础。欧洲煤钢共同体从具体问题出发推进局部一体化，获得成功后促使各国考虑把共同市场扩大到其他部门乃至整个经济部门，互相开放市场。随后，陆续产生了欧洲原子能共同体等多个机构，分别推动欧洲在特定领域中一体化。

### （三）建立欧洲超国家机构，适度向其让渡国家权力实现一体化

欧洲煤钢共同体是欧洲漫长历史上出现的第一个拥有超国家权限的机构。煤钢共同体成员国的政府通过协议的方式，第一次放弃了各自的部分国家主权，并将这些主权的行使交给一个独立于成员国的超国家机构；煤钢共同体高级机构由九人组成，由其统一管理各国煤钢行业，拥有共同体内部的生产、投资、价格、原料分配、发展或停闭某些企业或某些部门的权力，负责协调各成员国的煤钢生产，保证共同体内部的有效竞争。这一制度安排充分证明，欧洲政治精英追求共同政治目标的情感促使各国愿意让渡出部分国家主权，实现更高层次的一体化，加强跨国协调来实现统一大市场。

在煤钢共同体之后，欧洲在 20 世纪 50 年代进入建立超国家机构的高峰期，运输、农业等经济活动部门建立超国家机构的建议纷纷提出，欧洲防务集团、欧洲政治集团、欧洲农业共同体、欧洲卫生共同体等计划陆续出台。1965 年，法国等六国签订《布鲁塞尔条约》，整合欧洲煤钢共同体、欧洲经济共同体与欧洲原子能共同体，被称为欧洲共同体；1991 年，欧洲共同体的成员国签订了《马斯特里赫特条约》，将三个共同体正式合并为统一的经济政治联盟，即欧盟。在这一过程中，各国让渡国家权利范围逐步扩大，包括建立欧洲法院、出台欧洲宪法、让渡货币主权给欧洲央行并发行、使用欧元。但欧洲各国依然保留财政主权，这也成为 2009 年欧洲主权债务危机的根源。

欧洲各国适度让渡国家权力的行为还体现在三项重要的共同政策之中，即共同农业政策、共同贸易政策和共同竞争政策。共同农业政策是为了减少欧洲经济社会转型对农业和农民的冲击，稳定农民收入，具体要求建立足够高的共同对外关税的农业关税同盟，成员国分享农产品税等收入并分担干预成本。共同贸易政策要求各国协调国际贸易政策，包括对非农产品进口统一规定关税税率、设定进口配额、共同反倾销、统一贸易优惠政策、统一参加多边贸易谈判等。共同竞争政策主要体现在《欧洲经济共同体条约》的第 81—89 条、《欧共体并购条例》中；包括欧盟和成员国两个层面的竞争立法和竞争主管机关，欧盟竞争法的效力高于其成员国竞争法。成员国竞争法不得与欧盟竞争法相抵触，同时两者管辖权范围不同。

## 三、国际经验对我国建设全国统一大市场的启示

美国和欧洲统一大市场建设取得的经验，对我国建设全国统一大市场有三方面的重要启示。

### （一）坚持以法律手段来推动全国统一大市场的建设

美国、欧洲统一大市场建设的共同点都是通过法律来调整国内或国家间的各行政主体的行为，重新划定其权力界限。美国是通过宪法将各州的权力让渡给国会和联邦政府，从而消除州际贸易壁垒，约束各州在具体经济事务上分割市场的权力。欧洲是在政治精英经济和政治一体化的战略思维指引下，通过成员国间签订协议并使其得到国内法律认可，建立各类超国家机构，让欧洲各国向这些机构适当地逐步让渡国家权力。

欧美经验说明，必须先建立完善的法律框架，界定各行政主体之间的行政权力分配格局，才能运用法律手段调整规范后者的行为。欧美建设统一大市场的成功经验还包括，善于在法律框架内，充分调动市场主体的积极性，让市场主体真正获得统一大市场建设带来的切实经济利益，从而激发市场主体参与并推动统一大市场建设的热情，形成推动统一大市场持续完善的内生动力，构建政府“有形之手”和市场“无形之手”的统一大市场建设合力。

对我国的启示在于，要在习近平法治思想的引领下，将全国统一大市场建设纳入全面依法治国的整体框架内；要确立反垄断法作为“经济宪法”的核心主体地位，明确提升其法律权威；强化反行政垄断，重点推进公平竞争审查制度落实。在法律框架尚未完善建立的过渡时期，要积极采用行政主体间协议方式，在上级政府的领导下协调解决统一大市场建设的地方利益争议，共享发展带来的成果。随着法律框架的逐步完善，各级政府要增强依法行政的意识，提高依法行政的能力；要纠正认为全国统一大市场建设就是回到计划经济的错误观点，要深刻认识到，尽管政府是全国统一大市场的建设者、推动者和维护者，但每一个市场主体才是全国统一大市场在微观尺度上的“细胞”，只有每个作为“细胞”的市场主体充满活力，才能保证作为有机整体的全国统一大市场生机勃勃；各级政府要以法律为界限，做到“法无授权即禁止”，保障市场主体“法无禁止即可为”，避免对市场主体正常经营决策的行政干预，鼓励市场主体充分挖掘统一大市场建设中的潜在市场机遇。

### （二）充分认识我国建设全国统一大市场的难度

美国、欧洲统一大市场建设都克服了行政主体、市场主体带来的市场分割现象，这也是我国建设全国统一大市场过程中必须解决的问题。总体而言，我国建设全国统一大市场要面对的难度不低于美国和欧洲。

与欧洲相比，我国建设全国统一大市场的难度更大。尽管我国是在完整的国家主权范围内建设统一大市场，不涉及国家主权，也不需要通过国家磋商同意，但是由于我国经济增长背后的地方政府横向竞争机制稳定存在，不能在统一大市场建设中，贸然过度削弱地方政府横向竞争的经济增长动力机制。全国统一大市场建设必然涉及央地关系的重新调整，必然要求地方行政权力适当向中央或上级政府集中，但并不能因此破坏地方政府之间横向竞争带来的经济增长动力。其中的权衡和取舍难度很大，需要制度层面的巨大创新。

与美国相比，我国建设全国统一大市场有更多的政治制度优势。和美国相似，我国也是在完整的国家主权范围内建设统一市场，但美国的州更加独立，从美国建立开始就是松散的联邦制，州与州之间的协调难度更大。但我国要注意采用间接的、不排斥市场的调控方式来推进全国统一大市场建设，否则容易陷入过去的计划经济模式。

### （三）坚守长期主义持续推动全国统一大市场的建设

美国统一大市场建设经历了一百多年的漫长进程，欧洲统一大市场建设起步于第二次世界大战之后，到 1993 年《马斯特里赫特条约》生效也经历了数十年，之后欧洲经济和政治一体化程度还在不断提高。迄今为止，美国和欧洲尚没有停止统一大市场建设的步伐，其市场经济运行离不开统一大市场建设的持续推进。参考欧美经验，我们要充分认识到，全国统一大市场建设一定是一个长期的过程，不可能在短期内速战速决；全国统一大市场的建设有起点，但没有终点，必须以打好“持久战”的精神，持续推动全国统一大市场的建设。

按照现实要求，《中共中央　国务院关于加快建设全国统一大市场的意见》提出，全国统一大市场建设需要完成强化市场基础制度规则统一等六个领域的一系列重要任务，目标高、担子重，很多任务都已步入我国经济体制改革的深水区，这意味着全国统一大市场建设必然贯穿于全面建设社会主义现代化国家新征程。即使到 21 世纪中叶我国建成富强民主文明和谐美丽的社会主义现代化强国后，全国统一大市场建设依然有持续推进的必要性。

借鉴欧美经验，我国建设统一大市场六大领域的系列任务应该遵循从易到难原则，先做好具体事务。在强化市场基础制度规则统一方面，先重点做好健全统一的社会信用制度的相应工作；在推进市场设施高标准联通方面，先做好建设现代流通网络工作，适度超前推进基础设施建设，尤其是新基建；在打造统一的要素和资源市场方面，重点加快数据要素市场建设，为数字经济发展奠定基础；在推进商品和服务市场高水平统一方面，先做好完善标准和计量体系；在推进市场监管公平统一方面，要先做好制度设计，健全统一市场监管规则；在进一步规范不当市场竞争和市场干预行为方面，重点先做好持续清理招标采购领域违反统一市场建设的规定和做法，在招投标和政府采购中消除隐形的市场分割行为。

## 第二节　对标高标准经贸规则，推进全国统一大市场建设

当前世界正处于百年未有之大变局，经济全球化逆流抬头，国际政治与经济格局加速演变，外部环境的复杂性、不确定性不断增强，区域一体化的理论与实践不断拓展和深化，国际经贸规则也进入重构时期。高标准的经贸规则是全球经济治理的新发展趋势，对我国建设全国统一大市场也有重要借鉴意义。本部分强调对标“竞争中性”原则、要素自由流动和数字贸易规则等高标准经贸规则，推进全国统一大市场建设。

### 一、高标准经贸规则推动全国统一大市场建设的理论逻辑

受全球经济动能减弱、大国博弈加剧及新冠疫情影响，世界经济陷入低迷，全球治理日益失衡，现有的国际经贸规则已经不适应国际秩序的调整。近年来，区域贸易协定纷纷涌现，发达国家主导推行以《跨太平洋伙伴关系协定》（TPP）为基础的《全面与进步跨太平洋伙伴关系协定》（CPTPP）、《美国—墨西哥—加拿大协定》（USMCA）与《数字经济伙伴关系协定》（DEPA），发展中国家推行《区域全面经济伙伴关系协定》（RCEP），这些区域贸易协定系统提出更少限制、更大范围的高标准经贸规则。所谓高标准是与既有的世界贸易组织（WTO）框架下的经贸规则进行比较，一方面，比现

有的 WTO 规则的标准更高，具体表现在降低商品和要素流动的壁垒，例如降低关税和投资准入限制。现行最高标准之一的 CPTPP，零关税比例达到 99 %，中国作为成员国之一的 RCEP 零关税比例平均达到 90%，都远远高于各国的 WTO 开放承诺。除此之外，在技术性贸易壁垒、服务贸易规则、投资措施、动植物检疫措施等方面，国际高标准经贸规则对便利化作出了更高的要求。另一方面，在现有 WTO 规则之外，涉及更多的新议题，涵盖更多的新规则，包括提高对知识产权、劳工、环境等的保护程度、促进数字贸易等。

第一，全国统一大市场与高标准经贸规则的建设重点相同。我国进入新发展阶段，构建国内国际双循环新发展格局，尤其是畅通国内大循环需要以全国统一大市场作为依托。全国统一大市场旨在全国范围内破除人为干预和行政阻断，真正由市场机制决定资源的配置。而市场机制得到充分发挥的条件是完善的市场体系、规范的市场主体和统一的市场规则。所以，全国统一大市场必然要求政策统一、规则一致且商品和要素自由流动，实现充分竞争。这些都是当前区域贸易协定中高标准经贸规则所强调的重点。高标准经贸规则中数字经济、环境保护、劳工标准、性别平等保障等重点内容，也应该在全国统一大市场建设中加以关注。

第二，全国统一大市场和与高标准经贸规则的实现方式一致。全国统一大市场的建设需要理顺中央政府和地方政府的权力分配关系。对于涉及地方保护的领域，地方政府行政权力要让渡给中央政府，确保规则及制度的一致性与稳定性，以此促进资源和要素的自由流动，打破市场分割。各国推行区域一体化，是通过签订协议的方式，让渡部分权力以获得区域整体的发展。主权国家不着眼于一时的发展，而是以资源在区域内最优配置为目标，实现总福利的增加和自身的经济发展。区域经济一体化往往先从商品的自由流动开始，再到服务和生产要素的自由流动，这一实现次序也是全国统一大市场建设中消除国内市场分割的先后次序。

第三，全国统一大市场与高标准经贸规则的开放要求相同。全国统一大市场也强调规则及制度的统一，只有做到制度和规则上的统一，才有可能真正形成全国统一大市场。高标准经贸规则更加强调“边境后”规则，强调国家之间标准互通和监管的一致性，对成员国边境内的各项国内政策进行规范。所以，高标准经贸规则带来的开放是深层次的开放，是制度型的开放。

对接高标准的国际经贸规则，就是倒逼国内深化经济体制改革，助推国内构建更高标准、更公平、更有序、更开放的市场体系，奠定国内统一大市场的制度规则；既是对内开放，又是对外开放，完善内外一致的开放规则体系。这才能真正将两个市场无缝对接起来，统筹国内国外两种市场资源，构建完整统一的“大市场”。这样建设的全国统一大市场才能体现高水平开放，是国际化的统一大市场。

## 二、高标准经贸规则对全国统一大市场的现实借鉴

区域一体化的进程仍在加快，近些年签订的区域经贸协定都突出高水平的经贸规则。本部分梳理已经生效的区域经贸协定，包括 RCEP、CPTPP、DEPA 以及美国主导的 USMCA，从反垄断规则、要素自由流动、数字贸易规则等方面，提出全国统一大市场建设的借鉴之处。

### （一）对标竞争中性原则，实现充分的公平竞争

高标准经贸规则的一个重要内容就是竞争中立原则，即要求任何企业不因所有制而处于有利或不利的地位。经济合作与发展组织（OECD）将竞争中性归纳为国有企业组织合理化、成本确认、商业回报率、公共服务义务、税收中性、监管中性、债务中性与补贴约束、政府采购八大要素，主要强调国有企业不能有相对于民营企业的特别优惠待遇。RCEP 第 13 章专门设置为竞争政策，要求成员国应当坚持非歧视原则，指出缔约方在适用和实施相关法律时，不能基于国籍进行歧视，也不能将所有权作为一项考虑因素。CPTPP 第 17 章“国有企业和指定垄断”要求国有企业和其他各类企业要公平竞争，要提高国有企业透明度，尤其是对其补贴的透明度。

建设全国统一大市场应该对标并落实竞争中性原则。制约全国统一大市场形成的根源之一在于具有强大市场势力的垄断企业，它们滥用其市场支配地位，分割市场并扭曲自由竞争。这就决定了必须从源头解决不同类型企业的差别待遇问题，避免由于这种差别待遇导致企业获取垄断地位后实施垄断行为。建设全国统一大市场，落实竞争中性原则，关键是要在政策制定和实施过程中，对所有企业都公平公正公开，不能根据所有制来歧视特定企业。党的十八届三中全会强调，“国家保护各种所有制经济产权和合法利益，保证各种所有制经济依法平等使用生产要素，公开公平公正参与市场竞争、同等受到法律保护”“废除对非公有制经济各种形式的不合理规定，消除各种隐性壁垒”等。这些都是落实竞争中性原则的直接要求。

我国建设全国统一大市场，不应将竞争中性原则简单化为取消对国有企业的特殊优惠待遇。竞争中性原则表面上看起来主要是要求各成员国不能给

予其国有企业特殊的优惠待遇，但其本质依然是强调对不同所有制的企业公平对待。在我国国内市场中，民营企业、外资企业和国有企业三者之间的确存在一定的差别待遇，但并不全部体现为只对国有企业的优惠和扶持。例如，各地招商引资中存在对外资企业投资提供包括税收减免或返回在内的各种优惠政策，各地民营企业也能获得当地产业补贴和扶持政策。政府应在国民待遇基础上公平对待国有企业、民营企业和外资企业，特别是在税收、信贷、采购、补贴等政策方面，应确保对三类企业的平等待遇。

全国统一大市场建设中落实竞争中性原则，重点是反行政垄断，反对由此导致的国有企业垄断。行政垄断是行政机关及其授权组织滥用行政权力，限制竞争的行为，是我国反垄断的难点和重点。国有企业是我国国民经济的中坚力量，是我们党执政兴国的重要支柱和依靠的力量。国有企业因其特有的政治属性而被赋予了更多的使命。行政机关可能倾向于对国有企业实施偏向性的优惠政策，或通过国有企业来实施其行政垄断行为，这就导致后续的国有企业垄断。在充分竞争的国内市场范围内，落实竞争中性就要进一步强化我国2019年以来实施的公平竞争审查制度，破除行政垄断行为；同时，要求国有企业基于商业考虑公平参与市场竞争，应保持企业股东、组织结构等信息的透明度。

### （二）对标服务贸易与投资规则，建设统一的劳动和资本要素市场

区域一体化始于商品的自由流动，更进一步上升为生产要素的自由流动。区域服务贸易规则演变的趋势是减少限制与例外，体现在劳动和资本要素方面的开放度更高，进而促进更多行业开放。

1. 减少自然人流动限制，促进劳动力要素自由流动。高标准经贸规则在服务贸易方面的发展趋势是强调减少自然人移动限制，促进劳动力的自由流动。具体表现在签证办理流程及国外居留时间等方面应给予商务访客、专家、相关技术人员及公司内部调任人员更大的便利。建设全国统一大市场应充分借鉴高标准经贸规则在这方面的做法，减少人员流动的隐形限制和差别待遇，打破劳动力市场的分割，促进劳动力要素的自由流动。

国内市场虽然不涉及签证等的限制，但是基于当前的户籍和社会保障制度，劳动力市场仍然处于地域分割和社会分割两种状态。地域分割体现在城乡二元制度上，劳动力市场被分割成城镇居民劳动力市场、农村进城务工劳动力市场和农村劳动力市场；社会分割主要是由于歧视和社会习惯等社会因素导致的劳动力市场分割，更为隐形，影响也更为深远。借鉴服务贸易高标

准经贸规则，推动建设全国统一的劳动力市场，首先，减少劳动力在区域城乡间流动的障碍。鼓励有条件实施积分落户的城市将常住时间和个人能力与贡献等因素统筹考虑，制定符合本地现实发展情况的积分落户指标体系，打破户籍制度带来的地域分割。其次，推进基本公共服务均等化改革，加快推进基本养老保险全国统筹，建立完善配套的社保、档案等各项制度，消除因单位性质不同而造成的人员流动障碍。

2. 强化投资自由与便利化，促进资本要素自由流动。投资方面的高标准经贸规则主要体现为降低投资准入限制，负面清单日益成为投资便利化的重要方式。RCEP 是中国首次在自贸协定中，以负面清单形式对投资领域进行承诺，并适用棘轮机制，即承诺未来投资自由化水平不可倒退。这种对投资的负面清单管理模式可以促进投资自由化与便利化，按照投资贸易规则的高标准，建设国内统一的资本市场，就意味着倒逼国内多层次资本市场结构体系与制度体系的完善。

国内建设统一的资本市场，要求金融资本在全国范围内实现配置自由化，本质是促进资本要素的自由流动，形成统一规则、竞争有序的资本要素市场。目前要重点解决我国金融市场的分割，首先，畅通融资渠道，保证不同性质的企业能同样触达相同的融资渠道，获得市场化待遇的融资便利，支付符合统一市场要求的融资成本，解决国有企业和民营企业在融资难度、融资成本上存在的差异待遇。其次，在提高金融资源配置效率的目标下，持续深化金融体制改革，改变以行政层级决定金融资源、资本要素流向的配置方式。最后，重点解决各地在落实市场准入负面清单时的力度差异，破除地方的隐性准入壁垒，在市场准入相关的申报程序、审批核准流程规则执行力度等方面保持一致，打破民营资本进入部分行业的隐性障碍。

### （三）对标数字贸易规则，加快构建数据要素统一市场

随着大数据、云计算和人工智能等新一代信息技术的快速发展，数据成为国家基础性战略资源，与劳动、资本和技术等一起被列为生产要素之一。以数据为基础的跨境数据流动成为服务贸易中信息传输的主要渠道，因此数字贸易规则作为国际服务贸易谈判的新议题，也成为高水平经贸协定的重要标志，成为高标准经贸规则的一部分。

基于不同的利益导向，目前美国主导和欧盟主导的区域经贸协定在数字贸易规则上，持有不同的理念。相对来说，美国主导的区域经贸协定在数字贸易规则方面标准更高，将区域和双边贸易协定作为其数据跨境自由流动主张的主

要渠道，推动数据跨境流动规则不断向更高水平、更严标准、更加开放趋势发展。美国要求缔约方确保全球信息和数据的自由流动，减少数字贸易限制，确保数据可以跨境传输，并最大限度地减少数据存储和处理的限制，承诺不施加对当地数据处理中心的限制，以保护其数字供应商的国际竞争力为目标。同时，保护消费者在数字贸易中的隐私权，限制政府要求披露源代码和算法的能力，加强应对网络安全挑战的合作。美国在主导 TPP 时，对数字贸易规则做出了上述高标准规定，后来虽然美国退出 TPP，但其中的数字贸易规则却在 CPTPP 中被完整保留，并在 USMCA 中加以落实。欧盟数字贸易规则以价值观与技术自主为特征。《欧盟—越南自由贸易协定》的数字贸易规则体现在“投资自由化、服务贸易和电子商务”章中，规定缔约方不对电子传输征收关税。

在数据贸易规则方面，发达国家主导的区域经贸协定，如 CPTPP、DEPA、USMCA 均体现了高标准，意在实现跨境数据的自由流动。这些高标准数字贸易规则在数据跨境流动、计算设施本地化、源代码规则、数据内容流动等方面与我国相关法律制度存在不一致性，我国制定数字贸易规则时不能完全照搬这些规则，但在全国统一大市场建设中，应该重点借鉴这些高标准数据贸易规则，推进全国数据要素统一市场建设。

数据要素市场包括数据确权、数据定价、数据交易和数据监管四个关键环节，数据监管为前三个环节提供保障，是必不可少的部分。在坚持促进发展和监管规范两手抓、两手都要硬的前提下，重点解决数据权属不明晰、市场秩序不完善、数据价格判定困难、数据市场监管不适配、数据安全隐患突出等问题。另外，我国已经先后通过《中华人民共和国网络安全法》（以下简称“《网络安全法》”）、《中华人民共和国数据安全法》（以下简称“《数字安全法》”）、《中华人民共和国个人信息保护法》（以下简称“《个人信息保护法》”）等法律法规，初步构建国内数据市场的法律体系，后续还要积极参加国际数字经济合作，参与国际数字贸易相关协定谈判和规则制定，并持续将促进数据自由流动、数据市场一体化的先进规则应用到国内数据统一市场建设进程中。

## 第三节　我国加快建设全国统一大市场的对策建议

### 一、实施多阶段一体化的加速战略，跨阶段推进全国统一大市场建设

我国在改革开放后，从小农经济/自然经济过渡到商品经济，然后进入市

场经济。不同于西方国家已经完整走过这些经济阶段，我国生产力结构呈现出多阶段一体化发展的结构特征，农村工业化、后工业化社会、经济服务化、网络信息化等数个发展阶段交织在一起，各要素市场发育并不均衡。这就要求我国必须在多阶段共存的前提下，一体化推动多个生产要素的市场化进程。因此，全国统一大市场建设任务更困难、难度更大，而且起步阶段其质量不一定高。

农业文明时代，土地、劳动力是最重要的生产要素。工业化时代，资本和技术是最重要的要素。后工业化时代，知识、人才、企业家才能、管理等要素地位突出。当今数字经济时代，数据资源成为生产力和社会财富的重要来源，是基础性、战略性资源。多阶段一体化加速推进统一大市场，首先，破除阻碍要素流动的因素，鼓励各类要素流动。拆除要素和资源自由流动的壁垒，并且按照要素的公共性分类对待，先易后难。然后，将多个发展阶段与要素市场的发展在同一时间、空间中压缩、结合。如可以积极有效地利用网络经济和数据资源改造农业和传统产业，加速形成新发展格局，实现高质量发展。

## 二、重塑我国产业政策体系，推行中央政府主导型产业政策

我国产业政策实施中的一个重要特征，就是地方政府主导型产业政策占据主要地位，而中央政府主导型产业政策的功能比较微弱，相比较来说只起了次要的作用。它的好处就是可以充分发挥地方政府积极性，让地方政府间的横向竞争成为中国经济增长的动力机制，但是副作用也很多，主要是容易出现产能严重过剩、债务高筑、发展粗放以及市场分割等不良现象。当前影响全国统一大市场建设的主要障碍，并不完全在于地方政府具有较多的经济职能，而在于其主导的产业政策的行使方式，以及把其作为地区市场分割工具的做法。因此，要改革我国产业政策的实施方式和各级政府的执行方式，一方面要发挥地方政府推动经济高质量发展的积极性，另一方面要避免地方政府实施产业政策干预经济活动的做法，在央地关系中调整地方政府的经济发展功能，将产业政策的制定和实施权限上收到中央政府层面。

第一，地方政府要从实施产业政策转变为实施产业链政策，推行“链长”与“链主”的双重治理。地方政府要以产业链思维来看待产业发展，聚焦产业链，通过做好产业链发展规划、产业链支持政策、产业链龙头企业培育、产业链共性技术支撑平台、产业链招商队伍、产业链分工责任机制等工作，

实现固链、强链、创链、紧链。建设约束机制、激励机制和协调机制，构建垄断竞争的现代市场结构，让大中小企业之间建立一种由产业链“链主”主导的市场治理结构，由此形成全球产业链集群形态的竞争结构。同时，降低地方政府公司化的倾向，推进实施主要产业的“链长制”，由政府首长充当“链长”，帮助“链主”协调产业链中重大的要素供求关系，以及应对突发事件的冲击。

第二，地方政府要改进产业政策的实施方法，在竞争面前一视同仁。要对接通行的国际惯例，使用那些可能会引起更少国际经贸摩擦的有效方法，并创新使用新手段和新工具，如对出口企业的支持，需要其满足绿色低碳、遵守国际劳动规则等条件；对战略性新兴产业的支持，要从使用单一的财政补贴方式，转向对其利用资本市场上市和融资的支持、对其创新所需基础研究和共性技术研究的支持等。降低对企业跨地区并购的准入门槛，积极鼓励和欢迎外地企业通过并购进入本地区，充分激发民营企业跨地区并购的积极性和开拓性。同时，将竞争重点放在基础设施建设、社会公共产品和服务等环境“硬实力”方面，为企业跨地区并购的开展塑造良好的外部生存环境。对国有经济和民营经济一视同仁、对大中小企业平等对待，不干预地方国有企业内部具体的投资决策。

第三，试点在重点产业实施中央主导型产业政策，取消重点领域的市场分割行为。中央要明确全国统一市场建设中的重点行业主攻方向，清理重点行业的区域壁垒，例如汽车、医药、能源、金融、运输和建筑工程等的区域壁垒；逐步加大中央政府主导型产业政策在重点产业领域的实施力度，收缩地方政府在这些产业领域的实施力度。通过中央主导型产业政策的实施，在全国范围内形成这些重要产业的现代化产业链，奠定全国统一大市场运行的产业基础。

依托中央政府主管机构，建立超脱于地方利益的、跨区域、法律化的统一有效的多元协调机制。可以借鉴国际上的做法，设立中央主导型产业政策的派出机构，负责统筹各区域的产业政策实施，强化对地方干预政策的约束作用。为保证独立性和权威性，产业政策派驻机构的人财物和工作任务应由中央主管部门配置和监管，也可以从各地区发改、工信、市场监管和商务部门抽调人手，但需要统一接受中央政府主管部门的领导和调配。

确定重点领域，取消政府采购、医药集中采购、重大工程建设项目招标中对本地企业的特殊优惠。取消限制或强制外地企业在本地设立分支机构的不合理规定，取消外地企业并购本地企业的歧视性规定或限制性做法。全面取消“二手车”限迁政策，逐步放宽车辆异地年检、异地办理保险业务等方面的限制，提高业务办理便捷性。

## 三、优化行政权力分布层级，合理调整让渡行政权力

第一，各级地方政府彼此适当让渡行政权力，或者让渡给更高一级政府。一是增强建设维护全国统一大市场的全局意识，鼓励同区域内同级地方政府间的合作协调发展，减少地方政府对市场活动的直接干预。二是完善地方政府官员的政绩考核评价体系，不仅考核区域 GDP、财政收入指标，还要考核地方政府官员对地区间市场一体化发展的贡献，扭转其外在压力机制和行为准则。三是制定区域间市场一体化合作协议，规定在跨地区特定公共事务的管理中，各地政府按流程彼此让渡部分行政权力，或让渡给相应地区的一体化推进机构。四是调整中央与地方财权事权分配，限制地方政府直接参与市场活动、干预市场运行的权力边界。

第二，强化建设全国统一市场的中央权威。建设统一、开放、竞争、有序的市场体系，必须消除各种形式的地方保护主义，要强化中央权威以遏制地方保护。一要明确禁止地方政府阻碍商品、要素自由流动的市场分割行为，并将违反此类规定的处置权交由中央政府，建立国务院对地方政府推进全国统一大市场建设的巡查督查制度。二要发挥强有力的财政调控作用。中央政府运用转移支付等财政手段，调整国内各区域的市场活动，优化各区域间的资源配置，通过重新划分中央与地方财权事权强化统一市场的中央权威。三要牢固树立地方政府领导干部的反地方保护思想。加强对党员领导干部的管理和教育，用党的组织性和纪律性约束地方党员干部的行为，将反地方保护作为党管经济的抓手之一，形成强大的反地方保护的舆论。

第三，实现央地关系的法治化。过去我国央地关系的调整主要是通过行政手段而非法律手段来实现，导致央地之间、地方上下级政府间的博弈无序化，当前要从法治角度进一步明确符合全国统一大市场建设需要的央地关系。首先，在条件成熟的情况下，在法律制度层面确立央地关系调整的权责对等、公平效率原则，并制定行政权力调整的标准和措施。其次，对现有法律进行必要的修补和完善，将与央地关系相关的国家和地方法律法规内容进行必要的清理、统一和整合。最后，在央地关系处理中，尝试构建“仲裁（调解）、司法（裁决）”的双重纠纷解决体制，或建立巡回审判庭制度。

## 四、统一全国范围内的竞争规则，持续推进反垄断工作

第一，强化竞争规则的统一性。一是破除等级制管理，平等对待市场主体，市场主体只有大小规模之分，没有行政等级和高低之分。二是取消把企业按照所有制分类管理的办法，统一按照中国企业概念进行管理。按照服务性质而不是所有制性质制定相关政策，保障民办与公办服务机构在资格准入、职称评定、土地供给、财政支持等方面的公平发展。三是坚持竞争法的精髓，即行为上坚持保护竞争而不是保护竞争者，所有市场主体在竞争法面前一视同仁。

第二，完善公平竞争审查实施机制。各级地方政府经济政策的出台，都必须经过竞争法的审查审核机制，与竞争政策有冲突的地方经济政策和行政法规条例，都要重新制定或修正，以此全面清理、废除各地区和各部门制定的带有地方保护性质和行业垄断色彩，且与现行国家法律、法规相抵触的地方性、行政性法规与规章。同时，加强对地方自我审查的指导，适时对地方审查结果开展评估和考核，切实提高审查质量。加快制定公平竞争审查例外规定的实施细则，明确适用例外规定的各种情形与适用条件。建立公平竞争审查的抽查、考核和公示制度，进一步完善第三方审查的制度规则。建立公平竞争审查举报、回应和处理机制，加快建设针对线索举报、问题反映的审查处置机制和实施程序。

第三，加快相应法规的修订完善。推进《中华人民共和国反垄断法》《中华人民共和国反不正当竞争法》以及相关的法律法规的修订工作，增强相关法律法规的可操作性和针对性。清理和废除妨碍全国统一市场和公平竞争的各类法律条款与行政法令，重点扫除地区行政和政策壁垒，并及时制定并颁布重点领域的反垄断指南。

第四，加强反行政垄断。首先，建议单独出台“反行政垄断法”。旗帜鲜明地规定禁止地方政府行使行政垄断行为的一般条款，包括行政垄断行为的具体形式、法律责任和处罚措施等。其次，加强反行政垄断执法，对已经发生的破坏全国统一大市场建设的各种违法行为，尤其对不遵守法律法规和相关制度、以权谋私、失职渎职等行政行为，加大查处力度，纳入政务诚信记录。最后，设立跨区域反行政垄断监察机构。赋予该机构准司法机构性质，有权对地方保护和分割市场的案件调查取证并作出初步裁决。从人、财、物上割断该机构与地方政府的关系。

## 五、推动要素市场统一，破除行政设置的要素流动壁垒

当前阻碍国内统一大市场形成的因素，主要表现在要素市场领域，如大数据、技术、土地等，这类要素天然带有某些较强的公共性或外部性特点，一旦市场调节失灵会引发经济社会较大震荡。劳动力要素则附着于自然人身上，区域特征明显，其流动性容易受各种隐形制度障碍的影响。

第一，完善要素市场发展的法律法规，促进数据要素市场双向开放。加强支撑全国统一要素市场建设的法律法规建设，加快完善要素产权、物权、合同、知识产权相关法律制度，严格执行民法典等一系列与要素市场相关的法律法规，加大对数据要素市场上歧视性行为、分割数据要素市场行为的打击惩处力度。同时，加强要素市场负面清单的动态调整，不断缩小负面清单范围；以打破要素市场地域分割和行业垄断、清除市场壁垒为重点，加快清理废除妨碍统一要素市场形成和公平竞争的各种规定与做法。大幅度放宽我国数据要素市场准入，加快与国际规则对接，扩大要素市场对外开放，积极稳妥"走出去"；促进数字贸易和投资自由化、便利化，推动要素市场向更加开放、更高层次、更高水平迈进。

第二，完善要素价格形成机制，创新要素市场监管。一方面，加快建立具有自然垄断性质的管网型资源要素环节定价制度，对于实行市场调节价的领域，要杜绝政府对要素定价的直接干预，纠正以补贴、配额等方式扭曲要素市场价格的行为，推动形成竞争性要素市场价格。另一方面，按照统一、规范、效能原则，完善要素市场监管体制。针对要素市场监管重点领域存在的难点问题，引入现代监管和系统治理理念，建立与监管对象和目标相适应的监管方法和工具，建立健全全国统一实施、上下衔接配合、公众广泛参与的要素市场监管改革推进机制，着力提升要素市场监管能力和质量。

第三，健全完善社会信用体系，加强社会监督。加快建设完善企业和个人征信系统，建立有效的信用激励和失信惩戒制度，强化全社会信用意识和诚信行为，营造诚实守信、公平竞争的市场环境。强化重点领域失信黑名单和禁入名单的互联互通，对违法失信主体依法予以限制或禁入，持续加强和规范对失信主体的信用监管，真正实现"一处失信、处处受限"。积极拓展公众参与要素市场治理的范围和渠道，建立政府部门、市场主体、社会组织、新闻媒体、司法机关等多元共治的消费维权和监督体系，联合开展诚信缺失治理。

## 六、强化全国统一大市场的目标导向，发挥统一市场监管的支撑作用

加强市场监管是推进全国统一大市场建设的有效政策手段，能预防和防止各类市场分割行为的产生。要加快推进全国统一的质量、标准体系建设，聚焦公共服务、生态环保、物流运输、检验检测、质量标准等领域，推进地区间标准互认和采信，加快出台全国统一标准。健全跨区域联合监管执法机制。建立跨区域、跨领域市场监管会商制度和全方位协作机制，加强对市场监管工作的总体统筹，提高市场监管政策执行的协同性。搭建跨区域、跨领域市场监管会商平台，建立经常性和临时性会商响应机制。

完善跨行政区域执法协作及信息共享机制，建立重大监管事项通报制度，加强市场监管信息共享，健全联席会议、线索通报、证据转移、案件协查等制度。完善跨区域的守信联合激励和失信联合惩戒机制，建立打击侵权假冒黑名单发布制度。鼓励跨行政区域联合发布统一的监管政策法规及标准规范，积极开展联动执法，创新跨区域联合监管模式。鼓励毗邻地区建立区域市场监管信息交流机制和数据交换机制，加强市场监管政策措施、工作信息、情报线索等方面的沟通和交流，定期开展政府间监管数据交换。

## 七、加快长三角等区域市场一体化，引领全国统一大市场建设

按照先易后难、逐步推进的原则，全国统一大市场建设可以先从区域市场一体化开始做起。首先实现省内全域市场一体化，再通过省际的相互开放竞争，形成区域统一大市场，最后通过全国各主要区域的开放，逐步形成全国统一大市场。以长三角、京津冀、粤港澳等重点区域为突破口，加快推进区域市场一体化，提高政策制定统一性、规则一致性和执行协同性，在此基础上逐步形成全国统一的市场规则体系，引领全国统一大市场建设。

第一，优先选择长三角作为区域市场一体化试点。区域统一大市场是实现全国统一大市场的中间过程和关键环节，应该从条件比较好的区域开始推进区域市场一体化；先行区为全国统一市场建设的实现机制探路，逐步消除行政区经济的基本特征，然后再把好的经验往全国推广。目前看来条件最适宜的就是长三角地区，因为长三角自古地域联通、文化相通、习性相同，具有经济发展水平高、人民生活水平高、对外开放程度高、深化改革意识强等

基础和优势，完全有条件和能力承担推动区域统一市场建设试点的战略使命与历史重任。

建议由国家相关部委牵头，强化2014年出台的长三角区域市场一体化发展合作机制，从规则体系共建、创新模式共推、市场监管共治、流通设施互联、市场信息互通和信用体系互认六个方面加强长三角区域内的合作，打破地区封锁和市场分割，建设长三角区域统一大市场。一方面，以内促外，利用长三角区域统一大市场的规模优势，吸引外部资源、发挥长三角产业链完整、配套体系全的优势，继续坚持对外开放，吸引国际产业链在长三角的布局，通过国内市场循环来推进国际大循环，从而构筑对外开放的新分工优势。另一方面，以外促内，通过高水平对外开放来促进长三角市场对内开放，对标全球贸易和投资自由化便利化的最高标准，主动开放，加快落实零关税、零壁垒、零补贴（“三零”）标准，并将“三零”标准落实到长三角，推动要素在国内外市场的自由流动，形成新的制度型开放格局。

第二，建立不受地方政府随意干涉的、相对独立的司法制度和执法体制。在推进经济一体化高质量发展的重要区域，如长三角、京津冀、粤港澳大湾区等，建议在现有法院系统的基础上，新设立区域上诉巡回法院。不仅要按照竞争法和反不正当竞争法来清理统一区域内的歧视性政策和垄断事务，也要按照竞争法来规范区域内企业的行为，以摆脱地方政府对非一体化行为的保护。

第三，完善区域协同发展政策体系。结合各地区的资源禀赋和比较优势，深化区域分工，构建优势互补的区域现代产业体系。统筹实施一批跨区域重大交通、信息、水利、能源等重点项目，推动形成布局合理、功能完善、衔接顺畅、运作高效的基础设施体系。完善区域协同创新体制机制，推动政策、市场、科技等多位一体发展，打造创新主体、创新基础设施、创新资源等有机耦合的区域协同创新体系。探索区域生态文明共建的实施路径，加强区域生态共建共保，推动环境污染联防联治，创新生态产品价值实现机制。统筹教育、医疗等公共服务资源在区域之间合理配置，加快建立资源便利共享体制机制，推动社会保障接轨衔接，强化社会综合治理联动，推动公共服务区域合作。

（本章作者：巫强，南京大学长江产业经济研究院研究员、南京大学商学院教授）

# 第三章　我国消费中长期发展趋势研究

我国仍处于新型工业化、信息化、城镇化、农业现代化快速发展阶段，发展的内生动力依然强劲，但跨越中等收入陷阱关键阶段的实质未发生改变。以往支撑经济高速增长的外部环境和内部条件发生了深刻变化，结构性、体制性、周期性问题相互交织，再加上过去几年新冠疫情的冲击，保持经济平稳运行的难度加大，在转变发展方式、优化经济结构和转换增长动力等领域面临前所未有的挑战。需要坚持扩大内需的战略基点，把满足国内需求作为发展的出发点和落脚点，明确我国消费发展现状和主要特征，剖析中长期消费发展影响因素，预测消费规模和结构中长期（2025年乃至2035年）变化趋势，加快培育完整内需体系、全面促进消费，加快构建以国内大循环为主体、国内国际双循环相互促进的新发展格局。

## 第一节　我国居民消费发展现状和主要特征

消费是社会再生产过程的一个重要环节，对社会经济发展起着导向和拉动作用。受收入低下和商品短缺影响，以往存在消费不足、物质与精神消费不同步、消费结构相似化和固态化、消费与经济增长脱节等问题，不利于经济长期健康发展。改革开放以来，国民经济持续增长，居民生活从温饱不足到小康水平，居民消费也经历了高速增长阶段，消费日益成为拉动经济增长、促进社会发展的关键力量。“十四五”时期，以国内大循环为主体、国内国际双循环相互促进的新发展格局加快构建，社会主义现代化建设稳步开启，消费发展也日新月异。

### 一、居民消费发展现状

党的十八大以来，除2020年受新冠疫情冲击明显之外，我国社会消费品零售总额和最终消费支出贡献率均保持不同程度的增长趋势（见图 3-1）。社会消费品零售总额增长显著，由 2012 年的 205517.3 亿元提升到 2021 年的 440823.0 亿元，年均增长 8.8%；最终消费支出贡献率增长缓慢且有所波动，但保持在 50%—69% 的区间内（2020 年除外），经济增长方式逐步向以消费为主要拉动力的路径转变。2021 年，社会消费品零售总额为 44.1 万亿元，与 2020 年同比增长 12.5%，最终消费支出对经济增长贡献率达 65.4%，同期 GDP 为 114.4 万亿元，比 2020 年增长 8.1%。党的十八大以来，我国居民消费在消费水平、消费结构、消费方式、消费环境等方面均有所改变。

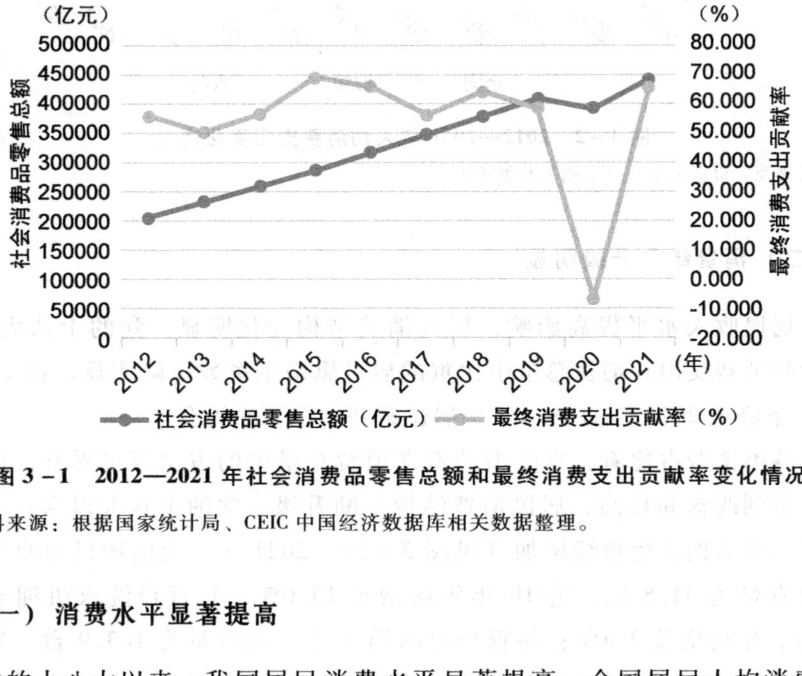


**图 3-1　2012—2021 年社会消费品零售总额和最终消费支出贡献率变化情况**

资料来源：根据国家统计局、CEIC 中国经济数据库相关数据整理。

## （一）消费水平显著提高

党的十八大以来，我国居民消费水平显著提高，全国居民人均消费支出由 2012 年的 12054 元增长到 2021 年的 24100 元，居民生活持续改善。从消费率看，2012—2020 年我国最终消费率平均为 53.8%。从人均消费支出看，除 2020 年受新冠疫情冲击影响有所下降之外，近 10 年居民人均消费支出保持稳定增长趋势（见图 3-2），其中农村居民人均消费支出增长较快，由 2012 年的 6667 元增加到 2021 年的 15916 元，年均增长 10.2%；但城乡居民人均消费支出差距仍较大，城镇居民人均消费支出由 2012 年的 17107 元增加到 2021 年的 30307 元，年均增长 6.6%。从收入看，近 10 年居民人均可支配收入显著提升，由 2012 年的 16510 元增加到 2021 年的 35128 元，年均增长 8.8%。居民收入增长有利于提升居民消费能力，提高居民消费水平。

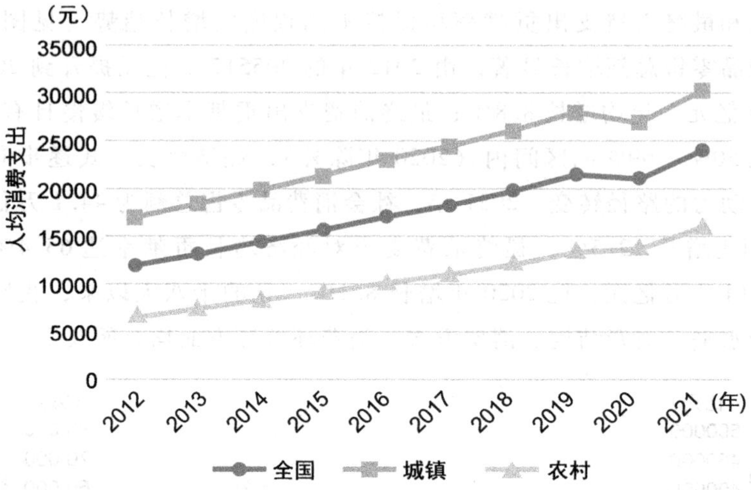


**图 3－2　2012—2021 年人均消费支出变化情况**

资料来源：根据国家统计局相关数据整理。

### （二）消费结构升级明显

受居民收入水平提高影响，居民消费结构变化明显。党的十八大以来，反映食物消费支出在消费总量中比重的居民恩格尔系数下降明显，由 2012 年的 33% 下降至 2021 年的 29.8%，居民富裕水平不断提升。

从各类消费占比看，享受型消费在消费总量中的占比逐步提升，居民生活质量得到改善和提高，居民消费结构不断升级。党的十八大以来，居民主要耐用消费品拥有量持续增加（见图 3－3）。2021 年，全国居民每百户家用汽车拥有量为 41.8 辆，近 10 年年均增长 13.0%；每百户洗衣机拥有量为 98.7 台，年均增长 2.4%；每百户电冰箱（柜）拥有量为 103.9 台，年均增长 2.8%；每百户空调拥有量为 131.2 台，年均增长 9.0%；每百户移动电话拥有量为 259.1 部，年均增长 2.7%。

除 2020 年受新冠疫情冲击明显之外，党的十八大以来居民服务性消费支出保持稳定增长，近 10 年年均增长 9.9%。[①] 2021 年，全国居民人均服务性消费支出为 10645 元，比 2020 年增长 17.8%，占居民消费支出比重为 44.2%。其中，人均交通通信消费支出为 3156 元，占人均消费支出的比重为 13.1%；人均教育文化娱乐消费支出为 2599 元，占人均消费支出的比重为 10.8%；人均医疗保健消费支出为 2115 元，占人均消费支出的比重为 8.8%；

① 由于 2012 年数据缺失，此处采用线性插值法补齐 2012 年每百户耐用品拥有量情况。

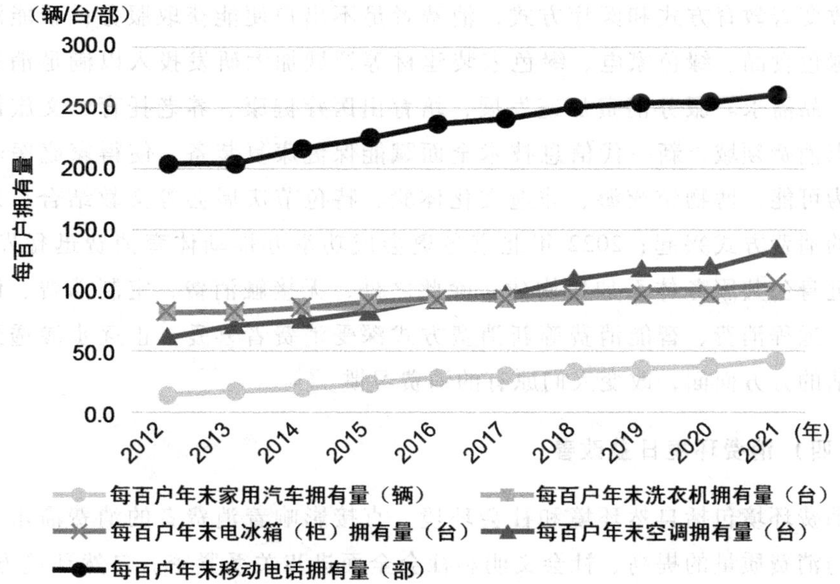


**图 3-3　2012—2021 年每百户耐用品拥有量情况**

资料来源：根据历年《中国统计年鉴》相关数据整理。①

人均其他用品及服务消费支出为 569 元，占人均消费支出的比重为 2.4%。

### （三）消费方式日新月异

信息技术的日渐成熟，引发消费方式革命。2021 年，我国互联网上网人数为 10.32 亿人，其中手机上网人数为 10.29 亿人；全国互联网普及率为 73.0%，其中农村地区互联网普及率为 57.6%；全年移动互联网用户接入流量为 2216 亿 GB，比 2020 年增长 33.9%。社会生产力发展提供新的消费手段影响了消费方式，互联网普及推广加速网络零售和移动支付发展，居民消费方式突破时间和空间阻力实现多元化发展。2021 年全国网上零售额为 13.1 万亿元，较 2020 年增长 14.1%，其中实物商品网上零售额为 10.8 万亿元，与 2020 年同比增长 12%，增速明显高于线下消费，占社会消费品零售总额的比重为 24.5%，对社会消费品零售总额增长的贡献率为 23.6%。社会生产力发展提供新的消费对象和形式，改变了传统的消费方式，使新时代的消费者拥有更加文明、健康、科学的消费观念，满足了新时代消费者对美好生活的向往。数字消费、健康消费、绿色消费等新型消费日渐兴起，在线教育、智慧

① 由于 2012 年数据缺失，此处采用线性插值法补齐 2012 年每百户耐用品拥有量情况。

医疗改变着教育方式和医疗方式，消费者足不出户便能获取服务；新能源汽车、绿色食品、绿色家电、绿色家装建材等领域加大研发投入以满足消费者绿色产品需求。服务消费加速发展，培育出医疗健康、养老托育、文旅体育等热点消费领域，新一代信息技术全面赋能保健康复装备，使得家庭医养结合成为可能；博物馆夜游、非遗文化体验、特色节庆展会等文教结合、以文塑旅的消费方式兴起；2022 年北京冬奥会成功举办推动体育消费迅猛发展，全民健身公共服务体系加快构建。除此之外，无接触消费、定制消费、体验消费、远程消费、智能消费等新消费方式深受消费者喜爱，正逐步渗透到人们生活的方方面面，改变人们原有的消费习惯。

### （四）消费环境日益改善

消费环境包括自然环境和社会环境，直接影响着消费者的消费需求和结构，与消费质量的提高、社会文明和社会全面进步关系紧密。自然环境方面，中共中央、国务院于 2021 年 10 月发布《关于完整准确全面贯彻新发展理念 做好碳达峰碳中和工作的意见》，强调通过自然环境治理逐步建成绿色低碳循环发展的经济体系，做到经济、社会与环境的协调发展，以此促进消费质量的提高。社会环境方面，一是数字经济的深入发展促进我国经济不断从粗放型向高质量发展转变，宏观环境向好有利于改善居民消费；二是消费监管力度逐步加强促进消费市场更加健康发展，尤其是网络消费和数字经济的相关政策由较为宽松灵活转为发展和监管并重，虚假宣传、售卖假货、“大数据杀熟”等问题能够得到及时解决，消费者合法权益有所保障，消费意愿不断提升；三是传统文化广泛传播促进新时代消费者本土意识与文化自信日益增强，帮助消费者树立健康正确的消费观念，实用、性价比高、富有中华文化特色的国货产品受到越来越多消费者青睐，一部分自主品牌的影响力和竞争力逐步提升，将进一步发挥国内超大市场优势。

## 二、居民消费发展主要特征

党的十八大以来，我国坚定实施扩大内需战略，消费逐渐成为经济增长的第一拉动力。脱贫攻坚取得全面胜利后，城乡居民收入显著增加，居民生活质量大幅改善，居民消费水平和消费能力提升，消费结构不断升级。同时，随着深入实施数字经济发展战略，数字技术不断变革并赋能乡村振兴，城乡消费升级进一步加快。除此之外，在当前保护主义上升、世界经济低迷、全球市场萎缩的外部环境下，以国内大循环为主体、国内国际双循环相互促进的新发展格局正加快形成，强调发挥国内超大规模市场优势，进一步激发居民消费潜力，加快培育完整内需体系，促进经济发展。在机遇与挑战并存的环境下，我国消费发展呈现出以下特征。

### （一）城乡收入差距缩小，农村消费潜力释放

随着脱贫攻坚战全面胜利，小康社会全面建成，城乡居民收入持续增长，由 2012 年的 16510 元增加到 2021 年的 35128 元，年均增长率达到 8.8%（见图 3－4），除 2020 年受新冠疫情影响小幅下降之外，增长趋势稳定。其中，城镇居民人均可支配收入由 2012 年的 24127 元提升至 2021 年的 47412 元，年均增长 7.8%；农村居民人均可支配收入由 2012 年的 8389 元提升至 2021 年的 18931 元，年均增长 9.5%，快于城镇居民 1.7 个百分点。

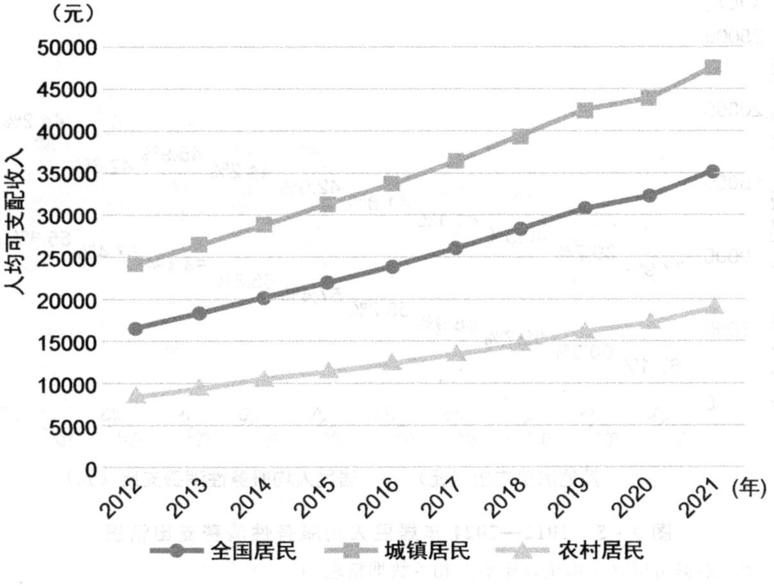


**图 3－4　2012—2021 年全国、城镇、农村居民人均可支配收入情况**

资料来源：根据《中国统计年鉴》相关数据整理。

有赖于农村居民收入的快速增加，城乡居民人均可支配收入比由 2012 年的 2.9 缩小为 2021 年的 2.5，有利于激发农村消费潜力。党的十八大以来，城乡居民消费支出均有增加，农村居民消费增长明显快于城镇居民，其边际消费倾向逐步提升。2021 年，全国居民人均消费支出为 24100 元，较 2020 年增长 13.6%。其中，城镇居民人均消费支出为 30307 元，增长 12.2%；农村

居民人均消费支出为15916元，增长16.1%，快于城镇居民3.9个百分点。随着乡村振兴战略的深入推进，广大农村居民收入得到保障和提升，农村消费市场得以蓬勃发展，尽管城乡居民消费水平仍存在较大差距，但农村居民消费潜力不断得到释放。

### （二）恩格尔系数达富裕水平，消费升级步伐加快

党的十八大以来，中国特色社会主义进入新时代，供给侧结构性改革和创新驱动发展战略深入实施，居民消费结构升级步伐加快。人均消费支出增加，同时服务性消费支出占比也明显增加，由2012年的37.9%增加至2021年的44.2%，除2020年受新冠疫情影响有所下降之外，整体消费升级趋势明显（见图3－5）。2012—2021年，恩格尔系数由36.97%下降至29.8%，年均降幅高达2.07%，居民消费升级的步伐加快。

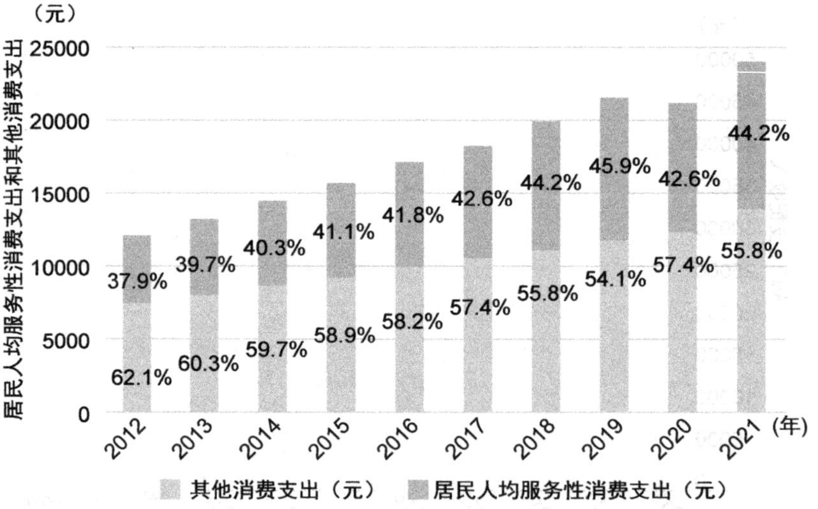


**图3－5　2012—2021年居民人均服务性消费支出情况**

资料来源：根据历年《中国统计年鉴》相关数据整理。①

2021年恩格尔系数降至30%以下，达到联合国粮农组织划分的富裕水平②，居民生活水平、生活质量提高，共同富裕目标扎实推进。其中，全国居民人均食品烟酒消费支出为7178元，与2020年比增长12.2%，占消费支出

① 由于2012年数据缺失，此处采用线性插值法补齐2012年居民人均服务性消费支出情况。

② 根据联合国粮农组织的划分标准，恩格尔系数在20%以下为极其富裕水平，在20%—29%为富裕水平，在30%—39%为相对富裕水平，在40%—49%为小康水平，在50%—59%为温饱水平，达60%以上为贫困水平。

的比重为29.8%；人均教育文化娱乐消费支出和人均医疗保健消费支出分别比2020年增长27.9%和14.8%，增速分别高于人均消费支出14.3个和1.2个百分点，合计占人均消费支出的比重为19.6%，比2020年提高1.3个百分点；人均服务性消费支出为10645元，占居民消费支出的比重为44.2%，比2020年增长17.8%，增速快于人均消费支出4.2个百分点。可见，随着城乡基础设施和医疗体系的完善，居民生活质量得到改善和提高，享受型消费在总量消费中占比逐步提升。除此之外，消费升级表现出绿色化、智慧化特点，2021年新能源汽车销量达到352.1万辆，比2020年增长1.6倍；2020年，中国智慧医疗行业规模突破千亿元大关，智慧物流市场规模近6000亿元，朝着绿色低碳、可持续发展方向创新。

从需求结构看，内需对经济增长的拉动作用逐步增强，2021年内需对经济增长的贡献率达到79.1%。在国内外疫情反复情况下，坚持扩大内需战略基点，是促进消费、拉动经济增长的重要途径，有必要落实扩内需政策，以此促进消费平稳健康发展。

### （三）数字经济深入发展，消费业态不断创新

数字技术的进步、数字经济和实体经济的深度融合，进一步促进产业结构的优化升级以及生产方式和消费的循环升级，以此推动消费提质增效，拉动经济高质量发展。新冠疫情防控期间，线下接触式的传统消费受到较大冲击，抑制了部分消费需求，但在数字经济背景下，以网络购物、移动支付、线上线下融合等新业态、新模式为特征的新型消费不受接触式消费影响而快速发展，线上购物、电商直播、在线医疗、在线教育等新兴数字消费领域展现出蓬勃生命力，无接触消费、定制消费、体验消费、远程消费、智能消费等新消费方式深受消费者青睐。在互联网和数字技术的创新发展下，线上消费市场表现较好，新消费逐渐成为拉动内需促进消费的新引擎。2021年，全国网上零售额为13.1万亿元，较2020年增长14.1%，其中实物商品网上零售额为10.8万亿元，与2020年同比增长12%，增速明显高于线下消费，占社会消费品零售总额的比重为24.5%，对社会消费品零售总额增长的贡献率为23.6%。数字经济带来的新模式、新理念、新技术促进了消费环境和服务体验优化以及消费方式多元发展以不断满足消费者需求，消费者消费行为更加数字化、个性化、精细化，消费类型逐渐向发展型、享受型、智能型靠拢，以此引致的消费升级也助推着消费市场不断创新发展。随着数字技术创新优化、互联网不断普及，新消费业态模式将补齐传统消费短板，为全国居民消

费注入增长新动能。

较为突出的是，数字经济深入发展，使数字乡村建设进一步加快，乡村振兴战略有序推进。在数字技术赋能农村过程中，农村网络信息基础设施不断完善升级，县、乡、村三级物流配送体系逐步健全，村村通等快递服务设施的完善，又进一步促进数字技术向下沉市场赋能，拓展农村消费新业态和新场景，推动农村消费升级。2021 年，全国农村网络零售额为 2.05 万亿元，比 2020 年增长 11.3%，增速加快 2.4 个百分点，全国农产品网络零售额为 4221 亿元，与 2020 年同比增长 2.8%。

### （四）消费需求持续挖掘，消费热点加速涌现

从 20 世纪 80 年代初“三转一响”消费热潮到冰箱、电视机、洗衣机进入家家户户，再到 21 世纪对电脑、轿车等大件商品的消费，我国消费结构和消费热点发生了巨变。加之社会生产技术水平提高、生产规模扩大以及生产结构调整的能力大幅提升，消费需求得以全方面高层次拓展，消费热点随之加快转移，一系列新消费热点拉动相关产业快速发展，成为新的经济增长点。

随着我国中等收入群体扩大，汽车、房产、出行等领域消费活跃度提升。2021 年，全国私人汽车拥有量为 26246 万辆，较 2020 年增长 8.0%，新能源汽车也受到新时代消费者青睐，全年全国新能源汽车产销累计分别完成 354.5 万辆和 352.1 万辆，累计增长 159.5% 和 157.5%，市场渗透率达到 13.4%；2020 年，全国房地产开发投资为 141443 亿元，比 2020 年增长 7.0%，商品房销售额达到 173613 亿元，较 2020 年增长 8.7%，其中，住宅销售额增长 10.8%。

除此之外，随着人民生活水平的提高，城市居民对美的追求日益强烈，医疗美容行业近年来发展迅速，美容消费成为我国一大新消费热点。2019 年中国医疗美容市场规模达 1769 亿元，与 2018 年同比增长 22.17%，2020 年即使受到疫情冲击，仍高达 1975 亿元，与 2019 年同比增长 11.65%。互联网时代，图片、视频等数据信息得以便捷传递，催生颜值消费等新热点的出现和增长，以及医疗美容行业的兴起，同时也体现出新时代消费需求的多元化以及经济增长点的多种发展可能。

### （五）文旅消费增添动力，消费品质改善提升

改革开放以来，我国文化旅游消费迅速增长，这是经济发展与居民收入提高的必然结果。按照马斯洛需求层次理论，当较低层次的需求得到满足以

后才能激发出较高层次的需求。文旅消费是较高层次的需求，当人们衣、食、住、行等物质需求得到较好的满足之后，精神文化需要被激发出来，文旅消费需求逐渐增多。进入新时代，人民对美好生活更加向往，精神文化等需求不断增加，全面小康社会建成前后，乡镇影院、乡村戏台、乡村图书馆等文化消费对象不断涌入农村地区，为农村消费升级、乡村振兴推进注入新动能。目前全国各地在广大农村、社区建设综合性文化服务中心超57万个，基本实现读书看报、收听广播、观看电视、观赏电影、开展文体等活动全覆盖，进一步促进农村居民文化消费潜力释放。除此之外，在农业农村现代化建设中，乡村旅游业发展加快。2019年，全国乡村旅游总人次为30.9亿，与2018年同比增加9.7%，占国内旅游总人次比重超过一半；2021年1月至5月，乡村游客规模累计达到86653.7万人次，比2020年同期增长55.5%。受新冠疫情影响，中国旅行社组织出境旅游人数大幅减少，2021年人数为0.94万人次，较2020年减少了340.44万人次；而国内旅游在疫情防控有力的形势下呈现恢复态势，2021年国内旅游总人次为32.46亿，比2020年同期增加3.67亿人次，增长12.8%，国内旅游人数快速增长体现出国内超大市场规模优势，有助于释放内需潜力。

## 第二节　我国居民消费中长期发展：机遇与挑战

世界百年未有之大变局正在加速演化，面对错综复杂的内外环境，立足内需，扩大消费，加快构建新发展格局，需深刻分析我国居民消费中长期发展面临的机遇与挑战。

### 一、居民消费中长期发展：面临机遇

长期来看，我国消费市场潜力巨大，具有强大韧性和广阔发展空间。从消费主体来看，强大国内消费市场持续构建、居民收入和消费素质不断提高、“Z世代”[①] 和县域下沉市场等新生消费力量持续增强。从消费对象来看，数字经济和科技革命持续推进产业链重构、带动消费品优化升级以满足消费者

① “Z世代”是指1995—2009年出生的一代人，他们一出生就与网络信息时代无缝对接，受数字信息技术、即时通信设备、智能手机产品等影响比较大，也称为“网生代”“互联网世代”“二次元世代”“数媒土著”等。

多样化消费需求。从消费环境来看，科技助力多元化消费方式和新消费业态蓬勃发展、国内统一大市场建设和国内国际双循环新发展格局构建等改革力量为新消费环境建设提供政策保障。这些积极因素决定了消费长期稳定向好发展趋势。

### （一）强大国内市场持续构建

14 亿多人口的全球最大消费市场和 4 亿人以上中等收入群体是我国消费发展的坚实基础。按照 2021 年人均消费支出 24100 元测算，2021 年消费市场容量约为 34 万亿元。2014 年以来，最终消费需求对 GDP 增长的贡献率基本维持在 60% 左右。居民消费总量不断扩大，消费对经济增长的贡献率持续提升。在外需波动的情况下，国内消费对经济运行的“压舱石”作用愈加重要。2019 年，我国内需对经济增长贡献率达 89%，其中最终消费支出贡献率为 57.8%。据推测，2035 年我国最终消费支出可能突破 200 万亿元，消费市场总量将超过欧美总量之和，成为全球消费主力。国际消费中心城市建设有序推进，未来不仅可以辐射周边，带动和促进国内消费市场，而且对于整合国内外生产资源、吸引国际要素供给作用将愈加显著，消费对经济发展的基础性作用将日益增强。同时，由于城乡二元结构和区域经济发展水平差异，我国居民消费需求呈现多层次性，各种档次产品均存在相当规模市场需求。从而消费市场不仅呈现出多维度和多样性，而且产品生命周期也被大大延长。拥有如此庞大和多层次的市场空间，即使在外部环境发生深刻复杂变化，世界经济持续低迷、全球市场萎缩、保护主义上升背景下，仍然可以通过发挥国内超大规模市场优势，保持旺盛内需。因此，强大国内市场的持续构建是我国中长期消费稳定发展的坚实基石。

### （二）居民收入水平逐步提升

近年来，欧美各国受经济危机和社会矛盾激化影响，经济增长长期低迷，全球经济份额不断下降。而我国保持持续增长态势，成为世界经济增长的主要贡献者。根据 IMF 全球经济预测数据，预计到 2035 年，我国经济总量将超过美国位列全球第一，人均 GDP 有望超过 2 万美元。《中华人民共和国国民经济和社会发展第十四个五年规划和 2035 年远景目标纲要》提出到 2035 年实现经济总量或人均收入翻一番的目标。按照世界银行 2020 年标准，人均国民总收入（GNI）高于 12535 美元为高收入国家。以美元计价，2021 年，我国人均 GDP 为 1.26 万美元，人均 GNI 为 1.24 万美元，已接近高收入国家行列。2022—2025 年，人均 GDP 年均增长率只要保持 5% 左右，就可在 2035 年达到人均 GDP 2.5 万美元，实现社会主义现代化远景目标。消费水平主要由收入决定，收入水平的提高是消费水平提高的物质基础，是保证居民消费能力的前提，居民收入翻一番将带动人均消费水平同步增长。

### （三）居民消费素质不断提高

消费力不仅包括消费者的经济购买能力，也包括对商品的鉴别、筛选能力，是包含消费素养和才能的综合概念。随着人们受教育水平提高，消费者行为更加理性，更倾向健康、绿色、环保的消费品选择和可持续的消费行为。越来越多消费者拥有自己的判断力，更倾向通过理性权衡比较购买商品。如不再盲目追求“国际大牌”，转而投向质量、文化和设计俱佳的“新国潮”产品。消费者在购买商品时已逐渐从追求数量转变为追求品质提升，高质量商品越来越受到消费者欢迎。消费者更加关注购买商品带来的愉快体验，如商品的配送速度、售后服务。消费反作用于生产，更加理性的消费选择有益于推动生产环节不断升级产品和服务，有利于中长期消费结构优化升级，推动构建新消费发展格局。

### （四）新生消费力量蓬勃发展

随着数字经济发展，消费主体力量持续更新，出现一批新生消费力量，为提振消费带来了持久动力。首先是“Z 世代”。“Z 世代”是年轻且充满着无限可能的一代，随着“95 后”踏入职场、众多“00 后”成年，“Z 世代”人群将成为未来中长期消费市场主力。其次是中老年人，即“银发经济”。随着居民生活水平提高，中老年人消费观念也发生了改变，他们越来越注重社交、旅游等精神层面需求，消费升级趋势愈加明显。最后是下沉市场消费人群。从区域看，下沉市场是指三线及以下城市、县镇与农村地区市场。按照土地面积和人口规模计算，除 4 个一线城市（北上广深）、15 个“新一线”城市（成都、杭州、南京等）、30 个二线城市（无锡、合肥、大连等）外，其他地方均属于下沉市场范畴，而下沉市场占全国总面积的比重接近 95%，且拥有约 10 亿人口。从数量上看，下沉市场群体是消费主体的基本面。数据显示，目前三线及以下城市消费增速明显快于一二线城市。虽然县域市场消费群体的收入和消费总量比一二线城市低，但消费增速有巨大优势，是未来中长期消费发展的重要增长力量。加之网络通信、现代物流等基础设施逐步完善，县域经济蓬勃发展，小城镇和广大农村地区消费环境不断改善，县城和广大农村消费群体的消费潜力将不断被挖掘，将在未来迎来高速增长期，成为推动消费发展的重要力量。

### （五）数字经济助力消费变革

随着信息基础设施建设，5G、人工智能、物联网、云计算和区块链等信息技术发展，技术的融合创新和场景化应用不断突破，正在全面重构产业链的发展模式及分工格局，进一步改善贸易及营商环境，成为刺激消费的新引擎和重要支撑力量。工业互联网、企业上云等产业数字化项目实施，推动产业结构优化升级，产业链、价值链向高端延伸，最终实现产品与服务提质扩容，满足居民日益多样化、个性化消费需求。未来消费品市场在数字经济背景下，通过新技术的跨界融合与模式创新，深挖大数据、人工智能等数字技术应用场景，可不断催生新型消费模式和消费业态，以此实现新的消费增长点、促进居民消费变革。此外，数字经济存在的空间溢出效应，可以加强区域间交流互动，推动信息与资源共享，实现区域消费协同发展。

### （六）产业升级引致消费升级

当前世界新技术革命表现出以亚太地区为核心的“多极化”特征，我国已成为世界信息产业的重要技术中心、制造中心和应用中心，未来中长期信息技术革命将形成良性发展模式。技术进步突破了资源对经济增长的限制，计算机和信息技术的持续创新使人们的生活方式、消费习惯发生了重大变化，缓解了消费总量增长对自然资源的压力。在此背景下，深入实施智能制造和绿色制造工程，发展服务型制造新模式，推动制造业高端化、智能化、绿色化，聚焦新一代信息技术、生物技术、新能源、新材料、高端装备、新能源汽车、绿色环保等战略性新兴产业。经济数字化转型进程按下了加速键，持续推进智慧供应链体系建设。2035 年，我国将建成全球最完整的工业体系和产业链，制造业比重维持在 25%—30%。各种技术创新和制造业变革的成果终将体现在具体产品服务层面，通过改造传统产业提升传统消费，推动消费创新发展、协调发展、绿色发展、开放发展、共享发展，引领消费升级。

### （七）多元消费方式欣欣向荣

数字经济逐渐成为国民经济发展的重要力量，其带来的居民收入结构调整进一步推动了消费增长，使得消费规模不断扩大、消费方式更加多元，以信息传输、软件和信息技术为基础的新型消费方式不断涌现。随着数字经济进程推进和网络消费渠道逐渐成熟，传统领域与互联网的结合加速发展，如汽车、房屋等高价值商品也逐渐在网上销售。现代信息网络和信息技术所带来的传输、连接和计算等综合能力的飞跃，突破了买家与卖家之间的地理距离限制，特别是“面对面”提供、即时发生等要求的限制，为服务消费创造了更为显著的网络效应和平台效应，加速了服务消费的信息化和数字化进程。消费渠道线上线下融合发展，线上对线下赋能，线下企业持续更新互联网技术，围绕消费者需求开展产品和服务创新，消费者可以获得比以往更新、更优的体验。

**（八）新消费业态打造新场景**

新冠疫情虽然一度给消费市场带来严重冲击，却也催生出各种新消费场景，培育出新消费模式，例如直播带货、直播健身、社区团购、在线教育、远程医疗等，带动了医疗健康、教育和办公等传统服务消费线上数字化转型，同时为电子商务、云直播、短视频平台、互联网金融和电子竞技等新兴服务消费创造了新发展机遇，居民服务消费需求得到满足和激发。究其本质，在于依托互联网和数字技术，超越时间和地理区域限制，高效对接市场供需，并通过信息集聚效应以改善信息不对称问题，有效降低经营者销售和消费者购买之间的成本，继而在提升消费者体验的同时，促进生产、流通、经营等各个环节提质增效降本。疫情期间，这些新消费业态发挥了稳消费、稳经营的关键作用，并为提振消费和经济复苏注入了新动能。在“后疫情时代”，要继续抓住新消费业态机遇，促进新消费增长，助力产业结构转型升级，点燃经济增长新场景，推动消费迭代升级。

**（九）深化改革优化消费环境**

目前，我国正致力于建设国内统一大市场和国内国际双循环新发展格局。一方面，滥用行政权力限制或排除公平竞争，利用市场优势地位收取不合理费用或强制设置不合理交易条件提高社会流通成本等妨碍全国统一市场建设的各种障碍被清除，建设更加顺畅的流通“大动脉”，为国内消费的壮大发展扫清障碍。另一方面，国内国际双循环新发展格局背景下，将以推动形成国内大循环为主体，把发展立足点更多放到国内，实施扩大内需战略挖掘国内市场需求潜力，深化要素市场化配置改革，打通生产、分配、流通、消费各个环节。健全的法制环境、政策环境保障消费主体依法平等使用资源要素、公平公开公正参与竞争。国内大循环政策体系建设为矫正资源要素失衡错配、畅通国民经济循环、促进消费回流、消费健康有序发展保驾护航。

## 二、居民消费中长期发展：应对挑战

从消费主体看，人口结构老龄化可能限制消费增长；从消费对象看，供给体系与消费需求匹配度不够、供应链体系建设不强有可能束缚消费升级；从消费环境看，新消费业态可能引致新风险、公共服务和信用体系建设不足、国际政治局势动荡阻碍消费健康发展。

### （一）人口结构老龄化掣肘消费增长

当前，我国社会已进入人口老龄化阶段。根据2020年第七次全国人口普查结果，过去十年，人口仅增长了5.8%，该人口增长率是自20世纪50年代以来的最低点。年轻人收入水平较高，消费冲动、精力旺盛，而老年人消费倾向较低。人口老龄化更多体现在消费能力下降、边际消费倾向降低、住宅等刚性需求及各类消费萎缩。加之许多新型消费品的目标群体定位是年轻人，在产品设计、销售和服务方面，主要考虑年轻群体的感受和需求，忽略老年群体消费特点和特殊偏好，未能满足老年人消费需求。另外，大多数老年人技术认知薄弱，对科技新事物存在潜在畏惧心理，身边又缺少子女辅导和帮助，导致老年人的数字鸿沟难以弥合。无论从消费能力还是消费环境来说，人口老龄化将是我国产业升级和实现消费中长期发展需要考虑的制约因素。

### （二）供需匹配不够制约消费扩容

目前我国居民消费结构已从温饱型农产品消费、小康型工业品消费过渡到富裕型服务产品消费，正向发展型服务消费迈进。相比发达国家发生的以总量过剩或全面过剩为特征的经济危机，我国供给过剩表现为结构性过剩，即无效供给过剩与有效供给不足并存。现阶段，我国社会主要矛盾已经转化为人民日益增长的美好生活需要和不平衡不充分的发展之间的矛盾。居民消费普遍集中于衣、食、住、行等基本生活需要方面，服务型消费偏少。根据2020年全国居民人均消费支出情况可知，食品烟酒、居住两项占居民人均消费支出总额的54.8%，再加上衣着、交通通信、生活用品及服务3项基本生活消费开支，涉及衣食住行的消费占比高达79.5%，而医疗保健、教育文化娱乐、其他用品及服务消费仅占20.5%，真正用于提升生活品质的享受型消费很少。需要进一步深化供给侧结构性改革，提高供给适应引领创造新需求能力。适应个性化、差异化、品质化消费需求，推动生产模式和产业组织方式创新，持续扩大优质消费品、中高端产品供给和教育、医疗、养老等服务供给，提升产品服务质量和客户满意度，推动供需协调匹配。

### （三）供应链体系不强束缚消费升级

伴随着国民消费升级的深入，广大消费者越来越表现出更加多元化、个性化的消费需求，市场也随之细分，这便要求整个供应链体系在设计、生产、制造、分销与物流等环节更加柔性与灵活，充分为每一小撮用户甚至每一个消费者提供个性化和定制化生产。但绝大多数企业信息化程度较低，各自为政大于彼此协作，使得整个供应链体系存在显著的信息不对称，上下游、产供销有效衔接度不高，市场信息无法及时精准地反馈到生产环节，导致生产端的更新始终滞后于市场需求变化。如此便造成市场供需错配、库存积压、针对个别商品需求的激增不能做到即刻补货等问题，使得供应链成本居高不下，用户体验欠佳。生产为消费创造动力，供应链体系建设不足带来的问题必然束缚消费转型升级。

### （四）新型消费业态可能带来新风险

对于新消费业态中的一些乱象及其可能产生的负面影响，应给予高度重视。以直播带货为例，为了营造平台繁荣假象，不乏商家通过刷单美化业绩，企图通过数据吸引消费者。这些会扰乱市场秩序，滋生不正当竞争风气，构成欺诈，伤害消费的合法权益，降低消费者对平台和商家的信任，最终阻碍新型消费模式长久发展。同时，数字经济背景下的消费模式加大了消费者信息泄露风险与合法权益保障的难度。由于网络环境错综复杂和监管不严等问题，容易使消费者的个人信息遭到泄露，伤害消费者合法权益。在互联网技术升级背景下，消费者在生活中接收到的信息冗杂加大了信息不对称，即信息鸿沟。如果忽视基础设施建设水平、个人年龄、受教育水平、收入水平、消费习惯等差异，数字经济背景下会带来更大的信息鸿沟，造成信息均享程度下降，扩大居民消费差距。此外，数字经济也可能导致消费者非理性消费，如受到众多电商平台各种新型促销方式影响，消费者的冲动消费行为持续增加。

### （五）公共服务体系落后制约消费可持续发展

改革开放四十多年来，我国经济快速发展、社会事业取得相当程度的进步。然而，公共服务体系建设仍然存在一些不完善之处，成为未来中长期消费发展的制约因素。突出表现在，城乡公共服务的非均衡发展，公共服务供给在城乡间形成巨大差距。农村基本公共服务覆盖的程度有限，尤其在教育、医疗、养老、就业、卫生等方面，城乡仍然存在很大差距，农村地区“上学难、看病难、养老难”问题依然存在。现有的农村公共服务体系建设难以满足农村消费群体不断增长的公共服务需求。对于农村群体，难以形成广大农民群体在老年或者生病时仍维持基本生活保障的安全网，造成农民群体“不敢”消费、“不能”消费，制约着下沉消费市场的有序发展。城乡公共服务体系均等化建设随着我国发展阶段的提升和共同富裕进程的推进更加重要和紧迫，同时其也是推进我国中长期消费发展的关键条件。此外，县域经济作为我国未来消费发展的重要力量，部分城镇地区仍然面临商品质量不高、服务水平较低、商品流通渠道不畅、信息网络及购物知识欠缺、服务消费短缺、消费者权益保护理念不足、消费领域基础设施建设滞后等问题，影响中长期消费的提质扩容，进而制约消费可持续发展。

### （六）消费领域信用体系建设不足

消费环境是影响消费者心理和行为的各种环境因素的集合，包括自然环境、经济环境、文化环境、制度环境等多个层次。伴随着消费的转型升级，新消费模式对消费环境提出了更高要求。根据中国消费者协会发布的 2021 年“守护安全　畅通消费”消费维权年主题调查结果，我国消费者对消费环境整体安全感评价得分为 7.3 分，虚假宣传、个人信息泄露、售后服务保障不到位等成为新消费业态背景下消费安全热点问题。经济迅速发展所引起的新问题与新矛盾，要求进一步深化改革，而现有法律制度框架缺乏相应的约束和引导内容。要实现消费中长期稳定发展，必须及时调整和完善相应法律与制度内容，建立跨地区跨部门跨行业信用共享共用机制、完善守信激励和失信惩戒机制、健全消费者维权机制、督促经营者诚信经营，营造良好消费信用环境，巩固新型消费快速健康发展的社会基础。

### （七）国际政治因素影响消费稳定发展

从国际上看，正在发生的俄乌冲突猛烈冲击全球政治经济秩序，影响极其深远。中美关系依然不容乐观，双方博弈竞争的基本格局不会改变。多重因素下，各国经济普遍增长乏力，出口大幅下降，国际贸易增速回落，全球供应链遭受严重创伤，各类风险明显增加，全球经济依然处于低增长、低贸易的去全球化中。单边主义和贸易保护抬头，加剧了世界经济复苏的复杂性和艰巨性，国际贸易形势短期内仍不容乐观，短期内我国外需可能会相当疲软。俄乌冲突、中美贸易战、全球新冠大流行、大宗商品价格波动等不确定因素有可能在中长期形成冲击及产生后续影响，阻碍我国消费市场开放、布局国际市场、扩大贸易规模、推动进出口协同发展。

## 第三节 我国居民消费中期发展趋势（2025 年）：规模和结构

经济、社会、制度环境瞬息万变，消费规模和消费结构在中期具有更加明显的时代特性。在对我国消费发展影响因素分析的基础上，本部分运用模型定量模拟消费规模和消费结构演变的中期趋势。[①]

### 一、居民消费中期发展趋势预测方法

进行需求趋势预测，目前主要有三种方法[②]。鉴于消费发展的惯性和不可逆性特征，基于趋势外推预测居民消费 2025 年发展情况具有一定适用性。为此，本章利用消费时间序列数据特点，采用差分整合移动平均自回归（ARIMA）模型合理外推未来消费变化趋势，对我国消费中期变化趋势进行预测分析。具体来说，ARIMA 模型通过差分消去时间序列的趋势，将非平稳的时间序列数据转换为平稳的时间序列数据，在此基础上基于序列的同质性对居民消费进行趋势外推。这种方法对中短期预测具有一定的适用性。本章采取 ARIMA 模型对中期消费规模和消费结构进行预测，具体公式是：

$$C_t = \beta + \sum^{p} \gamma_i C_{t-i} + \varepsilon_t + \sum^{q} \mu_i \varepsilon_{t-i} \qquad (式 3-1)$$

$$\ln C_t = \alpha + \sum^{p} \theta_i \ln C_{t-i} + \eta_t + \sum^{q} \phi_i \eta_{t-i} \qquad (式 3-2)$$

公式（3-1）、公式（3-2）均为 ARMA 模型。其中，公式（3-2）表

① 本章通过计算人均消费支出与人口的乘积衡量居民消费规模，即消费规模 = 人均消费支出 × 人口

② 一般来说，目前公认的需求预测方法主要包括三种：一是趋势外推，基于时间序列数据建立回归模型进行趋势外推，基本假设是未来需求态势发展保持过去的平均水平；二是弹性系数法，根据需求与核心解释变量两者之间的弹性关系，通过核心解释变量的预测来进行需求预测，通常采取收入需求弹性系数法；三是结构分析法，考虑到不同类消费之间的相互替代关系，通过建立多层需求模型，推算不同类消费需求后，按需求结构进行集成加总。

示对消费 $C_t$ 取对数的 ARIMA 模型。式中下标 $t$ 表示时间，$\alpha$ 和 $\beta$ 是常数项，$\varepsilon_t$ 和 $\eta_t$ 是白噪声序列，$C_t$ 即分别为城乡居民人均消费和全国层面人均居民消费。ARMA 模型由两部分组成，一部分是允许根据 $C_t$ 的 $p$ 阶滞后项进行预测分析的自回归模型（AR），另一部分是有效消除了随机波动的移动回归模型（MR）。本章对 ARMA 模型进行一阶差分运算，使非平稳序列变为平稳的时间序列，得到最终预测消费规模和结构的 ARIMA 模型。其中，$p$ 和 $q$ 的阶数确定依据赤池信息准则（AIC）和贝叶斯信息准则（BIC）。

进一步，以全国层面居民人均消费以及人均消费的对数为例，说明 ARIMA 建模过程以及 $p$ 和 $q$ 的确定过程。城乡及居民分项消费支出 ARIMA 模型的 $p$ 和 $q$ 的确定过程类似，在此不做赘述。

首先，对人均消费进行单位根检验，结果显示 Z 统计量为 2.714，不能显著拒绝原假设。对原时间序列进行一阶差分，此时 Z 统计量为 -4.05，小于 -3.75，$P$ 值小于 0.01，在 1% 的水平上显著拒绝原假设，可以认为一阶差分后的时间序列为平稳序列。在此基础上画出人均消费一阶差分的自相关图和偏自相关图，用于直观判断 ARIMA 模型中的 $p$ 和 $q$（见图 3-6）。

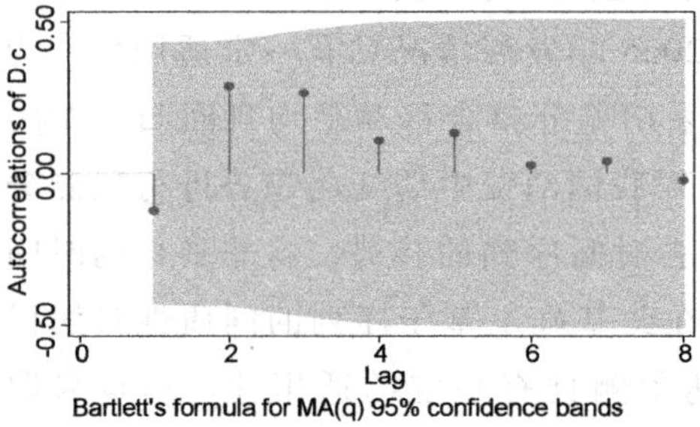


（1）自相关图

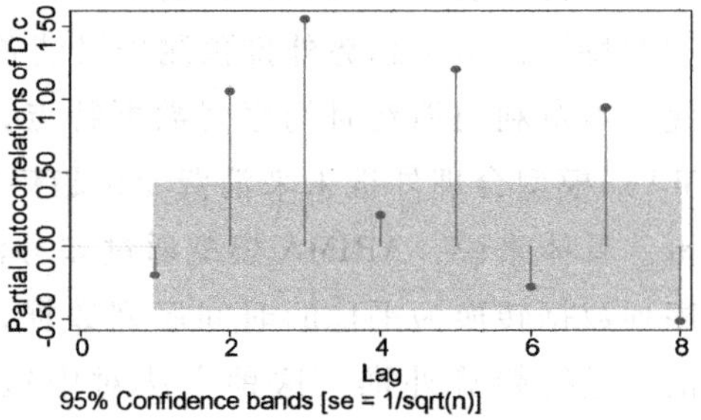


（2）偏自相关图

**图 3-6　消费一阶差分的自相关和偏自相关图**

从图 3-6 可以发现，自相关图大致呈现出拖尾特征，偏自相关图的拖尾和截尾特征不明显，考虑了 ARMA（1，0）、ARMA（1，1）、ARMA（1，2）以及 ARMA（1，3）等模型。为了进一步比较不同模型的效果，采用 AIC 和 BIC 进行判断（见表 3-1）。

从表 3-1 可以发现，ARIMA（1，1，2）的 AIC 和 BIC 均为最小，即当 $p=1$、$q=2$ 时，可以认为该模型的效果最好，为此基于该模型对居民消费水平进行预测，并对残差进行白噪声检验，发现不能拒绝原假设，认为模型模拟效果较好。

表 3－1　人均消费的不同 ARIMA 模型比较

| 模型 | AIC | BIC |
|---|---|---|
| ARIMA（1，1，0） | 336.7 | 339.8 |
| ARIMA（1，1，1） | 337.7 | 341.9 |
| ARIMA（1，1，2） | 324.7 | 328.9 |
| ARIMA（1，1，3） | 332.6 | 338.9 |

然后，以人均消费支出对数的时间序列为例，说明 ARIMA 模型的 $p$ 和 $q$ 的确定过程。先对人均消费对数的时间序列进行单位根检验。检验结果显示，Z 统计量为 －2.25，大于 －2.63，不能在 10% 的显著水平上拒绝原假设，故不能认为该时间序列为平稳序列。对该序列进行一阶差分，再次进行单位根检验，检验结果显示，此时的 Z 统计量值为 －3.50，小于 －3.00，在 5% 的显著水平上拒绝原假设，可以认为一阶差分后的时间序列变为平稳序列。画出人均消费对数的一阶差分自相关图和偏自相关图，用于直观判断 ARIMA 模型中的 $p$ 和 $q$（见图 3－7）。

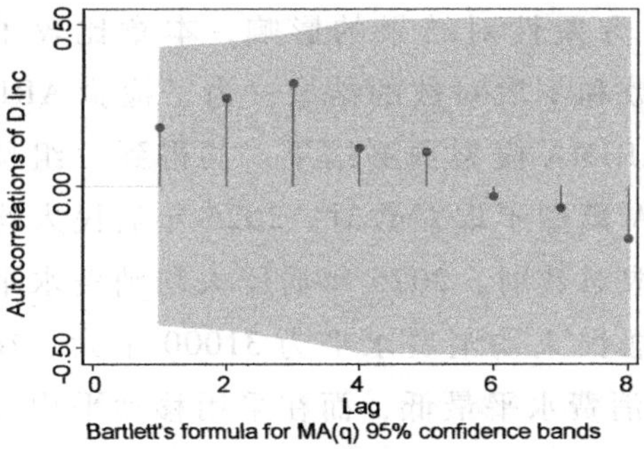

（1）自相关图

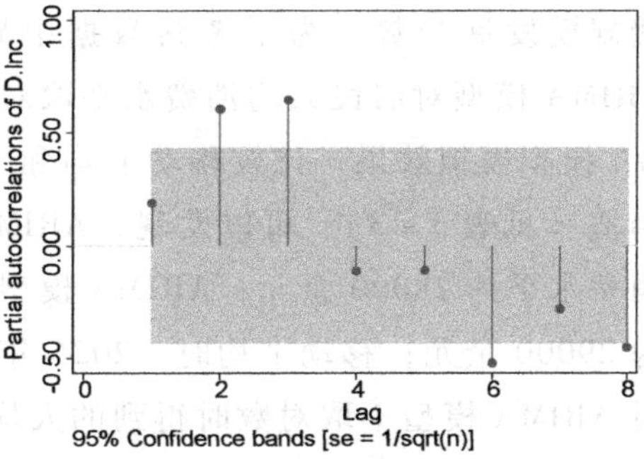

（2）偏自相关图

图 3－7　人均消费对数一阶差分的自相关和偏自相关图

从图 3－7 可以发现，自相关图大致呈现出拖尾特征，偏自相关图的拖尾和截尾特征不明显，考虑了 ARMA（1，0）、ARMA（1，1）、ARMA（1，2）以及 ARMA（1，3）等模型。为了进一步比较不同模型的效果，采用 AIC 和 BIC 进行判断（见表 3－2）。

从表 3－2 可以发现，同样，当 $p=1$、$q=2$ 时，ARIMA（1，1，2）的 AIC 和 BIC 均为最小，可以认为此时模型的效果最好，基于该模型对人均消费水平进行预测，并对残差进行白噪声检验，可以发现不能拒绝原假设，认为模型模拟效果较好。

表 3－2　　人均消费对数的不同 ARIMA 模型比较

| 模型 | AIC | BIC |
| --- | --- | --- |
| ARIMA（1，1，0） | －75.3 | －72.2 |
| ARIMA（1，1，1） | －74.8 | －70.6 |
| ARIMA（1，1，2） | －81.8 | －77.6 |
| ARIMA（1，1，3） | －77.7 | －71.4 |

## 二、中期发展趋势：消费规模

### （一）居民消费水平中期趋势分析

根据上述方法，基于 2000—2021 年居民消费水平的时间序列数据，首先对 2022—2025 年人均居民消费水平进行预测。在此基础上，结合世界银行对中国 2022—2025 年的人口预测数据，推算出 2022—2025 年我国居民消费规模发展趋势。为了考察数据中异方差性对结果的影响，本章比较了 ARIMA 模型对居民人均消费水平取对数和不取对数的结果。为了检验 ARIMA 模型模拟效果，比较移动平均和 ARIMA 模型预测结果，共得到三组预测值（见表 3－3）。可以发现，ARIMA 模型不取对数时，2025 年居民人均消费水平为 28000 余元；ARIMA 模型取对数时，2025 年居民人均消费水平为 29000 余元；移动平均时，2025 年居民人均消费水平为 31000 余元。在对 ARIMA 模型不取对数时得到的人均消费水平最低，而在采用移动平均时人均消费水平最高。

表 3－3　　我国人均居民消费水平中期发展（2025 年）预测比较　　（单位：元）

| 年份 | | 2022 | 2023 | 2024 | 2025 |
| --- | --- | --- | --- | --- | --- |
| ARIMA 模型 | c | 24664 | 25856 | 27014 | 28140 |
| | lnc | 24960 | 26390 | 28004 | 29808 |
| 移动平均 | c | 25837 | 27706 | 29647 | 31631 |

为了比较不同预测方法对居民消费中期发展趋势预测的优劣，本章将不同预测的结果与实际居民消费水平进行拟合比较（见图 3－8）。

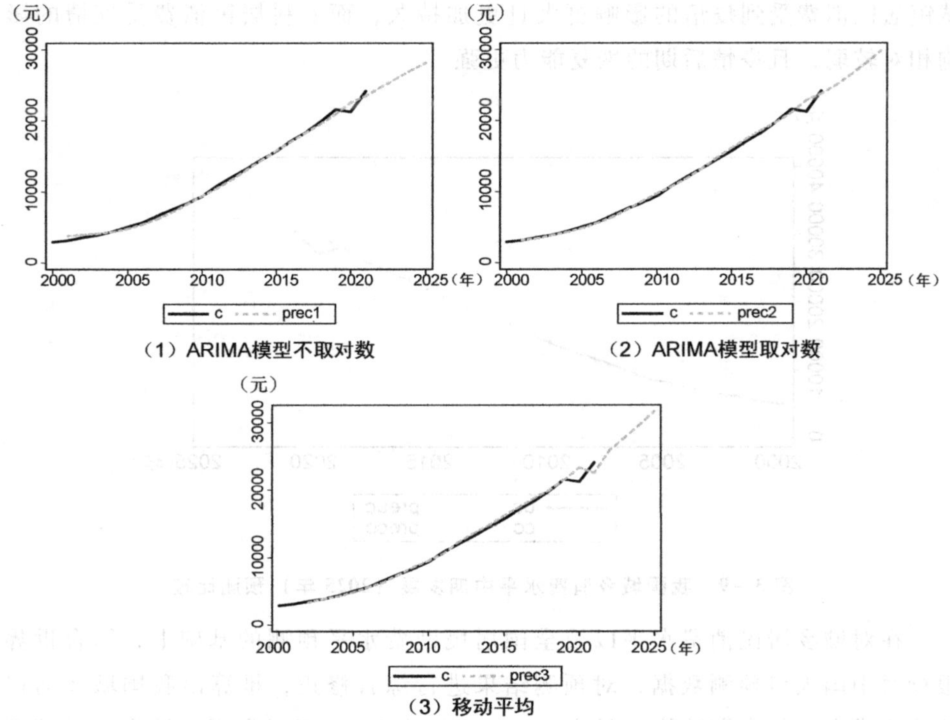


C——实际居民消费水平　prec1、prec2、prec3——模型预测值

**图 3－8　消费水平中期发展预测（2025 年）比较**

从图 3－8 可以看出，基于 ARIMA 模型对居民消费水平的预测平滑了新冠疫情冲击，疫情对居民消费的中期发展趋势产生影响。在疫情发生前后，居民消费发展趋势出现折断。从历史拟合趋势来看，在对消费水平取对数后，基于 ARIMA 模型的拟合程度明显更好。可以认为，基于该方法对居民消费中期发展的预测具有更高可信度。为此，下文分析中以此为基础进行进一步研究。同时，从图 3－3 中可以发现，疫情对居民消费产生了明显且持续的影响。在疫情后期，居民消费水平呈现出快速恢复态势，并在 2025 年达到 29808 元。

### （二）城乡消费规模中期趋势分析

从上文分析中可以发现，ARIMA 模型对居民消费水平发展趋势拟合效果较好。进一步，采用同样方法对城乡居民消费水平进行预测，并将城乡居民消费预测值与消费现值进行比较（见图 3－9）。从图 3－9 可以发现，基于 ARIMA 模型的预测值与城乡居民消费能较好拟合，说明预测值具有一定可信度。新冠疫情对城乡居民消费均产生了明显冲击和持续性影响。比较之下，城镇居民消费受到疫情的影响更大且更加持久，而农村居民消费受疫情的影响相对较弱，且疫情后期的恢复能力更强。

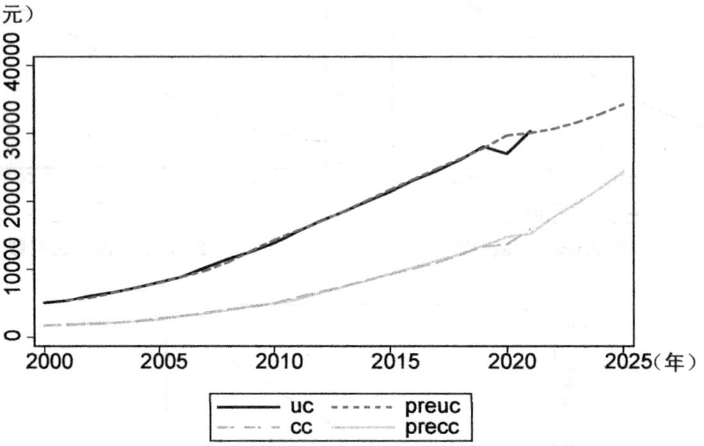


**图 3－9　我国城乡消费水平中期发展（2025 年）预测比较**

在对城乡居民消费水平以及全国居民消费水平预测的基础上，结合世界银行对中国人口预测数据，对预测结果进行综合修正，推算出我国城乡居民消费规模发展的中期趋势（见表 3－4）。从表 3－4 可以发现，城乡居民消费规模将在 2025 年分别达到 31 万亿元和 11 万亿元。城乡居民消费差距不断缩小，城乡居民人均消费比将在 2025 年低至 1.41。受城镇化率不断提升和农村居民消费水平加速提升的综合影响，2022—2025 年城乡消费规模相对差距不断缩小，但绝对差距仍呈现出扩大态势。

**表 3－4　我国城乡消费规模中期发展（2025 年）趋势预测**　（单位：亿元）

| 年份 | 2022 | 2023 | 2024 | 2025 |
|---|---|---|---|---|
| 全国 | 352053 | 373133 | 396743 | 423019 |
| 城镇 | 264506 | 278089 | 293765 | 311589 |
| 农村 | 87547 | 95044 | 102978 | 111430 |

21 世纪以来，城乡消费规模发展演变趋势见图 3－10。从图 3－10 可以发现，新冠疫情对城乡消费规模均产生了明显影响，尤其是对城镇消费规模。整体来看，中期消费规模发展趋势将继续延续 21 世纪以来的整体趋势。其中，城镇地区的居民消费规模持续扩大，但占全国的比重略有下降，将从 2022 年的 75.1% 降至 2025 年的 73.7%。农村地区居民消费规模绝对量持续提升，占全国的比重将由 2022 年的 24.9% 提升至 2025 年的 26.3%。

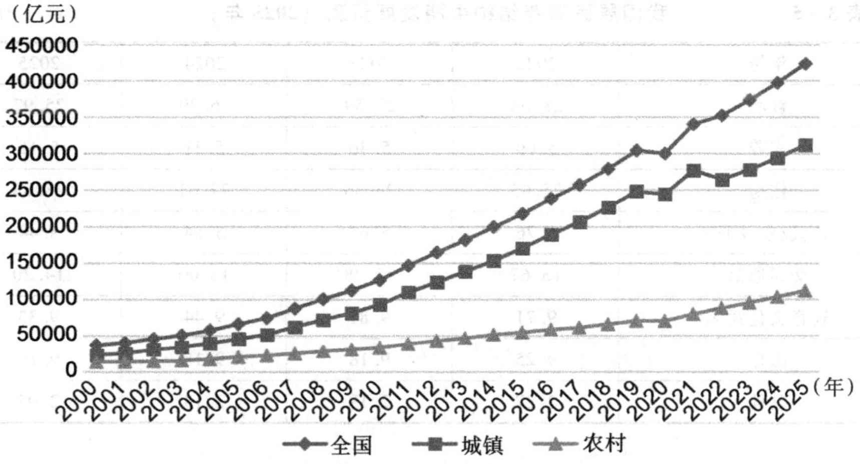


**图 3－10　我国消费规模中期发展（2025 年）趋势预测**

## 三、中期发展趋势：消费结构

### （一）居民消费结构中期趋势预测

本部分基于 ARIMA 模型对居民消费结构进行中期趋势分析。由于国家统计局公布的居民分项消费数据统计口径在 2013 年前后进行了一定调整，基于城镇化率对 2013 年之前城乡居民分项消费支出进行加权得到全国居民分项消费支出，据此对居民消费结构中期发展趋势进行预测（见表 3－5）。

从表 3－5 可以发现，2025 年居民食品、衣着、住房、家庭设备及服务、交通通信、教育文化娱乐、医疗及其他类消费支出占比分别为 25.97%、5.15%、28.68%、5.44%、14.20%、9.33%、9.16%、2.07%。2022—2025 年，居民各项消费支出占比呈现出明显分化特征。其中，食品支出占比大幅下降，以食品和衣着为主的生存型消费支出占比下降反映出人们富裕程度提升，以及居民消费结构提质升级。同时，住房支出占比大幅上升，并有可能超过食品支出占比成为居民消费支出中占比最大的一类支出。这反映出在居民生活水平提升的同时，不断提升的住房成本一定程度挤压了居民其他消费支出。交通通信支出占比有一定幅度上升，表明数字化经济时代，人们消费的信息化特征。此外，家庭设备及服务支出、教育文化娱乐支出、医疗支出和其他类消费支出占比均呈现出一定下降态势，从侧面印证了住房消费支出大幅上升对其他类消费支出的挤出效应，尤其是对享受型消费支出的挤占。

表 3 - 5　我国居民消费结构中期发展预测（2025 年）　（单位:%）

| 年份 | 2022 | 2023 | 2024 | 2025 |
|---|---|---|---|---|
| 食品 | 28. 63 | 27. 59 | 26. 79 | 25. 97 |
| 衣着 | 5. 66 | 5. 46 | 5. 31 | 5. 15 |
| 住房 | 25. 05 | 26. 36 | 27. 62 | 28. 68 |
| 家庭设备及服务 | 5. 76 | 5. 62 | 5. 54 | 5. 44 |
| 交通通信 | 13. 67 | 13. 78 | 14. 00 | 14. 20 |
| 教育文化娱乐 | 9. 71 | 9. 81 | 9. 44 | 9. 33 |
| 医疗 | 9. 25 | 9. 18 | 9. 18 | 9. 16 |
| 其他 | 2. 27 | 2. 19 | 2. 13 | 2. 07 |

### （二）居民消费结构中期发展分析

图 3 - 11 为 21 世纪以来，居民消费结构的演化特征。从图 3 - 11 可以看出，由于 2013 年统计口径变化，各类消费支出占比在 2013 年呈现出较大幅度变化。整体来看，2022—2025 年，居民消费结构展现出诸多新的特点。食品消费支出占居民消费支出的比重依旧延续之前的发展态势，不断下降，并有可能不再是居民消费支出中占比最大的一类消费支出。住房支出在 2013 年更改统计口径之后，在居民消费支出中的占比明显提升，极有可能超过居民食品支出，跃升为居民消费支出中占比最大的一类支出。受住房支出的挤占，家庭设备及服务支出、教育文化娱乐支出、医疗支出占居民消费支出的比重不再延续此前缓慢上升的态势，转为缓慢下降。

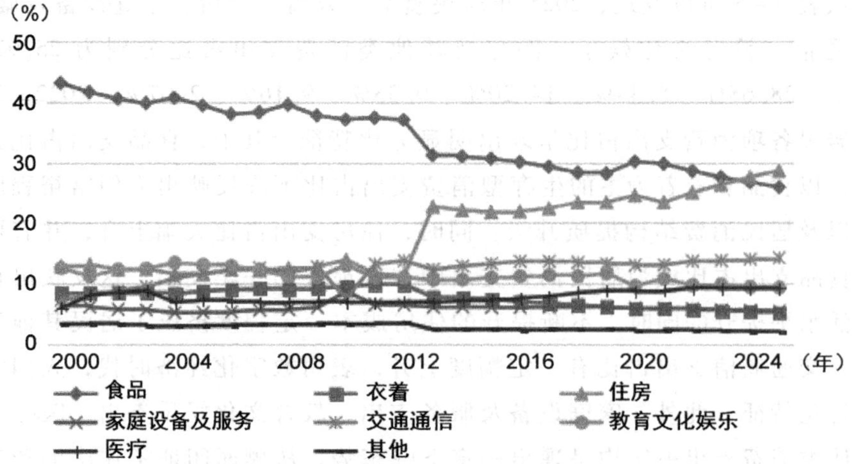


图 3 - 11　我国消费结构中期发展预测（2025 年）

## 四、居民消费中期发展：趋势特征

在分析居民消费发展一般规律的基础上，结合 ARIMA 模型对居民消费规模和消费结构的预测结果，本章认为居民消费中期发展呈现以下趋势特征。

1. 增速放缓与消费提质增效并存。一方面，2020 年以来的新冠疫情不仅在短期内对居民消费产生巨大影响，也带来预期减弱、收入下降等多方面影响。同时，伴随我国社会主义现代化强国建设进程开启，居民消费发展从重视量的增加到重视质的提升，居民消费在中期发展中表现为增速放缓、品质升级。从预测结果来看，新冠疫情对居民消费的影响表现出持续性，疫情后期消费增长较疫情之前出现折断，增速放缓。居民消费水平在疫情冲击下出现明显下降，在 2022 年出现反弹后持续上涨，居民消费在疫情前后出现折断。从增速来看，疫情后期居民消费增速明显下滑。2000 年居民消费规模为 36934 亿元，2019 年达到 318233 亿元，年均增长 12.0%。2020—2025 年，消费规模从 313588 亿元增长到 423019 亿元，年均增速为 6.2%，增速明显放缓。另一方面，居民消费品质将持续提升。居民消费水平、各分项消费支出水平均明显提升。从居民消费分项消费支出来看，2025 年居民食品、衣着、住房、家庭设备及服务、交通通信、教育文化娱乐、医疗及其他类消费支出分别为 7741 元、1535 元、8549 元、1622 元、4233 元、2781 元、2730 元、617 元，较 2020 年分别增加了 21%、24%、64%、29%、53%、37%、48%、33%，在一定程度上反映出居民消费质量提升，居民分项消费支出内部结构优化升级，人们追求更高品质、更高质量、更高水平消费产品成为常态。

2. 城乡消费均衡与农村消费增长潜力较大。从人均居民消费水平来看，农村居民消费加速提升，与城镇居民消费差距不断缩小。2020—2025 年，城镇居民人均消费水平从 27007 元增长到 34304 元，农村居民人均消费水平从 13713 元增长到 24331 元，相对差距从 1.97 下降到 1.41。说明农村居民人均消费水平加速提升，生活水平持续提升，与城镇居民消费差距不断缩小。但随着城镇化进程推进，城镇化率不断提升，城乡消费规模相对差距不断缩小，绝对差距呈现出扩大态势。从城乡消费规模来看，2022—2025 年城镇居民消费规模从 264506 亿元上升到 311589 亿元，农村居民消费规模从 87547 亿元上升到 111430 亿元，相对差距从 3.02 缩小到 2.80，绝对差距从 17.7 万亿元上升到超过 20 万亿元。受人口城镇化率提升和农村居民消费水平加速提升的综合影响，农村地区居民消费规模占全国居民消费规模的比重整体呈现出上升趋势。中期来看，农村居民消费水平和消费质量快速提升，消费发展潜力较大、增速较快，农村消费市场增长潜力较大，应当受到更多重视。

3. 结构升级与向上承压并存。以食品和衣着为代表的生存型消费支出大幅下降表明居民富裕程度提升，居民消费结构升级，但与之相应住房支出大幅上升为消费升级带来压力。食品、衣着和住房支出作为居民消费支出类别中典型的生存型消费支出，在居民消费中期发展中呈现出差异性。住房支出占比大幅上升与食品支出占比大幅下降并存成为居民消费结构的一大中期特征。具体来说，居民食品支出占比由2020年的30.16%下降到2025年的25.97%，住房支出占比由2020年的24.59%上升为2025年的28.68%。2025年居民恩格尔系数明显下降代表居民生活水平和富裕水平进一步提升。但住房支出大幅上升，并对居民享受型消费支出产生明显挤出效应。以住房支出为主的生存型消费支出占比大幅上升使得家庭设备及服务支出、教育文化娱乐支出、医疗支出占居民消费支出的比重呈现出缓慢下降的态势。住房支出对居民其他类消费支出，尤其是对享受型消费支出的挤出，抑制了居民福利进一步提升，为消费升级带来压力。

4. 数字技术发展催生消费新热点。随着以物联网、大数据、云计算为代表的信息技术的发展，以数字技术驱动的新消费热点涌现成为居民消费中期发展的一大特征。一是消费方式变革引发新消费热点。新冠疫情推动直播带货、社交电商、到家服务、无接触消费等新型消费方式迅猛发展。随着新型消费方式得以延续，并随技术的成熟进一步发展，引发居民消费方式变革带来新消费热点。二是消费主体特征变化引发新消费热点。随着人口老龄化持续加重，人们生活水平和生活质量提升，现有养老服务不足以满足人们的养老需求。以“银发”为主要客群，以养老相关产品为主要消费客体的“银发消费”、健康智能养老消费将成为新消费热点。三是消费业态多元融合发展带来新消费热点。随着人们的生活水平提升，居民更加看重消费过程中的消费体验。新型消费和传统消费融合发展，线上线下消费融合发展，商业、文化、旅游、健康等消费领域跨界融合发展，给居民消费带来更加丰富多元的消费体验。同时，沉浸式、体验式、互动式的消费新场景营造引发新消费热点。

## 第四节　我国居民消费长期发展趋势（2035年）：规模和结构

随着社会主义现代化建设进程持续推进，2035年我国经济社会发展将呈现出更多新特征，居民消费也呈现出诸多新特点。在把握影响居民消费长期发展核心因素的基础上，运用模型定量模拟消费规模和消费结构演变的长期变化趋势。

## 一、消费长期发展趋势的预测方法

长期来看，新冠疫情对居民消费的影响逐渐削弱，收入仍然是影响居民消费长期发展最主要的因素。为此，本章将居民收入变化作为长期居民消费预测的基础，基于弹性系数法和多层需求模型对居民消费规模和消费结构进行预测①。根据数据的可获得性和预测情景的简化设定，本章将弹性系数法和多层需求模型相结合，在对经济长期发展状况进行三种情景假定的基础上对长期消费规模和结构演变趋势进行预测。同样，和中期预测类似，在预测人均居民消费水平的基础上，结合世界银行对 2035 年中国人口的预测，推算出 2035 年中国的消费规模。

首先，建立多层居民消费需求估计系统，并测算消费需求弹性。根据 Hausman 等（1994）提出的多层需求估计系统，本章依据数据可得性建立居民消费需求三层估计系统。在顶层需求系统中，是居民消费总需求；在第二层中，居民消费总需求又可以分为不同省（市）的居民需求；在第三层中，每个省（市）的居民消费需求又可分为八大类消费需求。采用 Banks 等（1997）提出的二次型近似理想需求系统模型（Quadratic AIDS，QUAIDS）作为需求估计基本函数，进一步根据弹性公式可求得居民八大类消费需求的收入弹性。

在计算弹性时，消费弹性系数法线性简化人均可支配收入增速与人均居民消费增速之间的关系。

$$E_t = G_C/G_{GDP} \qquad \text{（式 3－3）}$$

$$F_E = D(1 + E_t G_{GDP})^m \qquad \text{（式 3－4）}$$

其中，$G_C$ 是统计周期内人均消费年均增长率；$E_t$ 是统计周期内的人均可支配收入年均增长率；$E_t$ 为周期内的消费弹性系数；$F_E$ 为预测水平年的消费预测结果；$D$ 为预测起始年的消费水平；$m$ 为预测年数。

其次，用收入需求弹性和预测收入来预测消费水平。通过八大类收入需

① 弹性系数法可适用于较长区间的趋势预测，但只考虑了两个总量之间的关系，忽略可能的结构性变化，而导致预测失灵；多层需求模型考虑到需求中的结构性变化，但是在预测中要对每个结构相关变量均做情景设定，相关情景假设过多导致预测的变化性较大且对结构性数据要求多。

求弹性，能够相应估计出八大类消费需求量，进而计算出居民人均消费水平。

最后，在此基础上，利用世界银行预测的2035年中国人口数据，推算出2035年中国消费规模和消费结构。

## 二、长期发展趋势：消费规模

### （一）消费水平长期发展趋势分析

在对居民消费水平预测前，根据上述方法，利用居民消费支出省级面板数据，先求出2000—2020年居民消费需求弹性（见图3－12）。从图3－12可以发现，21世纪以来，我国居民分项消费的收入弹性除住房外，均呈现出一定下降态势。这反映出随着生活水平上升，很多商品对居民来说已经不是遥不可及，而是生活必需品。

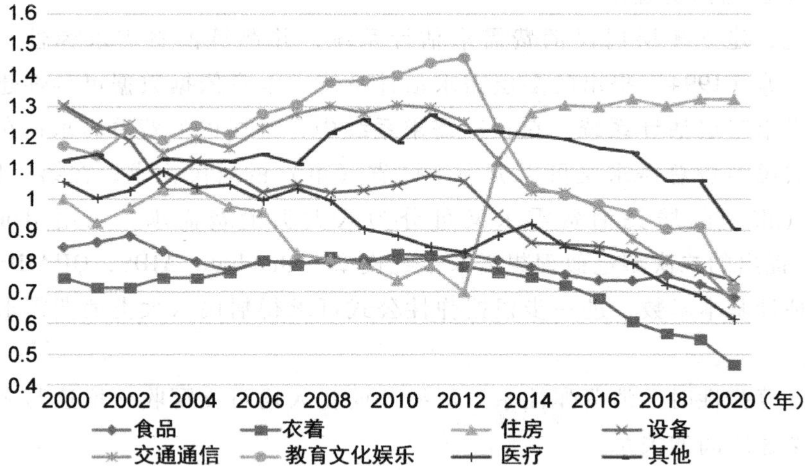


图3－12　我国居民消费收入弹性

基于收入弹性对居民消费进行预测时，需要先对收入演变趋势进行预测。在对经济发展速度以及人均可支配收入进行科学预估的基础上，对居民消费水平进行预测。《中华人民共和国国民经济和社会发展第十四个五年规划和2035年远景目标纲要》指出，2035年我国“经济实力、科技实力、综合国力将大幅跃升，经济总量和城乡居民人均收入将再迈上新的大台阶”“人均国内生产总值达到中等发达国家水平”。习近平总书记在“关于《中共中央关于制定国民经济和社会发展第十四个五年规划和二〇三五年远景目标的建议》的说明”中指出，从经济发展能力和条件看，我国经济有希望、有潜力保持长期平稳发展，到“十四五”末达到现行的高收入国家标准、到2035年实现经济总量或人均收入翻一番，是完全有可能的。为此，我们以2035年人均可支配收入较2020年翻一番为基准情况进行情景假定。2020年，居民人均可支配收入为32189元，2035年实现在2020年的基础上翻番，至少应达到64378元。经测算，到2035年人均可支配收入翻一番要求人均可支配收入年均增长4.8%左右。借鉴夏杰长、刘诚（2022）的研究，2035年实现在2020年基础上GDP总量翻一番，要求人均GDP年均增速须达到4.6%。实现2035年人均GDP达到中等发达国家水平，要求人均GDP年均增速达5.5%①。经计算，过去15年（2006—2020年）人均GDP增速和人均可支配收入的增速分别为11.47%和11.45%，基本保持一致。可以认为，未来15年，人均GDP的年均增速与人均可支配收入的年增速仍将大致保持一致。为此，以人均可支配收入年均增长4.8%为基准情景、4.6%为增长放缓情景、5.5%为增长强劲情景进行预测（见表3－6）。

表3－6　　我国人均可支配收入增长率　　（单位:%）

| 情景 | 2001—2010年 | 2011—2020年 | 2021—2035年 |
|---|---|---|---|
| 增长放缓 | 12.93 | 9.94 | 4.6 |
| 基准情况 | 12.93 | 9.94 | 4.8 |
| 增长强劲 | 12.93 | 9.94 | 5.5 |

以收入增长假定为基础，分别采用移动平均和长期平均两种方法预测长期消费发展趋势（见表3－7）。其中，移动平均的计算周期为10年，长期平均以过去20年的平均增速作为未来15年的年均增速。从表3－7可以发现，在对消费发展的长期趋势进行预测时，计算出来的2025年消费规模与前文中ARIMA模型预测的消费规模存在一定差异。这是因为，随着经济不断发展，经济增速趋于放缓。在对消费进行长期预测时，对收入增长速度的假定是基于整个预测周期的假定，会在一定程度上低估短期消费增长的潜力，造成短期预测失灵的情况。为此，在进行消费中长期发展趋势预测时，需要根据预测周期长短选择不同模型进行预测。在基准情境下，采用移动平均和长期平均预测2035年居民人均消费水平分别是37754元和40511元，较2020年分别

① 夏杰长、刘诚：“迈向2035年：世界经济格局变化和中国经济展望”，《全球化》2022年第1期，第58—69页。

增长了78%和91%。而在人均GDP达到中等发达国家的增长强劲情境下，长期平均预测的居民人均消费水平将达到44000余元，实现在2020年基础上翻一番。可以发现，虽然消费增长与收入增长并不完全同步，但当居民收入增长时却能带动居民消费大幅上升。

**表3－7　我国人均消费水平长期发展趋势（2035年）**　（单位：元/人）

| 情景 | 方法 | 2020年 | 2025年 | 2035年 |
|---|---|---|---|---|
| 增长放缓 | 移动平均 | 21210 | 25676 | 36874 |
| | 长期平均 | 21210 | 26085 | 39455 |
| 基准情况 | 移动平均 | 21210 | 25886 | 37754 |
| | 长期平均 | 21210 | 26316 | 40511 |
| 增长强劲 | 移动平均 | 21210 | 26632 | 40991 |
| | 长期平均 | 21210 | 27136 | 44419 |

### （二）消费规模长期发展趋势分析

基于表3－7对居民消费水平预测的不同结果，结合世界银行对中国人口数量的预测数据，表3－8给出消费规模长期发展趋势的预测结果。

由表3－8可以发现，在基准情况下，移动平均和长期平均预测的2035年居民消费规模分别为53.6万亿元和57.5万亿元；在增长放缓情境下，移动平均和长期平均预测的2035年居民消费规模分别为52.4万亿元和56.0万亿元；在增长强劲情景下，移动平均和长期平均预测的2035年居民消费规模分别为58.2万亿元和63.1万亿元。因此，2035年中国居民消费规模有可能在2020年的基础上实现翻一番，成为名副其实的消费大国乃至消费强国。

**表3－8　我国消费规模长期发展（2035年）趋势**　（单位：亿元）

| 情景 | 方法 | 2020年 | 2025年 | 2035年 |
|---|---|---|---|---|
| 增长放缓 | 移动平均 | 299511 | 364377 | 523502 |
| | 长期平均 | 299511 | 370181 | 560144 |
| 基准情况 | 移动平均 | 299511 | 367357 | 535995 |
| | 长期平均 | 299511 | 373460 | 575136 |
| 增长强劲 | 移动平均 | 299511 | 377944 | 581951 |
| | 长期平均 | 299511 | 385096 | 630618 |

## 三、长期发展趋势：消费结构

### （一）居民消费结构长期趋势预测

本部分在对居民八大类消费收入弹性测算的基础上，进一步计算各类消费占比，得到了居民消费结构测算结果（见表3-9）。

由表3-9的数据可以发现，在不同情景假设下，结合弹性预测时方法的差异我们可得到六组预测结果。在基准情况下，移动平均预测2035年居民食品、衣着、住房、家庭设备及服务、交通通信、教育文化娱乐、医疗和其他消费支出占居民消费支出的比重分别为23.32%、3.29%、38.38%、4.53%、12.71%、6.88%、9.48%和1.40%；长期平均预测2035年居民食品、衣着、住房、家庭设备及服务、交通通信、教育文化娱乐、医疗和其他消费支出占居民消费支出的比重分别为24.29%、4.74%、30.44%、5.44%、16.12%、8.11%、9.10%和1.76%。恩格尔系数持续下降，居民富裕程度不断提升，消费大国建设不断推进。基准情况下，在移动平均和长期平均预测的结果中，食品、衣着、家庭设备及服务、医疗和其他类消费支出占比差别不大，说明这些消费支出类别具有一定稳定性；住房、交通通信以及教育文化娱乐消费支出占比差距较大，反映出其在统计周期内变化幅度较大，敏感性更高，在未来也具有更大的不确定性。

**表3-9　2035年我国居民消费结构预测**　（单位：%）

| 类别 | 增长趋缓 | | 基准情况 | | 增长强劲 | |
|---|---|---|---|---|---|---|
| | 移动平均 | 长期平均 | 移动平均 | 长期平均 | 移动平均 | 长期平均 |
| 食品 | 23.61 | 24.51 | 23.32 | 24.29 | 22.32 | 23.50 |
| 衣着 | 3.37 | 4.78 | 3.29 | 4.74 | 3.01 | 4.59 |
| 住房 | 37.79 | 30.20 | 38.38 | 30.44 | 40.43 | 31.25 |
| 家庭设备及服务 | 4.59 | 5.47 | 4.53 | 5.44 | 4.33 | 5.36 |
| 交通通信 | 12.75 | 16.00 | 12.71 | 16.12 | 12.57 | 16.55 |
| 教育文化娱乐 | 6.99 | 8.17 | 6.88 | 8.11 | 6.52 | 7.91 |
| 医疗 | 9.46 | 9.09 | 9.48 | 9.10 | 9.52 | 9.13 |
| 其他 | 1.43 | 1.78 | 1.40 | 1.76 | 1.31 | 1.71 |

### （二）消费结构预测结果比较分析

进一步，比较表 3 – 9 的六组预测结果可以发现，居民消费结构预测结果呈现出一定的差异性和一致性。

从一致性来看，主要体现在两方面。一是食品、衣着、家庭设备及服务、医疗和其他类消费支出占居民消费支出的比重在移动平均和长期平均下预测结果相对一致。说明这几类支出在居民消费支出中具有一定稳定性，对收入变化的敏感性更弱，在居民消费支出中具有一定的消费刚性。无论是从过去 20 年来看，还是从近 10 年来看，其在居民消费中变化趋势相对稳定，预测的可信度也更高。二是六组预测结果均显示 2035 年住房支出占比将会大幅上升，超过食品支出占比，成为居民消费占比最大的一类支出，并与食品支出占比之和占据居民消费支出的“半壁江山”。说明未来住房支出占比大幅上升的可能性较高，这也与中期预测结论基本一致。但住房支出作为居民生存型消费，其大幅上涨不利于居民消费结构升级和居民福利水平提升。

从差异性来看，主要体现在两方面。一是住房、交通通信、教育文化娱乐类消费支出占比在不同情景条件下的预测结果具有一定差异性。尤其是住房支出占比，在移动平均和长期平均预测下差距超过 7 个百分点，说明住房支出近 10 年和过去 20 年间发生了较大的变化，造成预测结果出现较大差异。这表明，倘若住房支出延续近 10 年的变化趋势，则将会大幅超过其他消费支出的增速。同时也说明，倘若能有效干预住房支出大幅上升，则能明显降低住房支出给居民带来的生活压力，促进享受型消费支出占比上升，推动居民消费升级。二是比较不同情景条件下的预测结果发现，采用移动平均时，除了住房和医疗支出占比随收入上升而上升以外，食品、衣着、家庭设备及服务、交通通信、教育文化娱乐和其他类消费支出占比均随收入上升出现下降趋势。采用长期平均预测时，住房、交通通信和医疗占比随收入上升而上升，其他类消费支出占比随收入上升均有不同幅度的下降。这是因为在移动平均预测下，住房支出大幅上升挤占了其他类消费支出，尤其是对交通通信、教育文化娱乐等具有较大收入弹性的享受型消费支出影响更为显著。因此，抑制住房支出过度上涨，能一定程度提升居民享受型消费支出占比，改善居民消费结构，推动居民消费结构优化升级，提升居民幸福感。

## 四、消费长期发展：趋势特征

消费长期发展具有规律性和一般性。本部分在对一般性特征把握的同时，结合对居民消费长期发展趋势的预测结果，从消费规模、消费结构、消费方式和消费新趋势四个方面提炼消费长期发展的趋势特征。

### （一）消费规模有望在2020年基础上翻一番

《中华人民共和国国民经济和社会发展第十四个五年规划和2035年远景目标纲要》在描述2035年远景目标时指出，经济实力、科技实力、综合国力将大幅跃升，经济总量和城乡居民人均收入将再迈上新的大台阶。随着我国社会主义现代化强国建设进程开启，社会主义建设迈入新阶段，居民消费发展迎来新发展机遇。据预测，2035年人均居民消费水平和居民消费规模都有可能在2020年的基础上实现翻一番，迈上新的大台阶。具体来说，在经济增长强劲，2020—2035年人均GDP实现年均5.5%的增长情境下，长期平均预测的人均消费水平将从2020年的2.1万元增长到4.4万元，居民消费规模将从2020年的30万亿元增长到2035年的63万亿元，有望实现居民消费水平和消费规模均翻一番，为消费强国建设奠定基础。居民消费水平大幅提升、消费规模持续扩大，内需占比显著提升，国内大市场建设状况良好，消费大国建设实现新进展。

### （二）精神文化类的品质消费大幅提高

预测结果显示，基准情景下移动平均和长期平均预测的2035年恩格尔系数分别为23.32%和24.29%，增长强劲情境下移动平均预测的恩格尔系数低至22.32%。可以认为，2035年居民富裕水平有了极大程度的提高，居民中高端消费有足够的物质保障。一方面，从居民消费绝对量来看，2035年人均食品支出可能上涨至8700元到10000余元，衣着消费支出可能上涨至1200元至2000余元，住房支出可能上涨至12000元至16000余元，家庭设备及服务住房支出可能上涨至1700元至2300余元，交通通信支出可能上涨至4700元至7300余元，教育文化娱乐支出可能上涨至2500元至3500余元，医疗支出可能上涨至3400元至4000余元。居民各项消费支出均较2020年有大幅提升，居民追求更加高品质的消费产品和消费体验。居民消费由物质属性向精神属性转变。人们不再满足于从物质消费中得到的满足感，更加追求消费带来的精神愉悦和精神享受。另一方面，以食品和衣着为代表的生存型消费支出收入弹性小，对收入变化敏感度较小；交通通信、教育文化娱乐类消费支出收入弹性较大，对收入变化的敏感度更大，反映出收入增长时享受型消费支出更有可能增长。

### （三）数字技术破除消费时空限制

数字技术发展改变了时空对消费的限制，消费者被允许在任何时间和地点，通过线上、线下多种方式购物，可以选择到店自提、门店配送、驿站自提、快递配送、预定时间送等配送方式，即使是缺货商品或者个性化的定制商品，也可以下单预定，不再局限于店家存货。新冠疫情的发生加速了数字技术在居民日常消费中的渗透过程，无接触消费、定制消费、体验消费、远程消费、智能消费等新型消费方式深刻影响着人们生活的方方面面。这一趋势将随着数字技术的进一步成熟发展，得到更广范围和更深层次的延伸，使时空对居民消费的限制得以进一步释放。预测结果也在一定程度上支持了这一变化趋势。据预测，在不同情景假设条件下，交通通信消费支出由2020年的2762元可能上涨至4702—7353元，涨幅介于70%—166%。交通通信消费的大幅上涨，在一定程度上反映出居民消费信息化是居民消费长期发展中的一大特征。

### （四）老龄化加剧引爆“银发消费”

根据国家卫健委预测数据，预计在“十四五”末期，中国60岁及以上老年人口占比将超过20%，步入中度老龄化阶段，在2035年该占比将超过30%，步入重度老龄化阶段。老龄化作为全球性人口发展的一大趋势，也是今后较长一段时期我国的基本国情。老龄化加剧使“银发市场”受到更多关注，将引爆居民“银发消费”。一方面，老年人身体机能下降，更容易受到疾病侵袭，使居民消费支出中，医疗支出占比更大。但社会保障体系的进一步健全又会一定程度抑制医疗支出占比提升。为此，受老年人对医疗服务要求更高的影响，老龄化会一定程度导致居民医疗消费支出中中高端消费支出增长，引致医疗消费内部结构升级。同时，随着人们对健康的重视程度提高，与老龄化相关的保健、养老支出也会相应增加，尤其是与疾病预防和康复相关的支出。另一方面，老年人偏好也与其他年龄段群体存在较大区别，老年群体拥有更多闲暇时间。随着生活水平的提升，老年人对退休后的生活质量有更高要求，带动“银发消费”爆发式增长。

## 第五节　结论与建议

在明确我国消费发展现状和主要特征，剖析我国中长期消费发展机遇和挑战的基础上，预测我国消费规模和结构中长期变化趋势并结合世界主要经济体的消费发展，得出以下主要结论，并提出政策建议。

## 一、主要结论

### （一）消费规模不断扩大，中国将成为消费大国乃至消费强国

2010 年，中国制造业产出占世界的 19.8%，高于美国的 19.4%，成为超越美国的世界第一生产大国。进入新时代以来，我国处于经济高质量发展和居民生活水平提高的经济成熟阶段，形成了消费主导型增长模式。根据本章的预测，中长期内我国消费规模将持续扩大。到 2025 年，中国城乡居民消费规模将分别达到 311589 亿元和 111430 亿元。在此情境下，中国将由生产大国向消费大国演进，这是中国在全球价值链重构过程中地位转变的重要标志。此时，中国的消费规模有望赶超美国，成为世界第一消费大国。到 2035 年，在经济增长强劲的情境下，即人均 GDP 实现年均 5.5% 的增长情境下，预测的人均消费水平将达到 44419 元，居民消费规模将达到 630618 亿元。这意味着，到 2035 年中国居民消费规模有可能在 2020 年的基础上实现翻一番，成为名副其实的消费强国，中国将由消费大国向消费强国演进。

### （二）消费升降级压力并存，中国消费高质量发展障碍突出

中国消费结构变化在未来较长时期将面临一定的不确定性，消费升降级的压力并存，这会阻碍中国消费由高速度增长向高质量发展转变，不利于新发展格局的构建与经济的高质量发展。根据本章的预测，从中期来看，2025 年中国以食品和衣着为代表的生存型消费支出大幅下降，表明居民富裕程度提升，居民消费结构升级；但住房支出对居民其他类消费支出，尤其是对享受型消费支出的挤出，抑制了居民福利进一步提升，为消费升级带来压力。从长期来看，2035 年居民消费结构预测结果呈现出一定的差异性和一致性，也说明了长期内中国消费结构变化具有不确定性。一方面，住房、交通通信、教育文化娱乐类消费支出占比在不同情景条件下的预测结果具有一定差异性。另一方面，比较不同情景条件下的预测结果发现，采用移动平均时，除了住房和医疗在居民消费中占比随收入上升出现上升趋势以外，食品、衣着、家庭设备及服务、交通通信、教育文化娱乐和其他消费支出占比均随收入上升出现下降趋势。

### （三）数字技术驱动消费创新，中国式消费引领全球变革

随着以物联网、大数据、云计算为代表的信息技术快速发展，以数字技术驱动的新消费业态持续创新，中长期内我国新消费热点不断涌现，消费方式全面变革，中国成为引领新消费业态变革的全球代表。特别是，数字技术发展改变了时空对消费的限制，消费者被允许在任何时间和地点，通过线上、线下多种方式购物。新冠疫情加速了数字技术在居民日常消费中的渗透进程，无接触消费、定制消费、体验消费、远程消费、智能消费等新型消费方式深刻影响着人们的生活。据预测，在不同情景假设条件下，我国居民交通通信消费支出将由 2020 年的 2762 元上涨至 2035 年的 4702—7353 元，涨幅介于 70%—166%。交通通信消费的大幅上涨，在一定程度上反映出长期内居民消费的信息化发展趋势。此外，中国的数字化内容消费与实物消费之间的融合性进一步增强。网络消费、共享消费、定制消费、体验消费、智能消费、时尚消费等新消费模式业态不断涌现，在线办公、网上购物、远程医疗、直播电商等“非接触经济”获得广阔市场，消费新业态在消费总量中的占比迅速提升。与世界其他经济体相比，网络消费等新消费业态模式在中国起步相对较晚但发展迅速，在短时间内已经赶超了美国等发达经济体。

### （四）消费相对差距仍大，中国消费强国建设任重道远

尽管中长期内，我国将成为世界第一消费大国乃至消费强国，但现阶段与消费强国的建设目标仍有差距，消费相对量与世界其他主要经济体的差距仍较大。一方面，中国的消费率不高，仍低于同阶段主要经济体的水平。2000—2020 年，七国集团（G7）国家人均 GDP 达到 20000 美元后（即自 2000 年以后），消费率持续处于 70%—85% 的高位徘徊，大致呈现“倒 U”形变化。而印、中、韩三国消费率随人均 GDP 呈现“U”形变化趋势，保持在相对较低位置，且中国最低。过去较长时期的消费率低且提升幅度不大，阻碍了中国消费强国的建设。另一方面，中国平均消费倾向与世界主要经济体差距虽在不断缩小，但差距仍大。2000—2020 年，除中国外的世界主要经济体的平均消费倾向，基本在 76%—100% 的区间内；中国平均消费倾向相对主要经济体的绝对差异总体在 5%—40%，较为显著。与世界主要经济体在平均消费倾向上的较大差异，也表明目前中国与消费强国的建设目标仍有差距。

### （五）服务消费和新消费异军突起，中国成为典型代表

从与世界主要经济体消费升级的比较来看，中国的服务消费和新消费异

军突起，已经成为主要经济体的典型代表。一方面，中国是世界主要经济体中服务消费升级的典型代表。世界主要经济体的服务消费占比显著提升，服务消费市场化程度不断增强。值得注意的是，美、英、德、中、印、韩六国服务消费占比呈现出不同的攀升过程，尤以中国服务消费占比增幅最大，从2000年的27.34%增长至2019年的33.75%。这说明，服务消费升级已成为全球居民消费结构升级的重要标志，中国是服务消费升级的典型代表。另一方面，中国新消费发展引领全球市场，成为赶超美国等发达国家的领军者。2020年，中国网上零售额为117601亿元，比2019年增长10.9%。其中，实物商品网上零售额为97590亿元，比2019年增长14.8%，占社会消费品零售总额的比重为24.9%，比2019年提高4.2%。以网络零售为代表的新消费等异军突起，使中国成为全球新消费发展的领军者。

### （六）个性化消费浪潮到来，中国消费需求持续扩张

从消费政策的国际比较来看，中国和美国等主要经济体在引导消费个性化发展方面表现突出，这使中国为代表的主要经济体消费需求持续扩张，消费潜力充分释放。2018年“淘宝”这一主要电商平台“双12”活动开启一个小时后，“全球购”板块上来自100多个国家的上千万款个性化特色商品被中国消费者疯狂抢购，成交比2017年增长达56%。《2018淘宝全球购海淘白皮书》显示，在“淘宝”平台“全球购”板块的带动下，越来越多的国外个性化轻奢品牌走进中国消费者的视线，2018年“双12”活动有超过10万件“海淘”商品参加活动。在个性化消费需求持续扩张的背景下，中国最终消费对经济增长的贡献率一路上扬，从2014年的50.2%提高到2019年的57.8%，连续6年超过投资成为经济增长的第一驱动力。虽受2020年下半年开始国内多地新冠疫情散发影响，消费和投资恢复迟缓，出现了短期下滑，但到2021年，最终消费对经济增长的贡献迅速回升并达到65.4%的更高水平，我国消费潜力持续释放。

## 二、政策建议

### （一）改革完善收入分配制度，夯实消费大国经济基础

根据消费中期发展预测，中国在2025年将成为世界第一消费大国，夯实消费大国经济基础刻不容缓。首先，要整顿收入分配秩序，形成合理的收入

分配差距以促进共同富裕，着力增加低收入群体收入，增强居民消费能力，夯实消费大国建设的经济基础。多手段促进居民稳定就业，着力增加低收入人群等就业的稳定性和高质量就业岗位比重，从而提高居民收入水平和消费能力。其次，从工资性收入和财产性收入两方面扩大增收渠道，增加劳动报酬在初次分配中的比重，健全以税收为主的再分配调节机制，以收入分配制度改革奠定消费能力提升的经济基础。稳定并多渠道拓宽居民财产性收入，以金融产品投资、实业投资和租赁服务等为抓手规范市场秩序、完善市场建设。最后，建立脱贫人口增收长效机制，完善最低工资保障制度，促进社会保障标准等和物价上涨挂钩，联动促进低收入群体增收，以增强低收入群体消费能力为抓手。

### （二）促进产业与消费双升级，推动消费高质量发展

从中长期消费结构变化的预测来看，中国消费升降级的压力并存，这将阻碍消费高质量发展的步伐。鉴于此，首先，促进产业结构与消费结构升级并行，增强有效供给，促进供需匹配，推动消费高质量发展。补齐创新短板，鼓励行业产业加强关键领域和技术研发，为消费领域的新产品、新服务、新业态、新模式发展提供强有力的技术支持，提升关键核心技术能力。减少无效供给，扩大有效供给。推动技术进步与生产效率提高，实现高质量商品供给。营造公平竞争营商环境，提升国内消费品市场竞争力。其次，着力提升产业发展和供给质量，形成优质、高效、多样化的供给体系。推动质量变革、效率变革、动力变革，在“增品种”“强品质”“创品牌”上求实效，提高供给体系质量和效率。以市场为导向优化资源配置，依靠技术进步提高产业生产率，推动技术创新与消费模式创新有机结合。最后，注重优化产业结构和供给结构，形成供给创造需求的高水平动态平衡。以数字化、网络化、智能化融合发展为契机，推动新产业、新业态、新技术、新模式的发展壮大，促进新旧动能转化，以产业升级引领消费升级。提高产业链供应链现代化水平，提升供给体系对国内需求的适配性。推动传统产业高端化、智能化、绿色化，打造新兴产业链，加快产业链供应链多元化发展。

### （三）加快新消费新业态发展，注入消费增长新动能

数字技术驱动消费创新是中国中长期消费发展的主要趋势，也是中国式消费引领全球消费发展的重要模式。首先，应用新一代信息技术发展消费新业态、新模式、新场景，加速消费各类元素融合，为消费中长期发展注入新

动能。丰富新消费业态，主动适应各类新兴消费群体和文化的出现。如针对“宅文化”推出“懒人经济”“宅经济”，带动短视频、泛娱乐直播、网络游戏、在线音乐、网络动漫、网络文学等内容消费增长，拓宽传统消费模式时间和空间布局，大力发展在线消费、到家服务。再如，针对疫情防控影响，推出无接触式自助和配送服务等。其次，塑造消费新场景，发挥实体商业区别于电商的场景优势，通过创新场景丰富消费者体验，如“前店后坊”“VR/AR交互娱乐”，鼓励打造城市“夜经济”品牌，塑造全天候全时域消费场景。促进消费模式多维融合，将大数据、人工智能、互联网等科技手段融入消费，以数字化赋能为抓手，为消费者精准定位产品。多元化发展和规范直播带货、“工厂直播”、商超“到家”等消费新模式，以新业态催生新融合，以新模式引领新消费。最后，加大新消费业态监管力度，健全全方位、多层次、立体化监管体系，提高监管效率，督促新型消费行业完善质量标准和诚信体系建设。

### （四）持续缩小相对消费差距，加快消费强国建设

结合长期预测和消费水平比较来看，中国在长期内将成为消费强国，但现阶段消费相对量与其他主要经济体的差距仍较大。首先，要调整产业结构，提高生产效率，着力提高居民消费能力和降低消费价格，持续缩小中国与其他主要经济体在消费率和平均消费倾向上的差距，加快中国由消费大国向消费强国演进的步伐。重点调整产业结构，提高居民收入水平和消费能力。着力提高生产效率，鼓励工业和制造业等领域积极创新，降低企业生产成本从而降低消费价格。其次，将产业结构升级与扩大居民消费有机结合，大力发展服务业，充分发挥服务业扩大就业和带动消费的优势。加快壮大以文化旅游为重点的多元产业链，全力推动服务业高质量发展。利用特色优质资源，着力发展文旅产业，打造文旅品牌，充分发挥文旅产业等就业吸纳和消费带动能力。最后，保持经济稳定增长，稳定消费者预期，增强消费意愿，缩小中国与其他主要经济体的相对消费差距。因此，我国要保持GDP的平稳增长，维持一定的就业水平；保持居民收入增长，逐步实现共同富裕；保持物价水平平稳，杜绝严重性通货膨胀。

### （五）全面健全服务消费体系，促进服务消费升级

结合消费升级和消费政策比较来看，中国是世界主要经济体中服务消费升级的典型代表，也采取了拓宽服务消费领域市场准入的举措，促进服务消

费升级。为此，首先，要进一步放宽服务消费领域的市场准入门槛，推动服务消费持续扩容提质。简化服务消费领域的行政审批程序，持续引导社会力量进入旅游、文化、体育、健康、养老、教育、家政等居民需求旺盛的服务消费重点领域，支持社会力量和市场提供更多元、更高品质的服务消费品。其次，健全基本公共服务制度，多元扩大公共服务供给，适应服务消费升级趋势。健全公共服务要素保障机制，形成市场主体和社会组织多元参与、共建共享的公共服务供给体系。优化公共服务配置机制，建立健全公共资源与常住人口挂钩、与服务半径挂钩制度，提高公共服务有效覆盖率。提高公共服务支出效率，健全服务消费体系。明确公共服务领域的责任界定，完善公共服务支出效率考核制度，加快公共服务一体化网络化平台建设，促进公共服务供给与需求精准匹配对接。最后，鼓励社会力量参与服务机构市场化改革，加快服务消费市场化进程。充分发挥市场和社会组织带动养老服务机构等市场化改革的作用，通过市场引进更多国内外资源，满足老年群体等分层次多样化的服务消费需求，带动相关服务产业发展，加快服务消费市场化步伐。

### （六）促进个性定制产业发展，满足个性化消费需求

结合消费升级和消费政策比较来看，中国和美国的个性化消费特征凸显，在引导消费个性化发展方面也表现突出。首先，要促进个性化消费相关产业发展，加强消费引导，满足个性化、定制化消费需求。面对由品质消费到个性理性消费的阶段性变化，根据不断更新变换的消费场景和生态，适时调整消费引导政策，满足个性化、定制化消费需求。其次，加快与消费者体验、个性化设计等相关的产业发展，引领、创造和拓展新消费。鼓励建设线下个性定制体验馆，提供产品、技术、智慧平台、智能服务等领域的展示和体验。最后，推动规模化个性定制产业高质量发展，以个性化设计、用户参与设计、交互设计为切入点，建立具备数字化设计与虚拟仿真功能的在线设计中心、定制平台及体验中心，拓展设计、制造和服务新模式。持续推进物联网、云计算及大数据等新一代信息技术应用于制造业企业的产品设计、生产制造与销售服务等环节，加快生产制造系统向数字化、柔性化、网络化、智能化转变，提高制造企业对消费需求的动态感知能力，打破场景限制，提高大批量定制化服务水平。

### （七）持续完善消费配套，不断优化消费环境

从消费政策比较来看，持续完善消费相关交通和通信配套设施，促进消

费环境不断优化，是各主要经济体促进消费发展的成功经验。为此，首先，完善消费相关交通和通信配套设施，保持消费品流通循环顺畅。强化保障措施，健全消费支撑体系，完善消费基础配套。以供给侧结构性改革为抓手，稳定有效需求供应链，做好基本消费品保供稳价。优先补齐城市“最后一公里”生活服务业短板，做好城市社区便民商圈建设与发展等引导配套工作。重点补齐农村地区消费物流基础设施短板，推动农产品末端双向流通网点建设，实现集农产品采买进城和工业品下乡于一体的农村物流配套体系。其次，加快以大数据、5G 网络为代表的新一代信息基础设施建设步伐，实现全国所有城市和重点乡镇 5G 网络全覆盖，推进电信普遍服务建设。强化跨区域的基础设施协同服务及应用一体化，推动全国公共交通系统的互联互通。实施区域内大数据共享，配套移动互联、云计算、人工智能等新技术，做好区域内客流合理分配和“一站式”服务工作。最后，加强消费领域信用体系建设，不断优化市场环境。持续深化改革，不断创新监管工作，使监管体系适应不断变化的新消费业态。健全消费品质量标准体系，着力提升消费品质量。加强重点消费领域信用体系建设，健全信用评价体系，完善守信激励和失信惩戒机制。

（本章作者：毛中根，南京大学长江产业经济研究院特约研究员，西南财经大学中国西部经济研究院院长、教授，兼任中国消费经济学会副会长）

是对城乡新定位，是各个要素合体推进消费实现的战略选择。为此，首先，完善消费相关交通和流通[illegible]设施。[illegible]消费品新[illegible]循环畅通，强化[illegible]能，[illegible]消费文化体系，完善消费[illegible]，以[illegible]。[illegible]链，[illegible]，优化[illegible]。[illegible]生活服务业短板，做好城乡[illegible]建设，大力[illegible]城乡消费和乡村地区消费[illegible]，[illegible]农产品[illegible]流通和网点建设，[illegible]一体的农村物流[illegible]。其次，加快以大数据、5G网络等代表的新一代信息基础设施建设进程，实现[illegible]行政村和重点乡镇5G网络全覆盖，推进[illegible]普遍服务[illegible]，强化[illegible]区域的[illegible]设施[illegible]服务[illegible]用。[illegible]，推动[illegible]。[illegible]城[illegible]数据[illegible]，[illegible]技术[illegible]、[illegible]、人工智能等新模式，推动[illegible]内容新业态[illegible]"走出去"[illegible]。最后，[illegible]消费者权益保护[illegible]。[illegible]，[illegible]消费者[illegible]。[illegible]，强化消费[illegible]体系建设，健全[illegible]与[illegible]体系，完善消费[illegible]和[illegible]机制。

[illegible]，南京大学[illegible]研究[illegible]；[illegible]中国[illegible]。

第二篇

# 建设现代化产业体系

# 第四章 中央主导型产业政策与中国式现代化

党的二十大报告指出，“以中国式现代化全面推进中华民族伟大复兴”。建设中国式现代化，首先要建设现代化经济体系，而最重要的是建立现代产业体系。党的二十大报告提出，要“以新安全格局保障新发展格局，要确保重要产业链供应链安全”，这表明，产业链供应链安全是构建自主可控、安全可靠、竞争力强的现代化产业体系的基础。2022 年底，中央经济工作会议指出“产业政策要发展和安全并举”，这是有效应对复杂多变的国内国际环境、实现产业良性发展的现实要求。因此，如何通过产业政策的有效实施来保证我国现代化新征程中产业链供应链安全、提高产业链供应链现代化水平，是中国式现代化建设目标得以实现的首要问题。

## 第一节 如何深入理解中国的产业链供应链安全

要确保产业链供应链安全，实现中国式现代化，首先需要深入并准确理解产业链供应链安全的内涵。

第一，从产业链供应链的主体来看，可以从企业微观视角和国家产业层面两个方面理解产业链供应链安全。从微观视角看，产业链供应链安全主要指企业供应链安全。企业供应链安全是产业发展的微观基础。《2021 年供应链弹性报告》指出，2020 年，62 个国家 173 家企业中，超过 25% 的企业经历了 10 次或更多的供应链中断，而 2019 年这一比例低于 5%。从国家层面看，产业链供应链安全主要是产业上下游环节联系紧密，促进产业发展，不仅包括更深度地融入全球产业链，还包括构建自主可控安全高效的国内产业链。

第二，从产业链供应链的地域来看，可以从国内和国际两个视角来理解产业链供应链安全。以美国为首的发达国家认为，产业链供应链安全是维持其在全球产业中的主导控制地位并避免在供应链上被强大的中国制造能力反制。中国产业链供应链安全既包括在全球产业链的关键领域拥有自主知识产权避免被发达国家断供，还包括国内产业链各环节内循环顺畅避免企业供应关系断裂。当前，美国不断打压遏制中国产业，在核心技术和关键零部件以及重大装备等方面限制对中国出口，使得中国被断供风险增加，产业链安全发展受到严重挑战。WIND 产业链数据库资料显示，在芯片产业链细分的通用型器件、无线通信设备、光通信设备、手机终端、数据通信设备、与业内设备商有业务往来公司 6 个环节共 128 家企业中，技术门槛较高的通用型器件以及部分生产环节无一家中国企业能涉足，芯片产业链断供风险非常大。中国企业创新创业调查数据也显示，2170 家企业中有 570 家企业表示出现过断供行为，其中 83 家企业表示断供来自海外。基于内循环视角的产业链供应链安全，更多考虑的是国内统一大市场建设下的供应链顺畅，不仅包括了上下游各个企业之间的供应链紧密关联，还包括消除地区壁垒，发挥超大规模统一市场优势，建立产业链的区域关联。

可见，当前中国产业链供应链的安全问题，其本质是基于内需主导型全球价值链（GVC）视角下的产业链安全发展问题。

## 第二节　内需主导型 GVC 视角下的产业链安全发展的着力方向

国际环境的变化对全球价值链的运行有重要影响，地缘政治和突发事件严重冲击着全球产业链的安全。百年未有之大变局下，中国需要改变参与全球价值链的形式和方式，从被动参与者转变为积极倡导者，即以国内超大规模市场和内需来为全球价值链的运行提供新动力。在内需主导型 GVC 下，为了保证产业链的安全发展，需要构建国内价值链、提升产业链现代化水平以及提高产业反制能力。

### 一、构建国内价值链

自 2008 年全球金融危机后，中美贸易摩擦、新冠疫情以及俄乌冲突正加速全球产业链重组。我国产业链的稳定性和安全性正面临着严峻的考验和挑战。从外部环境看，过去全球产业链分布由经济效率单一因素决定，而现在正演变为以价值观为基础、以安全为导向。这不仅提醒我国要警惕所嵌入的全球价值链被解构、脱钩甚至边缘化，还要重点解决我国产业链的安全发展问题。所以，从全球价值链视角看，我国产业要适当降低与国外垂直专业化的联系，扬弃单一的出口导向战略，通过发展和塑造国内价值链，让更多的产业循环留在国内进行，适当拉长内循环的链条，提高内循环产业的技术水平、加工制造能力和增加值率。从内部因素看，我国所形成的新一轮发展条件和资源可以为国内价值链的构建提供坚实基础：第一，内需潜力不断增强。我国拥有世界上规模最大、最具成长性的中等收入群体。由此产生出的消费能力以及派生出的投资需求将成为国内价值链的重要驱动力。第二，供给能力不断提高。我国拥有较完备的生产门类和工艺体系，加之庞大内需所诱导和拉动的技术创新，可以满足国内价值链生产对产品和服务的需求。第三，全国统一大市场的建设。全国统一大市场的建设可以消除地方保护和市场分割，促进国内价值链循环畅通。

构建国内价值链，可以有效提高产业链安全发展，主要表现在以下三个方面。

第一，构建国内价值链可以有效提高产业链的安全性。在外需主导型 GVC 下，我国主要参与的是由跨国公司所主导的 GVC。在这种全球产业链垂直分工体系中，我国主要参与的是加工组装环节，而关键环节和高附加值环节常常被布局在发达国家。这造成我国产业对发达国家的高端技术和市场需求具有较高的依赖性。这种高依赖性进一步导致我国产业链在面对地缘政治和外部突发事件时显得格外脆弱。国内价值链主要是由我国企业来协调价值链的生产活动，可以将生产中的关键环节和高附加值环节优先布局在国内，改变生产活动受制于人的局面。此外，国内价值链在国内循环长度的增加，可以减少外部不稳定性对产业链的冲击。

第二，构建国内价值链可以有效提高产业链自主性。在外需主导型 GVC 下，我国东部沿海地区凭借地理优势快速融入国际循环之中，中西部地区则只能为东部地区提供原材料和廉价劳动力，导致国内经济循环的质量和水平均不高。此外，低成本比较优势的逐步丧失使我国所参与的全球产业链面临被其他发展中国家“中低端分流”的压力。构建国内价值链就是利用我国的强大市场，将东部沿海发达地区打造成为国内价值链“链主”企业聚集地，使中西部地区成为国内价值链的“接包”区域，由此提高我国产业链的自主可控性。

第三，构建国内价值链可以有效提高产业链的国际竞争力。“后疫情时代”，全球价值链布局会统筹考虑经济成本和社会成本，将演变出“纵向分工趋于缩短，横向分工趋于区域集聚”的新趋势（刘志彪，2020）。这会改变世界各国参与全球产业链的竞争方式，即从过去的国际代工者之间对“链主”企业订单的竞争，演变为产业集群之间甚至是产业链集群之间的竞争。通过构建国内价值链可以对我国产业链在地理上进行重塑，使其朝着区域集聚态势发展。这会使我国优势地区出现产业集群并发展出产业链集群，最终提高我国的国际竞争力。

## 二、提升产业链现代化水平

党的十九届五中全会明确提出“提升产业链供应链现代化水平”的要求。产业链供应链现代化，是一个包括产业基础能力提升、运行模式优化、产业链分工合理和治理能力提升等方面内容的现代化过程，其本质是在新一轮经济全球化下重塑我国国内经济主导的产品内分工态势（刘志彪，2023）。将产业链现代化置于“技术—市场—制度”的三维分析框架下，可以发现其对产业链安全与发展的重要作用。

第一，技术层面看，产业链现代化进程主要通过自主技术创新来保证产业链的安全可控性。从供给端看，主要是利用公共资本来保证基础研究知识和关键共性技术供给。市场调节以利益诱导为主要手段，具有自发性、盲目性和滞后性，无法引导市场主体和创新资源充分流入关键技术领域。一是以利润最大化为目标的企业，更关注应用型技术研发，对关键核心技术研发投资意愿不足。Dugan 和 Gabriel（2013）指出，企业认为投资基础研究具有高风险，这是由于预测研究将产生怎样的产品以及评估研究的价值对企业来说是困难的。此外，某些关键核心技术的成本和收益之间存在较大差距，导致企业对其投资保持审慎态度。二是风险资本的逐利性导致其难以保证关键核心技术投资。风险资本的目标是获得高额回报，而关键核心技术往往具有不确定性程度大、技术复杂性高、研发周期长等特征，这将导致风险资本往往回避对其投资。与私人部门短视行为不同，公共资本的战略性特征要求其必须大力支持关键核心技术的攻关。公共资本不仅可以为关键核心技术攻关提供经费支持，还可以为技术的商业化应用提供运营支持，使整个研究活动深深融入整个国民经济活动之中，并促使知识和能力在整个经济中扩散，产生最大的经济效益。

第二，从需求端看，主要是利用公共采购来实现技术的反哺效应。市场需求具有不稳定性，难以保证关键核心技术的商业化转换效率。第二次世界大战后美国政府资助的基础研究与产业界资助的应用研究之间出现了由融资真空导致的“死亡之谷”，主要表现为基础研究成果大多停留在实验室阶段，缺乏后期的应用性开发和市场转化的动力和方向（沈梓鑫和贾根良，2018）。在我国实践中，同样存在着技术创新和生产应用之间的脱节问题，例如国内企业害怕承担风险而拒绝使用国产创新产品。根据西方发达国家的经验，他们除了针对技术创新中的关键性障碍进行研发资助，还将新技术的商业化作为最终使命，利用公共采购为新生的核心技术在试错、提高质量和打入商用市场之前提供有保障的市场需求（贾根良，2020）。所以，我国可以利用公共采购为关键核心技术的商业化转换提供容错机制，为新技术商业化推广提供有保障的市场需求和融资支持，在一定程度上降低市场的不确定性，以便缩短关键核心技术与技术商业化应用的时空距离，提高关键核心技术的商业化应用的效率。

第三，从市场层面看，产业链现代化进程主要通过全国统一大市场建设来保持产业链稳定性。以下从作用机理、实现路径以及经济效果等方面来分析全国统一大市场建设对产业链稳定性的作用。从作用机理看，市场容量决定市场分工，全国统一大市场的建设必然导致产业链规模扩张（刘志彪，2023）。这是由于全国统一大市场的建设可以促进生产要素自由流动，降低生产成本，会使更多的企业内分工转变为企业间分工，提高产业链市场化程度。从实现路径看，企业之间的市场竞争可以保持产业链的动态稳定。全国统一大市场是在统一规则下建立的公平公正公开的市场，会破除市场分割和市场保护对生产要素自由流动的障碍和阻力，提高市场竞争程度。在价格机制作用下，市场份额会向有效率的企业集中，形成产业链“链主”治理结构。在纵向的产业链上，大企业之间通过垄断竞争或寡头竞争成为产业链“链主”；在横向的产业链上，围绕产业链“链主”进行配套生产的中小企业要不断地与潜在进入者进行竞争。这一竞争格局可以顺利实现新技术、新企业对旧技术、旧企业的淘汰，提高产业链的整体生产效率，保持产业链的相对稳定性。从经济效果看，建设全国统一大市场可以优化产业链布局和营商环境，从而保证产业链稳定性。就产业链布局来说，全国统一大市场破除了行政区经济的限制，可以使产业链在区域间进行更加科学的布局，产生知识溢出、资源集聚、市场扩张和技术赶超等产业链集群效应。就营商环境来说，全国统一大市场可以提高其市场化、法治化、国际化以及便利化程度，大大压缩交易成本，使产业链上的企业不可能被他国企业轻易取代（刘志彪，2023）。

第四，从制度层面看，产业链现代化进程主要利用“链长制”来提高产业链的国际竞争力。复杂多变的国际环境导致全球产业链出现重组态势，非常有可能形成全球产业链集群的竞争态势（刘志彪，2020）。产业链集群主要依托于区域性产业集群，吸引产业链中的国内外不同环节的企业介入，形成了相对完整、基于本地一体化的网络式产业链（刘志彪和孔令池，2021）。建设全球产业链集群为系统推进产业链“链长制”提供了重要契机。

产业链“链长制”是以产业集聚为基础，聚焦于产业链生态，以实现融通协同发展为目标（孙华平和包卿，2020）。积极推行产业链“链长制”是对市场机制的有益补充。市场对产业链的协调机制主要体现在“链主”企业凭借技术能力或市场优势取得支配地位，可以组织协调产业链中的企业生产活动。但是，“链主”企业无法对本产业链之外的其他企业行为进行有效协同，导致产业链集群发展中存在“共用地”的悲剧。产业链“链长”通常为区域行政长官，可以为优化产业链中的集体效率提供良好的生态环境。一是“链长”可以调研梳理产业链发展的现状和特点，全面掌握产业链中的关键共性技术，由此拓展服务链、人才链、信息链、资金链等多个链条，提升产业链的整体生产效率。二是“链长”需要不断优化营商环境，为产业链集群发展提供无障碍、低成本、高效率的优质公共服务，使企业可以专注于产业链上的细化分工，生产出专业程度高、替代性低的复杂中间品，提升我国企业对产业链各环节的控制能力。

## 三、提高产业反制能力

从力量均衡看，要加快培育产业的反制能力。之所以强调产业反制能力，是为了反击将产业链作为政治武器的个别国家行为。当前的经济全球化出现了“逆全球化”态势，主要表现为：以价值观为基础、以安全为导向的“分层”“分圈”的经济全球化正在取代以效率为第一位的经济全球化（刘志彪，2022）。在讲究效率第一的经济全球化时代完全不需要培育产业反制能力，这是因为全球产业链的“链主”企业出于降低成本和提高效率的双重考虑，会将不同生产环节配置到世界上具有比较优势的地区，信息技术的进步、运输成本的下降以及国家间贸易壁垒的降低更是加速了这一发展趋势。中美贸易摩擦和新冠疫情严重冲击了全球产业链的安全与发展，使全球产业链出现了分化、解构和重组趋势，俄乌冲突更是强化了全球产业链的“分层化”和“分圈化”。其中的典型代表就是美国对中国产业链发展的遏制。奥巴马政府提出“在岸外包”策略，希望回流部分美国制造业来为产业链的安全性创造条件；特朗普政府提出“近岸外包”策略，试图通过“美墨加自由贸易协定”让加拿大和墨西哥取代中国成为美国第一大和第二大贸易伙伴，以形成产业链的区域化集聚；拜登政府提出“友岸外包”策略，将意识形态和价值观加入产业链布局的考虑因素。面对上述国际环境，习近平总书记指出，“要拉长长板，巩固提升优势产业的国际领先地位，锻造一些撒手锏技术……拉紧国际产业链对我国的依存关系，形成对外方人为断供的强有力反制和威慑能力”。从产业链的力量均衡看，我国的某些优势产业具有国际竞争力，被许多发达国家所忌惮，例如半导体制造和先进封装、大容量电池和关键矿物等。基于此，我国可以利用“扬长补短”的策略来培育产业的反制能力，既要在长板产业方面形成独特的不可替代的竞争优势，反击把具有公共品属性的产业链作为政治武器的某些国家政府行为，又要缓解产业瓶颈被“卡脖子”的风险（刘志彪，2022）。

## 第三节 新发展格局下中央主导型产业政策的重点、特征及实施方式

理论界对于产业政策的分析主要基于功能性产业政策和选择性产业政策的传统视角（江飞涛和李晓萍，2018），或是GVC视角下的产业政策（Gereffi，2013），抑或是从产业链供应链现代化的视角对产业政策进行分析（张其仔和许明，2022）。实践中，发达国家产业政策的实施大多强调中央和地方的统一性。例如，美国所实施的产业政策是一种联邦政府主导型的产业政策，即由美国联邦政府主导，州政府有一定自主选择权，配合联邦政府进行相关产业政策的落实；日本的产业政策更是一种以中央政府为核心的集中发展模式，即政策由中央政府统一制定、中央与地方协调推进。对于我国这样的大国，产业政策更需要进一步转型，从之前的地方政府主导的区域竞争型产业政策转向中央主导型产业政策，进而推动产业链的安全与发展。

### 一、地方政府主导的区域竞争型产业政策特点

现有的产业政策是地方政府主导的产业政策，通过调动地方政府发展经济的积极性，选择具有比较优势的产业来嵌入发达国家主导的GVC，实现了

增长速度赶超的目的。地方主导型产业政策主要基于我国的低成本优势建立了一种外需主导型的经济体系，具有如下特点。

第一，以速度赶超为导向，指充分发挥地方政府“准市场主体”的角色来完成数量增长目标。在社会主义市场经济建设过程中，最初我国并不存在市场体系。政府秉持务实的态度，充分发挥“有形的手”来培育市场以完成经济转轨和实现赶超。产业政策作为政府重要的调控手段，承载着快速发展生产力的使命。因此，产业政策需要充分发挥地方政府“准市场主体”的角色以实现经济增长目标，表现出明显的速度赶超特征。其具有四个特点：一是追求数量增长；二是对行业、地区和企业实施差别化管理；三是政府大量直接干预市场；四是政府掌控足够的发展调节资源（刘志彪，2022）。

第二，以选择为手段，指通过“选产业、选技术、选企业”的方式来实施政策优惠，以影响产业间的资源配置和企业的生产经营。改革开放初期，选择性产业政策适应了当时“有计划的商品经济”“国家调节市场，市场引导企业”的总体改革思路，成为我国推动计划经济向市场经济渐进转变的重要方式（江飞涛和李晓萍，2018）。为此，产业政策延续了以“选产业、选技术、选企业”的方式来实施政策优惠，以影响产业间的资源配置和企业的生产经营。其中，“选产业”指的是通过制订产业发展的优先次序，对重点产业进行倾斜性扶持，主要手段包括税收优惠、财政补贴、信贷支持以及提供土地使用和进出口便利；“选技术”指的是通过吸引外资来引进和模仿发达国家的先进技术，以达到“市场换技术”的目的，主要手段是设立开发区，对外资企业提供财政补贴、税收减免、土地优惠、金融支持、通关便利和便捷物流等优惠条件；“选企业”指的是鼓励企业做大做强以达到规模经济效益，主要采取改组、联合和发展企业集团的方式来提高特定企业的市场占有率。

第三，以融入 GVC 为目标，指基于低成本比较优势嵌入发达国家主导的 GVC。GVC 为发展中国家提供了一种“压缩式”发展模式（Sturgeon 和 Whittaker，2019），因此产业政策可以利用全球供应链之间的联系或动力来提高国家或地区在 GVC 中的地位，Gereffi（2013）将其总结为一种以 GVC 为导向的产业政策。改革开放后，由于国内市场发育不充分，我国只能选择利用西方国家市场。因此，产业政策通过鼓励地方政府吸引外资和建设开发区的方式来积极嵌入西方国家主导的 GVC。产业政策以 GVC 为目标虽然推动了我国经济快速增长，但也形成了一种“两头在外、大进大出”的单循环发展格局。

## 二、新发展格局下产业政策目标重点

新发展格局下，推动产业链发展将成为产业政策创新与竞争的新前沿。与传统的产业结构政策不同，产业链结构政策要立足产业规模优势、配套优势和部分领域先发优势，补齐短板，锻造长板，分行业做好供应链战略设计和精准实施，以获得分工收益，实现经济可持续发展。产业政策目标转向产业链结构政策，具有深刻的理论逻辑、历史逻辑和现实逻辑。

第一，从理论逻辑看，产业政策推动产业链发展可以获得分工收益。生产力的提高以社会分工为必要条件，而社会分工则与市场发展之间存在循环累积的相互促进作用。一方面，社会分工程度以市场发展水平为基础；另一方面，社会分工的发展可以促进市场扩展。在我国市场取向改革初期，受限于当时的市场容量，产业政策只能根据“点式思维”来挑选输家和赢家以推动产业间分工和产业内分工，进而建设“社会主义市场体系”。随着全国统一大市场建设的不断完善，我国社会化分工将进一步深化。作为一种特殊形式的社会分工，产业链既不同于产业间分工，也不同于产业内分工，其主要是将产品的生产、交换、流通、分配等环节“片断化”后进行链式集合最终形成模组化纵向网络（中国社会科学院工业经济研究所课题组和张其仔，2021）。由于产业链的生产活动边界比较模糊，“点式思维”不再适用。产业政策需要根据“链式思维”来提升整个链条的生产效率。新发展格局下的产业政策应立足于产业链的优势领域，以“扬长补短”的方式主动塑造和拉长价值链的国内生产环节，促进链条整体的经济效益和社会效益最大化。

第二，从历史逻辑看，过去产业政策的实施方法阻碍了产业链的可持续发展。经济转轨时期，我国通过行政分权改革让地方政府获得了“准市场主体”的地位和职能。这一做法虽然调动了各方进行社会主义现代化建设的积极性，但也造成了“行政区经济”格局。“行政区经济”在产业政策方面主要表现为：中央主导型产业政策的式微和地方政府主导型产业政策的强势，即主要是地方政府主导型产业政策的制定和实施（刘志彪，2022）。在经济转轨时期，为了完成数量增长目标，地方政府主导型产业政策通常被用作经济赶超的工具，导致产业政策的跨区域合作和整合功能被维持在最低水平。其中典型的例子是地方政府实施的区域性优惠政策，其目的是通过制造政策“洼地”来吸引各类资源流入以加快所辖区域发展。地方政府主导型产业政策的这种副作用扭曲了资源禀赋优势和企业的自主能力，会加剧产业链的堵点和痛点，导致其循环不畅。为了实现产业链的可持续发展，需要改革产业政策的实施方式。产业政策转型可以从实施中央主导型产业政策入手：中央政府在全国范围内统一协调地方政府的干预行为，以保证产业政策制定的有效性和实施的协调性；通过公平竞争的市场环境来增进地区联系、促成区域合作，以期为产业链的可持续发展创造稳定的发展环境和保障体系。

第三，从现实逻辑看，新发展格局的重要表现之一是"客场全球化"转型为"主场全球化"，而产业链结构政策将成为这一转型的重要抓手。在"客场全球化"下，我国主要基于低成本比较优势来充分利用发达国家的市场，实施的是一种外需主导型 GVC 发展战略。构建新发展格局所依托的经济运行环境和实现条件均发生了根本性变化。过去我国主要通过加入发达国家所主导的 GVC 来获得发展红利，但是如今美国对华敌对情绪高涨，正在利用所谓的"友岸外包"等方式在全球价值链上对中国进行排挤和脱钩。俄乌冲突更是加速了美国按照本国利益来重塑全球产业链。外部发展环境的不确定性进一步凸显了国内市场的重要性。我国过去的发展战略过于关注国际贸易，忽视了对国内价值链的培育和发展。这造成我国产业循环主要依靠国际产业分工，产业链中的高收益环节主要发生在外部。美国对全球产业链的重组，对我国产业链安全与发展产生严重冲击。鉴于经济全球化形式的改变，我国需要立足于超大规模市场优势来实施内需主导型 GVC 发展战略。与此相适应，产业政策的目标重点也应转向产业链安全与发展。具体地，在全国统一大市场基础上实施中央主导型产业政策，重点支持产业链中的"卡脖子"环节，同时采用"扬长补短"的策略来培育和发展国内价值链。

## 三、中央主导型产业政策模式特征

### （一）中央主导型产业政策内涵

党的十九届四中全会首次提出"构建社会主义市场经济条件下关键核心技术攻关新型举国体制"。为进一步完善我国新型举国体制，中央全面深化改革委员会第二十七次会议审议通过了《关于健全社会主义市场经济条件下关键核心技术攻关新型举国体制的意见》。会议指出，健全关键核心技术攻关新型举国体制，要把政府、市场、社会有机结合起来，科学统筹、集中力量、优化机制、协同攻关。党的二十大报告强调，"完善科技创新体系，坚持创新在我国现代化建设全局中的核心地位，健全新型举国体制，强化国家战略科技力量，提升国家创新体系整体效能，形成具有全球竞争力的开放创新生态”。这为产业政策的转型指明了方向，即产业政策体系向中央主导型转变，利用科技创新来促进产业链的安全与发展。

中央主导型产业政策是在保证中央政府主导的前提下，高度发挥地方政府的积极性，在充分厘清政府和市场关系的基础上，注重形成地方政府与中央政府间的纵向均衡机制，在产业政策的制定机制、落实和执行机制、导向以及区域体系等方面进行重构（江静和张冰瑶，2022）。实施此产业政策的目的是形成统一的政策决策，保证一致的政策落实，克服央地联动的负外部性对产业链发展的阻碍。此外，中央主导型产业政策具有较高的整体效能，可以从国家战略全局出发来提高创新资源配置强度和效度，加速关键核心技术的突破，提高产业链的安全性。

### （二）中央主导型产业政策特征

中央主导型产业政策是在构建内需主导型 GVC 的背景下实施的，其战略目标是促进产业链安全与发展。因此，中央主导型产业政策需要“瞄准事关我国产业、经济和国家安全的若干重点领域及重大任务”来“重点研发具有先发优势的关键技术和引领未来发展的基础前沿技术”。作为新型举国体制的重要载体之一，中央主导型产业政策以推进中国式现代化和保证产业自主安全为根本宗旨，以提升关键核心技术攻关能力为外在表现，最大特征是在举国范围内科学统筹、优化配置创新资源来进行技术协同攻关以实现突破性进步。除此以外，中央主导型产业政策还具有以下特征。

第一，中央主导型产业政策具有目标明晰性。转型为中央主导型产业政策是为了避免地方主导型产业政策下央地联动的负外部性，以解决产业链循环不畅的问题。从本质上讲，就是产业政策的主体回归中央层面，统一部署推动产业链发展的相关决策。为此，中央主导型产业政策必须有准确清晰的施策目标，以形成决策统一和实施一致的落实过程。中央主导型产业政策的目标是通过科技攻关来提高产业链的安全性。科技攻关的主要方向是有关产业链的关键核心技术。由于中央主导型产业政策是新型举国体制在政策方面的具体应用，科技攻关模式可以采取任务导向型。首先，中央主导型产业政策可以汇集全国资源进行集中攻关，因此任务应该以国家利益为首要原则，其所承担的关键核心技术攻关须攸关整个产业链的安全自主可控性。其次，中央主导型产业政策具有举国动员的性质，在完成任务时势必会产生较大的公共成本。因此，任务必须有明确的完成期限，如果某些技术在中期评估中无法顺利完成需要果断放弃。最后，任务导向型科技攻关模式的最终目的是实现技术的商业化转换。因此，当成功突破关键核心技术后，仍需要持续关注技术的产业化效率。

第二，中央主导型产业政策具有行动一致性。中央主导型产业政策以统一协调为行为准则，地方政府落实具体政策时需淡化自身主导作用，这意味着一切区域性、部门性和私利性行为不得损害产业链的安全与发展。产业政策从制定到实施均追求政策统一性、规则一致性以及行动协调性，坚持促进产业链安全与发展的目标导向，充分发挥中央政府总揽全局、协调地方的枢纽作用。首先，为了保证产业链的安全与发展，地方政府的主要职责是积极推动产业链的"链长制"实施，以达到固链、强链、创链、紧链的目的。这种制度性创新是为了减缓外部环境对产业链的冲击，更好地发挥行政机制对市场调节的补充作用，实现产业链高效运行和循环通畅。其次，中央政府的主要职责是"链长的链长"。如果将我国产业看作是由无数纵横交错的产业链组成的产业网，那么地方政府则是某一或若干链条的"分链长"，而中央政府则是我国产业链网络的"总链长"（江静和张冰瑶，2022）。"总链长"需要协调不同区域产业链的联系，努力打造产业链集群，提高产业链国际竞争力。

第三，中央主导型产业政策具有政府与市场高效协同性。中央主导型产业政策的创新之处就在于较好地兼顾了市场在资源配置中起决定性作用和更好发挥政府作用，提升有效市场和有为政府双向效能。在政府和市场的关系中，中央政府是在坚持市场对资源配置的决定性作用下，只是对涉及产业链安全和国家公共安全的战略性产业领域进行协调，同时为产业链的发展提供良好的制度环境。地方政府则是在遵循竞争政策的前提下，为产业链的高效发展提供良好生态环境，一是提供跨区域公共产品和服务，二是破除行政壁垒和地方保护行为。总的来说，政府的作用主要体现在对关键技术的战略性谋划和风险投资方面；市场的作用主要体现在对科技创新成果的市场检验方面，即创新产品是否能带来商业利润。政府和市场的有效协同则表现在以公共风险投资资本带动私人风险投资资本，有效引导政府、各类市场主体和其他社会力量参与技术创新，形成有关创新的利益共同体联盟，从而拓展资源的配置空间和提高资源的配置效率。

## 四、中央主导型产业政策实施方式

从实施方式来看，中央主导型产业政策与地方主导型产业政策有本质区别。地方主导型产业政策的实施方式是项目制，即中央政府制定产业政策的大政方针、地方政府负责落实推进。这一实施方式虽然极大地调动了地方政府的积极性，有力推动了我国经济增长，但是却无法有效组织、协调和引导区域之间的协同合作和集中攻关，更无法保证供给型政策工具、需求型政策工具和环境型政策工具三者之间的协调性，难以承担突破“卡脖子”问题和关键核心技术攻关的重任。现代科学技术的发展和突破往往是系统性创新工程，需要依靠不同学科、不同部门、不同团队、不同领域进行联合协同攻关。在既往产业政策的实施模式下，即使中央政府有意将各地方政府“整合”在某一关键核心技术攻关任务之下，也难以形成高效的跨区域协同合作。一是地方政府的决策偏好不同可能造成政策工具使用的冲突，致使任务完成过程中出现决策形式上的“统一”而事实行动上的“分散”，最终阻碍任务完成所必须的系统集成。二是地方政府利益倾向存在差异，对完成任务的分内工作也难以“付出”超出自身利害关系范围的努力，导致扯皮、推诿现象出现，致使任务进展受阻。

中央主导型产业政策的实施方式是任务制，即中央将分散在各区域和各部门的科研力量和创新要素集中起来，开展关键核心技术攻关工作。实施中央主导型产业政策就是为了将中央和地方团结到一起，统一协调，进行全国性的创新大协作。中央政府从国家战略角度对技术发展方向进行预判，在把握大致发展方向和具体目标的前提下，组织科学家、工程师以及企业家等进行充分论证。一旦技术发展方向确定，则各方面需要使用目标一致的政策工具来为技术攻关提供支持。

中央主导型产业政策是在内需主导型 GVC 背景下实施的，其目标是促进产业链安全发展。因此，需要秉承新的实施原则。中央主导型产业政策实施原则是提高政策主体和政策工具协同性，以克服地方主导型产业政策下央地联动的负外部性对产业链发展的不利影响。其中，政策主体的协同性是指中央主导型产业政策将多个参与主体整合为具有同一目标信念和统一行动的“单一”行为主体，以克服地方主导型产业政策下的“条条块块”约束。政策工具的协同性是指从供给、需求和环境三方面入手来为创新提供良好生态以实现政府和市场的最优双向效能。

在政策主体协同方面，中央主导型产业政策可以利用任务导向型技术攻关模式来克服地方主导型产业政策项目制缺点，打破“条条块块”的束缚。在政策工具协同方面，中央主导型产业政策可以分别在供给、需求和环境三方面为创新成果转化为产业竞争力保驾护航。Rothwell（1985）根据政策工具对技术创新的不同影响，将其分为供给型政策工具、需求型政策工具和环境型政策工具。供给型政策工具的作用对象是生产要素，其目标是通过扩大要素供给来促进产业创新发展；需求型政策工具的作用对象是市场需求，其目标是通过引导消费需求来降低新产品市场的不确定性；环境型政策工具的作用对象是产业发展的环境因素，其目标是为新产业的发展营造良好的生态环境。

## 第四节　中央主导型产业政策促进产业链安全发展的机制

中央主导型产业政策主要通过优化产业间、产业内以及企业内资源的配置来推动产业链发展，具体机制表现在以下三个方面。

### 一、借助全国统一大市场建设的契机，通过中央主导型产业政策来巩固和完善国内价值链循环关系，适度降低对国外产业的依赖程度

国内价值链是内需主导型 GVC 的产业组织载体。内需主导型 GVC 是指依靠国内统一市场所具备的市场优势和内需潜力建立的“以我为主”的 GVC（凌永辉和刘志彪，2020）。内需主导型 GVC 重视产业链在国内的延伸，要求从原料采购和运输，中间品、最终品的生产和分销，直至最终消费和回收处理的整个过程都是安全可靠、自主控制的，从而可以有效促进产业链的全方位创新升级（刘志彪和凌永辉，2021）。面对 GVC 重组的风险，构建国内价值链无疑成为产业政策的主攻方向。国内价值链是一个复杂的系统，是一个基于产品或服务从概念到最终使用乃至回收和再利用的生产协作网络。由于参与主体众多且目标差异大，单凭市场机制难以实现高效顺畅运行，需要产业政策帮助协调。具体地，产业政策的重心应落在生产网络的驱动力上，即成本最小化、快速响应、柔韧性以及可持续性方面（Coe，Yeung，2019）。成本最小化意味着产业政策需要积极推动全国统一大市场，促进生产要素自由流动以降低生产成本；快速响应意味着产业政策需要积极提升产业链数字化水平，通过产业数字化和数字产业化的方式缩短企业之间的信息距离，保证供应商能够以最快的生产速度满足采购商的要求；柔韧性意味着产业政策需

要协助产业链中的企业做好应对突发情况的预案，保证产业链在极端情况下也可以正常生产；可持续性意味着产业政策需努力推动产业链各生产环节的绿色化转型，助力“双碳”目标的实现。具体政策体现在以下三个方面。

第一，产业布局政策。中央主导型产业政策需要充分发挥各地区产业链分工协作效应，提高生产过程迂回程度、促进产业链在国内延伸。在外需主导型 GVC 下，东部地区利用区位优势和政策优惠率先嵌入 GVC 的低端环节，中西部地区则变为其生产要素提供地，在一定程度上抑制了中西部地区产业升级的空间，导致区域发展差距扩大。不平衡的区域发展格局容易产生两种不良结果：一是国内上游企业无法在国内找到合意的下游企业，只能选择扩大出口。二是国内下游企业在国内缺乏合适的上游企业，导致过度依赖国外中间品。上述两种结果都可能造成产业链局部“塌陷”，增加“断链”风险，不利于产业链的安全与发展。在内需主导型 GVC 下构建国内价值链，需要整合不同区域之间的生产能力，形成区域间的产业前后向联系，发挥国内产业链的网络效应。一是中央主导型产业政策需要积极发挥调节作用，引导区域之间进行错位发展，实现各地区在国内价值链上的不同分工。二是在区域分布上，要利用区域经济发展中客观存在的梯度势差来进行产业转移，实现东中西部协同发展。具体地，东部地区要加快转移丧失比较优势的产业环节，为发展产业链关键环节释放出空间；中西部地区要提高产业配套能力，尽量将加工制造环节留在国内，以夯实我国产业链齐全的优势。

第二，产业开放政策。中央主导型产业政策需要利用国内统一大市场来积极融入全球市场。从外需主导型 GVC 转向内需主导型 GVC 是我国经济未来发展的主要方向。在外需主导型 GVC 下，我国主要凭借生产要素的比较优势来利用西方国家市场，形成了一种“两头在外、大进大出”的单循环发展模式。随着经济进一步发展，我国的竞争优势也从生产要素比较优势转变为超大规模的市场需求，上述发展模式难以为继。内需主导型 GVC 是基于国内统一大市场的“向心力”来虹吸全球资源向国内集聚和整合，促进本土企业和产业的创新发展、攀升 GVC 高端，进而在更高水平开放中“走出去”“走进去”“走上去”（刘志彪和凌永辉，2021）。为此，对外开放政策需要在高水平“引进来”和大规模“走出去”两方面下功夫。对于高水平“引进来”，需要构建开放包容的市场环境以吸引全球人才、知识、技术和资本来利用国内市场提供的发展机会。对于大规模“走出去”，需要统筹协调产业链整体“出海”。一方面，不仅要继续支持终端产品出口，还要积极鼓励中间产品出口，更要大力推动生产性服务业“走出去”。另一方面，要支持国内企业收购国外高技术企业或建立海外研发中心，从而就地利用他国的人力资本和知识资本为国内企业的创新发展服务，提高企业配置全球创新资源的能力。

第三，产业结构政策。中央主导型产业政策需要从支持特定产业发展转变为支持产业链发展。新时代产业链安全与发展将成为产业政策创新与竞争的新前沿。以往的产业结构政策无法满足提升产业链现代化水平的要求。其一，既往产业政策的施策对象是产业整体，忽视了产业链之间的协同发展。上游企业无法为下游企业提供关键核心技术，下游企业无法为上游企业提供技术创新应用场景，导致产业链上下游发展脱节。其二，既往产业政策过于重视产业规模，忽视了产业链附加值提高。过去我国利用静态比较优势嵌入GVC，政策多聚焦于如何推动产业规模扩大，对产业链关键核心技术的掌握能力较低，导致产业链的整体收益不高。其三，既往产业政策实施方式多以政策工具来引导产业发展，缺乏针对产业链安全性的相关措施。过去我国通常以税收、信贷、补贴等政策优惠的方式来扶持重点产业中的代表性企业发展，没有针对产业链关键环节的抗风险措施，导致“卡链”“断链”等风险出现。

在促进产业链安全与发展的过程中，产业结构政策应聚焦于提高产业链质量、效率和韧性，立足于产业规模优势、配套优势和部分领域先发优势，补齐短板，锻造长板，分行业做好供应链产业链战略设计和精准实施，以获得分工收益，实现经济可持续发展。具体地，通过优化产业链内部资源配置来促进产业链的协同发展。其一，产业结构政策所遵循的原则由“选产业”转变为“同产业”，即通过政策一致、规则统一以及有序协调的方式为参与产业链的企业创造公平公正的竞争合作环境。其二，精准分析产业链中的堵点和痛点，通过以点带面的方式来提升产业链现代化水平，即以破解产业链中“卡脖子”技术为契机提高上下游企业的对接度。

中央主导型产业政策在落实上述施策重点时，还需根据不同产业链的不同结构有的放矢。张其仔（2021）根据GVC的治理结构，将产业链区分为市场型、模块型、关系型、从属型和一体化型等类型。市场型产业链主要围绕价格机制形成一些简单的市场交易。针对此类产业链，产业政策需要重点优化营商环境，打造公平的交易市场，为价格机制充分发挥作用提供平台。模块型产业链中的供应商通过与客户进行频繁信息交流以满足客户对产品的要求，其中信息技术是产业链治理的关键。针对此类产业链，产业政策需要大力推动数字产业化和产业数字化以压缩供应商与客户之间的信息距离，实现两者精准对接。关系型产业链中存在大量的隐性知识不易编码，时空距离会妨碍企业间知识溢出。针对此类产业链，产业政策需要推动产业链集群以方便企业之间的知识共享。从属型产业链主要依靠采购商的权威来进行治理。针对此类产业链，产业政策需要加强市场监管以防止垄断行为发生。一体化型产业链由于工序复杂或无法找到合适的供应商，而将整个生产销售过程垂直整合在企业内部。针对此类产业链，产业政策需要为提高企业现代化管理能力提供适宜的成长环境。产业链的治理模式并非一成不变，它可能随着行业的发展和成熟而发生相应改变，也可能因所处行业的不同阶段或层次而产生差异。同时，产业链的治理形式也并非单一的治理模式，可能是多重治理模式之间相互的组合。所以，中央主导型产业政策需要尽量识别企业所属的产业链治理模式并为其提供相应的发展环境。

## 二、通过中央主导型产业政策实现关键核心技术的攻关，解决关键领域“卡脖子”问题，为建设现代化产业体系奠定坚实基础

产业链的安全与发展，离不开科技创新。随着科学技术的飞速发展与产业革命的不断演化，创新已从单一主体参与的封闭活动转变为多主体参与的协同合作开放活动。因此，单一参与主体的分散努力难以独自完成创新，需要对各参与主体的资源进行集中、协调、分配和整合。产学研协同创新是我国建立和维护创新协同合作活动的重要模式之一。其运行模式主要是企业提出技术需求，然后与高校和科研院所进行合作，进而有效融合学术界自上而下的科技创新与产业界自下而上的市场创新（赵晶等，2022）。

产学研协同创新模式虽然加速推动了我国创新事业的发展，但在地方主导型产业政策体系下仍然存在着创新效率不高的问题。首先，地方主导型产业政策未能有效整合不同创新资源，导致自上而下的落实机制和自下而上的反馈机制未能持续改进和优化创新系统。在产学研协同创新模式中，知识的扩展与深化存在自上而下和自下而上两个方向，即学术界自上而下的科技创新和产业界自下而上的市场创新。地方主导型产业政策下的企业、高校和科研院所的创新合作普遍存在周期短、程度浅的情况，无法形成参与主体之间紧密的交互协同关系。这会导致科学创新成果商业转化动力不足，以及企业消化吸收和转化知识能力的欠缺。其次，地方主导型产业政策未能较好平衡企业、高校和科研院所的不同利益诉求，导致协同合作缺乏足够稳定性。依据不同主体的参与程度，产学研协同创新可以具体分为技术转让、联合研发和共建实体三个阶段（董睿和张海涛，2018）。虽然每个阶段均有显性契约或

隐性契约对参与主体进行行为约束，但是有限共同责任依旧会产生机会主义和利己主义行为，影响产学研协同创新合作的稳定性。最后，区域创新发展中不平衡、不协调问题会影响产学研协同创新的整体效率。虽然我国整体创新能力已得到极大提高，但不可否认的是资源禀赋的不同造成了各区域创新能力参差不齐。地方主导型产业政策下，各地区以“各自为政”的方式推行区域产学研创新模式，无法在全国范围内统筹协调创新资源和创新诉求，只能导致创新能力较弱地区无法顺畅实现知识转移在生产中的扩散，最终影响区域协调发展。

第一，在组织机构方面，中央主导型产业政策需要为参与产学研协同创新的各方提供一个长期、稳定、独立、深入的协同研判组织。由于突破性创新风险较大，该组织会对创新进行分散性投资，在具体任务中实行系统集成领导，跨界统筹调配创新资源，同时对各具体任务进行阶段性评估并负最终责任。该组织可以通过跨界整合的方式实现关键核心技术攻关。

首先，中央主导型产业政策能够激发不同参与主体的创新潜能。各类社会分工主体具备不同能力优势。企业具有较高的成果转化能力，在市场创新方面具有优势；学研机构具有较高水平的科学研究能力，在科技创新方面具有优势；政府作为社会发展的“统筹者”，在引导、协调和监管方面具有优势。因此，将具有不同优势的参与主体调配在同一任务内，有利于异质性资源交互和缄默性知识交流，从而提高关键核心技术攻关效率。

其次，中央主导型产业政策可以有效整合不同参与主体的利益诉求，使政策方向更加聚焦。各类社会分工主体具备不同的要求。企业是以盈利为目标的市场经济主体，其要求科技成果可以实现产业化；学研机构是以科学产出为目标的研究机构，其要求是实现科技创新突破；政府作为公共投资的主体，其要求推动经济社会发展。因此，根据不同利益诉求将三者有机协调在关键核心技术攻关任务内，有利于加速推动产业链和创新链协同发展。

最后，中央主导型产业政策可以实现创新资源的跨界整合，实现有限资源利用率最大化目标。创新日益成为一项复杂的系统性工程，对其进行组织已经超越特定主体的职责范围。因此，以关键核心技术攻关为目标将各参与主体协调到一起，可以避免在地方主导型产业政策下由于缺乏协调和整合而出现的“创新孤岛”现象，提高各参与主体的交互性和合作性。

第二，在产业组织政策方面，中央主导型产业政策能推动产业链和创新链协同发展，促进两者有效融合。产业链和创新链之间的关系大致可以分为协调型、滞后型和超前型三类（中国社会科学院工业经济研究所课题组和张其仔，2021）。协调型是指产业链与创新链之间互为支撑，可以进行良性互动；滞后型是指创新链的发展落后于产业链，导致产业链谋求外部帮助以实现技术创新；超前型是指创新链的发展领先于产业链，造成部分基础研究束之高阁，难以为产业链现代化服务。滞后型和超前型均是创新链和产业链之间脱节的表现，最终都会影响产业链的循环顺畅。例如，滞后型增加了产业链遭遇“卡脖子”技术风险，超前型未将技术进行产业化推广造成部分产业链控制权丧失。唯有产业链和创新链协同发展，才可以获得最大经济效益。

在推动产业链和创新链协同发展时，亟待提高研究、制造和生产三者之间的一体化水平，从而将创新能力有效转化为产业竞争优势。一方面，围绕产业链部署创新链，产业技术政策需要对产业发展需求保有一定敏感度。这要求产业技术政策加强产业公地建设，即提高关键、底层、共性产业技术供给能力，有效衔接基础研究和产业应用开发，架起打通创新体系“死亡之谷”的桥梁（吴金希和闫亭豫，2021）。另一方面，围绕创新链布局产业链，提高基础研究的商业化转换率。具体地，就是支持市场创新，为新技术进入市场提供保障，以助力跨越基础研究到产业应用的“死亡之谷”。

第三，在环境层面，中央主导型产业政策可以加强环境政策工具的使用力度。较好的环境型政策工具可以促进政府和市场的有效协同，进而拓展资源的配置空间并提高资源的配置效率。具体表现在公共投资对私人投资的挤入效应，即产业政策通过积极鼓励各类市场主体参与新产业的培育，形成有关创新的利益共同体。市场经济的发展通常存在路径依赖，欠缺对新发展范式的助推。因此，政府有责任和义务将市场引向新的“技术—经济”范式。新范式的构建是从研发到推广的全过程，在此过程中政府是“造浪者”，投资于产业链“前端”和“次前端”；企业家是“冲浪者”，投资于产业链的“后端”。唯有政府和企业形成有效互动，才可以创造出大量财富的浪潮。

从产业政策的作用效果看，私人投资在创新的“最后一公里”发挥着重要作用。这是由于在科技创新向市场创新的过渡中，企业可以立足于政府所开发的底层技术就新产品、新业态和新模式进行投资。环境型政策工具能否引导企业将创新成果进行商业化运用是考察其效果的直接作用点。美国政府一直是众多关键技术的幕后开发者，长期投资于底层技术。美国利用企业和用户之间的紧密联系，允许商业企业系统整合政府所开发的关键技术，提高关键技术的商业化运用效率。苹果公司的成功就是对政府所开发底层技术的系统性整合。美国这一做法不仅调动了私人部门挖掘科技成果的经济潜力，还加速了科技创新向市场创新的过渡。

过去由于科技水平不高，我国产业发展大多建立在发达国家的底层技术之上。这容易让我国遭遇科技霸凌，出现“卡脖子”问题。鉴于此，环境型政策工具可以通过加强产权保护来引导企业对我国自己的底层技术进行系统性整合，以创造出新产品、新业态和新模式。具体地，政府可将产业链“前端”和“次前端”科技创新成果低价出售给本国企业，让企业转化为生产力，进而提高整个产业的国际竞争力。

## 三、通过中央主导型产业政策来培育和发展产业链“链主”企业和专精特新企业，为现代化产业体系提供市场治理的微观主体

随着社会生产分工的高度深化，企业之间形成了错综复杂且联系紧密的产业链关系。从“投入—产出”关系看，产业链中的每个企业所使用的中间品都是由位于相对上游的企业所提供的，所生产出来的产品则是相对下游企业的投入品。企业之间的这种生产联系会产生网络溢出效应。

从产业政策的实施角度看，传统产业政策对企业的支持往往聚焦于特定产业的某些企业，并未考虑生产的网络溢出效应对产业政策效果的影响。Liu（2019）构建了有关生产网络的理论模型，在产业链结构和市场扭曲的背景下，研究了产业政策应如何选择企业来给予支持。研究发现，不完善的市场所造成的资源配置扭曲会随着产业链中的中间品进行传导，并逐步在较上游的企业中积累。因此，政府应选择处于产业链上游的扭曲程度较高的企业进行补贴。作为一个发展中的大国，我国的产业链也有其自身的市场结构。李系等（2014）、Li 等（2015）指出中国经济具有独特的垂直网络结构特征：上游国有企业具有较高的垄断性特征，下游民营企业具有较高的竞争程度。进一步，王勇等（2022）指出需求下降会降低民营企业利润，进而减少对上游国有企业的中间品需求，垄断性特征会进一步加剧国有企业的利润下降幅度，但由于“保就业、保投资、保增长”的政策性负担使国有企业不可能像民营企业一样选择退出市场，最终导致了产业链上游较高比例的僵尸企业。我国补贴对国有企业的特定倾向性，更是加剧了僵尸企业的现象。因此，我国产业政策对企业的支持，不能一味地选择上游国有企业，也需要兼顾下游民营中小企业。中央主导型产业政策需要摒弃挑选输家和赢家的方式，积极支持产业微观主体的发展，协调好产业链中不同企业之间的关系，推动形成“链主—隐形冠军”的产业链治理结构。

第一，中央主导型产业政策重点支持产业链“链主”企业的发展。“链

主”企业作为产业链的核心企业，可以协调和把控好链条的整体运行情况，有助于提高产业链的市场竞争力。在内需主导型 GVC 下，为充分释放超大规模市场潜力，亟待形成供给创造需求、需求牵引供给的高水平动态均衡。因此，中央主导型产业政策需要从供需两端入手重点培育和发展产业链“链主”企业，进而借助“链主效应”为产业链发展提供推力和拉力。具体地，在供给端培育技术驱动型产业链“链主”企业，以缓解市场不完善对上游企业资源配置的扭曲；在需求端培育市场驱动型产业链“链主”企业，以形成有效的产业需求来间接推动上游企业的发展。

培育技术驱动型产业链“链主”企业，要求产业政策继续支持已攻克的科学技术进行商业化转换，帮助企业顺利跨过“死亡之谷”。产业政策对技术创新的支持，属于产品创新周期的前半程，而技术驱动型产业链“链主”企业的培育则属于产品创新周期的后半程。技术创新商业价值的实现有赖于技术创新与商业模式的有效组合。这意味着新技术商业价值的孵化需要交由“试错成本”较小的中小企业来完成。当这些中小企业成功将新技术进行产业化运用并收获商业利润时，技术驱动型产业链“链主”便初具雏形。此时，产业政策需要根据动态支持原则，考察产业链“链主”的发展情况，选择适当的退出时机，避免过度支持导致企业产生依赖性或保护不足导致创新产品夭折，从而释放出政策资源以支持其他有潜质的“链主”企业发展。

培育市场驱动型产业链“链主”企业，主要是整合我国现有下游加工制造企业的需求优势，利用市场需求牵引实现产业链的可持续发展。目前我国下游加工制造企业的需求存在“大而不强”的特征，即下游企业由于实力相当无法形成抱团合作，导致难以利用巨大的采购量与国外上游企业进行“谈判”。因此，产业政策需要立足于我国加工制造企业市场份额大、对中间品的需求量大这一客观事实，有针对性地培育市场驱动型产业链“链主”企业。市场驱动型产业链“链主”企业可以充分发挥互动效应、诱致效应和规模效应。互动效应指“链主”企业出于供应安全和降低成本的双重考虑，会主动寻求国内中间产品替代国外中间产品，将为我国“首台套”特征的创新产品提供市场需求。诱致效应指“链主”企业为应对激烈的下游市场竞争，会对产品质量精益求精，将通过产业关联促使上游企业改进工艺。规模效应指下游需求规模越大，上游创新概率越高、收益越大。从创新概率看，假定从事激进式创新和渐进式创新的企业家分布大致相似的情况下，需求规模越大，激进式创新的潜在数量越多（中国社会科学院工业经济研究所课题组和张其仔，2021）；从创新收益看，需求规模越大，上游企业的创新投资的补偿周期就越短，获得的垄断利润就越多。因此，下游的大规模需求会带动上游企业主动攻克技术难关以追求利润最大化。

第二，在产业组织政策上，推动产业链上下游企业之间形成稳固的技术经济联系。产业链的高效运转，不仅需要“链主”企业类大型企业的治理，也需要中小企业的配套生产。所以，产业链中的不同企业之间存在着共生共荣的依存关系。从体量上来说，产业链中有些生产环节大企业不能做、不愿做、做不好，需要中小企业进行互补性生产。例如，传统的劳动密集型中小企业除了提供民生服务外，还从事文化传承和人民生活等细分行业，这些领域通常不具有规模经济和范围经济，往往与大企业形成互补关系（刘志彪，2022）。从产业链定位上看，大企业和中小企业之间存在“投入—产出”的依赖关系，即“链主”企业需要从属企业提供精细化的投入品，如某种关键核心零部件或材料。产业链从属企业指位于链条必要环节的“链环企业”和处于生产辅助环节的“链辅企业”。因此，需要鼓励中小企业做专做精做深做强，支持其发展成为“专精特新”的“隐形冠军”，为大企业提供高质量的中间投入品，形成上下游企业之间的良性互动。此外，产业政策还需要利用市场手段和方式来为大中小企业之间建立技术经济联系平台，如建立“专精特新”中小企业示范区来吸引大企业的关注和纵向联合。

## 第五节　案例分析

集成电路产业的发展攸关国家战略安全和经济命脉。21 世纪以来，我国产业政策对集成电路产业链的安全与发展给予高度重视，极大推动了该产业链的发展。2021 年，我国集成电路产业首次突破万亿元，其中销售额为 10458.3 亿元，相较 2020 年同比增长 18.2%；出口金额 1537.9 亿美元，同比增长 32%①。

集成电路的产业特征和其在国民经济中的重要地位使得中央政府在政策制定时给予了倾斜。集成电路产业链发展的参与方有中央政府、地方政府，企业以及科研院所。中央政府作为集成电路产业的助推者，有力支持了该产业发展。从横向对比看，2001—2020 年有关集成电路产业政策文件中，中华

① 资料来源：中国半导体行业协会“2021 年中国集成电路产业运行情况”，http：//www.csia.net.cn/Article/ShowInfo.asp？InfoID＝107455。

人民共和国财政部（以下简称“财政部”）、国务院、国家税务总局（以下简称“税务总局”）、国家发展和改革委员会（以下简称“发改委”）以及中华人民共和国工业和信息化部（以下简称“工信部”）是主要的发文主体；从纵向对比看，自 2011 年后，各年度联合发文数量呈波动增长态势，且每项联合发文的政策主体数量也明显增加（罗茜等，2022）。对于中央制定的产业政策，各地政府也会相应出台一系列支持政策来营造良好的产业发展环境。从政府实施产业政策的历程看，随着集成电路产业发展能力的逐步提高，我国政府逐步由直接引导产业发展，转变为提供良好的产业链发展环境，积极鼓励各方参与集成电路产业链的发展。一方面，产业政策通过实施大量重点项目来鼓励科研院所参与集成电路产业链的关键核心技术攻关；另一方面，产业政策通过成立相关投资基金来培育更多参与集成电路产业链的微观主体。

第一，我国在电子信息产业的政策重心也随着我国与国际主流技术之间差距的变化而发生相应改变。早期注重集成电路全产业链布局与发展，中期关注产业价值链向中高端迈进和产业创新链的系统化完善，近期聚焦产业链与创新链的双向融合发展（罗茜等，2022）。在集成电路产业发展起步期，鉴于我国生产技术落后、供给能力不足的客观事实，产业政策聚焦于如何实现集成电路产业链从无到有。因此，早期产业政策重点支持集成电路产业的制造环节，主要通过资金支持、税收优惠、进口便利和鼓励出口等手段来推动生产规模扩大。随着我国集成电路产业链布局的初步形成，我国产业政策开始聚焦于如何提升集成电路产业的自主创新能力，实现产业链中高端攀升。早期产业政策通过“极大规模集成电路制造技术及成套工艺”的重大专项来实现关键核心技术的突破，并通过成立国家集成电路产业投资基金来激发社会资本和市场对集成电路产业技术研发的投资热情。新时期，我国集成电路产业已从跟跑转变为并跑和领跑，引发美国对我国的技术封锁，导致集成电路产业链安全问题凸显。因此，近期的产业政策主要聚焦于通过产业链和创新链的双向融合来保证集成电路产业安全，不仅围绕集成电路产业链内部生产制造环节和产业链之间的互动环节来部署创新链，同时还加大创新链对集成电路产业链的支持力度。

第二，从政策手段看，分为供给推动型、需求拉动型和环境型三类，形成的产业政策整体效能，共同推动了集成电路产业链的安全与发展。在整个集成电路产业发展过程中，三种类型政策工具的使用情况呈现出由供给型政策工具为主到供给型政策工具和环境型政策工具并重，再到供给型政策工具和环境型政策工具为主、需求型政策工具稳步增加的变化过程（范旭和刘伟，

2020）。其中，供给型政策工具的侧重点在人才培养、资金支持和技术支持；环境型政策工具侧重点在税收优惠、金融支持和知识产权保护方面；需求型政策工具虽然使用较少，但在贸易管制方面仍有显现，政府采购和外包服务对国内产品的重视稍显不足。

第三，我国产业政策在支持集成电路产业链发展过程中，会随着外部发展环境和内部发展条件的变化而进行相应的调整。其中，有三个关键政策节点和两项重要行动。21 世纪以来，我国针对集成电路产业发布了一系列产业政策文件，引导和支持了集成电路产业快速发展，其中最具代表性的有：（1）2000 年，我国政府首次从集成电路产业整体发展视角出发，颁布了《国务院关于印发鼓励软件产业和集成电路产业发展若干政策的通知》（国发〔2000〕18 号）。（2）2011 年，我国政府针对集成电路产业发展基础薄、科技创新弱、应用开发低以及产业链待改善等问题，制定并出台了《国务院关于印发进一步鼓励软件产业和集成电路产业发展若干政策的通知》（国发〔2011〕4 号）。该文件从财税、投融资、研发、进出口、人才、知识产权、市场七个方面来进一步优化集成电路产业发展环境，以达到提高产业发展质量和水平的目的。（3）2020 年，我国政府发布了《国务院关于印发新时期促进集成电路产业和软件产业高质量发展若干政策的通知》（国发〔2020〕8 号）。该文件从财税、投融资、研究开发、进出口、人才、知识产权、市场应用和国际合作八方面对新时期集成电路全产业链发展予以支持。两项重要行动主要是国家科技重大专项和国家集成电路产业投资基金。《国家中长期科学和技术发展规划纲要（2006—2020 年）》将“极大规模集成电路制造技术及成套工艺”列为重大专项之一。重大专项是对构建社会主义市场经济下新型举国体制的积极探索，其主要通过核心技术突破和资源集成，在特定时限内实现科技发展的局部突破，进而带动生产力的跃升。具体地，“极大规模集成电路制造技术及成套工艺”的目标是开发集成电路关键制造装备，掌握具有自主知识产权的成套先进工艺及相关新材料技术，打破国外对中国的技术垄断，推动产业自主创新能力和国际竞争力的提升。2014 年颁布的《国家集成电路产业发展推进纲要》首次提出成立国家集成电路产业投资基金。该基金由工信部牵头，实行市场化运作和专业化管理，重点支持集成电路制造领域，兼顾芯片设计、封装测试、装备、材料等环节。2014 年 9 月，国家集成电路产业投资基金一期正式启动，募集资金 1387.2 亿元；2019 年 10 月，产业投资基金二期启动，注册资本为 2041.5 亿元（李先军和刘建丽，2021）。两期产业投资基金极大充实了我国集成电路产业的资金力量。

第四，从空间布局来看，我国地方政府不重视集成电路产业发展规律，纷纷加大支持力度，造成投资分散、资源浪费、项目烂尾、低水平重复建设、低端竞争等不良局面，难以有效提升集成电路产业链的国际竞争力。从全球视野看，集成电路产业在空间层面表现出地理集聚的显著特征，在世界范围内形成了以美国硅谷、日本九州岛集成电路集聚区、韩国 K 半导体产业带（以京畿道和忠清道为核心）、德国德累斯顿、中国台湾新竹科技园等为代表的集成电路产业集聚区（曲永义和李先军，2022）。我国集成电路产业虽然一直在不断发展壮大，但在区域层面并未表现出明显的产业链集聚特征。这可能与我国各地政府普遍支持集成电路产业发展导致产业资源配置不集中有关。"十四五"规划和 2035 年远景目标纲要指出，"支持北京、上海、粤港澳大湾区形成国际科技创新中心，建设北京怀柔、上海张江、大湾区、安徽合肥综合性国家科学中心，支持有条件的地方建设区域科技创新中心"。但是，从各地 2021—2022 年发布的政策文件看，我国对集成电路产业发展的支持仍是"遍地开花"。例如，山西省的《关于促进半导体产业高质量发展引导集成电路产业健康发展的指导意见》、云南省的《云南省贯彻落实新时期促进集成电路产业和软件产业高质量发展若干政策任务清单》、山东省的《关于印发山东省集成电路产业财政奖补政策实施细则的通知》等政策文件中都有涉及支持集成电路产业发展的相关内容。

集成电路产业作为技术、资本和人才密集型行业，较高的市场准入门槛导致后发企业面临"进入壁垒"，较强的垄断性则意味着后发企业可能遭遇"定向狙击"。即便后发企业涉险参与集成电路产业链的生产活动，也会因较小规模和经营风险无法保证投资收益。因此，集成电路产业的市场投资不具有稳定性。纵观全球集成电路产业发展路径，美国、欧洲、日本和韩国均实施产业政策来保证集成电路产业的发展。我国的产业政策在推动集成电路产业发展过程中发挥了重要作用，创造性地利用新型举国体制（如科技重大专项和集成电路产业投资基金）有效实现了集成电路产业链和创新链双向融合。

当前，我国正处于高质量开启中国式现代化建设的关键时期，但却遭遇世界百年未有之大变局。以美国为首的发达国家采用制裁、脱钩和遏制等打压手段，试图将集成电路全球产业链"去中国化"。对内，美国通过《2022 芯片与科学法》来加速集成电路产业环节的本土回流；对外，美国通过拉拢盟友建立"四方芯片联盟"来孤立我国集成电路产业。此外，韩国、日本和欧洲相继出台了《K—半导体战略》《半导体数字产业战略》和《欧洲芯片法案》来支持集成电路产业的发展。上述外部产业政策会对我国集成电路产业链发展产生负面溢出效应，使技术跟随战略不再适用。为此，我国产业政策需要立足内需来进一步“扬长避短”。“扬长”主要是继续发挥新型举国体制对集成电路产业链发展的推动作用。“避短”则是通过实施中央主导型产业政策来加强政策主体和政策工具的协调性，以提高集成电路产业链的整体运行效率。

（本章作者：江静，南京大学长江产业经济研究院研究员，南京大学经济学院教授）

# 第五章　产业链供应链贯通研究

从当前产业链供应链稳定发展的一系列理论和实践出发，我国产业链供应链贯通的内涵既包括一般性的理论维度，也包括我国转型时期形成产业结构的异质性维度。实现产业“贯通”的理想状态，需要产业链供应链需求体系支撑、创新体系支撑、链上企业支撑、政策体系支撑、国际合作支撑等一系列支撑要素，相应的政策既包括短期应急性去产业链补短板、增强政府对产业链的协调能力，更包括夯实产业链供应链贯通的支撑因素，增强产业链的国际竞争力。

## 第一节　产业链供应链贯通的内涵和支撑

产业链是产业研究中经常用到的一个重要概念，却是现有西方产业经济学框架一直不注重研究的问题（刘志彪，2019）。现有经济学研究最接近“产业链供应链”范畴的是近20年来关于全球价值链的文献。随着以电子信息为代表的产品逐渐以模块化形态出现，全球产业分工从产业间分工转向产业内分工，全球价值链贸易成为过去十多年全球贸易增长的主要原因，以手机、笔记本电脑为代表的产品体现了若干个国家在全球分工中的位置。由此，主导企业“自上而下”的“治理”活动和特定国家和地区“自下而上”的“升级”或降级轨迹较早引起了学者们的关注（Gereffi，2011），并且成为近十多年来的理论研究热点。但是，这些注重于全球价值链各个环节分配、协调、市场势力等因素的研究，显然不可能预见到近年来国际关系调整和新冠疫情对产业链分工带来的巨大冲击，也不会站在中国视角分析当前产业链安全等重大现实问题。

受到中美博弈、科技竞争和新冠疫情等多重影响，从“保产业链供应链稳定”到“提高产业链供应链稳定性和竞争力”，再到“增强产业链供应链自主可控能力”“产业链供应链贯通”，中央围绕产业链供应链的政策表述不断递进。产业链供应链的稳定发展成为中国当前和未来一个阶段防范经济风险、实现转型升级的关键问题，产学研政对产业链供应链问题的理解也更加全面。党的十九大报告提出产业链供应链现代化概念之后，较多国内学者基于中国情境进行的分析强调了产业链现代化“自主可控”等重要内涵。比如，刘志彪（2019）将产业链现代化内涵界定为一个包括产业基础能力提升、运行模式优化、产业链控制力增强和治理能力提升等方面内容的现代化过程。社科院工经所课题组（2021）指出，从主体层面，产业链供应链现代化水平提升应该包括创新能力更强、附加值更高、更加数字化、更加可持续等维度；从结构的角度，则应该包括更加安全可靠、更加公平、更加协调顺畅等维度。

总体上看，产业链供应链安全、稳定、贯通等相关问题，本质上需要增强产业竞争力、实现产业链现代化，这根本上依赖于科技创新。但是，产业链现代化是一个渐进的、长期的过程，从稳定产业链供应链的实践角度出发，需要对产业链贯通的内涵进行分层和分解，将短期目标与长期目标相结合，在渐进的过程中能够实现政策作为。

如何定义“产业链贯通”？本章出于以下几点考虑：第一，不能限于一般性横向产业分析，产业链贯通的标准侧重于从“链”的角度研究，侧重于从单个产业链的视角展开，再延伸到国民经济产业的总体评价，即需要从产业和产品分工的纵向关系和网状关系进行分析；第二，“贯通”是目标状态，是表现形式，“贯通”状态的具体表现既包含安全度因素，也包含效率、协同等因素，体现出政策协调的可作为；第三，实现产业链供应链贯通内涵所表现出的状态，需要一系列的支撑因素，这些支撑因素并不是产业链贯通的表象，而是产业链供应链竞争力的内在决定因素。综上，本章评价产业链供应链贯通包含内涵因素和支撑因素两个方面。

## 一、产业链供应链贯通的内涵及其要素

### （一）产业链供应链供应的安全性

供给安全性主要体现在减少产业链由于地缘政治、贸易冲突带来可能的禁运、脱钩等影响，尤其是针对中美贸易战、俄乌冲突等重要事件中凸显的美国对产业链供应链的限制措施，提出分散风险的策略。

1. 从中间品供给的来源出发。应当保障供应商来源多样性、稳定性以及极端情况下的可替代性。主要政策考虑是防范由于外部环境因素供应链的投入品、中间品供给出现断供、短缺时，努力保障产业链正常运转。

2. 从产业链技术供给的来源出发。来自单个国家（主要是美国）的技术比例过高可能造成风险。主要的政策考虑是防范以美国为代表的西方国家的技术出口管制和制裁。美国列出了实体清单（Entity List）、未经核实清单（UVL）、被拒绝人员清单（DPL）、军事最终用户名单（MEU）、特别指定国民清单（SDN）等一系列禁止或限制出口的清单，同时，美国以外的实体在向清单中的实体进行出口管控物项的交易时，如果出口产品中的某些零部件和软件包含10%或25%以上美国产品，甚至只要含有美国产品成分就会受到管制，都会作为二级清单成为被管制对象，这种模式采取对关键环节设置障碍进而破坏整个产业链。目前被列于实体清单的中国企业包括华为、中芯国际、大疆等。在大国博弈的背景下，美国可能并不在乎制裁理由的合理性与合法性，原则上，中国对美依赖程度较高的企业均有可能被美国进行二级制裁。

3. 产业链国产化程度。整体产业链的国产化程度将降低对外依存度。当来自政治或自然灾害等原因导致产业链断供时，国产化程度高的产业链将减少补短板的难度。

4. 产业链锻长板的水平。在产业链中形成我国企业的对等势力，有利于在西方发动供给攻击时形成制约和威慑力。因此，必须要在重点发展的产业领域，攻克和掌握一批产业关键核心技术，在产业国际竞争中形成"我离不开你，但你也离不开我"的格局，才能实现产业链供应链的自主可控。

### （二）产业链供应链运行的稳定性

维护产业链供应链运行稳定主要体现在努力破解自然因素、人为因素导致的产业链发展瓶颈，发挥市场调节作用，避免产业链景气程度大起大落、大幅波动，保持产业链主要环节供需大体平衡。

1. 上下游产能需要实现动态匹配，避免部分环节较长时间存在产能瓶颈导致产业链运行不稳。一般来说，价格信号的通畅传递可以使得产业链各环节的产能动态平衡，但是现实中却可能出现部分产业链严重受到产能制约的情况，近两年来的典型案例如下。（1）光伏产业链近年来受到硅料供给相对不足的影响，导致硅料价格上涨数十倍，使整个行业的利润绝大部分向上游转移，下游电池组件企业开工不足、陷入亏损，这种情况已经持续两三年。主要原因是上游环节扩产存在能耗、环境等管制，并且上游产能建设周期较长，导致上游硅料产能释放较慢。（2）近年来制造业整体芯片供给不足，尤其是新能源汽车芯片供给尤其紧张，导致部分汽车厂商由于缺芯停产。主要原因是半导体传统产能主要满足消费类需求，市场低估了新能源汽车作为新产业的崛起，大幅增加了芯片的需求。总结来看，上下游产能不匹配包括市场管制、新技术等原因。

2. 减少产业链的周期性波动，保持产业链景气程度的相对平稳。由于行政管制导致价格产能失衡、价格扭曲等情况出现，部分行业出现较大的周期性波动，影响产业链运行的稳定性。近年来的典型案例如下。（1）电力产业中，由于前期煤炭去产能以及开采量的管制，去年由于制造业出口大幅攀升等原因使得用电量出现较大增长，煤炭价格大幅上涨导致发电行业亏损，从而电力供给不足。在政府部门实施调节政策之后，局面才得到改观。（2）2019 年以来，由于养殖业固有的波动性以及去农户散养产能等原因，猪肉产业链出现大幅波动，猪肉价格暴涨导致全产业链涨价，之后又因为大量资本涌入养猪业扩产，导致猪肉价格暴跌，导致几乎全行业亏损。在猪价下行阶段，政府有关部门采取国家收储制度，在一定程度上缓和了行业波动。

3. 产业链流通通畅，发挥我国交通基础建设的优势，减少新冠疫情对产业链物流的负面影响。近年来国内外物流原因频繁导致产业链梗阻，固然疫情是主要原因，但也暴露出各地区在交通物流和防疫政策上各自为政。疫情仍是未来一个阶段经济运行的重要变量，需要在总结前一个阶段产业链保供经验及教训的基础上，按照全国统一大市场的要求，各地执行统一的交通物流政策，将疫情对物流的影响程度降到最低。

### （三）产业链供应链生产的高效性

产业链生产高效，指通过新一代信息技术与生产组织方式的深度融合，形成敏捷化、柔性化、可定制的先进制造能力，促进产业链供应链上下游协作紧密、循环畅通。

1. 生产的绿色化，就是生产的能耗、环保等方面在产业链的各个环节达到相关要求，避免由于用能、排污等问题引发对产业链供应链的冲击乃至停工停产，提升生产的循环利用水平。

2. 生产的数字化。我国数字经济的发展正在转向生产端，当前生产智能化的重要模式是链主企业围绕产业链部署工业互联网，对产品的质量、安全、绿色形成可追溯的系统，这一特征需要在生产的生态体系中体现。

3. 生产的敏捷化，指制造企业采用现代通信手段，通过快速配置各种资源（包括技术、管理和人员），以有效和协调的方式响应用户需求，实现制造的敏捷性。

4. 生产的安全性，保障生产过程安全可靠、将生产安全事故降到最低，这是我国产业链供应链畅通运行的前提，也是对链条上各个参与主体的底线要求。

### （四）产业链供应链组织的有效性

产业链供应链组织指的是同一产业链条内企业间的组织或市场关系，这种企业之间的市场关系主要包括交易关系、竞争关系、股权关系、联合关系等，有效的产业链组织有利于提升整个产业链运行的效率。

1. 竞争的有效性。要在产业链的各主要环节上形成隐形冠军，同时又保持有效的市场竞争。要在产业链的关键环节形成专精特新型的“小巨人”企业，虽然这些企业规模并不一定大，但是在具体的环节市场占有率较高，对于掌握产业链的话语权具有重大作用。

2. 培育和发挥产业链链主企业作用。链主指在整个产业链中具有优势地位，对整个产业链或者产业链中的大部分企业的资源配置和应用具有较强的直接或间接影响力的企业。链主企业体现产业链的规模效应，引领、带动相关产业链协同企业加快发展，带头构建产业链全链条服务体系，有利于明确产业链发展优势、短板以及堵点和痛点。

3. 产业链价格信号传导通畅，减少产业链各个环节的产能受非市场化因素的干扰，实现供应链产能的动态平衡。比如，去年作为产业链上游的煤炭行业出现囤货居奇的状况，金融资本反复炒作煤价，这就需要宏观调控出手保价保供，维持产业链秩序。

### （五）产业链供应链布局的合理性

产业链条上的企业在地理区位上形成产业集聚形态的布局，有利于供应链的敏捷性和安全度，有助于提升我国产业链整体竞争力。

1. 以产业集群的方式布局产业链，是产业发展的必然趋势，也需要优化产业集群布局。一方面，产业链的企业理应在集群区域内布局，尤其是疫情时代，集群式的布局有利于供应链的稳定。另一方面，若各地通过比拼优惠政策建设同质的产业集群，这种横向产业集群之间的过度竞争是对产业链生态的破坏，需要打破行政边界，通过集群之间的产业链分工优化生态建设。

2. 优化产业链在东中西部、发达地区和欠发达地区之间的分工布局。如果产业链的劳动密集型部分过多地向越南等海外转移，将不利于我国供应链的稳定，也不利于我国制造业比重的稳定。要发挥我国东、中、西部的比较优势进行布局，促进产业由东部向中、西部有序转移，以产业链纵向关系为主构建国内产业集群之间的联系。

## 二、产业链供应链贯通的支撑及其要素

从中长期看，达到产业链供应链贯通的状态需要一系列的要素和政策的支撑，"贯通"是一种外在表现，背后则是一系列重要的制度安排的支撑。

### （一）产业链供应链需求体系支撑

市场萎缩的产业显然是不可持续的，产业链发展需要不断开拓国内外需求市场，实现产业发展的规模经济。对于新的技术和产业革命，则需要不断通过需求政策刺激提升新产品的渗透率，提升我国企业把握新兴产业发展的能力。

1. 从市场空间出发，我国的产业链供应链贯通需要全国统一大市场支撑。如果我国国内市场是分割的，超大规模市场的优势就发挥不起来，消除区域之间由于地方保护形成的行政壁垒是产业健康发展的应有之义。

2. 实现国内外市场的循环互动，合理应对国际经贸摩擦。我国是世界上最大的货物国，经济外向度高，出口对我国产业发展将长期具有重要意义。

3. 对于现有技术和产品不断替代的战略性新兴产业，需要通过科学补贴、创造应用场景等方式，不断通过刺激需求增加新产品替代率。比如，光伏、新能源汽车在应用之初面临高昂的成本，这就需要在需求方制定科学的政策，不断激励供给方通过创新降低成本。

### （二）产业链供应链创新体系支撑

为产业链创新提供创新要素、政策环境是提升产业链竞争力的重大问题，需要考虑当前阶段支撑我国产业创新的关键要素。

1. 基础研究支撑，包括国家布局大型科学装置、国家实验室、国家技术创新中心、新型研究型大学等的基础研究。

2. 人才要素的支撑。一方面，我国整体人才资源的配置效率还很不合理，大量人才集中到体制内单位，没有面向科技创新主战场，广大制造业企业尤其是中小企业人才匮乏，这种局面具有深刻的经济社会内在原因。另一方面，产业创新的重要来源是人力资本流动带来的技术外溢，当前我国解决关键技术“卡脖子”的问题，需要畅通海外科技人员流动，尤其是集聚全球创新要素服务于我国产业发展，大力吸引海外一流大学、实验室和跨国公司人才。

3. 金融要素的支撑。要形成金融服务实体经济的制度安排，当前需要突出资本市场对产业创新的支持，形成“科技—产业—金融”的良性循环，发挥其财富效应对创新者的示范。

4. 产业链与创新链协同，发挥公共服务平台、科技转化与中介机构等各类生产者服务机构的支撑，既要提高国内产学研合作水平，也要发挥我国产业转化国际创新成果的优势和能力。

### （三）产业链供应链链上企业支撑

不同产业链条之间、同一链条上的企业需要构成良好的协作关系，形成市场微观主体“抱团升级”的态势。

1. 从横向视角出发，产业链条之间形成相互支撑。比如，传统基础产业对新兴产业的支撑。

2. 从纵向视角出发，产业链上下游的中间品厂商与终端品厂商需要超越简单的供求关系，以资本、研发、技术路线为纽带形成利益共享的联盟，实现真正意义上的联合创新。

3. 国有企业等特殊微观主体的支撑作用。发挥大型国有企业在融资信用、相对低盈利要求、追求社会价值等方面对产业链的特殊贡献。比如，在创新方面，国企在累积性创新形成前期亏损方面更有耐受性；在资金信用方面，应当为产业链上的中小企业提供更好的信用环境。

### （四）产业链供应链政策体系支撑

产业政策需要突破传统思维，更加注重产业链的视角。除了传统的选择性产业政策、功能性产业政策之外，新冠疫情期间基层探索形成的“链长制”等新的注重产业链稳定的政策工具，将发挥更大的作用。

1. 功能性产业政策。加强广义的各类基础设施建设，既包括完善交通、管网、物流、电力、能源等物质性基础设施，也包括各类营商软环境建设，推动和促进技术创新和人力资本投资，降低社会交易成本，以反垄断政策促进市场有效竞争，使市场功能得到有效发挥。在竞争政策方面，从技术供给的开放性出发，产业链体系应当保障潜在技术路线的存在空间，在行业出现技术变革和技术迭代时能够紧跟发展趋势。

2. 选择性产业政策。后发国家实施赶超的目标时，不可避免地会对产业进行重点选择，但在该产业政策实施的过程中，要尽量注重竞争性的方式，比如采取赛马机制等。同时，在支持的环节上，尽量支持产业链技术的商业化之前环节，厚植重点产业技术创新的土壤，而不是指定技术创新的企业。减少地方性产业政策招商引资的优惠政策比拼，尤其要避免地方在财政软约束条件下实施过度扩张的产业政策，造成对竞争机制的扭曲。

3. 产业链稳定政策。在中央政府层面，主要针对整个行业出现的苗头性、普遍性问题进行相关的宏观调控，促进产业链稳定协调；在地方政府层面，采取以产业集群为范围的“链长制”，实现守土有责，尤其是在出现突发性事件时，减少外在因素对产业链稳定的冲击。

### （五）产业链供应链国际合作支撑

产品内分工形成的全球价值链正在受到挑战，新冠疫情、俄乌冲突、中美关系等多重因素在当前叠加，各个国家从产业链效率优先转向产业链安全优先。我国参加产业链国际合作的难度在增加，需要沉着应对、趋利避害，努力减少断链风险。

1. 有力应对以美国为首的西方国家对我国产业链的限制。现阶段美国等对我国实施的产业链限制包括印太战略、美国－欧盟贸易和技术委员会（TCC）制定战略等，具有很强的产业链排他性，我国制定了相应的措施反对这一“脱钩”“断链”的企图。

2. 建立以我国为主和由我国参与的国际产业链体系。《区域全面经济伙伴关系协定》（RCEP）、一带一路等在我国产业国际合作中正在发挥愈加重要的作用，要充分释放我方红利，尽量拉紧相关国家与我国合作的产业链条，对冲美国印太战略对我国限制作用。

综上，用示意图的方式将产业链供应链贯通的内涵及其支撑要素描述如图5－1所示。

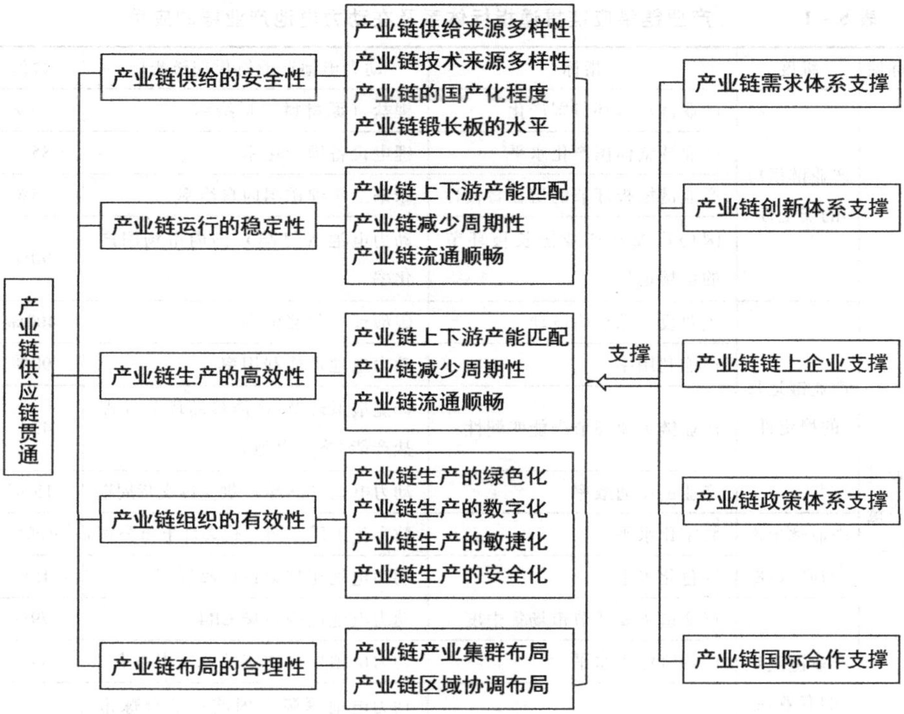


图 5－1　产业链贯通的内涵及其支撑

## 第二节　产业链供应链贯通指标体系及其应用

在产业链供应链贯通内涵分析的基础上，本部分拟尝试对产业链供应链内涵设定指标体系，并结合动力电池产业链进行案例研究，分析动力电池产业链贯通的现状和堵点。

### 一、指标体系

上文的分析确定了产业链供应链五个方面的内涵，并对每个方面的内涵提出了若干要素（见图 5－1）。为了进一步提出一个关于产业链供应链贯通的分析工具，我们对内涵设置了若干个指标，形成产业链供应链贯通的指标体系（如表 5－1 第三列“指标”所示）。

**表5-1　产业链供应链贯通指标体系及在动力电池产业链的应用**

| 目标层 | 维度 | 指标 | 动力电池产业链供应链指标 | 数值 |
| --- | --- | --- | --- | --- |
| 产业链供应链贯通 | 产业链供应的安全性 | 产业链短板环节国产化 | 锂盐（原材料）自给率 | 30% |
| | | 产业链整体国产化水平 | 锂电设备国产化率 | 85% |
| | | 产业链短板环节的潜在替代性 | 未来三年锂矿国内自给率 | 15% |
| | | 国内厂商在产业链长板环节的市场地位 | 动力电池（终端）国内市场国产化率 | 90% |
| | 产业链运行的稳定性 | 主要投入品价格波动 | 碳酸锂一年涨价率 | 400% |
| | | 产能利用率 | 动力电池产能利用率 | 90% |
| | | 产业链主要环节产能匹配性 | 产能最低环节/产能最高环节（锂盐产能/终端电池） | 42% |
| | | 产业链流通效率 | 动力电池（终端）供应链交货周期 | 15周 |
| | 产业链生产的高效性 | 数字化水平 | 数字化工厂比例（代表性上市公司） | 100% |
| | | 绿色化水平 | 动力电池正规渠道回收利用率 | 15% |
| | 产业链组织的有效性 | 产业链主要环节市场集中度 | 动力电池国内市场CR4 | 79% |
| | | 产业链链主水平 | 动力电池中国前三的全球市占率 | 44% |
| | | 产业链隐形冠军水平 | 动力电池隔膜中国前三的全球市占率 | 61% |
| | 产业链布局的合理性 | 产业链集群水平 | 长三角、珠三角终端产能占全国产能比重 | 50% |
| | | 合理海外布局 | 中企海外布局占全部电池终端产能的比重 | 5% |

注：上述数据来自行业研究报告、券商报告及作者调研（数据时间为2022年6月）。

产业链供应链的指标设定和定量评价存在较大的难度。第一，目前的较多研究采用层次法分析，邀请专家讨论并对各指标进行打分和反馈，整合为各个指标的权重，最后确定产业链“安全”或“贯通”与否的数值区间。这种方法的缺陷在于，除了确定“贯通”与否的数值区间具有主观性之外，更重要的是会对影响“贯通”的因素出现误判。比如，当中兴、华为因为元器件被美国制裁断供而陷入停产无法开展业务时，这种模型不能反映出产业链近乎停滞的状态；第二，产业链的统计存在困难。如果采用现在运用较多的工业统计年鉴或者海关统计年鉴的分类，产业4位数分类上不能体现我们真正需要的产业链条分析，更不能体现产业上下游“链”以及产业链供应链中的“网络”关系。只有进行类似采用“统计用产品分类目录”的统计分类，在产品层面分析产业链问题，才显得较有意义，但是“统计用产品分类目录”

主要是产品层面的指引而并没有统计数据。

因此，本章所设置的指标依据本章所示的产业链供应链贯通的内涵，同时考虑到数据的可得性。当然，在研究其他产业链时，在数据可得的情况下，还可以设置更为丰富的指标。同时，关于本章第一节所阐述产业链供应链贯通的支撑因素涉及的因素范围过于复杂广泛，这里没有继续进行设置支撑因素的定量指标，而仅仅对产业链供应链贯通的内涵进行数量分析。

## 二、新能源汽车动力电池产业链贯通的评价

动力电池产业链是上下游纵向和网络分工较为明确的产业链，同时也是战略意义较为重大的新兴产业。拜登政府的百日供应链审查报告、美国－欧盟贸易和技术委员会（TCC）报告以及印太战略等都将大容量电池作为维护产业链安全和韧性的关键产业链。

动力电池产业链也是我国汽车产业“弯道超车”的关键环节。在燃油汽车时代，国外内燃机技术已经积累了上百年，我国汽车工业“以市场换技术”的效果并不好。在新能源汽车领域，我国通过合适的产业政策实现了阶段性追赶，动力电池是新能源汽车的核心环节，也是中国企业实施全产业链发展的聚焦领域。目前，我国企业在全球动力电池市场已经占据相当的份额，与此同时，我国的动力电池产业链发展中也存在一定的隐患。我们通过搜索2022年6月的行业状况和数据（见表5－1），对我国锂电动力电池产业链（见图5－2）贯通状况进行初步评估。

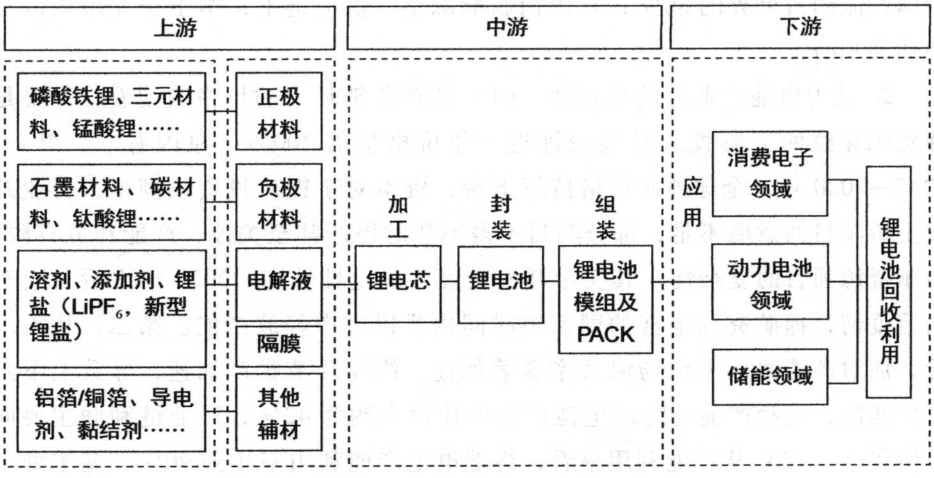


图5－2　动力电池产业链

动力电池是纵向分工和网络分工比较明确的产业链，上游主要包括正极材料、负极材料、电解液、隔膜、辅材等环节，这些环节的上游供应链包括锂、锰、钴、碳、石墨等资源型加工品以及各类化学溶剂；中游包括锂电的加工、封装、组装环节，也是动力电池的制造环节；下游包括电池的运用和回收利用环节，主要运用在新能源汽车的动力电池、储能以及消费电子领域。我们根据动力电池行业的特点，对产业链供应链贯通的内涵进一步设置了评价指标（见表5－1第四列），对动力电池产业链供应链进行贯通分析评估：

1. 动力电池产业链供应链的安全性。(1) 从产业链中间品供应的稳定性和短板来看，当前主要电池材料所需要的锂矿资源成为供给短板，锂矿资源和产量主要分布在南美、澳大利亚，按照现有技术路线，锂矿资源对于全球动力电池的生产保障意义重大。比如，美国总统拜登签署行政令，授权使用《国防生产法案》，确保推进清洁能源转型所需的关键材料，授权支持锂、镍、钴、石墨、锰等用于生产大容量电池所需材料的开采和加工。国内方面，我国锂资源储量仅为全球的6%，而且多为提取难度大的盐湖锂，这使得我国锂资源对进口有着很高的依赖，目前上游30%的锂资源自给率是动力电池产业链供给安全的主要风险。(2) 从动力电池产业链的国产化水平看，产业链各个环节均实现国内生产，我们以整个产业链设备国产化率表征这一指标为例，动力电池设备总体国产化率达到85%，在制造业中属于较高水平。(3) 从动力电池产业链的锻长板来看，动力电池下游电池模组环节直接面对新能源汽车用户，是我国在这一产业链的长板环节。本土企业宁德时代、比亚迪、中创新航已经进入全球前十名，外资企业松下、LG、三星等在国内纷纷扩产，中国产能约占世界的80%，在国内新能源整车供应链上，本土企业市场占有率达到90%。

2. 动力电池产业链的稳定性。(1) 从产业链环节的价格波动看，主要是锂资源导致的上游投入品碳酸锂近一年价格暴涨400%，原因有二。第一，2017—2020年，全球锂矿价格持续下滑，资本对于锂矿投资热潮退，行业开发上游项目的意愿不足，部分项目不得不暂时停产甚至关停，产能释放有限。由于资源项目的复杂性，其实际开发进度不确定性较高，2020年之后又面对新冠疫情，锂矿资源丰富的国家短时间内难以扩产释放产能。第二，从需求看，面对新能源汽车市场渗透率显著加速，终端环节扩产加速，导致上下游难以匹配，锂盐产能与终端电池产能的比值大约为42%，产业链利润主要向上游集中。(2) 从产能利用率看，终端电池产能利用率达到90%，基本处于行业满产状态，这也引起了主要企业的大幅扩产。据行业统计，2022年国内动力电池出货量约450GW，而各大厂商2025年的规划产能达到3000GW，各地普遍为新能源电池产业提供优惠政策，行业未来存在一定产能过剩的隐患。(3) 从产业链流通效率看，由于产能紧平衡，并且受到新冠疫情影响，2022年5月的交货期要达到15周左右，导致新能源整车交货期变长，原本只需两个月可交付的车型，可能要延长到四五个月。

3. 产业链生产的高效性。我们以终端动力电池生产的数字化水平、绿色化水平来表征产业链生产水平。从代表性上市公司的情况看，数字化工厂水平基本实现了与国外先进厂商的同步。产业链生产的绿色化主要用报废电池的绿色化利用率来表示。目前新能源汽车报废电池的利用方式，一是梯次化利用，二是拆解利用。通过拆解方式回收，从金属的回收率来说，锂、钴、锰等金属的利用率达到95%以上，但是问题在于目前市场上进入正规渠道回收的锂电池所占比例只有15%左右，大量报废电池进入小作坊形成二次污染。

4. 产业链组织的有效性。(1) 从产业链主要环节的产业组织来看，大部分环节在国内市场都形成了寡头垄断的市场结构。比如：从终端电池环节2021年国内市场占有率看，C4达到79%，宁德时代占52.1%，比亚迪占16.2%，中创新航占5.9%，国轩高科占5.2%，总体而言，这样的竞争格局有利于企业创新和合理竞争。(2) 从产业链上的链主企业看，2021年宁德时代全球市场占有率达到32%，比亚迪占8.8%，在国内价值链中已经成为事实上的链主企业。与此同时，本土企业与日韩的松下、三星、SK等企业之间竞争激烈。(3) 从产业链上的隐形冠军和专精特性企业来看，我国本土企业已经占有一席之地，隔膜是动力电池产业链国产化比较晚的环节，2013年之前，隔膜高端市场为美、日、韩垄断，其中80%中端市场也被国外厂商占据，低端市场主要以国内企业为主，随着国内厂商对国际主流生产工艺的掌握和技术指标差异的缩小，目前基本实现了国产化。根据2022年第一季度的统计，其中前三大企业恩捷股份、星源材质和中材科技隔膜出货量分别为10.7亿平方米、3.6亿平方米、2.2亿平方米，市场占有率分别为36.8%、14.9%、9%，三家公司合计取得61%的市场份额。

5. 产业链布局的合理性。(1) 从动力电池的国内布局看，长三角、珠三角动力电池产能占全国产能比重50%，总体来看，集聚程度并不算高。这与寡头企业出于成本、优惠政策、贴近整车企业等考虑，在全国范围内进行布局有一定关系，出现了整个产业链在点上集聚、面上分散的格局，这种区域分布具有一定的合理性。比如，中创新航2025年规划产能为500GWh，已设立常州、洛阳、厦门、成都、武汉、合肥、黑龙江、广州、江门九大产业基地，形成珠三角、长三角、西南地区、中部地区和东北地区等五大产业基地集群。（2）从中企海外布局看，欧洲是汽车电动化较快的地区，大众、宝马、奔驰等欧洲车企纷纷加快电动化转型，欧洲本地锂电池产能不足的短板影响也日益凸显，为了贴近欧洲车企争夺市场份额，韩国 LG、三星等加快在欧洲布局，目前国内领先的中企也开始在欧美设厂，海外布局产能约为5%，总体与产业链发展趋势较为切合。

6. 动力电池产业链分析的简要总结。习近平总书记在论述优化和稳定产业链供应链时指出，“要拉长长板……锻造一些‘杀手锏’技术，持续增强高铁、电力装备、新能源、通信设备等领域的全产业链优势，提升产业质量，拉紧国际产业链对我国的依存关系，形成对外方人为断供的强有力反制和威慑能力”。应该说，新能源动力电池是我国具有国际竞争力的产业链。上述从五个维度分析，我国动力电池产业链贯通程度较高，体现了我国锻长板的重要方面。与此同时，影响产业链贯通的因素值得重视。第一，当前动力电池贯通的隐患主要在于上游锂矿资源的不可控。按照当前的技术发展态势，锂电的技术路线在短期内不可替代，与国外企业和上游矿山的长协合同相比，我国企业的资源保障性更显薄弱。与此同时，上游资源的紧张加之我国下游产能扩张加快，上下游产能不匹配，导致锂矿价格暴涨，不利于新能源技术推广利用，也不利于产业链的长期发展。第二，对于动力电池这样纵向和网络环节较多、区域分布较广的产业链而言，疫情的干扰影响更大，整个交货周期受到影响。第三，中国企业的主要竞争对手——日韩的松下、LG、三星等企业，正在欧美市场布局，中国企业相对处于劣势。大容量电池作为各国优先发展的战略产业，欧美产业链本土化的意图明显，日韩企业在欧美设厂具有一定的相对优势。第四，当前产业链各个环节借助地方政府支持和资本市场大幅扩张产能，未来存在过度竞争和产能过剩的隐患。在新兴产业中，由于巨大的、难以预测的发展空间，大量企业涌入新兴产业、千方百计借助资本力量扩大生产规模，这就出现了类似林毅夫教授所说的“潮涌现象”。动力电池产业链的“潮涌现象”与地方政府优惠政策相结合，可能会加剧产业周期性和产能过剩风险。

## 第三节　政策建议

实现产业链供应链贯通的目标，既包括短期应急性去产业链补短板、增强政府对产业链的协调能力，更包括夯实产业链供应链贯通的支撑因素，通过中长期的生态建设优化产业链供应链的自我优化迭代机制，增强产业链的国际竞争力。因此，产业链供应链贯通的政策需要把短期和中长期、市场作用和政府作用结合起来。

## 一、中央政府与地方政府产业链政策协调的视角

从疫情防控、产业链自主可控、锻长板补短板等多个方面的实践看，产业链发展都要发挥好中央和地方各自的优势和作用。当前，中央和地方产业链政策协调存在可能的误区如下。(1) 中央制定重点支持的战略性新兴产业以及其他前瞻性产业，地方政府对这些产业的招商引资集中在这些热门产业，存在过度竞争和预算软约束，导致产业链的波动和地方债务的扩张。(2) 在高质量发展阶段，各地争夺产业链创新的各类科技、人力资源，高端产业发展的指标考核层层分解，基层为完成考核指标很难考虑投入产出比，整体财力支持效率不高。(3) 新冠疫情期间，个别地方突破中央要求情况，擅自出台不科学、不合理的地方政策规定的情况时有发生，影响交通畅通，人为阻断产业链，严重削弱统一大市场对产业链供应链贯通的支撑作用。

针对当前中央和地方产业链协调政策的重点，建议如下。

1. 中央与地方共同作用的方面。第一，中央协调地方的“链长制”。地方政府纷纷建立保障本区域产业链供应链贯通的“链长制”，但是主要出于本地范围内的考虑，缺乏国家层面整体的产业链安全考虑。对此，中央政府相关部门可以协调各个地区或重点产业集聚区的“链长”，通过中央协调将各地方政府“链长”形成合力。第二，中央和地方合力促进部分产业链由东部向中西部转移。对于中、西部具有比较优势的产业链或者环节，一方面，东、中、西部地方政府需要积极构建新时期的飞地经济等载体；另一方面，中央层面可以从用能、税收等方面形成政策效力，支持发达地区向欠发达地区产业转移。

2. 中央政府政策为主的方面。第一，协调全国防疫政策。通过统一防疫标准和操作方案，杜绝地方层层加码、一刀切等不科学的无端行为，减少地方防疫乱作为对产业链供应链贯通的影响；第二，协调产业链重要资源的保供。疫情与地缘政治因素相叠加，对油气、矿产等资源的供给和价格冲击进一步加大。资源丰富的国家往往是容易受到地缘政治影响的国家，我国单个企业参与国际资源市场的抗风险能力较弱，地方政府可以作为的空间也较少。

对此，中央政府应当对重点资源的保供进行专项协调，组织行业协会、龙头企业、金融部门集体参与国际市场的博弈和谈判，充分发挥国有企业的信用和规模优势。第三，发挥国家层面对关键性战略性产业链的协调作用。在半导体、新能源、生物医药等全球关注的重点产业链中，一个国家和地区某个重点产业链的竞争力主要是由若干个为数不多的链主企业和“隐形冠军”决定，国家层面要为关键产业链上各个重点企业的协作提供平台和支持。第四，支持前瞻性产业链基础研究、商业化前技术的研发。对于技术路线和发展场景不确定的未来产业，政策部门主要厚植这些产业发展的创新土壤，包括科学装置、人才团队、实验平台等，这些短期内看不到效益的领域，地方政府未必有动力去做，需要中央层面的前瞻性布局，而对于商业化产业化的路径选择，则主要交给社会资本去做。

3. 地方政府政策为主的方面。第一，守土有责，继续完善地方政府“链长制”作用。尽最大努力保持地方区域内的交通、物流的畅通，促进用电、用能、安全生产等保障，尤其要杜绝各自为政，不执行中央统一防疫政策的情况。第二，构建产业集群生态。产业集群建设的主要落脚点在地方政府，要努力营造专业化服务环境，为产业链发展提供各类公共平台，支持区域内的重点企业对“卡脖子”技术的攻关。第三，在产业链创新上重点支持科技成果转化和产业应用创新，包括各类创新创业的孵化器、加速器以及产学研合作等。

## 二、产业链内外循环的视角

当前面临百年未遇之大变局，产业链重组是经济全球化过程中呈现出的前所未有的重要特征，也是在我国构建新发展格局中影响产业链贯通的重要因素。当前对产业内外循环影响的主要因素包括：（1）美国主要依托美欧贸易与技术委员会（Trade and Technology Council，TTC）和印太经济框架（IPEFF）两大经济技术合作框架，通过规则设定等方式，打造以美国为主导的全球供应链安全体系，在半导体芯片等关键产业链中将我国排斥在外，并在光伏、稀土等我国长板领域试图减少对我国依赖；（2）在产业链各类技术上加强对中国的限制，包括对人才流动、企业并购、关键技术和产品进口等方面的限制；（3）在全球产业链重组的背景下，部分产业链或环节过快向以印度和越南为代表的东盟国家转移，对我国保持制造业比重基本稳定形成了不利影响。

从畅通产业内外循环促进产业链贯通的角度，建议如下。

1. 区分在华跨国公司产业链布局的动机，重点发挥以中国市场为导向的跨国公司的作用。根据我们与日本贸易振兴机构（JETRO）的联合调查，日本政府受日美同盟制约，在产业链合作问题上坚定地追随美国，但是日本企业作为技术研发的主体，并没有在中美之间选边站，仍努力在两国之间寻求平衡点。在华日企逐渐形成一种新动向：围绕中国市场的"地产地消"（In China For China）型供应链。在中国国内打造一条从研发、生产到销售，相对完整的供应链，除了极少数核心部件之外，这条供应链的全部环节放在中国国内，专门针对中国市场。针对日企总部实施的"日本企业海外事业展开问卷调查"显示，2021年调查的216家有计划扩大海外研发功能（研发新产品或者面向当地市场改变设计）的企业中，80家企业选择在中国，88家企业选择在美国扩大研发功能，其中41家企业同时选择了在中美两边扩大研发功能。应进一步开放市场，确立竞争中性原则，保护知识产权，让"地产地销"型供应链模式中的日企在中国加大研发和创新力度。

2. 加大释放RCEP的中国红利，提升RCEP框架对增强中国参与的各项平台对别国的吸引力，同时持续推进加入CPTPP。美国等对我国产业链限制固然具有较强的意识形态，但美国对他国是否具有吸引力，根本上仍表现为美国主导的产业链框架给他国带来利益。通过做实RCEP等开放载体，不断增加RCEP框架的贸易总量和各国贸易机会，向其他国家释放中国红利。对域内相关利益攸关国来说，就可能更侧重RCEP而不是IPEFF。此外，若加入非美主导的CPTPP将有效缓解地缘政治风险，降低贸易成本，为中美博弈背景下的亚太产业链合作提供坚强的制度保障。

3. 发挥我国统一大市场和技术产业化的优势，加强与技术领先的非美经济体，尤其是中小型经济体合作。日本、韩国、荷兰、以色列等国在很多产业链上具有独特的先进技术，但受制于国内市场小、成本高或者缺乏应用场景而难以产业化，这类技术一旦与中国的产业配套和市场结合，就可能爆发很强的生命力。通过相互合作可能能够将产业链互补性更多提升为产业合作点。以新能源汽车为例，新能源电池技术早先由松下等日本企业掌握，但当这项技术外溢到中国实现产业化时，才推动了新能源汽车产业的广泛商业化应用。要适当弱化纯粹"挖人"等过度激发矛盾的技术外溢方式，努力发挥产业链不同技术优势的双赢合作，鼓励中外企业共享技术和市场的红利，共同利用中国产业链配套优势和市场优势把前瞻性产业做大。

## 三、产业链纵向和网络关系的视角

从链条上微观主体的关系出发促进产业链供应链贯通，主要考虑两个方面。(1) 在产业链供应链条上形成和发挥两类企业的作用，一类是能够带动整体产业链的链主企业，另一类是在链条上培育“隐形冠军”和“专精特新”企业，努力突破“卡脖子”技术；(2) 通过利益共享机制，产业链上的企业形成良好协作的“命运共同体”，促进企业创新联盟的形成。

从产业链供应链上微观企业之间关系的角度，建议：

1. 根据我国当前产业链现状，重点发挥下游加工制造业的支撑作用，以下游链主企业带动“卡脖子”环节的创新突破。产业链合作一定要有牵头的龙头企业，目前看来，我国制造业仍然要发挥规模效应和比较优势的潜力，要推动下游存量企业做强做大，提高先进产能的市场占有率，提升我国下游制造业在全球采购中的话语权，从而提升我国下游制造龙头企业担当“链主”的能力，促进大中小企业贯通发展。

2. 支持下游加工制造龙头企业成立产业基金，形成下游龙头企业协调产业链的抓手。建议可以吸取集成电路产业“大基金”的经验，让下游龙头企业参与牵头部分“大基金”运作，重视下游龙头企业对产业链关键环节的投资选择，这样既可以实现市场化投资的可持续性，又把握住了产业链协作的抓手。发挥下游央企和大型国有企业的作用，把支持首台套以及之后的产业化，作为考核和评估下游国有链主企业的重要标准之一。在复杂装备等领域，不少大型央企国企处于产业链的下游，可以对上游企业形成更好的支撑。比如，在工程液压件领域，打破日企长期垄断的企业恒立液压，就是较早与下游的徐工集团、三一重工、柳工集团等国有企业合作，后来逐步进入到卡特彼勒等跨国公司供应链。相对来说，大型国有企业在试用、磨合国内供应链新产品时，具有更强的实力和能力，应当表现出更大的耐性。

3. 让资本市场成为产业链企业合作和形成联盟的纽带，促进产业、科技、金融的良性循环。资本市场是驱动关键产业链发展的重要力量，具有重大的示范效应和激励作用。从动力电池、光伏等新能源产业的情况看，几乎每一个有志在行业内做出一番事业的创业者，无不以登陆资本市场为目标，资本市场激励着行业的创新发展。根据调研反馈，资本市场不仅为行业提供了大量资金、扩大了产业规模，而且促进产业链整合和形成企业联盟，主要形式是：上下游企业超越简单的供求关系，以资本为纽带相互投资参股，形成

“利益共同体”并到资本市场上实现价值，这体现了市场的力量，合作企业真正有动力进行产业链协同创新。可以说，重要产业链企业相互参股登陆资本市场是“产业—科技—金融”良性循环的典型实践和体现。同时，调研企业反映，我们吸引日韩台等地的优秀科技人才，要注重发挥我国资本市场的相对优势。比如，日本企业对员工持股就比较保守，新一代的中国企业家则愿意让研发团队多持股。因此，要继续发挥我国资本市场对创新的支持功能，努力保持资本市场稳定，深化资本市场改革，进一步在制度设计上强化吸引产业链合作、海外科技人员激励的功能。

（本章作者：陈柳，南京大学长江产业经济研究院副院长、研究员）

# 第六章 产业链供应链生态建设思路与举措研究

近年来，中央和地方各级主体围绕加强国际合作推动产业链供应链多元化，立足比较优势提升部分领域全产业链竞争力、优化区域产业链布局、培育产业链上的“链主”企业和“专精特新”“隐形冠军”企业等相继出台了很多针对性举措，以此补齐短板、锻造长板。但是，进一步夯实产业基础能力、推进产业链现代化仍面临一些新问题、新挑战——外部环境变化、同类企业关系、相关产业支撑方面存在隐患。建立健全产业链供应链生态，有助于完善共生关系，是推动实现产业链演化升级和可持续发展的重要基础。

## 第一节 产业链供应链生态体系：内涵与评价

产业链供应链并不是一个严格意义上的学术范畴。产业链作为一个复杂系统，本质上属于产业组织形式，表现为产业部门之间由于技术经济联系而呈现的“链”“集群”或“网络”形态，是价值链、供应链、创新链、要素链等的链接集成载体。其形成的基础是技术关联下的产业分工。因此，供应链是产业链内涵的维度之一，产业链供应链生态体系本质上是产业链或产业集群或产业网络生态体系。

### 一、产业链供应链生态体系的内涵

针对产业链、供应链可能遭受的“卡脖子”、断供等威胁，我国提出加快补齐短板、锻造长板，提升产业链供应链现代化水平，目标就是构建完善的产业链供应链生态体系。这一概念的提出实际上是对可持续发展理念的一种深度拓展，是从系统论、生态学的角度来打开产业链供应链“黑箱”研究其要素、机制与影响因素，是对学术范畴“产业生态（Industrial Ecology）”“产业集群（Industrial Cluster）”等的内涵丰富和外延延伸。

### （一）内涵

在对产业链供应链生态体系的内涵进行界定之前，首先需要梳理几个相似的概念。产业生态是将生态学视角、原则和方法应用与产业系统分析，解决产业活动与资源、环境之间的关系，利用产业结构功能优化推动协同发展和转型升级。产业生态主要强调改善环境绩效并增加产品附加值。受企业共生关系的启发，产业网络概念逐渐被提出，指企业之间通过长期业务往来所建立起来互信、互利与互补的关系，这种协调关系将企业联结成彼此仍保有独立个体，又能够发挥整体合作优势的虚拟组合。产业网络更多地侧重企业之间的治理关系。迈克尔·波特最早提出的产业集群主要探讨企业间竞争与合作关系，但更关注特定的地理范围，即从空间视角分析竞争力。总的来看，虽然这些概念大多突破了产业边界，即不仅仅关注同类企业的集合，但是缺乏从技术经济联系的角度聚焦产业流程和不同产业之间的横向、纵向竞合共生、耦合共享、循环通畅。因此，本报告将产业链供应链生态体系看作为生产系统和创新系统的有机结合体，具有顺畅运行、能量交换和自我迭代等功能。

### （二）要素

从构成要素的角度来看，产业链供应链生态体系（见图6－1）主要应该包括四个要素：一是参与主体。产业链供应链上至少应该有三类主体，分别是同类企业、供应链企业及相关领域企业、大学、科研机构及中介平台。将相关领域企业纳入产业链供应链生态体系体现了产业边界逐渐模糊背景下企业融合、跨界、协同、多元发展的趋势。中介平台涵盖了技术交易平台、产学研孵化平台、知识产权保护平台、金融机构等。同时，产业链供应链主体还应该包含潜在的进入者和退出者。好的生态必须包含少数锚企业以及大量中小企业，必须能促使主体之间良性竞争、优势互补、开放合作、有序进退、共生发展。二是生产要素。根据构建现代产业体系的要求，良好的产业链供应链必须能够实现技术、资本、人力、信息、土地等生产要素的协同配置和动态优化。三是市场需求。从理论上讲，市场需求不仅是产业链供应链循环运行的基本保障，也是产业链供应链演化迭代的重要驱动。良好的生态要能使市场需求得到及时响应、有效激发。四是发展环境。研究表明，影响产业链供应链发展的环境主要包括国际政治经济环境、世界科技和产业革命发展趋势、地理空间、产业及公共政策、制度文化等。

以上这些要素并不是孤立的存在，作为生态体系的组成部分，关键在于要素间关系的形成、稳定与重塑。受迈克尔·波特的钻石模型启发，本章认为，成熟的产业链供应链生态体系至少包括四个方面关系，分别是供需关系、分工关系、治理关系和要素关系。

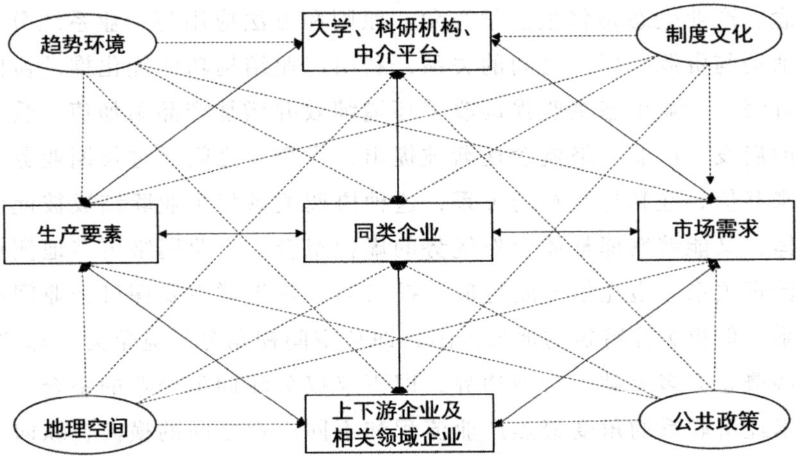


**图6-1　产业链供应链生态体系要素构成**

### （三）动态

从动态演进的角度来看，产业链供应链生态体系应该包括三个状态。

一是形成。产业链供应链生态体系是通过响应或激发市场需求，公共和私人主体在公共部门的支撑引导和产业部门间的技术经济联系下逐步自发地在经营活动、地理空间上构成一个由正式或非正式制度安排所支持的生产和创新系统，当前越来越体现出本地化或区域性特征。从理论上讲，本土产业链供应链生态体系的形成需要具备三个必要条件，分别是必须存在本土自我扩张过程、区域吸引力和市场情况必须足够强、本土企业数量也必须在初始阶段超过临界值。其中，政府往往发挥了重要的激励引导作用。例如，新加坡推动产业链供应链生态体系构建的政策导向就包括“与产业共同分担风险是政府对产业链发展的长期承诺的证明”“培育战略联盟和安全的战略投资项目”“加快发展有潜力的地方企业”“延长与进驻新加坡的地方关键跨国公司的伙伴关系，发挥其溢出效应”。

二是运行。产业链供应链生态体系的运行至少可以从效率和安全两个维度去理解。效率维度要求产业链供应链生态体系能够高效进行创新转化、分工完善和供需响应。安全维度要求产业链供应链生态体系具备一定的稳定性，包括治理结构要相对稳定，链条在受冲击下要具有一定的抗风险能力以及瞬时恢复的韧性等。从某种意义上讲，产业链供应链生态体系的运行不仅是循环的过程，也是自我扩张的过程。不同地区产业链供应链生态体系的运行机制可能存在不同，一方面，文化、社会、政治、法律等因素会对运行机制产生不同程度的影响，另一方面，区域政策的差异也会增强或削弱运行机制。

三是迭代。完善的产业链供应链生态体系能够实现自我迭代。由于大部分迭代案例发生在产业生命周期的开始或在巨大技术变革之后，因此，通常认为迭代往往与需求和技术的变化有关，即需求引致型迭代和技术引致型迭代。也有案例显示，不同的历史事件也会导致产业链供应链生态体系的发展，但仍缺乏足够的经验证据。产业链供应链生态体系的迭代一般体现在企业动态，即企业的进入、退出、并购、重组及空间分布的转换，和企业及企业间技术能力、商业模式、组织方式、治理关系等的变革。除了人力资本和创新，产业链供应链生态体系的自我迭代还有两大动力因素至关重要：其一是企业家精神，本质上是发现及弥补市场发展的不平衡；其二是本土协作，关键在于建立溢出效应和协同效应。

## 二、产业链供应链生态体系成熟度评价标准

产业链供应链生态体系并不是一个“非无即有”的矛盾体，而是一个涵盖从不完善到完善、从弱到强的连续体。对于特定产业链供应链而言，沿着这一连续体的能力建设路径实际上就是产业链供应链生态体系成熟度的深刻变化过程。

### （一）产业链供应链生态体系成熟度的内涵及特征

成熟度是对能力的度量。产业链供应链生态体系成熟度就是对这一体系能力的测度，是实现自主可控、安全高效产业链供应链发展目标所应具有的主体能力、关系能力和稳定能力等的评价。产业链供应链生态体系成熟度一般有三个方面的明显特征。

一是竞争性。这是产业链供应链生态体系静态能力的度量，主要包括两方面。一方面是产业链供应链主体的竞争性，即在任意时间节点上某一主体能够以有竞争力的价格满足产业链供应链下游市场的质量、数量和时间要求的能力，外在表现为该主体相对于同类竞争者在主营业务领域具有较高的投

入产出效率和良好的市场经营业绩。这种能力根源于由企业战略、组织治理、技术能力、商业模式等综合影响形成的生产力（Krugman，1994）。另一方面，由于产业链供应链分工主要以产品为中心，竞争性的另一层含义就是产业链供应链生产的最终产品能够在数量、质量、价格、交货及时性等方面满足细分目标市场上消费者的需求。其影响因素主要包括管理能力、中间品质量、基础设施和物流服务水平、产品技术标准等。

二是关联性。这是产业链供应链运行能力的度量，主要包括两方面。一方面是分工的合理性。产业链供应链分工本质上是产品内分工，从产业间分工、产业内分工到产品内分工，表明最终产品的生产组织模式从以企业为主逐渐向以产业链为主转变，演进的动力主要源自产品的复杂性、工序的可分性、企业的边界性，目的在于降低交易成本、提高劳动生产率。合理的产业链供应链分工除了要求反映不同主体的比较优势、任务的匹配性等外，还需要上下游企业尽可能紧密联系，促进知识溢出和协同创新（Paunov 和 Rollo，2016），从而实现共生共长。另一方面是信息获取的便捷性、有效性。信息已经成为市场主体生存的关键因素，特别是进入数字经济时代后，信息的重要性更加突出。关联性要求产业链供应链主体有效连接并畅通信息渠道，能够及时、准确获取客户、竞争对手、供应商、辅助机构和其他利益相关方的最新需求、行为等市场信息，从而降低产业链供应链运行中的信息成本。

三是变革性。这是产业链供应链动态能力的度量，主要包括两方面。一方面要有适应外部冲击的能力。外部政策、市场、政治等环境的变化都会对产业链正常运行产生冲击，比如中美竞争背景下美国在半导体领域对中国企业进行打压、限制甚至断供，再如新冠疫情造成汽车等一些全球分工制造业供应链不同程度中断。我们强调的产业链供应链韧性实际上是产业链供应链抵御风险及面对外部冲击迅速恢复的能力（陈晓东等，2022），这是一种被动变革的能力，供应链弹性、产业基础、要素质量等都是重要的影响因素。另一方面是创新的能力。不论是颠覆式创新还是渐进式创新，都是产业链供应链主动变革，提高生产率，实现增长、赶超和引领的根本动力。从创新两阶段来看，关键是提升产业链将知识变成钱，即将知识转化为新产品、新工艺和新系统的能力。

### （二）产业链供应链生态体系成熟度评价体系

根据产业链供应链生态体系的内涵和边界，产业链供应链生态体系主要包括生产（主要指运行循环）、创新、支撑三大系统，具备竞争、关联、变革三大功能或特征。基于此，评价产业链供应链生态体系的成熟度应重点考察四个方面的能力，分别是主体能力、协同能力、变革能力以及环境能力。

主体能力指的是各主体在产业链供应链运行中应具备的相关能力，主要是个体的能力，包括产业链供应链生态体系构成的完整性、结构的合理性、数量规模，各个主体的投入产出能力、创新能力、学习吸收能力、动态调整能力等。

协同能力指的是产业链供应链循环畅通的能力，包括生态体系的组成主体在生产、运营、创新等方面的合作共生能力以及要素与产业链供应链主体之间的协同配置水平。

变革能力指的是产业链供应链生态体系主动变化和应对变化的能力，主要包括自我修复的能力和自发迭代的能力。

环境能力指的是影响产业链供应链生态体系形成、运行、迭代的外部环境的好坏，着重考察环境的适配性，主要包括基础设施能力、政策能力等。

具体在指标体系构建上力争做到正向开发与经验参考相结合、定量与定性相结合、前瞻性与现实性相结合、静态性和动态性相结合。考虑到产业链供应链生态体系不同能力对成熟度的影响差异，评价中涉及的指标权重建议更多采用专家打分法，以此来确定数值无量纲和同趋化中的调整设置，包括每个指标的边界值、阈值和调整系数，以及指标体系中各层级指标之间的重要性等（见表6－1）。

**表6－1　　产业链供应链生态体系成熟度评价体系**

| 评价目标 | 评价维度 | 子维度 | 评价内容 | 评价指标（部分） |
|---|---|---|---|---|
| 产业链供应链生态体系成熟度 | 主体能力 | 构成结构能力 | 各类主体的完整性 | 赋分评价 |
| | | | 空间布局的合理性 | 克鲁格曼指数<br>…… |
| | | | 龙头企业与中小型企业 | 市场集中度<br>…… |
| | | 数量规模能力 | 初始企业数量是否达到阈值 | 赋分评价 |
| | | 投入产出能力 | 各类主体的投入产出效率 | 单位产值发明专利数量 |
| | | | | 人均劳动生产率<br>…… |
| | | 学习创新能力 | 各类主体创新意愿及创新产出效率 | 企业家精神 |
| | | | | 新产品产值比重<br>…… |
| | | 战略调整能力 | 企业能否根据市场、环境变化及时调整发展战略和经营策略 | 企业决策能力<br>…… |

续表

| 评价目标 | 评价维度 | 子维度 | 评价内容 | 评价指标（部分） |
| --- | --- | --- | --- | --- |
| 产业链供应链生态体系成熟度 | 协同能力 | 高效运行能力 | 能否及时响应市场需求 | 企业库存水平 |
| | | | | 供货周期<br>…… |
| | | | 主体间合作模式及治理关系是否稳定 | 赋分评价 |
| | | | 主体间开展供需、投资、创新等合作的水平 | 赋分评价 |
| | | 要素配置能力 | 人力、资本、信息、技术等配置效率 | 要素扭曲程度<br>…… |
| | 变革能力 | 自我修复能力 | 受冲击下产业链供应链能否实现自我调整、快速恢复 | 供应链弹性 |
| | | | | 并购重组水平<br>…… |
| | | 自发迭代能力 | 主体间协同创新水平 | 科技成果转化效率<br>…… |
| | 环境能力 | 基础设施能力 | 交通、网络、市场等基础设施发展水平 | 赋分评价 |
| | | 政策能力 | 融资、人才、知识产权等政策、体制机制效能 | 赋分评价 |

## （三）产业链供应链生态体系成熟度的等级划分

自成熟度理论提出以来，成熟度的等级划分就是其核心内容。根据已有的能力成熟度研究成果以及产业链供应链生态体系的概念界定，可以将产业链供应链生态体系成熟度划分为四个级别，分别是弱能级、本能级、强能级和超能级。其中，弱能级主要指产业链供应链生态体系形成初期的成熟度，这一阶段各类组织主体具有一定的完整性和规模性，独立主体也具有一定的投入产出、学习创新的能力，但主体之间仅是以订单合作为主的简单连接，尚未形成相互依赖、共生发展的关系。硬件基础设施加速完善，但在体制机制和政策法规方面仍有较大的优化空间。本能级和强能级主要指产业链供应链生态体系经过较长时间运行后自我增长逐渐达到一个相对稳定的状态，本能级强调协同生产，各主体独立开展创新活动，主体间从订单合作逐渐向更多领域拓展，要素配置效率和政策效能也逐步提升；强能级更强调协同创新，不同主体形成治理相对完善的创新共同体和利益共同体，空间布局从集聚走向创新，产业链供应链韧性极大改善。超能级状态下的产业链供应链生态体系能力出现质的提升，能够实现顺畅、快速地进行自我修复和自我迭代（见表6－2）。

**表6－2　　　　产业链供应链生态体系成熟度等级及特点**

| 序号 | 能级 | 总体特点 | 基本特征 | 主体能力 | 协同能力 | 变革能力 | 环境能力 |
|---|---|---|---|---|---|---|---|
| Ⅰ | 弱能级 | 形合神散 | 简单连接 | 各类主体结构相对完整，有一定数量规模，有一定生产经营能力，停留在知识获取环节，几乎没有创新成果转化和技术市场交易 | 主体间进行单纯的订单合作，人才、信息、资本等要素流动受限制，获取难度较大 | 创新活动偶尔、偶然发生，受外部冲击后难以较快恢复 | 交通、信息网络等硬件基础设施相对完善，缺乏推动生产与创新协同的制度、法律，相关体制机制也不健全 |
| Ⅱ | 本能级 | 形合神合 | 相互依赖 | 各类主体结构和布局进一步优化，拥有一定的简单创新和学习吸收能力 | 主体间合作向更多领域拓展，形成相对稳定的治理格局，要素优化配置效率明显提升，但仍存在一定程度的要素错配 | 不同主体常态化独立开展创新活动，产业链供应链韧性有一定提升 | 硬件基础设施十分完善，政策机制逐步建立，认识到构建统一大市场的重要意义 |
| Ⅲ | 强能级 | 形优神合 | 复杂连接 | 各类主体结构布局十分完善、充分集聚，高度重视知识的传承和共享，主体拥有较强的敏捷生产、高效管理和开放创新的能力 | 不同主体逐渐缔结形成利益共同体、创新共同体，协同生产和协同创新活动日益频繁，共同体内部要素配置效率极大提升 | 创新对于产业链供应链组织形态、治理机构、分工体系等的改善重塑作用逐渐显现 | 协同创新只是产权保护政策、风险分摊机制、人才共享机制等政策制度不断优化，政策效能明显提升 |

续表

| 序号 | 能级 | 总体特点 | 基本特征 | 主体能力 | 协同能力 | 变革能力 | 环境能力 |
|---|---|---|---|---|---|---|---|
| Ⅳ | 超能级 | 形优神优 | 自我修复、共同演化 | 各主体协同能力极大提升，能够及时响应客户需求，产品和服务的设计、生产、优化、退出有序进行，管理效能持续改进 | 产业链供应链所有主体形成强大的创新共同体，链条内外部要素流动顺畅，扭曲配置消失 | 创新推动产业链供应链自发实现演化迭代、不断升级，在冲击下能够瞬时恢复，链条关键环节掌握在自己手中，产业链供应链安全稳定性较强 | 多元融资体系完善，协同创新知识产权政策完善，企业战略目标和协同生产、创新目标一致，监管监督机制健全，充分实现政策设计与制度安排激励相容 |

## 第二节　产业链供应链生态体系建设面临难题

一般而言，产业集群是产业链供应链生态体系的雏形和空间形态。2022年10月，工信部公布的入选首批产业链供应链生态体系建设试点的杭州、武汉、合肥、成都、广州、深圳等12个城市大多在国家级先进制造业集群的数量和质量上占据显著优势。

### 一、产业链供应链生态体系总体概况

通过调研江苏省内多个国家、省、市级产业集群，覆盖集成电路、生物医药、软件、工业互联网等不同属性的行业，可以发现多数集群内部主体间缺乏联系，协同发展、创新发展、共生发展的态势远未确立。主要体现为：一是外资企业与本土企业联系匮乏。外资企业通常有其相对固定的合作伙伴和供应商，本土企业很难进入相对封闭的供应链；二是本土同类企业间往往竞争大于合作，即使是上下游企业也通常由于产品质量、生产能力等门槛无法支撑本地产业，导致合作信任难以建立、合作意愿不强，利润外流；三是本土企业与其他主体间缺乏联系，不少企业与本地大学、科研机构、中介机构、行业协会等之间缺乏正式联系渠道，仅存在一些非正式的互动通道。除此之外，企业主体能力本身也存在一定的缺陷，比如创新能力不足。随着国

外技术门槛的提高、知识产权保护力度的加大以及国际科技竞争与围堵，以模仿为主或推进“二次开发”的发展道路越来越窄；衍生能力不足，小企业难以生存，更难以向“专精特新”方向发展等。

根据产业集群发展情况，可以得出我国产业链供应链生态体系建设的总体判断：多数产业链供应链正处于生态体系形成阶段，成熟度为弱能级，部分先进集群所代表的产业链供应链生态体系日益完善，成熟度达到本能级，强能级、超能级的产业链供应链生态体系几乎没有，至少尚不多见。因此，要素错配现象普遍存在。比如，科技成果市场转化率与创新投入强度不成正比，信贷配给存在一定程度的所有制歧视，特别是中小型民营企业资金使用成本较高，人力资源在不同行业同时存在价格扭曲与价格膨胀，一些战略性新兴产业出现抢人大战等要素错配现象。此外，关键环节及核心技术缺失。本土大多数企业位于各条产业链的中段，生产制造能力强劲，但产业基础薄弱，导致产业链的“两头”特别是位于链条上游的“前头”在外，容易被“卡脖子”。

总的来说，我国产业链供应链生态体系建设存在的突出问题在于因复杂联系不够导致的协同能力不足。根据协同理论的协同效应、伺服效应和自组织效应，加强产业链供应链生态体系协同能力建设应主要包括两方面。一方面是横向协同。当前，我国推动高质量发展亟须使新动能支撑的实体经济部门吸收更多的高技能劳动力、现代金融元素，提高科技创新对全要素生产率的贡献，破解“索洛悖论”困境。仅仅拥有高级要素并不代表产业部门能够获得竞争优势，只有能够动态地不断获取、创造和控制高级要素，并将这些要素融合起来时，才能形成竞争优势并获得更高的绩效。因此，党的十九大以来，我国提出构建科技创新、现代金融、人力资源与实体协同发展的现代产业体系。横向协同实际上就是通过机制设计实现科技、资本、人力与企业之间的协同，不断提升企业的动态能力和战略柔性，使其成为“链主型”“隐形冠军型”企业并保持基业长青。另一方面是纵向协同。主要指的是产业链上下游通过技术经济联系形成的分工合作，及时响应、价值创造等的协同。例如，提升产业链供应链生态体系成熟度不仅要求链上的相关企业之间实现深度分工，供应关系和结构能够根据市场信号灵活、高效地作出反应，而且要求价值链治理和创造价值能力逐渐增强，产业的控制力和影响力得到明显提升。

## 二、产业链供应链生态体系存在的突出问题：基于江苏集成电路和生物医药产业链供应链的案例分析

本章重点选择江苏的集成电路和生物医药两大产业链供应链为例，分析

产业链供应链生态体系仍面临的突出问题。江苏这两大产业链的发展基础较好，具备全产业链的现实条件，位列《江苏省“产业强链”三年行动计划（2021—2023年）》中促进实现卓越提升的10条产业链之中。同时又非国家先进制造业集群，以此“解剖麻雀”可能具有更为普遍的意义。需要说明的是，虽然工信部开展产业链供应链生态体系建设试点和国家先进制造业集群竞赛均主要以设区市尤其是一些一二线城市为试点单元和空间载体，但本章仍以省为基本单位考察产业链供应链生态体系建设。原因主要有：一是设区市通常不具备全产业链发展的条件，难以全面分析产业链供应链生态体系的建设情况；二是多数设区市在“产业公地”的建设方面能力还有欠缺；三是随着全国统一大市场建设和省级统筹协调的推进，在省域内可能更容易形成主体完整、功能完备的产业链供应链生态体系。

课题组围绕集成电路和生物医药产业链展开研究，还进行了多次包括“专精特新”企业发展、疫情下助企纾困等辅助调研。课题组先后赴南京、苏州、无锡、泰州、连云港等地，与相关主管部门、行业协会、园区、企业等进行了深入座谈，走访了台积电南京12时晶圆厂、华天科技、晶瑞化学、敏芯微、和舰科技、长电科技、吴越半导体、中科芯以及正大天晴、南京巨鲨医疗、扬子江药业、恒瑞医药、信达生物制药等产业链上各环节的多家重点企业。总的来讲，产业链供应链生态体系建设主要存在要素配置不优、主体能力不足、复杂联系缺乏、演化推进不易和政策协调不够五大难题。

### （一）要素配置不优

与资本、土地等生产要素相比，人才的缺乏和用人成本的急剧上升是调研中几乎所有行业企业反映的主要难题。以集成电路为例，从规模上讲，集成电路人才严重供不应求。随着数字时代的到来、国际竞争的加剧，“抢人大战”是本次调研中高频出现的热词，不少企业反映人力成本急剧上升。例如，IC设计工程师近两年的年薪普遍上浮20%—30%，一些大厂甚至上浮45%以上，平均年薪已由原先的30万元左右涨到现在的50万元。从结构上讲，人才供需存在一定失衡。主要体现在两方面。（1）缺乏领军型人才，高校毕业生培养周期较长。与工程师的紧缺相比，本土化、年轻化的产业领军人才更为缺乏。虽然高校是“抢人大战”的另一个激烈战场，但毕业生入职后普遍存在“脱节”，如IC设计，一般高校毕业生要经过5年甚至更长时间的培养锻炼才能从事完整的工作。（2）人才在产业环节扎堆，在产业主体分散。由于薪酬等原因，集成电路增量人才大多进入设计环节，制造、封测、材料、设备环节相对较少。集成电路是一个工程化产业，强调从业者的时间、经验积累和团队协同作战，“抢人大战”导致从业者频繁跳槽，在一定程度上可能会导致整体产业链竞争力下降。

## （二）主体能力不足

主体能力不足主要体现为四点。一是企业主体技术能力有较大提升空间。比如，江苏虽然集成电路产业规模在国内首屈一指，但不少龙头企业大而不强，技术工艺能力不足。例如，制造业高端产能较少，目前最先进制程是台积电的16nm，而国际上已经实现3nm的量产，当然，国内一些地区如上海、陕西的12nm技术也已开始客户导入。生物医药领域近年来虽然具有自主知识产权的创新药，开发新靶点和新作用机制的创新药、高质量仿制药、高端制剂和临床短缺药的需求也在增加，但江苏多数医药企业原始创新水平仍显不足，特别是在原创靶点发现和新分子药物筛选等方面有待提高。

二是军工企业军转民能力不足。江苏不少军工企业有很先进的技术水平和高性能的军用产品，但缺乏军转民的动力和能力。一方面是因为满足军用市场就很好过，转民用则需要穿越“舒适区”，另一方面是因为军品通常成本较高，转民品则需要提高成本控制能力，否则利润率太低。

三是中小企业决策能力不足。近年来，由于国家重视以及“放管服”改革将审批制变成备案制，很多中小企业蜂拥而至，呈现出一定程度的“到处开花”，导致投资过热，在业务方向上也存在扎堆现象。近两年国内创新药以Me－too为主，同一个靶点的新药扎堆，竞争激烈。2018年以来，江苏新建和在建的集成电路项目中40%投向特色工艺，比如基站射频，但市场空间却并没有那么大。

四是科研成果转化能力不足。高校、科研院所虽然每年有大量的发明专利授权，但真正产业化的比例不足10%，大多产业应用还是在非本地实现的。不仅需要增强实现从实验室到工厂“惊险一跃”的能力，还要提高推动“惊险一跃”的意愿和激励。

## （三）复杂联系缺乏

复杂联系缺乏主要表现如下。一方面，“链主”作用发挥不够。龙头企业的供应链相对固定，若非新冠疫情导致断供等特殊原因通常不会更换供应商，国内一些中小企业很难有机会进入其供应链并得到成长。例如，制造环节的和舰芯片的供应商基本都是台资企业，洁净室工程、气体供货商分别是亚翔集成和联华工业气体，上游 IC 设计主要是瑞昱半导体、联咏科技、联发科技、智原科技，下游封装测试主要是矽品科技、京隆科技、颀中科技、群策科技。此外，很多龙头企业往往以追求市场份额、降低投资风险为由仍主要从事产业链成熟领域，不向前沿领域拓展，也不外包以辅导中小企业成长。

另一方面，产业链各主体缺乏协同攻关。很多细分领域的赶超是一项系统工程，光靠一两家企业是无法完成的。例如，掩膜检测企业要实现工艺或设备的升级迭代，往往需要做光学模组、掩膜清洗等的上下游客户进行配套合作。目前，多数产业链主体间的合作仍以供需响应为主，甚至一些中小企业对上下游企业的信息掌握并不充分。现实中，不少产业链主体已经逐渐探索向股权合作拓展，但开展协同创新攻关甚至形成创新共同体的合作仍十分少见。在生物医药领域，由于不少产业园区内医药企业、科研机构、高校、医疗机构等之间缺乏有效的合作交流，我国在研发材料、设备仪器、试剂耗材等方面多依赖进口，国产替代实质性推进难度较大。如用于研究的细胞模型依赖进口，涉及的微观定性定量的仪器设备和原料大多数来源于进口，高端仪器如基因测序仪、引物合成仪器、质谱仪、电镜、核磁共振仪器等短期内仍无法实现国产替代。以基因测序仪为例，全球市场份额近 90% 掌握在两家美国生物公司手里。生产研发所需的试剂耗材中，进口产品约占总需求的 80%—90%，特别是酶制剂、蛋白、抗体、IVD 诊断试剂、荧光染料、基因测序试剂等。国产仪器、试剂耗材尽管在努力“追赶”，但其在技术水平、质量稳定性等方面与进口产品仍存在很大差距，短期内很难替代。

### （四）演化推进不易

目前，我国绝大多数产业链供应链生态体系尚未实现自我修复、共同演进的能力，除了缺乏更高层次的协同创新外，还面临一些较低层次如企业动态、融合发展、服务保障等方面的难题。

一是并购限制仍然较多。产业链龙头企业成长的过程就是“大鱼吃小鱼”的过程，并购也有利于供应关系和结构能够根据市场信号灵活高效地作出反应，提升产业链供应链生态体系成熟度。例如，国内原先湿电子化学品的高端产能只能达到 G4 标准，晶瑞化学并购昆山一家台资企业后就拥有了 G5 级别的生产能力，并取代巴斯夫成为长江存储的供应商。国内跨行政区并购主要受区域竞争的限制，外资并购限制就更多，如外汇管理非常严格，需要多部门审核并层层批准，收购周期很长，可能会延误时机。

二是产业融合发展水平有待加强。随着产业边界日益模糊，产业融合发展已成为未来发展趋势，这也是产业链供应生态体系演进迭代的重要方向。以生物医药产业为例，在“健康中国 2030”大背景下，医药产品的发展需要与工程技术结合（医工协同），研发具有中国自主知识产权的高端医疗装备，促进科研成果的临床应用转化；需要将医疗资源与健康、养老、养生资源相融合（医养融合），实现全民康养、全民医养，全民健康的目标；需要与物联网技术融合（智慧医疗），打造健康档案区域医疗信息平台，融入更多人工智能、传感技术等高科技，使医疗服务走向真正意义的智能化。目前，医药产业与各领域跨界融合程度不高，医疗器械装备与材料、机械、电子等企业的合作仍需进一步加深，联合创新、转化应用的模式仍需进一步探索，先进基础材料、前沿新材料、核心关键零部件与软件等攻关尚有困难，生物大数据、医疗健康大数据共享平台、传统医疗装备的智能化水平和诊疗性能、“互联网 +”远程健康服务新模式的发展较缓，并未实现“1 + 1 > 2”的深度融合局面。

三是服务体系支撑力度仍然不足。产业链供应链生态的变革演进需要健全专业化服务体系。例如，在生物医药领域，目前，符合 GLP 标准的大分子药物、实验动物等公共技术服务平台和开放实验室（医药产业投融资服务、技术转移转化服务、健康医疗大数据应用、医药物流等各类公共服务平台）仍需做强做大做优。从研发项目筛选、项目运营管理、临床研究、成果转化到安全评价、应用推广的全生命周期服务亟待提升。集药物发现、药代动力学研究、药效动力学研究、医疗器械设计、药品与医疗器械安全性评价、质量标准研究等为一体的综合平台有所欠缺，开放协同的临床服务体系仍需完善。

### （五）政策协调不够

产业链供应链生态体系成熟度的提高离不开政策效能的提升。产业链供应链是一个复杂系统，除了要进一步提高政策的精准性、合理性、科学性及加强已有政策的落地落实之外，更重要的是增加政策之间的协调度。以集成电路为例。一是进出口政策的方向性有待完善。去年，国家相关部门出台了《关于支持集成电路产业和软件产业发展进口税收政策管理办法的通知》（财关税〔2021〕5 号），对国内不能生产或性能不能满足需求的自用生产性（含研发用）原材料、消耗品和净化室专用建筑材料、配套系统及生产设备（包括进口设备和国产设备）零配件免征进口关税。调研中很多业界人士认为，这可能并不利于国内进行进口替代。二是环保政策的协同性有待加强。集成电路材料国产化率只有不到3%，但材料业本质上都是化工企业，在当前环保、安全政策日趋严格的背景下，很多地方“谈化色变”，相关项目难以运行。如晶瑞化学与三菱化工在南通合作了一个项目，审批耗时长达3.5年，技术早已迭代。三是税收政策的精准性有待提升。集成电路产业链上的设计、装备、材料、封装、测试、软件企业虽然同属一条产业链，但各具特征，比如设计、软件类企业研发投入大，毛利收入较高，而制造、封测类企业固定投入大，毛利收入较少，企业所得税优惠应有所区别。

## 第三节　产业链供应链生态建设经验及启示

一些发达国家（地区）的成熟产业集群在形成、演进过程中的经验会给予我国建设产业链供应链生态体系提供很好的借鉴。从地区和产业典型性两个方面选择美国首都地区的生物技术产业集群、新加坡的海洋工程产业集群以及上海的集成电路产业集群，对其成熟度不断提升的经验进行梳理分析。

### 一、美国首都地区的生物技术产业集群

美国首都地区的生物技术产业集群是全美成长最快的五大生物技术产业基地之一，人均生物科学企业数位居全国第二，主要集中在华盛顿特区、马里兰州的费雷德里克、盖瑟斯堡、罗克韦尔以及弗吉尼亚北部地区，分布沿州际270号高速公路延伸。从20世纪70—80年代开始，美国首都地区生物技术产业集群经过约半个世纪的发展、演变与升级，已成为成熟产业集群，换句话说，产业链供应链生态体系的成熟度非常高。具体表现如下。一是企业数量基本稳定。美国首都地区生物技术企业的建立大体有两个高潮，第一次大约从1984年开始，持续了8年左右，大约30%的现有企业陆续成立；第二次是2000年前后的10年，企业数量又增长了3倍。二是内部共生关系确立。生物技术产业集群中不仅有企业从事生物疗法、处方药、试剂、疫苗、基因组学/生物信息学、设备仪器/材料等核心细分环节，还有一些从事生物科学软件、农业、物流系统、文化传媒、环保、兽医、转基因动物等辅助相关领域的企业。例如，弗吉尼亚北部地区是软件快速发展的地区，只有少数生物科技公司，一些新成立企业专门从事为生物信息产业开发软件，为首都地区生物技术产业集群的发展发挥了一定的协同作用。三是产业集群经历了数次

经济衰退、金融危机等外部冲击，发展态势依旧强劲。

首都生物技术产业集群的发展有三个阶段。一是形成阶段。一个重要的、不可或缺的因素，是邻近美国政府部门与接收大量政府资助的生物技术相关实验室，其中，最重要的研究机构就是美国国家卫生研究院（NIH）。1973 年前，首都区域只有 10 家与生物技术有关的企业，为政府实验室提供服务。但通过私人跳槽、技术授权、政府赞助合作研究协议，首都地区的生物技术产业逐渐发展起来。NIH 等政府研究机构成为创业企业家的重要来源，很多在马里兰州创立公司的生物技术企业家一开始受雇于美国国家卫生研究院。二是发展阶段。这一阶段以增加创业活动作为适应外部环境变化的主要特征，时间大约在 1986—1995 年。该时期有超过 65% 的创业企业家来自私营实验室或企业，产业变得具有自我适应能力。同时，企业家吸引人力和物力资本到该地区，建立公共、私人网络来支持和辅助初创企业，相关基础设施和支撑服务业也逐渐发展完善起来。在一些外部冲击下，并购重组活动日益增多，少数企业逐渐成长为大型跨国公司。三是迭代阶段。一个具有创新性、适应性产业集群的功能性创业环境不断强化，最初创业的成功以及它们之间的协同作用，产生进一步创业并以此重塑升级产业链供应链形态、功能、边界等的可能性。

## 二、新加坡的海洋工程产业集群

新加坡是世界主要的海工装备及船舶建造国之一。经过半个多世纪的发展，已打造出世界领先的海洋工程产业集群，浮式生产储存卸载船舶和桩脚式钻探平台占全球市场份额均达到 70%，不仅产生了一批如吉宝远东、胜科海事、如同海运等全球知名龙头企业，而且形成了涵盖设计、建造、研发、法律服务、金融服务乃至教育、培训等全产业链条。

海洋工程产业集群的崛起是在新加坡推动海运经济（SMC）发展这一整体战略下实现的，海洋工程产业集群贡献整个海运经济将近 1/5 的增加值和 1/4 的就业，是海运经济中最核心的部分。其最初的形成主要得益于企业战略的调整，包括：从传统的造船和维修转向离岸建设和海上工程服务，从承接国际订单和产业转移转向内部整合。如吉宝远东公司的前身之一远东造船厂最初主要承接国际订单，1970 年，与美国利文斯顿造船公司签署了三年管理协议，后来与吉宝公司合并，并逐步开展海外并购，在海外设立分支机构。

20 世纪 90 年代，发生了较大规模的企业并购，如一些本土企业意识到要在海工装备及船舶领域有大作为就必须有自己的设计，开始收购美国海工设计公司抢占设计市场。随着各个环节上的企业不断聚集，产业链条逐渐完整，海工产业集群进入新的发展阶段，重点提升创新能力。与前一个阶段相比，企业能力都是通过连续的干中学（从发达国家企业那里获取许可授权，在自身能力提高之后由分包商逐渐成为主承包商）实现提升，公共研发机构的发展与产业的创新合作发挥了关键作用。政府开始在海洋工程领域促进研发活动，高教机构之间的合作得到鼓励支持，在新加坡标准、生产力与创新局成立海上和离岸技术创新中心，政府机构辅导企业发展。这一时期，很多企业通过联营、战略联盟、共同所有等策略安排实现了复杂联系和战略扩张。

新世纪以来，企业成为海洋工程产业集群创新主体，如吉宝集团全资子公司 KOM 成为新加坡发展成离岸和海上技术中心的主要推动者，也是新加坡国立大学离岸研究和工程中心的首个创始成员。除了巩固在自升式钻井平台和半潜式钻井平台建造领域的全球领先优势，还推动商业模式、业务领域的创新拓展，比如除了新建，还在升级和改装、离岸维修以及设计和工程等方面提供一体化全套解决方案，推动产业链升级和生态体系演进。

## 三、上海的集成电路产业集群

上海的集成电路产业集群是我国目前成熟度最高的产业链供应链生态体系之一，空间布局以浦东尤其是张江高科技园区为核心，形成了以跨国公司的分公司、合资企业为主，涵盖设计、制造、封测、支撑等各环节的全产业链发展格局。

上海集成电路产业集群的发展大体有两个阶段。2005 年之前是集群的形成阶段，最初主要来自跨国公司价值链环节的转移和分离，上海以制造环节嵌入"被俘获"的全球价值链，集群内部企业要遵守跨国公司的订单要求，服从产品和技术标准，进而才能实现最终价值。这一过程中，由海外留学人员、华人工程师、企业家、管理人员和风险投资家组成的跨国社会网络发挥了重要的技术溢出作用。在我国对半导体产业大幅减税以及上海提供贴息贷款、大量免税、园区内地租减半等大力度招商引资政策下，上海集成电路产业逐渐崛起。一方面通过干中学，一批本土 IC 设计和封测企业虽然数量少、规模小，但开始创立并快速成长。另一方面吸引了上下游生产商。为了便于配套支撑，美国硅谷、中国台湾新竹的从事 IC 设计、封测、材料、EDA 软件等企业也相继落户中国大陆。这就形成了上海集成电路产业集群初始的形态，其重要的特征就是国际化，表现为以出口导向为主以及网络的高开放性。

2005 年之后，产业集群的发展进入到新的阶段，开始逐渐强化协同创新能力的提升。主要坚持“两条腿走路”。一方面进一步加强本土企业与国际一流企业的交流合作。如中芯国际与华为、高通和 IMEC 成立中芯国际集成电路新技术研发（上海）有限公司，华力微电子与中国台湾联发科技开展 28 纳米制程联合创新等。另一方面主动打通本土企业联系，激发自主创新。如中芯国际与长电科技合资建设生产线，中芯国际与国内多家高校研究机构成立集成电路先导技术研究所等。在这一过程中，我国庞大的消费市场对企业规模的壮大、能力的提升发挥了重要的支撑作用。此外，政府积极搭建各种 IC 公共服务平台，包括上海集成电路研发中心、上海硅知识产权交易中心、集成电路测试专业技术服务平台等，并加强制度创新、推动产业升级。

## 四、对我国产业链供应链生态体系建设的启示

根据以上分析，虽然国家、产业、发展模式各有不同，但仍有一些共同因素可以对我国当前建设产业链供应链生态体系提供一些重要启示，包括需求、主体、政府、要素四个方面。

### （一）大容量市场

足够容量的市场尤其是本地或区域市场无论对于何种产业、何种类型产业链供应链的生态体系的发育成长都至关重要。例如，美国首都地区生物技术产业集群一开始是被确定的本地或区域市场和可预见的全球市场的增长前景所驱动；新加坡的海洋工程产业集群、上海的集成电路产业集群最初则是从确定的国际市场中得到了足够的需求支撑，但随着向高阶演进，这些产业集群的需求重心也逐步转向本地和区域市场。因此，虽然本地或区域市场的作用对于不同产业链供应链是不同的，但其或在形成期、或在发展期、或在迭代期对生态体系的可持续发展都十分重要。

### （二）企业家精神

诸多案例表明，产业集群发展、产业链供应链生态体系的构建需要吸引一批锚企业或机构来推动，并促使其在空间上实现集聚。本地企业和国外跨国公司在不同集群、产业链发展中起到的作用存在明显差异。例如，吸引国外跨国公司对于上海集成电路产业集群的发展十分关键，而对于美国首都生

物技术产业集群来说，培育本地企业则更为重要。不管如何，都需要充分激发企业家精神。相对而言，创业精神比创新精神在产业集群、产业链供应链生态体系构建初期更为重要。可以说，初创企业是集群和生态体系的核心推动者。在集群和产业链中构建复杂联系关键也在于企业家精神的发挥。至于创新能力，可以通过干中学提升，并在相对靠后的阶段发挥动力作用。

**（三）有为政府**

无论是不是政府主导型集群和生态体系，政府在其启动、培育、发展中的作用都不可或缺，主要营造良好的市场环境，包括投资促进、发展公共研发机构来促进研发、为私人部门的研发活动提供激励、基础设施建设和人力资源开发等。例如，美国政府主要通过一系列政策松绑启动了首都地区生物技术产业集群的孕育，而新加坡政府的角色更多是支持性的“查漏补缺”，如促进更专业化的资源、配套产业和服务、基础设施等的发展，当最初的造船和维修集群发展到成熟阶段之后才参与进去。此外，各级政府有不同的角色，尤其在高风险、高回报的产业：中央政府更侧重于顶层设计，如建立一个国家研究规划，建立整个产业的规则和标准；地方政府则更多支持辅导企业成长，如支持研发，给企业税收优惠、成立专项基金资助、建设创新基础设施、提供商业服务和培训机会。

**（四）人力资源**

产业链供应链生态体系的持续发展在很大程度上取决于所拥有的人力资源，除了企业家人才，最重要的就是具有专业知识和技能的人力资源。例如，美国首都地区生物技术产业集群中许多企业合同科学家同时活动在政府研究机构和本地企业。新加坡海洋工程产业集群在发展过程中也通过在南洋理工大学、新加坡国立大学等高校设立相关领域研究生教育计划来扩大人才储备。上海的集成电路产业集群发展更是主要得益于“硅谷－新竹－上海”之间人才的双向流动。人才的分布引导着其他要素的配置，比如，企业的高素质人才可以吸引大量的研发基金并转化为可衡量的创新活动。

## 第四节　加快产业链供应链生态建设的对策建议

当前，推动我国产业链供应链生态体系建设，着力点在于通过推动从简单连接跃升至复杂联系，提高产业链供应链的协同度。大量的研究表明，要发展一个成熟的集群或生态体系，政府、产业部门、支持部门等之间需要通过一个高度有机的协同进化的动态过程来努力实现。因此，现阶段我国推进产业链供应链生态体系建设重点是要解决好统筹布局、人才供给、企业能力、复杂联系、政策协调等方面难题。

## 一、加强国家统筹与市场驱动

加强国家统筹的原因有二。其一是对于一些重点产业链，如集成电路，其规模效应大、投资强度大、创新门槛高，光靠地方力量难以实现关键核心技术突破和赶超发展，必须充分发挥新型举国体制的优势。其二是由于政策支持，很容易造成大量企业潮涌般无序进入，可能产生产能过剩、骗补、项目烂尾等潜在风险。但国际经验表明，几乎所有产业集群和产业链生态体系的形成及演进都离不开企业主体市场行为的关键驱动。因此，要在市场化背景下加强国家统筹，一是加强窗口指导，引导有序投资和产业动态。要强化省级层面全口径项目风险评估，严控政府投资，抑制盲目投资现象。对不同产业链的不同环节进行分类窗口指导。二是加强产业链关键环节尤其是重点产业链关键环节的投资培育。如果说集成电路产业链是一棵树，那么树干就是制造，必须强化政府投资和组织攻关。IC 设计、封测、材料等则是市场主导环节。三是重点产业链环节的空间布局应由国家明确，促进集聚发展，对于非重点产业链或非关键环节可以通过组织产业链竞赛等方式充分发挥地方探索的活力和创造力。

## 二、不断优化人才供给

人才是产业链供应链生态体系建设最重要的要素，人才在哪儿，项目就在哪儿，资本就在哪儿。优化人才供给要注重两方面。

一方面是要解决人才结构的问题。相对于一些重点领域的人才缺口，人才结构矛盾是更广泛存在、更难以突破的难题。随着产业链的系统性、复杂性日益提升，跨产业链融合发展不断涌现，除了高层次创业人才、科技企业家等的需求明显增多外，越来越多的产业领域和应用场景要求具有复合型的专业领域人才。比如，半导体检测设备的生产不仅要求人才熟悉半导体领域，还要求掌握一定的光学、软件、电子和控制等专业知识。这与现行的学校培育模式相矛盾。因此一是要完善教育系统：加强校企联动，畅通企业和高校人才流动机制，鼓励企业可以提前介入人才培养，可以利用提供奖学金等方式提前锁定学生服务一定年限，并合理增加来自工业界的教师队伍；二是应基于应用导向，加快建立起以庞大的“腰部”人才为主体的多层次人才队伍，要不断丰富应用场景促进人才集聚和成长，各地不应也不能过分追求所谓“高层次人才”，以免落入名义光环与实际效用“两张皮”的陷阱。

另一方面要解决寻求外部引进和内部培育之间的平衡问题。利用成熟的外部人才，可以有效加速产业链供应链生态体系的发展，但是要加强引进人才的根植性，特别是目前柔性引才越来越多。要真正聚焦实效，否则不仅可能会阻碍或延缓本地人才能力的培养，而且一旦出现人才流动可能会给本地发展造成巨大损失。要根据产业链急需突破的关键技术、核心环节去引进人才。把握全国统一大市场建设机遇，推动区域公共服务一体化，促进人才流动。落实人才政策，对高端紧缺人才实行所得税减免。完善 IPO 绿色通道，发挥资本市场财富效应对人才的虹吸作用。加强海外人才招募的政企合作。

## 三、积极提升企业能力

如果说产业链供应链生态体系在形成阶段更多地依靠企业家创业能力的话，那么推动其顺畅运行、自我发展、快速迭代就需要不断增强企业的战略能力和创新能力。

1. 激活企业家精神和工匠精神。在全社会开展解放思想大讨论，摒弃“官本位”性质的社会阶层排序，让企业家成为受人尊重的社会精英。完善企业家的激励机制，建立健全保护民营企业家合法权益的相关制度，帮助推动企业转型发展，充分发挥企业家的创新本能。明确界定政府与企业的边界，在市场准入与退出、融资、竞争等方面消除所有制歧视，降低制度性交易成本。优化行业薪酬结构，提升一线工程师薪酬水平，激发“十年磨一剑”的工匠精神。

2. 鼓励企业保持战略定力，积极增强动态调整能力。一方面促进大企业完善在产业链上的市场定位。大企业应将优质市场份额和劣质市场份额区别对待，适当摒弃以低成本、低价格、低利润、低质量为特征的劣质市场份额，转而聚焦以高性能、高利润、高竞争力为特征的优质市场份额。大企业特别是国有大企业应该承担起责任使命，主要专注于主责主业中复杂的前沿领域，简单的成熟领域可以部分外包或辅导产业链上其他同类企业完成。要完善国有企业经营层的选拔方式、评价考核机制等，推动短期指向、追求晋升的体制内干部向有长期战略追求的企业家转变。另一方面促进中小企业坚持向“专精特新”方向发展。鼓励中小微企业瞄准某一细分市场深耕细作，避免盲目跟风、盲目多元化及频繁改变经营策略与目标方向，在发挥财富效应合理激励企业向“专精特新”发展的同时，也要防止资本过度介入对于企业向“小巨人”成长的不利影响。

3. 优化国产替代技术路线，不断提升企业创新能力。一是营造浓厚的创新氛围，鼓励企业提高对技术创新的追求。技术创新，需要有捕捉机会的专业知识、充分并持续的研发及投资，但这在一些企业经营高层的决策中很难发现。要加快完善公共政策，推进与本地产业发展相关的研发创新平台、人才培养中心等的建设，为中小微企业搭建完善的产学研桥梁与平台，鼓励其围绕同领域的国内领先技术、国际先进技术以及行业未来技术展开超前布局与研发，提高专利质量。二是实质性推进国产替代需要，在策略上实现优化。要瞄准国内应用广泛的成熟设备，追求包括价格、停机率、良品率等在内的综合性价比的提升。首先从成本最高的零部件开始，逐步加强系统的协同提升，而不应仅仅关注技术难度、零部件成本、系统重要性均不高的部分。三是鼓励企业树立正确的人力资源理念。通过政策引导、优秀评选等鼓励企业不仅要为员工专业发展提供培训、学习等机会，加强教育投资，而且要避免将损失向员工转移，或降薪或解雇，形成安定、有保障的雇佣关系。

## 四、加快产业链供应链复杂联系形成

复杂联系实际上是产业链供应链生态体系治理结构的外在表现，要加快推动主体之间从简单的供需合作转向创新联合体、利益共同体，实现共同成长。因此，要尽量做到“两个避免”。其一，避免以合并替代竞争。一些地区为了实现形式上的复杂联系，搞“拉郎配”式的合并是不合时宜的。其二，避免主体市场力量不对等造成单向俘获或锁定。调研发现，只有双向交流合作才能实现共生共长，在市场力量不对等下，一旦处理不好可能会造成企业间复杂联系和治理关系的缺陷。

加强大企业对产业链的需求驱动，不仅表现为产业链上细分领域“专精特新”企业的成长离不开大企业订单的持续支撑，而且还表现为大企业与供应商围绕产品性能、技术选择、工艺方案等的密切交流与合作。可以鼓励产业链上的大企业与合作伙伴建立样本客户制度，促进产业链发展。

鼓励大企业牵头组建产业链联盟。由链条上的一家或多家大企业发起组建动态、开放的地区产业链联盟，以此增进产业链各主体之间的信息交流，提高大企业对于产业共性技术的知识外溢，促进联合攻关，并为中小微企业提供进入产业链的机会以及解决产品验证等难题。

加强知识产权布局与合作。在规避知识产权风险的前提下加强大企业和中小企业间的专利合作以及国际合作。应鼓励企业设立专门的知识产权部门深度参与技术引进、专利合作的路径设计。实施严格的知识产权制度，提升各类企业的知识产权保护与布局意识。推动地方知识产权保护中心提供专利快速预审服务，辅导企业合理应对国际知识产权争端。

发挥政府的统筹协调作用。对产业链进行全景式深入扫描和研究，牵头制订产业链地图并动态调整。协助上下游企业对接供需，促进各类要素跨企业、跨行业、跨区域、跨行政部门进行集体效率的优化。

## 五、进一步促进政策协调

强化政策对产业链供应链生态体系建设的扶持必须立足精准施策和政策协同两个基准点，不断提升制度框架、优化制度基础设施。相关部门应主动下沉到企业，真正切实地了解企业的政策需求，创新政策供给方式，如开发“政策计算器”提升政策供给的精准性、便捷性。

1. 强化政策扶持的针对性、合理性。一是改进“专精特新”企业、重大科技专项等的评选和考核方法，完善指标体系，防止各方流于形式、疲于奔命。二是对于产业链供应链上重点企业的扶持方式应从以财政补贴为主转向财政补贴与税收返还并重，用企业创造的税收来奖励企业，以此进一步吸引社会资本、金融资本等的投入。一些新兴领域、细分领域可以更多地尝试事后补贴、需求端补贴，如政府采购支持，从补贴企业转向补贴要素，如利用个人所得税优惠等方式帮助企业引进发展急需的紧缺人才等。三是实施最严格的知识产权制度，完善纳入刑法保护的范围，强化知识产权仲裁调解、司法衔接、预警分析和交易运营支持。缩短发明专利、实用新型专利以及外观设计专利的授权周期。对知识产权的评价也要从传统的政府评价、专家评价为主转向以市场评价为主。四是优化财税政策。对于非战略性环节，将前补变成后补，出台针对存量企业的支持政策。对于“卡脖子”领域中可以国产的产品限制进口，暂时无法国产的也不能零关税。

2. 强化监督管理的科学性、协调性。要促进环保、安监、消防、外汇等监管政策与国家加快关键核心技术攻关的政策协同，要促进国资监管和上市公司监管的政策协调，加快形成发展合力。加快监管方式转变和监管流程的透明化，缩短审批周期。对于重点领域的重点项目或海外并购项目，争取特定产业的绿色通道。需要有两点指出的是，其一，不能因为是龙头企业或“专精特新”企业或者是国家重点项目就在环保、安全等方面进行让步。政策执行上可以预留一个缓冲期、过渡期。其二，不要刻意去鼓励引导企业尤其是“专精特新”企业上市。调研发现，很多企业成长发展的失败是因为资本过度无序介入，不是所有的企业上市后都还能心无旁骛地坚持企业的目标愿景，也不是所有企业都能够驾驭上市后可能面临的复杂情形。

3. 强化“揭榜挂帅”的目标性、实效性。做好“揭榜挂帅”关键在于坚持问题导向，要根据“市场需求什么、美国人制裁什么，我们就挂什么”原则，政府工信、科技部门组织牵头，明确技术标准，政府、需求方、供给方三方按一定比例出资，联合攻关，切忌狭隘理解“揭榜挂帅”并流于形式。

（本章作者：程俊杰，南京大学长江产业经济研究院特任研究员、江苏省社科院社会政策所副所长、区域现代化研究院副院长）

第三篇

# 促进区域协调发展

# 第七章　制造业重大生产力布局研究

重大生产力的布局指重大生产力在社会生产过程中的分布与配置，是生产力在不同领域的动态调整和布局，是根据社会经济发展的总体战略目标，对关系到国家命脉的重大生产力的方向、任务、目标、途径等进行部署。传统意义上，重大生产力主要指工业生产力，尤其是能源、化工、机械等国民经济发展的基础性经济部门。但随着技术进步，数字经济正对国民经济产生广泛而深刻的影响。因此不仅要引导石化、船舶、航空等重点产业优化布局，统筹新能源汽车产业布局，同时要进一步鼓励人工智能、5G装备等前沿技术产业的发展与合理布局，将5G、互联网、大数据、人工智能与制造业深度融合。重大生产力因其自身的战略特性，其布局的优化与调整有利于引领带动产业发展，形成以城市群为主要形态的增长动力源，同时有助于解决产业发展与资源环境制约的矛盾。有效优化重大生产力的布局，对深入实施区域协调发展战略，建立优势互补的区域高质量发展经济布局和国土空间体系意义重大。

## 第一节　重大生产力布局的历史及其启示

我国重大生产力发展在不同时代背景下具有不同的特点，为我们提供了宝贵的历史经验。

### 一、以“156项工程”为主的重大生产力布局

历经多年战乱，中华人民共和国成立之初，国民经济已经处于崩溃边缘，社会面临着财政亏空、物资紧缺、严重的通货膨胀和经济发展极度不平衡等一系列问题。在整个产业结构中，传统农业占据主导地位，工业从业人口和

工业现代化程度较低，且工业主要集中在沿海一带，生产力布局面临严重的两极分化二元特质。对于非沿海的西部地区，由于交通设施匮乏，路网密度稀疏使得资源开发利用水平低下，物资转移和流通受阻，遏制着西部地区工业基础和地区经济的发展水平。区域经济的不平衡发展关系着国家经济命脉，为了迅速发展社会生产力，促进区域经济协调发展，党中央在国民经济恢复发展的基础上，提出了党的过渡时期的总路线。

根据党的过渡时期总路线要求，国家在 1953 年制定了第一个五年计划，集中力量构建工业体系。在党和政府的领导下大力发展工业体系，东北地区逐步形成了东北重工业基地，西北以及华北地区也新建了一批工业基地。同时，国家为充分利用沿海工业基础支持和发展内地工业，改变中华人民共和国成立后沿海与内地工业失衡的状况，进一步实现沿海和内地产业均衡发展，在综合考虑国防安全等因素后，实施了以“156 项工程”建设为主要抓手的生产力均衡布局战略。随着“156 项工程”的逐步开展，为中西部地区打下了良好的工业基础，内地工业获得了更多的发展机会，各省开始逐步形成独立的工业体系，中国工业倚重沿海的局面得到很大程度改变，国民经济得到了初步的恢复和发展。

通过“156 项工程”的建设，中国向苏联学习了很多行业的基础技术，填补了一些领域的技术空白，促进了企业利用先进的基础技术用于生产研发，在一定程度上促进了中国技术科学的体系建设以及科学技术体系和工业体系的形成，使中国技术科学理论和研究在深度和广度上得到了拓宽。通过“156 项工程”建设，中国形成了鞍山、武汉、包头等综合企业为核心的多项重要工程，围绕这些综合企业兴建了一系列的配套工程和工业基地。随着“156 项工程”建设的逐步推进，中国工业技术水平得到较大提高，工业设备和技术装备水平以及机械化程度都获得了稳步提升。随着先进生产经验的积累和工业科学技术的逐步推广，工业产品种类也不断增多。“156 项工程”的开展改善了工业发展的部门结构，初步建立了相对完整的基础工业体系和国防工业体系，使我国重要工业部分实现了从无到有的重大转变。同时也积累了苏联的多行业基础技术，重构了我国工业建设的自主生产能力，奠定了我国社会主义工业化的初步基础。

随着“156 项工程”为中心的重工业战略的逐步推进，城市建设也步入了新阶段，催生了一批新兴工业城市，结束了城市发展无计划分散建设的无序发展期，城市发展逐渐走向一个有规划、有重点建设的新时期。过渡时期总路线体现了生产关系要适合生产力发展要求的客观规律，符合坚持生产力标准的历史唯物主义原则，极大程度地调动了全国各族人民建设社会主义的积极性。以“156项工程”为主要生产力布局的时期，中国经济体系得到正常运行，生产力也得到了快速发展。从“156项工程”建设的经验可以看出，国家的发展不但要自力更生，还需要引进先进技术，同时要不断探索发展战略性新兴产业和研究战略性技术，注重引进与创新的协调，形成适合中国国情的发展模式。

## 二、以“三线建设”为主的生产力布局

由于我国工业主要集中在东北以及沿海地区，中西部地区工业基础相对薄弱，西部地区工业基础空缺尤为严重。区位发展差异使得全国的生产力布局不均衡。同时，受国际政治局势影响，我国立足国情从经济和国防建设两个维度对生产力布局进行调整，通过合理调整战略布局，利用有限的地方资源，建立了一个集人力资本、交通运输和工业化投资于一体的“三线建设”，以此推动生产力布局分散化，改善生产力布局，促进地方经济的发展。

“三线建设”是以国防工业建设为重心的一个大西部地区发展战略，也是对国民和地区经济、国家战略安全格局以及生产力布局的一次重大调整。“三线建设”有效地增强了我国的军事实力，为发展经济和西部区域的工业化奠定了根基，给现代经济社会的发展提供了强有力的保障。“三线建设”与“156项工程”对生产力布局调整存在一定的差异，“三线建设”初期的总体建设思路是将资金主要用于交通以及工业基地，以此形成以能源交通和军事科技为重点，科学研究和工业生产相结合的战略基地，为后续工作开展打下坚实的物质基础。

由于国际政治经济格局的变化，党中央加大了发展工业的决心。随着以重工业为主体的战略基地的建成，形成了国防工业带动全国“三线建设”的基本战略格局。随着国家综合国力的逐步增强以及国际环境的改善，中国经济建设的重心由国防军工转向农业和轻工业，经济建设重点从内地转向沿海，经济发展逐步转向正常的经济建设轨道。面对因经济建设调整带来的一些军工资源闲置以及经济增速下滑等局面，国家适时地对“三线建设”主体思路进行调整改造，促使一线和三线合作，通过调整产业结构使得一些濒临倒闭的企业重获生机，同时也催生了一大批积极转型的优秀企业。从整体上看，“三线建设”之前，我国工业偏集于东北和上海等沿海少数省市，国防工业主要分布在东北和华北地区，现代工业十分薄弱且布局上存在着东重西轻的不

合理局面。同时，部分地区生产力布局与环境承载力不匹配，生产力空间布局与生态环境承载力的不协调造成资源和要素配置效率损失。"三线建设"后，西南地区建立起的战略后方工业基地使我国国防工业分布不合理的状况得到改善，也改变了我国重工业集中于东北、华北及东南沿海的分布格局，平衡了全国的重工业布局。"三线建设"开展后，我国工业生产能力由东部沿海地区向中西部地区的一次战略性大转移，一批新兴工业基地和新型工业城市随之兴起，调整了东部地区的产业结构布局结构，使东、中、西部地区的工业布局相对均衡。

"三线建设"共耗时20多年，在中国中、西部区建成了一大批新兴工业基地和现代化企业以及科研院所，在一定程度上缩小了东、西部地区经济发展差距。"三线建设"是特殊历史时期的特殊选择，是提高国家国防能力、改善国民生产力布局的重要举措。"三线建设"对促进中西部地区经济的全面发展，改变我国不合理的工业生产力布局产生了巨大影响。"三线建设"的开展缓解了当时生产力布局不平衡的状况，为西部大开发奠定了深厚的工业基础，对推动中、西部地区工业化和城市化协同发展具有重要意义。

首先，通过"三线建设"在西部形成了比较独立完整的工业体系和国民经济体系，西部地区能源和原材料工业得到了快速发展。"三线建设"完善了西部工业布局，填补了西部地区工业的许多空白，使西部一些省市发展成为各具特点的新兴工业基地，主要工业产品产量增长，中国工业区域不平衡发展的局面得到改善，为国民经济的发展和国防现代化建设作出了重要贡献。"三线建设"项目的建成在改变中国东、西部经济发展不平衡布局的同时，也带动了中国西部地区的社会进步。一大批优秀企业通过"三线建设"的洗礼，不断发展壮大，成为西部发展的生力军，西部地区的工业产值增长速度也获得大幅提升。"三线建设"的开展使得西部地区建起了不同规模的现代交通运输业，改变了整个西部地区交通布局。同时，在"三线建设"时期还整治了长江等主要航道，通过开辟一批新航线形成了网络化的交通运输业，为西部地区的发展发挥了重要的支撑作用。

其次，"三线建设"的开展逐渐产生巨大的经济效益和社会效益，加快了西部城镇化进程。"三线建设"使一批新兴工业城市在西部崛起，这批新兴工业城市在西部发展中成为要素聚集点和辐射源，成为西部发展重要的经济增长极。新兴工业城市的发展带动和辐射了周边区域的经济社会发展，促进了西部地区城镇化进程，加快了区域协调发展的步伐。"三线建设"不仅是国防工业和经济建设布局的一次重大战略调整，也是城市布局以及结构与功能的一次重构。“三线建设”使得西部地区建起一大批骨干企业和科研院校，加快了高素质人才向西部地区聚集，为西部地区发展奠定了人才基础。同时，交通运输业的快速发展也为西部地区人才流动和经济发展奠定了保障。党中央统一指挥和精心组织从各地选派了大量人才支援三线建设，大量人才从四面八方汇集三线，向“三线建设”项目集聚，成为西部大开发的骨干力量。人才的聚集带来了先进的技术和管理经验，保障了“三线建设”的顺利实施。

最后，“三线建设”探索了中国特色社会主义的体制机制，为党中央带领全国人民进行社会主义经济建设积累了宝贵经验。在“三线建设”初期，国家生产力水平还比较低。在党中央领导下，集中各个方面的力量，围绕“三线建设”全国“一盘棋”，上下一条心，保障了“三线建设”的高效执行与有力推进，充分显示出社会主义制度优越性。在基础建设项目上，通过全国通盘考虑，国家对资源进行计划配置，调动全国力量战胜各方困难，走出了一条合乎国情且具有中国特色的“三线工业”建设道路。“三线建设”铸就了“三线”精神，充分体现出社会主义全国“一盘棋”的思想，为实现中华民族伟大复兴的中国梦提供精神动力。“三线建设”是在特定历史条件下的重要方针，是中华民族精神和党的优良传统在“三线建设”中的具体体现。“三线建设”培养了人们正确的人生观、道德观和价值观，形成了“三线”精神，是留给后人的宝贵财富。

## 第二节 “十四五”规划之重大生产力布局

“十四五”时期，我国将进入新的历史发展阶段。面对国内外环境的深刻变化，如何在这一关键时期把握机遇、迎接挑战，将对国家未来的发展走向产生重大影响。作为我国制度优势的重要组成部分，生产力布局关乎国家未来几十年的区域经济发展和战略格局，对生产力进行布局也成为各省“十四五”规划的重要内容之一。

### 一、“十四五”规划制造业生产力布局的现状

我国已经转向高质量发展阶段，尽管在市场空间、人力资源、物质基础等多方面发展优势明显，但是发展不平衡不充分的问题仍然存在。对此，国家“十四五”规划在产业布局、基础设施建设、数字经济、区域开放等多个

方面提出要进一步顺应空间结构变化趋势、优化重大生产力和公共资源布局，加快空间发展统筹协调，以保障国家重大发展战略落地实施。继续深入推进西部大开发、东北全面振兴、中部地区崛起、东部率先发展，在发展中促进相对平衡。

立足于统筹层面，生产力布局是对重大基础设施、重大产业项目等生产力要素进行科学布局以推动区域经济协调发展的重大工程。国家“十四五”规划重点强调了应当进一步优化产业布局，强化中西部和东北地区承接产业转移能力的建设，同时在科教资源优势突出和产业基础较好的地区提前布局未来产业技术研究院；在基础设施方面，不仅在交通、能源、水利等方面进行优化布局，还要提前部署6G等新兴基础设施建设；在数字经济方面，要加快前沿和核心技术的研发布局，打造我国数字经济新优势；除此之外，教育、医疗卫生等公共服务方面的资源要向中西部适当倾斜，以推动中西部地区的振兴等。站在整体层面，国家“十四五”规划对这些重大生产力进行了战略布局和统筹规划，指明了未来一段时期的生产力发展方向和要求，具有重要意义（见表7－1）。

**表7－1　　国家“十四五”规划中的相关生产力布局总体要求**

<table>
<tr><td rowspan="3">产业布局</td><td>区域产业链</td><td>引导产业链关键环节留在国内，强化中西部和东北地区承接产业转移能力建设</td></tr>
<tr><td>未来产业</td><td>在科教资源优势突出、产业基础雄厚的地区，布局一批国家未来产业技术研究院，加强前沿技术多路径探索、交叉融合和颠覆性技术供给</td></tr>
<tr><td>农业布局</td><td>优化农业生产布局，建设优势农产品产业带和特色农产品优势区</td></tr>
<tr><td rowspan="3">基础设施建设</td><td>新型基础设施</td><td>加快5G网络规模化部署，提升用户普及率。前瞻布局6G网络技术储备</td></tr>
<tr><td>交通运输体系</td><td>优化铁路客货布局、构建多层级、一体化综合交通枢纽体系，优化枢纽场站布局、促进集约综合开发，完善集疏运系统，发展旅客联程运输</td></tr>
<tr><td>其他方面</td><td>加快清洁能源基地、能源开发和运输、水利基础设施方面的布局</td></tr>
<tr><td rowspan="2">公共资源</td><td>教育</td><td>优化区域高等教育资源布局，推进中、西部地区高等教育振兴</td></tr>
<tr><td>医疗卫生</td><td>加快优质医疗资源扩容和区域均衡布局</td></tr>
<tr><td rowspan="2">数字经济</td><td colspan="2">加强通用处理器、云计算系统和软件核心技术一体化研发</td></tr>
<tr><td colspan="2">加快布局量子计算、量子通信、神经芯片、DNA存储等前沿技术</td></tr>
</table>

对此，各省、自治区、直辖市也积极响应，分别提出各自“十四五”时期的生产力布局方向和重点。例如，以首都为核心圈的京津冀地区强调推动非首都功能向雄安新区转移，支持部分企业、高等学校等向雄安新区

有序转移，促进北京中心城区、北京城市副中心与雄安新区错位联动发展。同时，鼓励采取“产业基金+智能制造”方式，引导北京企业在天津、河北布局一批带动力强的项目，吸引上下游企业聚集，以新一代信息技术、新能源智能网联汽车、生命健康等领域为突破点，完善京津冀产业链规划布局。在交通基础设施建设方面，加快京津冀城市群的形成，尽快建成京唐及京滨城际铁路，促进北京、天津与周边城市交通衔接；推动铁路客运和货运外环线建设，强化京津冀机场群分工协同，优化航线网络布局，建立京津冀世界级港口群和机场群等。北京市“十四五”规划还提出了建成南水北调通州水厂工程二期，建设智能高效电网和全域燃气网络等生产力布局计划。

作为中国经济的重要增长极，长三角地区各省市的发展布局也备受关注。在产业引领方面，上海更加偏重电子信息、生物医药、航空航天、高端装备、新能源和新材料等高新产业；江浙皖在推动先进制造业、数字经济、高端服务、未来产业等新经济的同时，积极对接上海非大都市核心功能疏解，布局建设一批承接制造业溢出、文化产业合作、高校创新转移的合作园区。在基础设施提升方面，长三角城市群共同推进一体化、多层次综合立体交通网络建设，合作实施多项省际互联互通重大交通项目，加快建设主要城市高铁“1小时交通圈”，主要机场均部署了改扩建工程。港航和海铁联运建设进入新阶段，上海围绕提升国际航运枢纽港功能部署实施了一系列重大项目，江浙皖分工合作、共同发展。

珠三角地区强调以交通基础设施和重大产业投资为先导，科学统筹“双区”与粤东粤西粤北地区生产力、人口、基础设施布局，引领全省优化生产、生活、生态空间。同时，广东省“十四五”规划突出强调了推进经济社会各领域数字化转型发展，着力提升数字化生产力，发挥数据作为关键生产要素的重要价值。在推动新兴产业引领经济发展的同时，还阐述了广东省新时期农业生产力布局和结构调整规划，如通过推进优势产区现代农业产业园建设促进农业的能级提升。在广东省“十四五”规划中，特别提到重大生产力布局，要服从于国家发展规划，强化政策间协调配合，形成政策合力。

除了以上几个重要的城市群之外，西部和东北等地区未来的发展也至关重要。从西部和东北地区一些省份的“十四五”规划中可以看到，这些地区的生产力布局不只着眼于新兴产业的发展，还更多立足于自身的优势产业，致力于挖掘自身已有的资源。例如，新疆“十四五”规划提出要依托农产品优势产区调整和优化农产品加工业发展布局，同时依托新疆丰富的风能、太阳能资源，布局风力发电企业、太阳能项目等落户新疆，稳步推进能源产业的发展；甘肃省“十四五”规划也提出要加快发展现代农牧业，创新民族医药和相关产业。与此同时，也要引导各类要素协同向先进生产力集聚，如争取国家重大科研基础设施、新材料等创新示范中心、基础学科研究中心在省内布局，并积极实施高等教育振兴行动计划，优化省内高校类型布局和高等教育学科专业结构，推动实现高等教育的高质量发展等。东北地区——以黑龙江省为代表也提出要立足资源环境承载能力，发挥比较优势，利用大庆等能源城市的资源，优化已有的重大基础设施、重大生产力和公共资源布局，并直接在“十四五”规划中提出要依托哈尔滨新区和国家级、省级重点园区，积极争取国家重大生产力布局，主动承接发达地区产业转移，加速融入国内外产业分工。同时也支持重点高校、科研院所和创新型企业的布局，实现基础研究的突破。

可以看出，步入新发展阶段，在国家“十四五”规划的指导下，各省对自身的发展有了更加明确的定位和目标。在重大生产力布局方面，各省倾向于放大自身比较优势，主要在产业与基础设施方面下足功夫，以推动本地区生产力的发展。而相比于中、西部省份的独立规划，东部的京津冀、长三角等城市群则注重在更大的区域内统筹协调、共同规划生产力布局。

## 二、“十四五”规划生产力布局的问题

### （一）区域协调和合作程度有待加强

目前，我国积极推动京津冀、长三角、粤港澳和成渝城市群的联动发展，在产业布局和基础设施建设等多个方面加强重点城市群内部的互联互通，成为具有重要影响力的增长极和发展引擎。然而，其他中、西部地区之间的发展规划、市场建设等方面依然缺乏协调和合作，尽管国家陆续提出了长江经济带、关中平原城市群等区域协作规划方案，但是地区间、行业内相互封锁和市场分割的情况仍然较为普遍。在当前我国建设全国统一大市场的背景下，区域合作和协调发展才是长远之计。因此，要在国家层面统筹规划布局，强化跨区域协作的顶层设计，根据各个区域的经济发展水平、要素禀赋、区位条件等，科学制定产业发展规划和区域合作战略，实现区域之间的优势互补，提高经济发展质量。

### （二）产业结构同质化问题凸显

近年来，各地不断推进产业园区建设，各个地区之间产业同质化问题越来越严重。地方政府为了促进经济发展忽视当地实际情况，盲目引进和扩张的行为引发了产能过剩的结果。这种现象不仅出现在传统的煤炭、钢铁等领域，也出现在部分新兴行业中，如各地都号召发展新能源、新材料等产业，但是忽略了本地区的人才、资源、环境、技术以及产业链布局是否能够与之匹配——追求朝阳产业并不意味着一定能够抓住发展的机遇，反而有可能造成重复建设、生产效率下降和资源浪费，最终阻碍经济发展。因此，政府在规划区域发展战略时，应当充分考虑当地的实际情况，尊重市场和产业结构发展规律，为市场发展提供财政税收、土地、金融等方面的支持，让市场充分发挥调节经济的作用。

### （三）缺乏核心技术支持

当前，我国建成了全世界最齐全的工业体系，但是这并不意味着我们拥有了高精尖的核心技术，尤其是在半导体、精密仪器、碳纤维等方面。面对百年未有之大变局，缺乏核心技术是生产力发展的最大障碍，这也成为阻碍我国产业结构升级、实现生产力优化布局的核心问题。因此，只有突破“卡脖子”的关键技术，大力开展自主创新，在资金、人才、政策等方面给予先进技术领域足够的支持，加强基础科学和重点领域的研究，把技术创新置于核心地位，促进核心技术早日实现突破，才能最终实现生产力进步和可持续发展。

### （四）区域发展差距依然较大

21 世纪以来，随着国家一系列区域发展战略的实施，东部地区和中、西部地区的经济总量差距相对有所缩小，但是从诸多方面来看，东部和西部、南方和北方之间的差距依然在逐渐拉大。例如，在教育、文化、社会保障等方面，东部地区发展水平远高于中、西部。以高等教育为例，东部地区拥有的“985”高校数量多达 26 所，占比 66.7%，而中部和西部加起来只有 13 所，教育资源的不均等也是地区发展不平衡的重要原因之一。除此之外，受到产能过剩和生态环保等问题的约束，北方传统的重化工业、石油煤炭等行业投资下降、市场活力不足，难以实现产业的转型升级。因此，我国生产力布局当前存在的重要问题之一就是如何推动区域协调和发展。

# 第三节　面向2035年的重大生产力布局

## 一、动态调整制造业结构，筑强国根基

随着国际经济与贸易以及投资环境的深刻改变，经济发展方式已从粗放型增长转向质量效率型增长，经济发展动力从依靠大规模要素投入驱动增长转向创新驱动增长，全球制造业格局发生了深刻变化。新一轮技术革命和产业革命深刻影响着全球分工格局，制造业正在成为大国参与全球产业分工以及争夺产业链和价值链的高端角力场。制造业是实体经济的基础，是国家经济的命脉所系。科技革命和产业变革深入发展促进了我国制造业规模实力的显著提升，推动我国产业链和供应链韧性以及竞争力持续提升。在新科技革命的时代里要实现可持续性的发展，需加快步入智能制造时代，推进制造强国建设是时代赋予制造业的历史使命，作为制造大国的中国必然要经历由制造业大国到制造业强国的转变，也是适应中国国情的战略抉择。

方向决定道路，道路决定命运。形成经济增长新动力重点在制造业，难点也在制造业。因此，需加快步伐找到一条新的发展之路，随时代动态调整增长动力，推动制造业在调整中发展，在发展中升级。加快建设制造强国，加快发展先进制造业，推动互联网、大数据、人工智能和实体经济深度融合，在绿色低碳、数字经济等领域培育新增长点、形成新动能。

### （一）强化创新驱动，调整优化制度环境

时代步伐的快速向前影响着市场的供给和需求，约束条件已发生了显著的变化。我国也从农业国家发展为拥有完备工业体系的制造大国。随着步入智能制造时代，我国需加快从制造大国迈向制造强国的步伐。建设制造强国，结构调整先行。动态优化传统优势产业，提升核心竞争力，离不开创新。需通过将创新技术融入制造业，驱动传统产业向产业链的高端延伸。坚定不移地加快科技进步和创新驱动，培育经济发展的新动力，全面推进制造业的深化改革，构建起与结构调整的目标和任务相适应的体制机制。

同时，通过建设和完善的创新制度体系和市场环境，强化知识产权保护，进一步完善的创新制度体系和市场环境，提升对知识创新的保护水平，改善

企业创新发展的政策环境，为制造业的发展与转型创造法治竞争环境，打造出一批具有国际影响力和国际竞争优势的制造企业。调整优化市场与社会环境，既要在产业结构调整中实现经济较快增长，也要在保持经济平稳增长的条件下实现结构调整。进一步加大放开市场准入力度，鼓励社会资本进入制造业领域。同时为企业提供配套政策和政策引导，促进企业在制造业领域的创新发展，使企业成为市场创新的主体，让“无形的手”发挥市场在资源配置中的决定性作用，迸发出我国制造业的强大生命活力。

**（二）“数字化＋先进制造业”深度融合**

随着科技发展和新一代数字技术的广泛深入应用，互联网成为产业变革的先导力量，大数据以及云计算等信息技术为传统制造业带来了颠覆性变革，传统的制造模式以及管理模式已不同以往。因此需充分利用数字经济发展优势，以数字化赋能传统优势产业，在数字技术推动制造业高质量发展的同时赋能传统制造业不断升级，加快推进制造业数字化改造。同时深化智能制造模式在制造业领域的应用，以数字化智能化技术的研发应用为导向，布局与前沿数字技术融合的先进制造业，推动制造企业形成数字化供应链。通过使数字化技术与制造业更好地融合，动态调整产业结构体系，进而形成新的经济增长点，为我国制造业带来新的机遇与发展空间，全面提升我国制造业核心竞争力，从而为我国从制造大国迈向制造强国提供新动能。新时代，通过将大数据以及人工智能等新技术加速应用于制造业，建设制造业互联网，进而实现智能制造，支撑和深化“数字化＋先进制造业”的重要基石。

**（三）增长动力动态调整，经济建设融入绿色基因**

绿色发展是将我国制造业由大变强的一项基本方针。无论是基于对全球资源的巨大依赖还是提升制造业核心竞争力的考虑，推进绿色制造都到了紧要关口。工业制造对资源能源的需求量大，将绿色发展理念融入生产建设成为制造业领域的普遍要求。通过推进工业绿色发展机制的完善，将绿色制造产业凝聚形成经济增长新引擎和国际竞争新优势，进而提升工业绿色发展整体水平。坚持把可持续发展的绿色基因融入经济建设，以可持续发展作为建设制造强国的重要着力点，发展循环经济，加强节能环保技术的推广应用，通过构建绿色制造体系，走生态文明的发展道路。

提升制造业核心竞争力是贯彻新发展理念以及构建新发展格局的内在要求。在全球百年未有的大变局下，我国需在未来的一段时间内聚焦制造业发展，进一步提升制造业核心竞争力目标，于变局中开新局，在危机中孕育新机，加快推动我国实现从制造大国向制造强国转变的历史性跨越。

### （四）细化制造业体系与分工，巩固国内市场

我国拥有完整的工业体系和产业链供应链生态。因此抓住经济全球化发展机遇，积极参与全球产业分工合作，通过细化制造业体系与分工，应进一步增强制造业自主创新能力，提升我国在全球产业链供应链中的地位，进一步强化不可替代性，为我国提升制造业核心竞争力以及从制造大国迈向制造强国提供了坚实的产业基础保障。

我国拥有超大规模市场以及巨大内需潜力。超大规模的市场优势为经济增长提供了强大动力，同时，强大的内需潜力也为经济增长奠定了坚实的基础，这是我国参与全球经济竞争的优势所在。因此通过细化制造业体系与分工，推动结构转型升级，明确结构调整的目标和方向，使国内外需求、投资和消费的关系以及实体经济和虚拟经济的发展更加协调。需加快推动制造业领域形成分工更优化以及结构更合理的体系，动态优化产业空间布局，推动经济发展提质增效，实现资源在更大空间范围内的优化配置，推动中国国际分工地位的提升、制造业和经济发展迈向高端水平，使我国制造业成功地向强国阶段演进。

## 二、强化数字经济，牵住现代制造的牛鼻子

数字经济正在从根本上改变着人类生产生活和社会组织方式，成为重组全球要素资源，重塑全球经济结构，改变全球竞争格局的重要力量。习近平总书记2021年10月18日在主持十九届中央政治局第三十四次集体学习时说："数字经济发展速度之快、辐射范围之广、影响程度之深前所未有，正在成为充足全球要素资源、重塑全球经济结构、改变全球竞争格局的关键力量。数字经济事关国家发展大局"，"发展数字经济是把握新一轮科技革命和产业变革新机遇的战略选择"，"要牵住数字关键核心技术自主创新这个'牛鼻子'，发挥我国社会主义制度优势、新型举国体制优势、超大规模市场优势，提高数字技术基础研发能力，打好关键核心技术攻坚战，尽快实现高水平自立自强，把发展数字经济自主权牢牢掌握在自己手中"。

数字经济是以数字资源为关键要素、以现代信息网络为主要载体的新兴嵌入式、浸润式经济，突出特点是可以嵌入社会经济生活的方方面面，浸润

到方方面面的产业发展。数字化通过斯密机制和贝克尔－墨菲机制作用于传统产业和现代产业，大大提升了产业的效率，是我国现在和未来重大生产力布局的关键驱动力量。通过数字化推进新“上山下乡”运动——“上山”掌握核心技术，解决“卡脖子”问题，“下乡”努力消除数字鸿沟为传统产业赋能。党的十八大以来，我国相关部门印发《“十四五”数字经济发展规划》以推动我国数字经济蓬勃发展。为了充分发挥数据要素的优势，促进数字技术与实体经济相融合，赋能传统产业、催生新业态新模式，我国在十年间加快推进数字基础设施建设、提升数字产业创新能力、加快产业数字化转型、不断推动数字经济国际合作等。在各部门的努力下，我国数字经济发展成效显著。在数字基础设施方面，我国信息通信网络建设规模全球领先，建成了全球最大的光纤和移动宽带网络，截至2022年10月，我国光缆线路长度为5791万公里，累计建成开通5G基站225万个，比上年末净增82.5万个。除此之外，我国网民规模达10.51亿，互联网普及率达74.4%，移动电话用户总数达16.43亿户，其中5G移动电话用户占比已超三成，信息通信服务能力大幅提升[①]。在数字产业方面，我国深入实施创新驱动发展战略，数字技术研发投入逐年上升、产业创新活力不断提升。2021年我国数字经济核心产业发明专利授权量达27.6万件，占同期全社会发明专利授权量的39.6%。目前，我国制造业数字化持续转型，服务业数字化显著提升，农业数字化更是稳步推进。黄征学（2022）指出，中国数字经济具有数字基础设施建设全球领先、数字经济核心产业蓬勃发展、数字新业态新模式不断涌现等特征，而且东、中、西部地区数字经济都获得了重要发展。尽管如此，数字经济发展依然存在明显的问题。例如，传统产业数字化发展较慢，工业等领域产业数字化还需深化；区域差异明显，东部地区更发达，西部地区明显落后于东部地区；数字治理体系还需完善等。对此，需要进一步赋能传统产业转型升级、积极发展互联网工业平台、大力弥补区域间数字鸿沟等，不断做大做强我国数字经济。

### （一）促进制造业数字化转型升级

制造业是推动我国经济长期稳定增长的重要引擎，对经济繁荣和稳定就业有着重要意义。但我国传统制造业面临着结构失衡、技术缺乏、中低端产业向东南亚国家转移等问题。随着大数据、人工智能、5G等信息技术的发

① 数据来源：中华人民共和国工业和信息化部官方网站 https：//www.miit.gov.cn/。

展，利用数字化技术推动制造业的转型升级成为解决当下难题的重要突破口。

具体来说，就是要推进制造业企业全流程、全方位数字化。在企业研发设计、生产加工、经营管理、销售服务等各个业务全面推进数字化，并实现企业产品生命周期、供应链管理、客户关系等工业软件全覆盖，对工作流、资金流、信息流、物流进行有效管理，实现资源共享和工作高度协同、业务流程一体化运作。在生产环节，鼓励制造业企业利用工业互联网、云平台等对生产方式和生产流程实施数字化运营，同时，设立企业数字技术研发中心，加强企业与当地高校、研究所等的合作，提升企业的智能制造水平，培育智能制造新业态。在营销环节，使用“互联网＋数字”拓宽营销渠道，制造业企业可以借助数字技术收集客户信息，分析客户需求、了解客户偏好，有针对性地将反馈结果应用到产品生产中，逐步发展为精细化的灵活生产和营销模式。在企业自身的管理层面，可以充分利用数字技术优化企业内部系统，完善管理体系，例如，通过人力资源管理引进并培育数字创新型人才、强化数字化人才支撑等，助力制造业企业进行数字化转型升级。

### （二）积极发展工业互联网平台

工业互联网平台是面向制造业数字化、网络化、智能化需求，构建基于海量数据采集、汇集、分析的服务体系，支撑制造资源泛在连接、弹性供给、高效配置的工业云平台。作为资源集聚共享的有效载体，工业互联网平台能够将信息流、资金流、人才创新等在云端汇集，推动知识集聚，因此要积极发展工业互联网平台。

首先，要搭建产业数字化数据交流平台，建设可靠、灵活、安全的工业互联网基础设施。通过大数据的接入、分析、应用、治理，全方位展示产业发展状况，为企业提供良好的应用和开发环境，激发制造业微服务，为制造业提供创新动力。其次，要加强协同治理，搭建产业数字化跨界合作平台。在企业连接层面，通过搭建云平台将制造商、供应商、客户等全部融入大数据创新平台，实现企业从生产到销售的全流程信息共享；在行业连接层面，加强制造业工业企业的数据共享，实现全行业生产资源与信息的高度利用，加强产业主体协同合作，整合产业链、价值链，打破行业壁垒和“信息孤岛”，提高企业闲置产能利用率，满足制造资源供需匹配的现实要求，打造基于平台的制造业新业态。最后，应当积极推动信息安全平台建设。一方面，在技术设施领域，要持续提升数据安全的产业基础能力，构建自主创新的数据平台，确保数据基础设施安全可靠，同时不断强化数据安全领域关键技术的研究和应用，在芯片、操作系统等方面加强密码基础研究，保证数据自主可控；另一方面，要建立健全数据安全法律法规，将数据开发与应用全面纳入法制化轨道。

### （三）大力弥补区域间数字鸿沟

当前，我国数字经济发展的区域差异明显，尽管数字制造业在向中、西部地区转移，但数字服务业仍然高度集中在东部地区，同时中、西部与东部地区数字经济的绝对差距也在不断扩大，因此要大力弥补区域间数字鸿沟。

首先，要推动西部地区结合本地区位优势打造有特色的数字产业集群。尽管当前西部地区在数字产业发展方面已有一定经验，例如西安软件收入排在全国前列、贵阳大数据产业发展迅速，但是这种单个城市的发展难以带动整个西部地区数字经济发展，因此要在城市群的概念上打造数字产业集群。除了成渝、关中平原等较大的城市群外，还要推动云贵、天山等区域城市群在立足自身实体经济和资源优势的基础上，加快数字经济发展，强化城市群内部交流与协作。其次，要持续加大地方财政对西部落后地区在信息基础设施上“软件+硬件”的投入力度，持续优化中、西部地区5G、云计算、区块链等新兴基础设施或新基建项目的资金投入结构，建设地区数字建设经济服务平台，避免落后地区陷入数据发展进程中被“边缘化”的困境。最后，要提升西部民众数字素养，为西部地区数字经济发展提供人才储备。利用降低落户门槛等方式合理引进数字技术人才，重视数字经济领域的基础创新教育和技能应用培训，全方位提升居民数字素养。

## 三、叠加区域优势，协同东、西部发展

2016年，习近平总书记在《深入理解新发展理念》一文中指出：要发挥各地区比较优势，促进生产力布局优化，重点实施“一带一路”建设、京津冀协同发展、长江经济带发展三大战略，支持革命老区、民族地区、边疆地区、贫困地区加快发展，构建连接东中西、贯通南北方的多中心、网络化、开放式的区域开发格局，不断缩小地区发展差距。2018年，习近平总书记在主持中共中央政治局第三次集体学习时指出：要积极推动城乡区域协调发展，优化现代化经济体系的空间布局，实施好区域协调发展战略，推动京津冀协同发展和长江经济带发展，同时协调推进粤港澳大湾区发展。

## （一）发挥重大战略区域制造业的现有基础

京津冀、长三角、大湾区、成渝等地区不仅是我国传统制造业的高度集聚地区，也是我国新兴制造业高度集聚地区（见表7－2和表7－3）。表7－2是中国制造业分行业地理集中度，可以发现现代制造业基本上集中于江苏、浙江、广东、山东、上海等省级行政区。工业部45个国家级集群在中东部地区有30个、中部地区有8个、西部地区有5个、东北地区有2个。京津冀、长三角、珠三角、成渝4个重点区域集群数量达30个。世界知识产权组织发布《2021年全球创新指数》显示，“深圳—香港—广州”位列全球前100个创新集群第二名，仅次于“东京—横滨”集群。制造业在空间上的高度集聚正是中国制造业迅速发展的重要因素，也是我国制造业创新的重要源泉。

表7－2　制造业分行业地理集中度前五位省市

| 行业及编码 | 2004年 | 2010年 | 2015年 | 2020年 |
| --- | --- | --- | --- | --- |
| 农副食品加工业C13 | 山东、河南、江苏、广东、辽宁 | 山东、河南、辽宁、四川、江苏 | 山东、河南、湖北、辽宁、江苏 | 山东、河南、广东、湖南、广西 |
| 食品制造业C14 | 山东、广东、河南、福建、河北 | 山东、河南、广东、福建、四川 | 山东、河南、广东、天津、福建 | 广东、河南、山东、江苏、上海 |
| 饮料制造业C15 | 山东、四川、江苏、河南、安徽 | 四川、山东、河南、湖北、广东 | 四川、湖北、河南、山东、广东 | 四川、贵州、广东、河南、山东 |
| 烟草制品业C16 | 云南、河南、贵州、湖北、安徽 | 云南、河南、湖南、山东、贵州 | 云南、上海、湖南、湖北、广东 | 云南、河南、山东、贵州、陕西、 |
| 纺织业C17 | 江苏、浙江、山东、广东、河南 | 江苏、浙江、山东、广东、河南 | 山东、江苏、浙江、广东、河南 | 广东、浙江、江苏、福建、山东 |
| 纺织服装、鞋、帽制造业C18 | 广东、江苏、浙江、福建、山东 | 广东、江苏、浙江、福建、山东 | 江苏、广东、浙江、山东、福建 | 福建、广东、江西、浙江、湖南 |
| 造纸及纸制品业C22 | 山东、广东、浙江、河南、江苏 | 广东、山东、浙江、江苏、河南 | 山东、广东、江苏、浙江、河南 | 广东、山东、浙江、江苏、福建 |
| 石油加工、炼焦及核燃料加工业C25 | 山西、山东、辽宁、黑龙江、河北 | 山西、山东、辽宁、黑龙江、河北 | 山东、辽宁、广东、江苏、河北 | 辽宁、山东、陕西、山西、新疆 |

续表

| 行业及编码 | 2004 年 | 2010 年 | 2015 年 | 2020 年 |
|---|---|---|---|---|
| 化学原料及化学制品制造业 C26 | 江苏、山东、广东、湖南、浙江 | 江苏、山东、广东、湖南、浙江 | 山东、江苏、广东、浙江、湖北 | 江苏、广东、山东、浙江、河南 |
| 医药制造业 C27 | 山东、江苏、河南、浙江、广东 | 山东、江苏、浙江、河南、广东 | 山东、江苏、河南、广东、四川 | 山东、江苏、广东、浙江、河南 |
| 化学纤维制造业 C28 | 江苏、浙江、山东、辽宁、河南 | 江苏、浙江、河南、山东、福建 | 江苏、浙江、福建、山东、四川 | 浙江、江苏、福建、吉林、浙江 |
| 交通运输设备制造业 C37 | 浙江、江苏、湖北、山东、重庆 | 江苏、浙江、广东、山东、湖北 | 江苏、山东、重庆、浙江、广东 | 浙江、江苏、福建、河南、四川 |
| 非金属矿物制品业 C31 | 山东、广东、河南、江苏、河北 | 山东、广东、河南、江苏、福建 | 河南、山东、江苏、广东、辽宁 | 广东、河南、山东、江苏、浙江 |
| 黑色金属冶炼及压延加工业 C32 | 河北、辽宁、江苏、山西、山东 | 河北、辽宁、江苏、山东、四川 | 河北、江苏、山东、辽宁、天津 | 河北、辽宁、山东、江苏、河南 |
| 有色金属冶炼及压延加工业 C33 | 河南、甘肃、山东、广东、江苏 | 河南、广东、江苏、山东、湖南 | 山东、江西、河南、江苏、广东 | 河南、山东、广东、云南、甘肃 |
| 金属制品业 C34 | 广东、江苏、浙江、山东、上海 | 广东、江苏、浙江、山东、上海 | 江苏、山东、广东、河北、浙江 | 广东、江苏、浙江、山东、河南 |
| 通用设备制造业 C35 | 江苏、浙江、山东、上海、广东 | 江苏、浙江、山东、辽宁、广东 | 江苏、山东、浙江、辽宁、广东 | 广东、江苏、浙江、安徽、山东 |
| 专用设备制造业 C36 | 江苏、山东、广东、河南、浙江 | 江苏、广东、山东、浙江、河南 | 山东、江苏、河南、湖南、辽宁 | 上海、江苏、天津、广东、北京 |
| 电气机械及器材制造业 C39 | 广东、浙江、江苏、山东、上海 | 广东、江苏、浙江、山东、上海 | 江苏、广东、山东、浙江、安徽 | 广东、山东、浙江、江苏、河南 |
| 通信设备、计算机及其他电子设备制造业 C40 | 广东、江苏、上海、浙江、福建 | 广东、江苏、上海、浙江、山东 | 广东、江苏、上海、山东、四川 | 广东、江苏、四川、浙江、河南 |
| 仪器仪表及文化、办公用机械制造业 C41 | 广东、江苏、浙江、上海、福建 | 广东、江苏、浙江、福建、上海 | 江苏、广东、山东、浙江、河南 | 广东、江苏、浙江、上海、山东 |

资料来源：根据中国统计年鉴计算。

表7－3　　我国国家级先进制造业集群

| 区域 | 先进制造集群 | 数量 |
| --- | --- | --- |
| 京津冀地区 | 保定市电力及新能源高端装备集群，京津冀生命健康集群 | 2 |
| 长三角地区 | 无锡市物联网集群，上海市集成电路集群，南京市软件和信息服务集群，合肥市智能语音集群，杭州市数字安防集群，南京市新型电力（智能电网）装备集群，徐州市工程机械集群，南通市、泰州市、扬州市海工装备和高技术船舶集群，上海市新能源汽车集群，苏州市纳米新材料集群，宁波市磁性材料集群，常州市新型碳材料集群，宁波市绿色石化集群，上海市张江生物医药集群，苏州市生物医药及高端医疗器械集群，泰州市、连云港市、无锡市生物医药集群，温州市乐清电气集群 | 17 |
| 大湾区 | 深圳市新一代信息通信集群，广州市、佛山市、惠州市超高清视频和智能家电集群，东莞市智能移动终端集群，广州市、深圳市、佛山市、东莞市智能装备集群，深圳市先进电池材料集群，深圳市、广州市高端医疗器械集群，佛山市、东莞市泛家居集群，苏州市、无锡市、南通市高端纺织集群 | 8 |
| 成渝地区 | 成都市软件和信息服务集群，成渝地区电子信息先进制造集群，成都市、德阳市高端能源装备集群 | 3 |
| 长江中游城市群 | 武汉市光电子信息集群，武汉市、襄阳市、十堰市、随州市汽车集群，长沙市新一代自主安全计算系统集群，株洲市中小航空发动机集群，株洲市轨道交通装备集群，长沙市工程机械集群，赣州市稀土新材料及应用集群 | 7 |
| 东北地区 | 沈阳市机器人及智能制造集群，长春市汽车集群 | 2 |
| 其他地区 | 青岛市智能家电集群，青岛市轨道交通装备集群，潍坊市动力装备集群，西安市航空集群，呼和浩特市乳制品集群，宁德市动力电池集群 | 6 |

资料来源：工业与信息化部。

## （二）协同区域发展，继续促进“西电东送”和“东数西算”

在能源的分布方面，我国一次能源与用电需求分布极不均衡，能源分布呈北富南贫、西多东少的现象。而用电负荷则多分布于中东部地区，其中又以东部和南方沿海地区需求量最大。因此，我国的电力流向主要由西北和西南煤电、水电基地到东部受端中心，能源资源分布的特点和用电负荷状况决定了我国电力“西电东送”的基本格局与发展战略。“西电东送”将煤炭、水能资源丰富的西部省区的能源转化成电力资源，输送到电力紧缺的东部沿海地区。“西电东送”分三条输电线路：南线、中线和北线。南线由云南、贵州、广西等地向华南输电；中线由四川等地向华中、华东输电；北线由陕西、内蒙古等地向华北输电。其中，中线是整个西电东输的核心，年发电量超过

1000亿千瓦时。2021年，“西电东送”规模约2.9亿千瓦，同比增长6.7%。

实施“西电东送”是我国资源分布与生产力布局的客观要求，也是变西部地区资源优势为经济优势，促进东、西部地区经济共同发展的重要措施。“西电东送”在较大范围内实现了资源优化配置，扩大和优化了电网结构，缓解了东部地区如广东、京津唐等地区的电力紧张局面，减轻了东部地区环境压力。同时水、火电站的开发建设也促进了西部地区的电力和经济的发展。

我国的能源结构是“西电东送”，因此，大容量算力装置尤其是“冷数据”适合于设置在能源供应特别是绿色能源丰富的西部地区。“东数西算”工程，即通过构建数据中心、云计算、大数据一体化的新型算力网络体系，将东部算力需求有序引导到西部，优化数据中心建设布局，促进东西部协同联动。2022年2月，在京津冀、长三角、粤港澳大湾区、成渝、内蒙古、贵州、甘肃、宁夏8地启动建设国家算力枢纽节点，并规划了10个国家数据中心集群。至此，全国一体化大数据中心体系完成总体布局设计，“东数西算”工程正式全面启动。东部地区经济活动较为活跃，数字经济规模快速增长；西部地区则拥有更低的土地、能源、劳动力成本，把能耗较高的数据中心建设在西部地区具备一定的优势。简单地说，就是让西部的算力资源更充分地支撑东部数据的运算，更好地为数字化发展赋能。

“东数西算”工程全面启动以来，全国多地大力推进数据中心建设。近几年我国数字经济快速增长，数据中心规模已达500万个标准机架，算力达到每秒一万三千亿亿次浮点运算。随着经济社会各领域加速数字化发展，预计我国对算力的需求每年将以20%以上的速度快速增长。作为高耗能行业，过去十年，我国数据中心整体用电量以每年超过10%的速度增长，耗电量在2020年突破2000亿千瓦时，约占全社会用电量的2.71%。按照数据中心发展速度估算，未来耗电量还将以超过10%的年均增速快速增长。我国东部地区电力能源匮乏，需要“西电东送”作为保障，这也是我国实施“东数西算”的重要原因之一。加大数据中心在西部地区布局，能够起到就近消纳西部绿色能源的效果，将大幅提升绿色能源使用比例，助力达成碳达峰、碳中和战略目标。

通过全国一体化的数据中心布局建设，扩大算力设施规模，有利于提升国家整体算力水平，破解数字经济发展面临的硬件设施瓶颈。“东数西算”工程对算力结构调整以及成长意义重大，在算力西进过程中，可以有效结合东、西部的计算与存储资源。未来将进一步强化全国一体化大数据中心布局，推动各枢纽节点建设尽快落地生效。

### （三）发挥市场机制在产业转移中的基础作用

尊重我国能矿资源富集于中西部地区、主要产能集聚于东部沿海地区的现实状况，促进不同地区区域优势与产业分工体系的匹配程度的提升，从而推进产业分工体系随着区域优势演变而升级，除非战争等因素，一般不应以行政手段作为重大生产力空间布局的基础作用。应该发挥市场机制在资源配置中的决定性作用，依靠充分的市场竞争，让市场来筛选出最具竞争力的产业并形成符合各自区域发展禀赋的地区产业分工结构。同时发挥政府的有为作用，特别是中央政府部门的政策指引作用高效布局重大生产力，各地方政府应依托产业链和产业集群，培育较强竞争力的差异化的主导产业。

全面、完整、动态地看待产业转移，发挥中西部产业转移集聚区作用。首先，产业转移不一定遵循梯度转移，可能中高端产业转移到中西部的核心城市，而不是东部的低端产业转移到中西部；其次，中西部承接产业转移，不仅面临着内部的激烈竞争，而且面临着全球特别是东南亚及印度等区域的竞争，“天上掉馅饼”，但“馅饼”可能跑到国外；最后，创造良好的国际化投资环境是中西部承接产业转移的重要砝码，而“关门打狗”式的招商引资不能长期持续。

### （四）全面布局新兴基础设施，创建融入前沿技术的重大生产力布局

新兴基础设施包括5G基站建设、特高压、城际高速铁路和城市轨道交通、新能源汽车充电桩、大数据中心、人工智能、工业互联网等领域。新兴基础设施不仅本身就是新兴产业，而且对于其他新兴产业的发展具有重要的促进作用。分类施策，全面布局新兴基础设施。

1. 全面布局信息基础设施。在数字经济迅猛发展的大背景下，信息化受到高度重视，当前，我国新型信息基础设施建设已取得初步成效。截至2021年底，我国光缆线路总长度达5481万公里，相当于10年前的3.7倍；4G、5G用户普及率达87%左右；新一代移动通信、工业互联网等领域实现跨越式发展；建成全球第一条量子保密通信骨干线路“京沪干线”。

下一步，国家将从以下几个方面全面布局新型信息基础设施建设。一是加强统筹规划。加强5G网络规划布局，稳步推进5G网络建设和光纤网络建设。进一步完善国家算力网络布局，促进区域协同和集约共建。优化新型基础设施的供给结构，提升整体发展效能。二是补齐短板弱项。我国信息基础建设总体上呈现地区不平衡现象，未来应持续实施中西部地区中小城市基础

网络完善工程，支持5G、人工智能、大数据等新技术融入民生设施，弥合数字鸿沟，促进新型信息基础设施提质升级。加快重点领域关键核心技术攻关，增强产业链供应链的韧性。

加快新型信息基础设施建设，是推动数字经济等新兴产业发展的重要基础，也是驱动新一代信息技术与实体经济深度融合、构建现代产业体系、推动经济高质量发展的重要力量，更是满足人民日益增长的美好生活需要的必然要求。从城市网络基础设施、算力基础设施，到物联感知基础设施，再到关键支撑能力建设，全面布局新型信息基础设施建设，必将推动数字经济、数字治理、数字文明迈向新境界。

2. 加速建设新型交通设施。2021 年 10 月 14 日，第二届联合国可持续交通大会在北京召开。会议上，中国强调“要大力发展智慧交通和智慧物流，推动大数据、互联网、人工智能、区块链等新技术与交通行业深度融合，使人享其行，物畅其流”。

当前，在政策牵引、技术推动的时代背景下，大数据、互联网、人工智能、区块链等新技术为建设新型交通设施提供了技术支持，2021 年 12 月交通运输部发布的《数字交通“十四五”发展规划》提出构建交通新型融合基础设施网络。2022 年 7 月，住房和城乡建设部、国家发展改革委联合印发《“十四五”全国城市基础设施建设规划》提出要建设智慧道路交通基础设施系统。

建设新型交通设施网络，一要加速织造交通运输网。提高铁路和高速公路城市覆盖率，建设城市群一体化交通网，加快推进城际铁路和市域（郊）铁路建设，有序推进多层次轨道交通建设，逐步形成一体化交通网，使主要城市、城镇、市郊间交通更加便利。二要建设完善的智能停车设施。加强新能源汽车充换电、加气、加氢等设施建设，普及城市充电桩，形成城市新能源汽车公共充电网络。三要加快推进道路交通设施、视频监测设施、环卫设施、照明设施等面向车城协同的路内基础设施数字化、智能化建设和改造，实现道路交通设施的智能互联、数字化采集、管理与应用。

3. 加快国家重大装备和重点实验室建设。国家重点实验室是国家组织开展基础研究和应用基础研究、聚集和培养优秀科技人才、开展高水平学术交流、具备先进科研装备的重要科技创新基地，是国家创新体系的重要组成部分。当前，我国已经基本形成定位准确、目标清晰、布局合理、引领发展的国家重点实验室体系。38 年来，国家重点实验室汇聚和培养了一批高水平科学家，为建设科技强国提供了重要的人才队伍支撑。

在全球新一轮科技革命和产业变革与中国建设创新型国家的历史交汇期，对国家重点实验室在总体布局、体制机制、评估评价等方面提出了新的要求。我国要在坚持系统布局，坚持能力提升，坚持开放合作，坚持科学管理的原则下，进一步强化国家重点实验室体系的顶层设计和系统布局；借鉴发达国家经验，构建相对独立完善的国家重点实验室运行机制，充分依托和利用大科学装置，构建实验室与大学科装置间的联动发展机制；进一步打破部门壁垒，充分发挥国家重点实验室在开放、协同创新中的作用，积极推进实验室资源与数据开放共享，促进产学研用融合创新。

**（五）填补西部地区的基础设施的洼地，缩小中、西部差异**

由于受自然、历史等原因的影响，西部地区基础设施比较落后，表7-4列出了西部四省区基础设施情况，四个省区的铁路、公路、等级公路、高速公路的通车里程和密度均大大低于全国平均水平，是全国平均水平的1/5到1/10。西藏和新疆两个自治区的更甚。比如铁路密度，全国平均为125公里/万平方公里，西藏只有6.39公里/万平方公里，新疆也只有41.65公里/万平方公里。而高速公路的密度，西藏只有0.30公里/万平方公里，新疆为31.79公里/万平方公里，全国是155.8公里/万平方公里。

**表7-4　西部四省区基础设施**

| | 铁路 | | 公路 | | 等级公路 | | 高速公路 | |
|---|---|---|---|---|---|---|---|---|
| | 里程（公里） | 密度（公里/万平方公里） | 里程（公里） | 密度（公里/万平方公里） | 里程（公里） | 密度（公里/万平方公里） | 里程（公里） | 密度（公里/万平方公里） |
| 西藏 | 785 | 6.39 | 10395 | 84.62 | 91762 | 747.00 | 38 | 0.30 |
| 新疆 | 6935 | 41.65 | 194222 | 1166.56 | 164263 | 986.62 | 5293 | 31.79 |
| 青海 | 2449 | 33.90 | 93761 | 1298.08 | 71955 | 996.19 | 3451 | 47.77 |
| 甘肃 | 4830 | 113.43 | 151443 | 3556.66 | 146377 | 3437.69 | 4453 | 104.57 |
| 全国 | 139926 | 145.75 | 5012496 | 5221.35 | 4698725 | 4894.50 | 149571 | 155.80 |

资料来源：中国统计年鉴，西藏、新疆、青海、甘肃统计年鉴，均为2019年数据。

依托“一带一路”倡议，以“两螯”为延伸，优化“四边形”西部交通基础设施格局建设。“两螯”：一是以成都为中心，形成“成都—昌都—拉萨—日喀则—伊犁”通道以实现川藏疆之间的深度互联互通，进一步强化西南地区与“一带一路”的沟通融合；二是以西安为中心，形成“西安—兰州—乌鲁木齐—伊犁”通道以推进陕甘疆之间的经济联系和要素流动，发挥好以陕西为产业支撑、河西走廊为通道以及新疆为陆上港口联通中西亚的枢纽地位，以实现西北地区融入“一带一路”的发展目的。两条通道最终在伊犁交汇，能够更大程度地发挥出伊犁作为新疆“口岸之首”及面向中西亚的陆上枢纽地位。自古以来，伊犁地区便为陆上丝绸之路的重要节点，同时也承担了中国西部与中亚乃至欧洲的最大人口与货物流量。作为第二条亚欧大陆桥的锁钥之窗，也作为新疆甚至西北地区对外贸易与交流的重要前沿基地，两条通道交汇后的伊犁，其作为西北地区重要的国际级交通枢纽的地位将进一步稳固，同时能够实现深度激活大西南及大西北经济活力的目的。

提升西部基础设施需要提升国道 G219 和 G349。这两个国道串通了沿边城市带。G219 北起新疆喀纳斯，途经西藏、云南，终点至广西东兴市，全长 10065 公里，其中从喀什地区叶城县到日喀则市拉孜县全长 2140 公里，从日喀则到林芝全长共 3486 公里。G219 是中国最长、最险、平均海拔最高的沿边大通道，是新疆进藏以及西藏连接各地的大通道。国道 G349 是从日喀则萨嘎县到昌都地区察隅县。G219 和 G349 国道由于受到自然条件等的影响，公路等级比较低，因此需要实施 G219 和 G349 及其并行线提级改造，实现沿边干线高等级公路贯通，并推进 G6 那曲至拉萨段，G4218 拉萨至日喀则等路段高速公路建设。

提升西部基础设施需要加快建设沿边铁路带。具体而言，以成都和西安为起止点，打造成都—拉萨—狮泉河—伊宁—乌鲁木齐—兰州—西安路网系统，加快成都经拉萨至日喀则高铁建设步伐，尽快全线建成通车，着手研究日喀则至狮泉河的铁路建设、狮泉河至和田的铁路建设，推进新藏铁路项目的前期工作，最终形成“鳌”字形的铁路网系统。

## 四、差异化施策，构筑现代制造新蓝图

### （一）迭代传统产业

传统制造业包括装备制造业、石化工业、冶金工业、农产品加工等行业，是中国制造业的基础，也是构建现代化产业体系的基础。这些行业不仅在过去发挥了重大的作用，而且也是未来制造业发展的基础。传统制造业不能止步不前，要走迭代升级的道路。2021 年，习近平总书记在广西考察时指出，要推动传统产业高端化、智能化、绿色化，推动全产业链优化升级。

迭代传统产业需要重构、改善、提升原有的传统产业，提升传统产业的

抵抗风险的能力，强化产业链韧性。从提升产业链治理能力入手，通过构造新一代信息技术应用场景，推动传统产业与新兴产业的产业融合发展，实现产业的迭代创新。积极改造升级“老字号”，加快推进装备制造业等升级提质，深度开发“原字号”，推动石化、冶金等行业补链、延链、强链，石化行业从炼油向乙烯生产业务等下游延伸，提高资源精深加工比重；打造创新型工业互联网平台，对传统产业实施全面智能化改造和数字化转型，以数字经济新业态新模式，推动传统产业生产、管理和营销模式变革，数字经济发展与传统产业的转型，彼此之间并不是非此即彼的对立关系，而是水乳交流的情侣式关系。

### （二）奋力发展新兴产业

2018年，习近平总书记指出以移动信息网络、云计算和大数据、人工智能技术、生物工程、新能源技术和空间技术等为代表的新一轮复合式技术创新将面临重大突破，加速催生一批新兴产业。2020年，习近平总书记在纪念浦东开发开放30周年庆祝大会上指出，要聚焦关键领域发展创新型产业，加快在集成电路、生物医药、人工智能等领域打造世界级产业集群。

继续大力推进互联网、物联网、5G、自动驾驶、大数据、云计算、人工智能、区块链等技术加速创新，推动制造业加速向数字化、网络化、智能化发展，推进半导体、电子产品的纳米制造，推进生物制造、生物技术方法，推进高性能材料设计和加工，提高产业链供应链稳定性和现代化水平，协同构建“创新链—产业链—供应链—金融链—人才链”分工网络，聚集战略性产业联合开展“卡脖子”技术攻关。培育“专精特新”中小企业，提高供给端的控制力，提高产业链创新能力，尤其是工业软件设计能力。

大力促进新能源产业的发展，构建现代能源战略体系，清洁能源的生产力布局是重中之重，其中风电和光伏发电是今年能源建设的重点。2021年，全国风电平均利用率为96.9%，光伏发电平均利用率为98%。在风电方面，华北、东北、西北地区拥有中国80%的风电资源，该地区的基地型风电建设将是未来风电开发的主流。“十四五”期间，“三北”地区每年将贡献2/3，即超过3000万千瓦的风电装机量。我国已于2019年启动乌兰察布600万千瓦基地，所发电量通过新建的乌兰察布至张北3回500千伏线路，外送至京津冀地区。在光伏发电方面，由于大型清洁能源基地主要集中在“三北”和西南地区，这些地区拥有丰富的风、光资源，同时也有较为丰富的调峰电源，包括水电、火电等，在电力外送中拥有得天独厚的优势，因此，“三北”和西南将成大基地主战场，未来要进一步扩大屋顶分布式光伏发电应用规模，有序推进光伏基地集中开发。氢能产业链大致可分为制氢、储运、加氢站、氢燃料电池等环节，在2030年碳达峰情景下，我国氢气的年需求量将达到3715万吨，在2060年碳中和情景下，我国氢气的年需求量将增至1.3亿吨左右。国际氢能委员会预测，到2050年，氢能将创造2.5万亿美元的市场价值。

为全球领先企业提供全方位支撑。中国的全球领先企业是重大生产力的卓越代表，在建设制造业强国的新征程上发挥了关键性的举足轻重的作用，为这些企业提供全方位的支撑是大力发展新兴制造业的保障。以华为为例，2021年，华为研发投入为1427亿元，占销售总额的22.4%，研发人员为10.7万人，占员工总数的54.8%。华为东莞松山湖研发基地投资100亿元，2014年9月动工，2018年投入使用，占地面积1900亩，研发人员3万人。华为研发总部占地1500亩，2019年动工，总投资160亿元，研究人员可达10万人。

促进底层技术的发展。新兴产业关键核心技术绝大多数是底层技术、基础技术，“卡脖子”就卡在底层技术、基础技术上。因此，新兴产业需要走融合发展之路，促进产业相互渗透、相互贯通、跨界发展和边缘交叉发展。

### （三）抢滩未来产业

《麦肯锡2022年科技趋势展望》报告指出未来科技包括先进连接、人工智能应用、云端与边缘运算、沉浸式实境技术、机器学习产业化、次世代软件开发、量子技术、可信架构和数字身份、Web3、生物工程技术、清洁能源技术、移动技术、太空技术、可持续消费。除了这些以外，还有很多未知的新领域、新产业。人类发展无止境，产业更替无止境。

中国应抢滩AI技术、量子计算、量子隐身技术、太空技术、火星移民技术、氢储能技术等未来产业技术。克服科技和经济显现“两张皮”的重重困难和阻碍，搭建科技体制改革的“四梁八柱”，建设中国特色科技创新体系，完善颠覆性和非共识性研究的遴选和支持机制。

应推进重点大学未来技术学院，创设100所未来技术学院和100所未来技术职业学院，促进有关高校转型为科技类学院，为未来产业发展奠定基础。

### （四）促进智能制造，打造更多的“灯塔工厂”

“灯塔工厂”指在第四次工业革命中尖端技术应用整合工作方面卓有成效、堪为全球表率的领先企业。“灯塔工厂”的评价标准有四个：一是工厂实现重大影响；二是成功整合案例的数量；三是拥有可扩展的技术平台；四是在关键推动因素方面表现优异，比如管理变革、能力构建以及与第四次工业革命社区展开协作。“灯塔工厂”是制造业数字化转型升级的真实写照，通过智能化和数字化为制造业企业实现提质增效和产品扩容。

“灯塔工厂”的最大特点是智能化、数字化、自动化等技术的融合和综合应用，以自动化、工业互联网、云计算、大数据、5G 等第四次工业革命新技术，并综合运用这些新技术实现商业模式、产品研发模式、生产模式、质量管理模式和消费者服务模式等全方位变革，促进效率提升、节能减排和经营优化。当前，中国的“灯塔工厂”数量已经达到 42 家，位列世界第一，标志着中国制造正一步步走向中国智造。

“灯塔工厂”最大的意义在于“灯塔经验”的可复制。这意味着先行者找到了路径，可以在制造行业加速推动智能化制造、个性化定制、网络化延伸及数字化管理新模式的普及。未来，我国将从世界“灯塔工厂”的建设中汲取经验，探索如何从数字化中挖掘新的价值，包括大幅提升资源生产率、提高敏捷度和响应能力、加快新品上市速度、提升客制化水平等。

### （五）为产业发展创造优越的营商环境

2022 年，全国工商联企业对融资支持、科技人才服务、对减税降费、优化政务大厅办事流程、产业支持政策的精准化、市场准入门槛进一步降低、企业维权统一服务平台更加健全完善、涉企案件办理效率进一步提高、引进高端人才、支持科技金融方面提出新的期待。习近平总书记在党的二十大报告中强调：“营造市场化、法治化、国际化一流营商环境”，“要实施好民法典和相关法律法规，依法平等保护国有、民营、外资等各种所有制企业产权和自主经营权，完善各类市场主体公平竞争的法治环境”，“营商环境只有更好，没有最好”，“没有完成时，只有进行时”。

## 五、完善四大红利，攀登世界制造业高峰

### （一）四大红利是制造业发展的关键密码

2010 年，中国制造业总产值在世界制造业总产值中占比 19.8%，首次超过美国的 19.4%，成为世界第一制造业大国。中国 2021 年 GDP 为 114 万亿元，居世界第二位，中国第二产业产值和制造业规模居世界第一，并且建成

了世界最大的高速铁路网、高速公路网和完善的现代产业体系，以及比较发达的机场港口、水利、能源、信息等基础设施，完成了中国的工业化进程。中国制造业成功发展的密码是四大红利。

1. 人口红利。人口红利指一个国家的劳动年龄人口占总人口比重大，因而为经济发展创造了有利的优势条件。1949 年之后，由于社会经济特别是医疗条件获得很大的提升，中国人口死亡率大幅度降低，人口自然增长率上升，致使人口迅速增长。20 世纪 70 年代后期，由于计划生育等因素的影响中国的出生率开始下降。1949—1978 年的生育带来了劳动力的极大丰富，15—59 岁的劳动年龄人口数量持续增加，2011 年达到峰值 9.3 亿人，高于发达国家劳动年龄人口的总和。巨大的人口数量特别是劳动力人口数量再加上较低的工资水平是国际直接投资（FDI）蜂拥而来和中国迅速工业化并建立现代产业体系的重要密码。

2. 工程师红利。中国的工程师红利来自中国具有数量众多的职业技术学院和高等学校的毕业生。以高校招生人数为例：1949 年中国高校招生人数为 3.1 万人，1979 年为 27.5 万人，1992 年为 75.4 万人，2002 年为 320 万人，2012 年为 688 万人，2021 年 1001 万人（见图 7－1）。高校毕业生是中国工程师的“源头活水”。中国每年培养的工程师的数量，相当于美国、欧洲、日本和印度培养出来的工程师的总数。

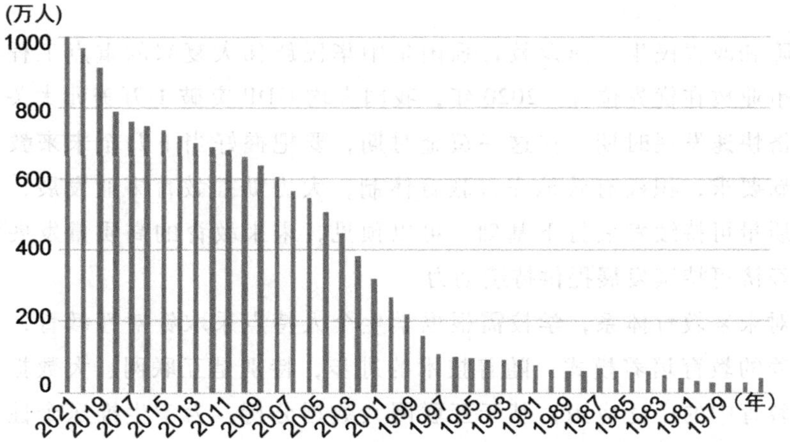


图 7－1　中国高校招生人数

3. 科学家红利。中国的科学家主要来自研究生和海外留学回国人员。以我国研究生为例，1949 年研究生招生数量为 242 人，1979 年为 8110 人，1992 年为 3.34 万人，2012 年为 58.4 万人，2021 年为 117.65 万人（见图 7－2）。

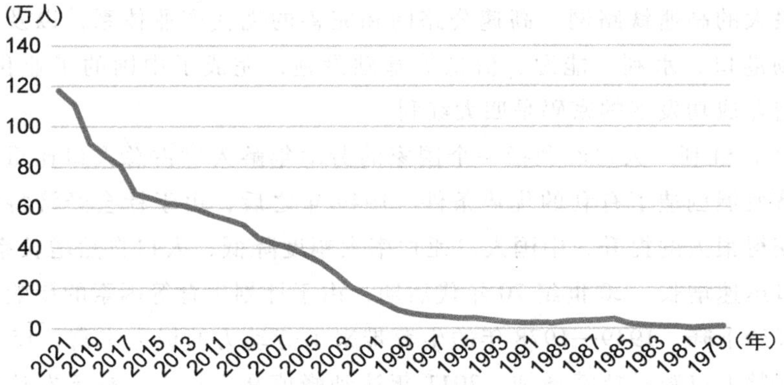


图7－2　中国研究生招生人数

4. 企业家红利。德鲁克认为企业家就是那些不愿意过舒服日子，热衷于调整生产以适应预期的变化、以谋取利润的人；比一般人有更多原创力、更多冒险精神、眼光更敏锐的人。他们是推动经济进步的拓荒者。中国是个不缺乏企业家的国家，所谓“陶朱事业，端木生涯”。明清时期还涌现出了晋商、徽商等商帮。清末民初则出现了张謇、荣氏家族等企业家群体。1978 年后，企业家在改革开放的进程中发挥了重要作用。中国一些产业之所以能走在世界前列，与这些企业家和企业家精神不无关系。

### （二）为人力资源赋能

保障和改善民生、建设教育强国是中华民族伟大复兴的重点工程，必须把教育事业放在优先位置。2020 年，我国人均 GDP 突破 1 万美元大关，已经进入经济快速发展时期。在这一黄金时期，要把握好当下乃至未来教育体系发展的新要求，积极有效地完善教育体制，大力助推教育事业发展，为经济社会高质量可持续发展打下基础。可以预见，未来教育的高质量发展将为加快社会经济可持续发展提供持续动力。

面对未来教育体系，学校需根据学生个人特点采取针对性教育，形成个性化培养的教育培养模式。随着技术的进步，特别是互联网、大数据、人工智能在教育中的广泛应用，基于互联网大数据分析，为学生推送个性化的学习资源，精准辅助学生，以自助化完成学习目标的方式，为个性化教育培养模式提供技术上的可能。

在目前 9 年义务教育的基础上推进 12 年义务教育，全面推进高等教育的大众化发展，为低收入家庭学生提供 2—3 年免费职业技术教育，为制造业提供源源不断的工程技术人员。

1. 推动高等教育大众化。随着高等教育总体规模与高等学校办学规模的不断扩大，高等教育的管理与治理必然日趋复杂。近年来的高等教育改革进入了深水区，实现治理体系与治理能力现代化尚有不少问题需要解决。由于经济增长方式从粗放型向集约型转化，需要培养大量高水平的生产、管理、工程技术人才。同时，知识经济时代要求21世纪掌握高新科技的创新人才由大学来培养。国民文化素质、人口的文化构成是综合国力的基础。目前，我国城乡居民中受过高等教育的比例不仅远低于发达国家，还低于一些发展中国家。因此需加快推进高等教育大众化的进程。

2. 普及12年义务教育。考试制度极易引起学生学业负担过重，特别是具有分流性和选拔性的考试制度对学生学业的影响更大。随着高等教育大众化的快速发展，学生接受更高层次的教育需求逐步攀升，初中学生向普高与职高分流，成为家长和学生普遍高度重视的分界线，由此引发社会上出现“内卷”的非理性竞争，造成义务教育学段学生课业负担过重。在一定程度上扼杀了孩子的创造性和适应性，更有失基础教育的公平性原则。中考的分流分层只有普高和职高两种，渠道更为单一。所以，有必要推进普及中小学十二年制义务教育进程，从制度上推进基础教育走向常态化发展。

中国普及义务教育经历从初级小学到高级小学再到初级中学的延伸，实现了目前全面普及中小学九年制义务教育的现状。百年义务教育发展史所呈现的规律性特征是普及教育与义务教育相辅而行，在初级教育普及发展的基础上，具备一定条件后开始实施一定学段的义务教育。由于我国十二年制义务教育的客观态势和基础条件业已形成，而且普及十二年制义务教育是世界发达国家发展基础教育的必然趋势，更是把我国建设成为富强、民主、文明、和谐的社会主义现代化强国的客观要求。所以，我国在全面实现县域义务教育均衡发展以后，应尽快逐步推进十二年制的中小学义务教育，普及普通高中段的义务教育，这是完善中国特色学制体系建设的长效发展的制度保障。

3. 推进工程技术教育。制造业是我国的立国之本、强国之基。加快推动我国传统制造业转型升级，需要源源不断地培养高质量的工程技术人才。工程技术技能人才的培养，是推动我国制造业尤其是装备制造业水平向高端迈进的重要支撑。加快培养适用的工程技术技能人才，是对人才强国作出设计与谋划的重要途径。建立包含中等职业教育、高等职业教育的纵向体系，持续培养创新型技术技能人才，是现代职业教育体系建设的主要内容，也是职业教育作为类型教育的根本所在。

我国在转型中迈向更高的发展阶段，需要聚焦解决“卡脖子”等问题，这些需要开展工程技术教育的高职院校不断深化专业体系、知识体系和人才培养体系的改革。因此，需要坚持统筹兼具的专业设置，以产教融合为抓手，深入分析工程技术岗位特质和工程技术教育人才素质结构，培养学生掌握综合性、技术性的专业知识和相应的技术技能，从而胜任工程技术岗位的要求，推动工程技术教育的跨越发展。

### （三）为科学家松绑

党的二十大报告指出：必须坚持科技是第一生产力、人才是第一资源、创新是第一动力。习近平总书记在众多场合反复强调人才是衡量一个国家综合国力的重要指标。人才是自主创新的关键，顶尖人才具有不可替代性。国家发展靠人才，民族振兴靠人才。人才是创新的第一资源，人才资源是我国在激烈的国际竞争中的重要力量和显著优势。创新驱动本质上是人才驱动。要用好科学家、科技人员、企业家，激发他们的创新激情。要学会招商引资、招人聚才并举，择天下英才而用之，广泛吸引各类创新人才，特别是最缺乏的人才。

推进实验室以科学家为中心，发挥特有的高精尖技术支撑平台集群优势，构建青年科研人才引育新生态，并实行“以才引才”策略，在全球范围高标准引进人才。为科学家松绑，让科学家将精力更加集中于科技创新上。

培养更多的科学家。继续适度扩大研究生尤其是理工类研究生和高新技术专业研究的规模，为未来科学家奠定基础。我国研究生培养的规模已经处于世界前列，但从研究生本科生的比例上看还有很大的增长空间。以美国为例，从1976年到2018年，美国研究生在学人数和本专科在学人数的比值一直在15%以上，而我国2018年比值才达到9.5%。要继续推进企业内培养科学家的步伐——科学家不只在高等院校和科研院所，创新型科学家更多地需要在企业培养和锻炼。

### （四）为企业家正名

科学技术是第一生产力，科技创新的主力来自于企业，企业是科技创新的主力。创新离不开企业，否则创新就成为无源之水、无本之木。2001年3月24日，时任福建省省长的习近平参加省企业家活动日暨表彰大会时指出：“我们要理解企业家、尊重企业家、爱护企业家、支持企业家。”2014年11月9日，在亚太经合组织工商领导人峰会上，习近平总书记强调，“市场活力来自于人，特别是来自于企业家，来自于企业家精神”。2017年4月18日，中央全面深化改革领导小组第三十四次会议指出，“企业家是经济活动的重要主体，要深度挖掘优秀企业家精神特质和典型案例，弘扬企业家精神，发挥企业家示范作用，造就优秀企业家队伍”。习近平总书记在2020年7月21日企业家座谈会上指出：“各级领导干部要光明磊落同企业交往，了解企业家所思所想、所困所惑，要支持企业家心无旁骛、长远打算，以恒心办恒业，扎根中国市场，深耕中国市场。”

从古代到现代、东方到西方，人们对企业家存在一定偏见，概莫例外。柏拉图和亚里士多德都鄙视商业活动，孔子对商人的评价也不高。在罗马时代和中世纪的西方，商人不能从政，也不能被封为贵族。中国也曾有“四民分业”的说法——《管子》说：“士、农、工、商四民者，国之石民也”。在四民之中，工商业者地位最低。《管子·轻重》说：“万乘之国必有万金之贾，千乘之国必有千金之贾，百乘之国必有百金之贾，非君之所赖也，君之所与。故为人君而不审其号令，则中一国而二君二王也”。这句话的意思是国家不能依赖商人，商人做大做强就可能与政府竞争。在实践上，中国古代存在对商人的歧视是当时社会的一大特征，如汉朝初年规定：“贾人不得衣丝乘车”，并且“重租税以困辱之”，“复驰商贾之律，然市井之子孙亦不得仕宦为吏”。更具侮辱性的措施是商人必须一只脚穿白色的鞋子，一只脚穿黑色的鞋子，头上要写贴自己名字；明朝的洪武帝朱元璋规定不允许商人穿丝绸衣服等。对商人的歧视延误了中国古代商品经济的发展，也是古代普遍收入较低的重要原因。现代社会中，企业家对于经济发展至关重要。真正市场经济的可持续发展必须依托内生性增长完成，这就需要充分释放企业家的创新精神。作为社会创新的主体，企业家全身心投入进行创造创新，需要得到制度和法律的保障，需要政策的相对“不变”。企业家精神只有在良好商业环境中才能更有效地发挥出来。因此，善待企业家、充分发挥企业家精神成为未来制造业发展的重要条件。

未来企业家不仅需要丰富的个人管理经验，还需要具有适应时代潮流的变革和治理企业能力。未来企业家体系需通过不断加强企业家变革与治理能力的培育，通过发展优质的企业家体制机制作出紧密结合区域发展的重大战略，更好地匹配经济发展与就业需要，使企业家做好企业与社会的连接器。同时，通过完善企业家体系督导与学习机制，使企业家意识到需不断学习，更新知识和企业管理理念，把企业发展理念摆进中国改革开放、经济发展的大潮流中，以适应未来社会经济的发展大潮。通过进一步完善企业治理结构，学习和借鉴国际经验和优秀企业的治理模式，以多元化企业管理模式为补充，提升企业家质量，将企业发展从历史延伸到未来，与未来社会更好地融合，进一步激发市场活力，与时代携手发展。企业家作为未来经济的重要推动者，需要充分了解经济周期和社会系统的发展规律，把市场中“看不见的手”原理融入企业体系，通过了解市场规律形成对企业体系的反哺，为企业持续注入能量，进一步给社会带来稳定因素，保证经济的快速运转。未来企业家体系应更多地关注社会大众的利益诉求，进一步形成良好的营商环境，同时，企业家应不断更新企业体系和管理模式，在给企业带来更多价值的同时给整个经济系统输入新能量，使经济系统持续稳定地发展。通过创造对社会有益的商业活动实现商业价值与社会价值的统一，实现经济社会的可持续发展。未来企业家不仅是为消费者提供产品和服务以此提升企业收益，还要考虑到企业的正外部性，通过兼顾绿色发展，将环境要素纳入未来企业家体系，培育未来企业家发扬可持续发展理念，增强企业绿色创新，为社会带来更多价值。追求企业经济效益之外的社会系统价值最大化，这才是未来企业家的应有之义。

授人以鱼不如授人以渔，比起一系列“雪中送炭”的政策救市举措，当下更重要的是重塑企业家信心特别是中小企业的企业家信心。比起外部形势压力，企业家信心低落带来的经济负面传导效应也是不容忽视的。企业家信心低迷将导致企业主动进行战略收缩，结局必然是通缩和经济下行压力的持续增大。长远看，应引导更多大企业对中小企业开放技术、市场、标准、人才等资源，构建业务协同、资源共享和利益共赢的产业生态，提高企业家获得感，为广大企业家送上政策面的“定心丸”。

（本章作者：踪家峰，南京大学长江产业经济研究院研究员）

# 第八章 县域商业体系建设和改善农村消费环境研究

近年来，中华人民共和国商务部（以下简称“商务部”）等部门以渠道下沉和农产品上行为主线，加快推进县域商业体系建设，在脱贫攻坚、乡村振兴与促进消费中发挥了积极作用。同时，受体制机制不顺、“补短板”不聚焦、政府与市场错位影响，县域商业体系建设在协同推进机制、推进效益和可持续性方面遭遇深层困境。应围绕深入贯彻党的二十大精神，着眼推动内贸高质量发展，充分考虑城乡融合发展和共同富裕，高度重视促进农民收入与农村消费“双提升”，加快优化部门间统筹协调机制，提升县域商业体系建设与县域消费需求的匹配度，聚焦县城补“渠道下沉”短板，聚焦健全农产品“上行”网络，补齐“最先一公里”短板，强化人才与数据支撑，尊重市场规律并强化可持续运营。

## 第一节 县域商业体系建设的理论与实践进展

### 一、县域商业体系建设的理论进展

#### （一）加快“三个下沉”的理论与现实必然性

加快县域商业体系建设，从“下沉”的角度，不仅是互联网企业挂在嘴边的“渠道下沉”，也是物流与供应链管理以及相关商品与服务的全面下沉。仅就渠道下沉而言，至少包括了如下层面的含义：（1）渠道位置的下沉，即从省会渠道到地市到县（县级市）再到乡镇、村级的逐步渗透；（2）相对于传统渠道而言是典型的“主动下沉”，即主动向下游渠道渗透；（3）面向零售终端或最终用户的下沉；（4）整个供应链和产业链的下沉，即包括制造商、代理商、零售商在内的以及商流、物流、资金流在内的全面下沉渗透。

就理论层面而言，加快上述“三个下沉”的基本理由是，“下沉”市场仍有巨大的可开拓潜力，向县域或“下沉”市场的业务拓展有助于实现市场范围扩展与分工深化之间的良性循环，实现企业可持续快速发展。在当前强调加快构建以内循环为主的双循环新发展格局和加快全国统一大市场建设的背景下，加快“三个下沉”的现实必然性包括：（1）消费市场整体降速而县域市场仍有较大潜力，城市消费市场趋于饱和倒逼企业将业务扩张的重点转向“下沉”市场尤其是县域市场。（2）县域收入增长与消费升级吸引企业向作为未来重要增长的县域市场“下沉”。（3）县域手机支付和移动互联网的普及为企业的供应链和服务向县域市场“下沉”奠定了良好的基础。（4）相比城市，县域线下实体商业发展明显更加落后，更加不透明、不便利，导致大型平台主导的电商在“下沉”中拥有更大的发展空间。而且，当城市消费者早已习惯网购时，县域电商市场方兴未艾，很多不知网购为何物的农民对电商的态度正从不信任、观望向逐渐接受转变，他们开始尝试从网上购买衣服鞋袜、家用电器，甚至铡草机、犁地机等农机具和化肥、种子、农药等其他生产资料。这也是很多电商企业纷纷将县域市场与“下沉”确定为基本发展战略的重要原因。（5）企业战略正好契合了政府促进信息消费与扩大内需的政策导向，契合了总体过剩的资本市场寻求高增长、高回报的需求，从而形成叠加机遇。

### （二）农产品“上行”的相关理论与现实特征

随着收入与生活水平的持续提升，城乡居民需要更多优质、新鲜、便利、健康、安全的高品质农产品，但目前无论是标准化、品牌化、绿色化水平都很难满足消费者需求，供需结构性矛盾突出，需要从品牌化、组织化、标准化等角度提升。但是，我国的农产品“上行”市场，仍然是由三个“汪洋大海”构成的典型复杂多元化市场：一是数以亿计的小规模种植养殖者形成的“生产者汪洋大海”；二是数以百万甚至千万计的小规模农产品运销商或经纪人形成的“运销者汪洋大海”；三是数以十亿计的收入差距较大且高度异质性的庞大消费群体形成的“消费者汪洋大海”。近年来，在以上三个“汪洋大海”中，越来越多的重要“岛屿”正在形成，一些大规模现代连锁超市迅速崛起并加入到运销队伍，一些大规模农产品加工企业正在迅速崛起，阿里、京东、拼多多等大型农产品电子商务交易平台正在产生越来越大的影响，期货市场也开始在某些农产品流通领域发挥重要作用，从而构成农产品生产流通体系升级的重要动力。但上述“岛屿”在整体上并未对传统生产流通体系的基础地位产生颠覆性影响，是农产品流通不得不面对的基本事实，也是我国特定的国情农情，在较长时期内难以根本扭转。与上述事实相伴随的，是农产品流通组织化程度偏低，农产品流通环节较多，农产品价格频繁波动以及农产品质量安全难以较好保障，都不应被简单视为纯粹的问题，相反，应被当成约束条件，当成经验研究的典型事实以及政策制定的基本出发点。

### （三）直营 VS. 特许：商业网点连锁化的机制

对于不同的业态，直营连锁与加盟连锁各有优劣势。对于便利店和快餐等业态而言，相比直营连锁，特许加盟是更适合的经营方式，因为往往在店铺产权归自己所有的情况下，店员才会更重视店铺盈利。采用直营方式经营的便利店，面临的最大竞争对手是“夫妻店”，后者最大的竞争优势就是所有者、经营者和雇员合一所产生的高效激励机制。因此，特许连锁可以在充分享受连锁店规模经济好处的同时，充分利用加盟商类似于“夫妻店”的激励－约束机制，即自我激励和自我约束。以使加盟商的经营绩效与连锁体系总部的利益保持一致。在资金不足却要尽快增加店面时，特许连锁是一种好办法。在特许连锁经营体系下，总部可以更多地专注于总部应该强化的品牌维护、标准化、产品研发、业务辅导、市场指导、供应链管理等诸多方面，而加盟商则更多地负责执行和落实，更接地气地为社区顾客提供优质服务。

### （四）数字化降低县域商业运营成本的机制

数字经济的快速发展，首先表现为数字平台的崛起。数字平台的崛起，离不开资本市场中巨额资本的持续推动，从最初的天使投资、创业投资到证券市场的一级市场、二级市场。数字平台发展遵循的最基本逻辑是资本逻辑或曰“股东财富最大化”的逻辑。数字平台作为“双边市场”或“多边市场”的强大交叉网络效应，导致大多数数字平台在短期内不敢也不能在乎盈利。投资者最在乎的，是平台用户数量和市场份额能否迅速扩张。因为用户（包括消费者与供应商）数量直接决定着企业估值，从而影响到“股东财富”。因而，数字平台的基本策略，并非在短期内盈利，反而是通过巨额亏损（所谓“烧钱”）大量补贴用户（在补贴消费者的同时也补贴服务提供者）。国内外资本市场之所以能瞄准长线在一段时期内持续亏损，与全球范围内利息率和资本收益率持续下滑以及各国量化宽松政策导致资本市场资金泛滥密切相关。

有强大的资本市场做后盾，有财力雄厚的数字平台作支撑，数字化能够实现从随机匹配或模糊匹配到精准匹配的转变，得以更高效地满足多样化、个性化和随时变动的复杂需求，更好地适应甚至创造出多种新型消费场景，其供需匹配之高效堪称“精准革命”。在数字平台上，数以亿计的消费者到不同的零售平台购物，在如此海量的数据下，对于平台上的经营者与消费者而言，其每个时点在平台上（包括 PC、WAP 和 APP 端）看到的页面都有差异。数据后台会根据消费者的历史购物数据、当前购物车数据、收藏夹中哪些东西尚未付款、优惠券领取情况、优惠券使用情况等相关数据，为每个消费者个性化推荐页面（业内术语为“千人千面”）。这场从零售业成功开启的“精准革命”已在美团、滴滴等其他服务业领域取得空前成功。平台在实现精准匹配的同时，还可以通过有效降低搜寻成本、复制成本、运输成本、追踪成本、验证成本等多方面的成本来降低县域商业运营成本。

### （五）如何全面客观看待县域商业“小散乱”

商业或商品“小散乱”，曾经被长期视为县域商业体系建设的一个基本“问题”。然而，无论是从中国国情，还是从资源禀赋相近国家的发展经验以及从经济理论的角度看，“小散乱”或许主要是我国县域商业体系在相当长时期内非常重要的阶段性特征，或曰非常重要的“特征化事实”。实际上，在整个东亚地区，无论是在日本和韩国，还是在中国香港、澳门和台湾地区，无论是县域还是城市，都有大量中小商业长期存在的坚实经济基础：第一，由于存在数量庞大的生产企业（尤其是在消费品生产领域），大量中小规模中间商（包括批发商和零售商）的存在，其实更有利于与小规模生产企业衔接匹配，从而可以使其产品更高效地流通。第二，东亚社会曾经长期以来重生产、重积累、轻消费，消费者收入长期偏低，消费支出也必然偏低，消费者习惯了高频率少量购买，对食品等日常必需品更是如此。又由于缺乏良好的储存方法且极为重视鲜度，家庭主妇多养成高频次购物习惯，从而又导致消费者的购物半径往往限于居住地附近，从而支撑了庞大的中小规模流通企业尤其是小型流通商的存在。第三，中小流通企业事实上成为失业者或灵活就业者的“蓄水池”，很多商业企业往往以维持生计为基本目的，从而在一开始就没有成长为大企业的念头。第四，数量庞大的中小流通企业在经济发展中具有“毛细血管”功能，承担着连接生产与消费的桥梁作用，是经济发展“最后一公里”的压舱石，其在经济发展中的“微功能”不容小觑。因此，即便商业或商品“小散乱”构成县域商业现代化进程中的一个问题，也是一个需要在相当长时期才能够逐步扭转的。

## 二、县域商业连锁化的路径与模式

### （一）超市业态通过“稳扎稳打”推动连锁化下沉

随着传统电商、同城配送和各种新型电商（包括社区电商、直播电商）等行业的崛起，零售市场份额被不断蚕食，传统商超行业整体上面临日益严峻的生存形势。在上述背景下，那些能持续推动网点“下沉”的零售商，基本上必须根植于相对比较有限的市场区域，稳扎稳打，不盲目扩张。

北京的超市发集团很好地贯彻了中华传统文化精华——“中庸之道”，在国有体制下最大限度地利用民营机制，在国内连锁超市加速“跑马圈地”的年代，始终坚持“立足海淀、辐射北京”的战略布局，坚持稳扎稳打，不盲目扩张，不做那些做不到和风险过大的事，减少了很多不必要的风险。自2004年以来，超市发开店尽可能确保开一家盈利一家，以保证企业发展的可持续性。超市发集团虽然在河北省张家口市、宣化市一带的县域也开设了一些连锁超市，但重点一直是北京，尤其是海淀区，其定位一直都是根植社区。至于当初在河北适当扩张其超市网络，主要是考虑到双向物流中的规模经济和范围经济：由于承德和张宣地区是超市发集团在河北省重要的农产品直采区域，因此，超市发集团采用双向物流模式降低配送成本，形成车辆运输资源的优化配置。另外，这种布局也可“一箭三雕”：可以更高水平地确保食品安全，同时也形成与河北当地超市的错位竞争（因为很多货源不同于河北当地超市的货源），另外还很好地利用了物流运能。这样北京的配送中心、河北的采购基地都可以很好地运转，形成真正的双向物流。超市发集团今后关于把京张、京承连成片、连成面的战略，也是以上思路的进一步延伸，体现的仍然是稳扎稳打的中庸之道。

一些经营业绩较好的民营超市集团，如湖南好润佳和许昌胖东来等，基本也都是根植本地，稳扎稳打，绝不盲目迅速扩张，包括对县域市场的扩张，也是类似路径。形成鲜明对照的是，很多借助资本市场和银行信贷力量，或总部强大财力支撑在全国范围内迅速扩张的连锁零售商，近年来都遭遇了不同程度的困境。无论是以家乐福、沃尔玛为代表的外资零售集团，还是以物美、永辉、步步高、大润发、人人乐为代表的传统连锁超市集团，以及以

“超级物种”“盒马鲜生”为代表的新零售业态，都在推动连锁化“下沉”的过程中遭遇了重大困境。

### （二）便利店业态通过特许连锁实现可持续发展

在便利店这种日益流行的商业业态中，成功者的直营店比例特别低，大多数店铺都是通过特许连锁实现快速稳健扩张的。出于资本投入、管理成本和激励约束机制等多方面的考虑，绝大多数成功的品牌便利店都是在将少量的直营店做成功后，以特许连锁加盟方式开设更多的店铺。在特许连锁加盟模式下的直营店，其主要功能是提供标杆、试点示范和人才培训。正反两方面的经验教训都表明，特许连锁经营方式在当下的中国有着强大的生命力和很好的适应性。很多在国内运行的良好的外资连锁便利店（包括 7 - ELEVEN、全家、罗森）都以特许连锁经营方式为主；与美宜佳一样发源于广东东莞的另一家比较成功的连锁便利店品牌合家欢也以特许连锁经营方式为主（已有 2100 多家门店）。很多凭借股权资本在短期内快速布局店铺的模式之所以遭遇重大损失，从表面上看是所谓的管理问题，包括选址不当、租金过高、培训缺乏、服务质量、服务态度、货品匹配度等，其实与直营这种产权关系密切相关。

### （三）通过组建统一/联合采购平台实现自愿连锁

在欧洲和日本，中小商业企业多依靠联合采购（或曰统一采购）、协同物流、共同配送、合作社、联号经营、自由连锁等多种方式实现“自组织”，得以最大限度地实现规模经济和范围经济，成为这些国家中小商业企业稳健发展并与大型流通企业集团抗衡的重要基础。进入新世纪以来，以河南“四方联采”为代表的采购联盟（由许昌胖东来商贸集团、信阳西亚和美商业股份有限公司、南阳万德隆公司、洛阳大张公司于 2002 年共同组建的联合采购、联手发展的自愿连锁组织机构），在自愿连锁（Voluntary Chain）和自组织方面进行了重要探索。联合采购，可以增强议价能力，助力企业降低成本，规范企业采购行为，抑制商业贿赂与采购人员灰色收入，可以弥补部分企业资金有限、采购规模小、采购范围窄、品目少、采购经验不足、对供应商无法形成吸引力等不足，还可以共享库存资源，降低运输费用。上述联合采购平台由最初的 4 家企业发展到 20 余家。基于联合采购所带来的规模经济与范围经济，很多成员企业得以以更低的成本直接从源头厂家大批量进货，从而确保卖出去的都是质优价低的高性价商品。另外，SPAR 等国际自愿连锁集团开始在中国大陆发展自愿零售连锁模式，已在山东、广东、北京、四川等8个省级行政区的41座城市，建立10座现代化配送中心和多座中央厨房（物流配送及中央厨房总使用面积达43万平方米）。SPAR品牌门店384家（据SPAR2019年度年报），销售面积81万平方米，通过统一门店标准，强化品牌知名度，优化供应链，统一采购，集合合作伙伴资源和规模让每个合作伙伴享受联手合作的实惠，销售额达122亿元，员工超过5万名。但是，联合采购并未成为国内流通企业的主导采购方式。在绝大多数地区，联合采购、协同物流、共同配送、合作社、联号经营、自由连锁（自愿连锁）等方式，仍有相当的改进空间。

### （四）县域商业特许连锁典型路径：美宜佳案例

美宜佳控股有限公司，是东莞市糖酒集团控股的企业。东莞市糖酒集团有限公司有着60年以上的历史，2002年由国营企业改制而来。美宜佳成立于1997年，是在美佳超市基础上发展起来的连锁便利店企业。自成立以来，美宜佳门店以广东省为中心，稳步布局全国，至2022年9月，连锁店数超过29000家，分布在20个省市200多座城市，形成广东、华中、华东、华北、西南五大发展区域，其中相当比例的门店都在县域。美宜佳的发展战略之一便是实现从“一线”到“五线”的全市场发展[①]。当前，美宜佳以便利店为主业，每年新增2000—3000间门店，月均服务顾客超过2亿人次，已成为国内规模最大的特许连锁便利店企业之一（按店铺数量排序已稳居全国前三）。

美宜佳将特许连锁视为关键路径选择。1997年，第一家挂着美宜佳标志的便利店以直营店形式在东莞开设，由于资金有限，加上有国外成功的便利店品牌（如7-ELEVEN）作为特许加盟的标杆，从第二家门店开始，美宜佳就采取了特许加盟模式。事实证明，美宜佳便利店选择特许加盟方式的路径是正确的。目前美宜佳连锁店门店数超过23000家，在实体零售市场形势日益严峻的背景下，美宜佳整体业务仍维持了较高速度的增长。通过在统一品牌、供应链管理（尤其是采购、配送、促销）和培训等方面形成的成熟制度，便利店品牌管理企业可以通过特许连锁经营方式，对加盟店铺（相当比例的店铺之前都是小微零售商）精准赋能。

---

① 国内很多本土商业品牌，包括太原的唐久和金虎、武汉的Today等，其战略目标都开始瞄准县域市场。

特许连锁是美宜佳关键的路径选择，而道路的选择往往决定了方向。尽可能确保每个单店都能盈利，是特许连锁经营模式持续稳健发展的秘诀。特许加盟模式的困境在于：在规模不大的时候，必须设法拓展规模；但规模大了以后又出现新的瓶颈——门店数量多、遍布广，管理容易失控，执行力也容易下降。上述困境恰恰是多数特许加盟模式一开始或最终陷于失败的根本原因。特许加盟的本质是平等合作与互利共赢，如果不能保证持续盈利，作为独立利益主体的加盟店就会采取各种办法毁损加盟基础。解决上述困境并实现特许连锁企业稳健发展的关键，就是设法让每个加盟店都实现可持续盈利。为设法实现上述目标，除了在选址和加盟店店主筛选等方面把关外，同样重要甚至更加重要的是高水平的供应链管理和服务。

美宜佳坚持统一采购配送，严把商品质量关，保障门店商品品质和利润。在配送上，建立多个常温配送和冷链物流配送中心，早在2015年就已实现全体门店常温商品两天一配，冷冻冷藏商品一天一配，保证了门店商品鲜度；在采购上，实现了40%以上的直营采购率，有效降低商品供货价格，持续提升门店销售毛利率；在配货上，配货准确率超过99%，订单满足率稳定在90%以上；在促销上，除每月常规促销外，不定期为门店提供各种线上线下促销支持，帮助门店发展忠诚会员，增强门店与顾客之间的黏度，提升门店竞争力。①

## 三、县域商业数字化的路径与模式

### （一）我国县域商业数字化的发展历程

我国县域商业数字化进程，主要体现为农村电商与农产品电商的持续快速发展。我国县域商业数字化的实践表明，包括农产品电商在内的农村电商，是发展数字经济、促进农村消费扩容提质升级和贯彻落实乡村振兴的重要抓手。过去十多年来，从最早的淘宝店，到阿里、京东、苏宁等相对比较传统的平台电商或垂直电商，到盒马、京东到家、叮咚买菜等生鲜电商，再到微店、微商城等社交电商，再到当前大热的短视频/直播电商、拼团等，县域商业数字化进程全面提速，迭代创新，显示出蓬勃生机和活力。

---

① 参见“美宜佳张国衡：单店盈利才能确保连锁企业成为‘不沉航母’”，《中国商界》2015年第11期。

我国县域商业数字化发展进程大体可分为三个阶段。

第一阶段，2015年之前的县域商业数字化发展路径探索阶段。2005年“中央一号”文件首次提及电子商务，此后十年间，“中央一号”文件从交易方式和电商平台建设等角度部署农村电商发展：2012年“中央一号”文件提出，发展农产品电子商务等现代交易方式；2014年“中央一号”文件提出，加强农产品电子商务平台建设。在政策与市场的双重推动下，以农村电商为代表的县域商业数字化经历了2005年前后的起步期、2006—2009年的小幅增长期、2010—2015年的规模化扩张期。到2015年，我国农村网络零售额达3530亿元。《电子商务“十三五”发展规划》提出，积极发展农村电子商务，开展电子商务进农村综合示范，积极开展电子商务精准扶贫等。

第二阶段，2016—2020年的县域商业数字化进入规模化、专业化发展阶段。商务部、农业农村部、国家发改委、中华全国供销合作总社（以下称“供销总社”）、中华人民共和国国家邮政局（以下称“国家邮政局”）等部门都加大了对县域商业数字化尤其是农村电商的支持力度，全面加快物流基础设施建设，完善县乡村三级农村物流体系，持续开展电子商务进农村综合示范，不断健全农村电商服务体系，支持涉农电商载体建设，加快发展新业态新模式。2016年以来，在促进消费品下行、农产品上行、推动农业数字化转型升级、带动农民就业创业增收等方面，县域商业数字化发展成效显著，成为推动脱贫攻坚、乡村振兴和数字乡村建设的重要抓手。商务大数据显示，2020年全国农村网络零售额达1.79万亿元（其中农产品网络零售额为4158.9亿元），是2015年的5.1倍，显著高于全国电子商务整体增速（2017—2019年，三年农村网络零售额平均增速比全国平均水平高5个百分点以上）。

第三阶段，2021年以来的县域商业数字化发展进入平稳增长的高质量发展新阶段。2021年，国家召开专题会，谋划县域商业体系建设，为县域商业数字化注入新动力。2021年印发的《“十四五”电子商务发展规划》突出电子商务与一、二、三产业融合，推动乡村产业振兴、数字乡村建设，大力实施“数商兴农”行动，加快完善农村电商生态体系。2021年全国农村网络零售额2.05万亿元，占全国网络零售额的15.66%，同比增长11.3%。2022年“中央一号”文件进一步明确实施“数商兴农”工程，继续推进电子商务进农村，促进农副产品直播带货规范、健康发展。2022年上半年，在社会消费品零售总额增速同比下降0.7%的背景下，全国农村网络零售额仍同比增长2.5%，其中农村实物商品网络零售额同比增长3.6%，农产品网络零售增长

11.2%（近年来增速放缓也与部分新平台、新模式未纳入现有统计范畴有关）[①]。

### （二）大型电商平台主导县域商业数字化

近十年来，大型电商平台面向农村市场进行了持续的数字化探索。以阿里、京东、拼多多为代表的大型电商企业面向农村市场持续深耕，依托技术创新与商业模式创新，重塑供应链产业链，推动农村电子商务发展成为高效链接县域供需两端、助力工业品下行和农产品上行的重要渠道，并有引领消费风潮之态势。基于社区团购的低价和低成本特性，为增加用户规模和黏性，众多社区团购平台加快在“下沉”市场布局。美团2021年上半年财报显示，已将数十万村民发展为团长。社区团购平台通过预售模式、微信私域获客、农村小店数字化改造，让农村拥有了品类日益丰富的“云货架”，扩大了农民采购商品的范围和种类，帮助村民们享受到更多实惠好货和便利服务。

从淘宝村、淘宝镇的数量增长，也可以看出大型电商平台主导县域商业数字化所带来的重大变化。2009年淘宝村只有3个，到2021年超过7000个，覆盖范围不断扩大，向欠发达地区渗透，并呈现集群化态势。大型平台电商还加快推动了农村生活服务类电商的快速发展。近年来，农村生活服务开启了数字化、在线化和智能化进程。新冠疫情暴发以来，农村生活服务在线化加速普及，餐饮外卖、在线教育、在线问诊、在线旅游等发展迅速。很多地方通过电商平台、社交网络、在线旅游和外卖平台等渠道，将本地特色商品、自然风光、文旅资源及时发布，带动乡村旅游、餐饮及民宿等产业发展，数字技术和电子商务正在深刻改变农村居民的生产生活方式。[②]

### （三）平台数字化赋能小微零售商的案例：零售通模式

阿里巴巴零售通是针对线下传统便利店推出的，集采购、供应链、门店智能经营、客户运营等于一体的数字化解决方案平台，旨在通过互联网实现对传统便利店的数字化改造升级，帮助传统便利店走向智能化、品牌化、连锁化发展的新尝试。经过4年的发展，零售通探索出一条分层实现传统小店数字化转型之路，为传统小店提供“三块屏幕”（分别是“零售通APP”、智能门店管理设备主屏和副屏）解决数字化、智能化问题，并利用“一个品牌”（天猫小店）进行品牌赋能，帮助优质小店采用轻加盟方式实现品牌化连锁化

① 参见中国国际电子商务中心：《中国农村电子商务发展报告（2021—2022）》，2022年9月。

② 参见中国国际电子商务中心：《中国农村电子商务发展报告（2021—2022）》，2022年9月。

发展。具体做法如下。

1. "零售通 APP" 帮助小店实现 "最佳供给"。具备营业执照的小店主进行简单的在线注册，即可登录 "零售通 APP" 进行采购。零售通平台聚集了超过 5000 个大型品牌商和经销商，商品种类丰富。

在供应链的搭建上，零售通联合菜鸟网络在全国 20 个省份搭建了全国 5 大区域仓和 35 个城市仓，覆盖全国 23000 多个乡镇街道。在这个两级自有的实仓仓配体系中，每家小店可以采购到接近 1 万种零售通利用大数据分析为小店精心挑选的适合本地售卖的商品。通过菜鸟配送网络，零售通对全量小店承诺送达时效，提供 "迟必赔" 服务。目前，接近 90% 小店已体验隔日送达的物流服务，在部分有城市仓布局的核心区域已实现次日达服务。

目前，"零售通 APP" 装机量已覆盖全国 150 万家小店，即有 150 万家小店通过手机屏幕，点击零售通 APP，线上化进行采购商品。既丰富了商品采购种类，又保证了商品质量，同时保证到货速度。

2. "小店大脑" 提供数字化经营及运营能力。自 2018 年 9 月起，零售通为小店推出 "如意" 智能门店管理设备——"小店大脑"，拥有面向客户和店主的两块屏幕。

面向客户的副屏系统支持人脸识别、刷脸支付，具备金融级别安全性，支持微信及支付宝支付，在方便快捷结账的同时，能够保障消费者账户安全。在此基础上，零售通提供小店整合营销能力，让大牌新品首发、新品派样、品牌满减等活动走进传统小店，消费者扫描副屏二维码即可享受优惠购。大大提升小店的客户运营能力，提高客户转化率及客单价，为小店提供最佳经营支持。2019 年 11 月起，零售通累计通过 "如意" 智能门店管理设备投放 1500 万张消费者优惠券，每月提升小店销售额超过 1000 余元。

面向店主的主屏系统集合店铺管理及运营服务于一体：支持 2970 万种商品扫码录入，取代传统的人力统计方式，为小店提供云库存管理服务，结合 "零售通 APP" 及菜鸟网络，已实现商品溯源管理；系统以大数据为技术依托，帮助小店分析经营状况，提供经营参谋，直联 "零售通 APP"，对于热销商品可以 "一键补货"；利用系统可以清晰查看某个商品在周边地区的价格波动走势，提供相应的定价建议；交易流水清晰，经营数据一目了然；可连通 "饿了么" 外卖，提供到店及到家两种服务，延展小店经营范围，为小店提供最佳运营支持。目前通过零售通 "如意" 智能门店管理设备已经帮助近 7 万家小店开通外卖服务，帮助小店月均收入增加 700 元。

目前，零售通已经通过 "如意" 智能门店管理设备，帮助 20 个省、201

个城市，接近16万家传统便利店实现了数字化转型升级，帮助小店在门店运营及经营上双管齐下。

3. 天猫小店轻加盟模式赋能。天猫小店是阿里巴巴零售通推出的，以加盟为主要形式的智能连锁便利店，是零售通分层实现传统小店数字化转型升级目标的终局。旨在通过品牌授权、大数据选品指导、供应链服务整合、信息化系统门店管理帮助传统便利店品牌化、连锁化、规模化、智能化发展，降低成本、提高坪效。

在已经完成“三块屏幕”转型的便利店中，对于具备较强新零售意识，面积在50—200平方米的便利店，在经过严格审核和筛选后，零售通对天猫小店品牌进行授权，帮助其利用品牌影响力增加小店信誉，提供更有针对性更加优质的服务。截至目前，全国已授权超过6000家天猫小店。天猫小店日均营业额平均达到5000元至6000元，与改造前相比，日均营收平均增长超过30%。

除具备供应链及门店智能运营能力外，天猫小店特点如下。

一是品牌升级。在保留小店所有权及注册名称的基础上，利用品牌溢价帮助小店提升品牌力和公信力。从店面的营销环境及客群动线管理上做定制改造，全面引入“天猫小店”元素，以轻加盟的形式助力小店品牌化发展。

二是选址及组货方案升级。对于新经营的天猫小店，阿里巴巴零售通利用大数据为新店主快速提供预选址周边商圈分析及顾客画像分析，有助于新店主快速精准选店定位，定制千店千面组货方案。

三是商品种类升级。在商品类型上，除了丰富的品类供给外，零售通为天猫小店还整合了“淘品牌”、天猫国际进口商品、淘乡甜优质农产品等，并且成为了部分大型品牌的新品首发平台，以保证天猫小店商品的多样性和竞争力。

四是经营指导升级。零售通为天猫小店主配置了专属行业运营专家提供运营指导，开设了线上天猫小店经营课堂及优秀小店分享，方便小店主随时随地提升门店管理能力。

天猫小店2.0版本推出后，新的天猫小店将采用督导模式，由专业的服务商协助小店主进行选品及运营，进一步提升统一采购、统一配送商品占比，让天猫小店的经营更趋于科学化、连锁化。零售通为所有小店主提供优质的售后服务，上线“迟必陪”“滞销陪”“贵必赔”“过期赔”服务，并用“零小贷”等金融贷款服务，帮助小店缓解资金压力。

## 四、县域商业现代化改造的路径与模式

### （一）县域商业体系建设与一刻钟便民生活圈相结合

很多地区开始将打造一刻钟便民生活圈作为统筹推进县域商业体系建设的重要内容。在江苏睢宁城区，建有旭旺、百盛的生活超市、生鲜超市等49家，主要分布在新老城区的居民小区、社区邻里中心，经营面积以300—2000平方米为主，主要经营主食、熟食、烘焙、果蔬、肉食、水产等生鲜商品以及食品、日杂百货等生活用品，单品数5000余种，加强店内生鲜和主食品类的占比，被定位为“小区门口的菜市场，千家万户的大厨房”，满足周边社区居民的日常生活所需。同时利用社区生活超市、生鲜超市遍布城区的网点优势，按照“互联网+服务”思维，推出“小旺优选”“百盛润家”等社区团购品牌，实现“线上下单，到店取货、免费送货”等服务，更好地服务社区居民，重点打造一刻钟便民生活圈。

### （二）通过农贸/集贸市场改造推动县域商业现代化

很多地区高度重视集贸/农贸市场改造。徐州市在完成县（市）城区老旧农贸市场改造的基础上，每年重点推进不少于10个乡镇集贸市场建设改造。通过老旧市场建设，进一步优化市场布局，美化、亮化内外部经营环境。推进有条件的县域农贸市场增加功能业态，引入综合超市、早餐店、洗染店、家政服务点、维修点等，丰富居民生活圈业态。

### （三）通过县域物流配送体系建设加快补齐关键短板

近年来，县域物流配送网络日益完善，邮政营业网点实现乡镇全覆盖，建制村全部通邮。“快递进村”比例超过80%，“交快”“邮快”“快快”等合作进一步深化，共同配送、客货邮融合等新模式不断涌现。国家邮政局数据显示，2021年农村地区收投快递包裹总量为370亿件，带动农产品出村进城和工业品下乡进村超1.85万亿元。[①] 2021年，我国农村电商物流指数保持平稳增长态势，全年均高于电商物流指数。

在物流配送体系建设中，一个非常重要的方面是冷链物流基础设施的持

① 参见中国国际电子商务中心：《中国农村电子商务发展报告（2021—2022）》，2022年9月。

续完善。截至2021年底，全国超过70%的农产品批发市场建有冷链设施。为推动冷链流通企业的健康快速发展，商务部会同国家标准委启动农产品冷链流通标准化试点示范工作，重点围绕肉类、水产、果蔬等生鲜农产品，确定了农产品冷链流通标准化试点企业和试点城市。电商企业积极参与"下沉"市场数字化基础设施建设，优化农产品供应链模式，助力农产品"出村进城"。①

**（四）发达县域商业综合体"下沉"乡镇：如皋案例**

近年来，随着城乡居民收入水平的提升与消费理念向便利、舒适、服务、体验型转变，集合了多种商业娱乐服务功能的商业综合体在各地应运而生，在不少城市开始出现饱和甚至过剩态势。县域尤其是乡镇由于受地域、交通、人口规模与消费需求等诸多方面的限制，其商业设施相对滞后，乡镇很少出现商业综合体。但是，在部分发达地区的县域，已开始出现商业综合体成功"下沉"至乡镇的案例。如皋业琛广场就是一个新建成的乡镇商业综合体，项目位于石庄镇的核心区域，紧邻城市主干道，交通便利。业琛广场面积4.6万平方米，地下1层，地上3层，以中产家庭群体为核心客群，辐射周边社区家庭消费客层。业态以零售、餐饮、亲子等业态为主，搭配其他休闲娱乐业态，可以全方位满足如皋西南地区居民的生活、休闲、购物需求。项目投资者立足于乡镇市场的易买得集团（该集团成立于2003年，已在如皋市的袁桥、葛市、常青、夏堡、搬经、石庄、雪岸等镇和如东县河口镇发展了8家连锁超市，总面积3万平方米，雇员600余人），聘请全国一流设计公司，引用如皋长寿文化为设计基础，打造了瑶池、天水、桃园、蓬莱、时光隧道等网红景点，让商业与如皋文化完美融合。广场设计为人车分流，拥有600多个停车位。该项目于2018年开始建设，2021年10月1日盛大开业。自开业以来，广场受到周边消费群体的喜爱，成为如皋西南板块最聚客的商业项目，开业当天客流达15万人次。广场发挥主力店及标杆品牌的引流效应作为客流保障，现有幸福蓝海影城、卡希尔儿童乐园、音乐汇KTV、易买得超市、昊泽健身、尚客优酒店等优质主力店以及Adidas、Nike、华为、老庙黄金、中国黄金、肯德基、兆丰年、德庄火锅、麦哲伦海鲜自助等精品零售餐饮品牌。餐饮及时尚服装在区域内享较高声誉，各业态的聚合形成了强大的品牌优势。经过近1年的稳定运营，为更好地服务消费者，广场不断调优提升品牌，补

① 参见中国国际电子商务中心：《中国农村电子商务发展报告（2021—2022）》，2022年9月。

齐缺失业态，引进标杆品牌商家入驻，屈臣氏、星巴克等品牌将陆续入驻。现日均客流稳定在1.3万人，日均销售额为80余万元；节假日客流超2万人，节假日销售额为100余万元；餐饮类年销售额超千万的品牌有4家。

## 五、各地持续发力加快推动农产品上行

### （一）传统市场主体持续助力农产品上行

首先是根植于县域的经纪人的营销能力持续提升，成为助力农产品上行的中坚力量。上述力量在主流媒体与学界叙事中是被严重忽视的。在当前中国以批发市场为枢纽的农产品流通体系中，最重要的主体就是高度依赖于批发市场的农产品经纪人。通过地缘、亲缘、业缘为基础的关系网络和互联网平台，土生土长、根植于农村的农产品经纪人及其非正式合作组织，已成为中国很多地区鲜活农产品流通的中坚和主体。在缺乏龙头企业和规范化合作社带动的情况下，很多地区的鲜活农产品主产区仍然实现了鲜活农产品的高效流通。关键在于，各地已成长起来一批具有高度适应能力的农产品营销主体（主体是农产品经纪人）——绝大多数比较成功的农产品经纪人都在农产品流通行业“摸爬滚打”多年，且过去多为农民或小菜贩。他们长期积累的农产品运销经验、社会网络（尤其是人脉）和关键信息，成为各地农产品流通体系最重要的人力资本和社会资本。大批农产品经纪人主导着农产品流通，农户与本地经纪人之间的密切非正式合作，成为种养殖户抗衡外地商贩的重要筹码。实际上，相当多的农产品经纪人与批发商正在或者已经演化为成功的新型配送专业商人和社区团购等新型营销方式的组织者、参与者。

近年来，上述传统经纪人借助互联网显著提升了营销能力。很多案例研究都发现，由于熟悉并掌握着农产品流通链上最多的资源，传统经纪人一旦投身电子商务，就能释放出巨大能量。通过团购、直播等新型交易模式，在缓解各地鲜活农产品滞销卖难危机的同时，也探索出一种通过基于消费者驱动的虚拟网购平台，联合传统经销商经纪人，直接无缝对接全国范围内的消费者与产地农民的供应链高效管理模式。传统经纪人实现基于互联网、基于消费者需求驱动的电子商务交易模式转换角色，并成为新兴流通模式的中坚力量，是完全可能的。2021年，全国淘宝村、淘宝镇电商从业人员达360万人（除一批大学生、企业家、退役军人等返乡就业创业群体外，更多的曾经是传统经纪人），交易额突破1.3万亿元，人均年销售收入超过36万元，电

商创业就业的带动效益增强。

### （二）农产品上行中农户的组织化水平提升

近年来，国家积极采取有力举措，突出抓好农民合作社和家庭农场两类农业经营主体发展。2022 年，印发《关于实施新型农业经营主体提升行动的通知》，引导支持新型农业经营主体高质量发展。截至 2022 年 3 月底，全国依法登记的农民合作社达 222.2 万家，辐射带动近一半农户。引导有长期稳定务农意愿的小农户根据产业特点和自身能力发展成为适度规模经营的家庭农场，纳入全国家庭农场名录系统的家庭农场超过 380 万个，其中种粮家庭农场达 161.7 万个，种粮面积达 2.1 亿亩。另外，合作社、联合社也呈现新进展。农业农村部启动了农民合作社质量提升、整县推进试点工作，着力发展壮大单体农民合作社、培育发展农民合作社联合社、提升县域指导扶持服务水平。

### （三）各地协同联动建立区域品牌联盟的探索

近年来，在大企业（尤其是平台型企业）和地方政府的大力支持下，不少地区都围绕建立区域品牌联盟展开了积极探索。拼多多通过“新品牌联盟”计划，采用客户直连制造商（C2M）模式与企业共同打造爆款产品，与东莞合作，引入上万家优质东莞企业和品牌，打造“东莞优品馆”。

除工业制成品外，农产品区域公用品牌也可以推动区域整体农业产业链的发展，促进地域农业转型升级，给当地农民带来增收和工作机会。阿里巴巴可以充分发挥自身能力，动员、联结和协同电子商务生态的力量，协助各县域政府快速、高质量完成“精品网货打造”（可卖）、“全渠道产销对接”（能卖）、“营销策划与执行”（好卖）、“服务生态建设”（擅卖）、“营造区域公共区域公用品牌”（巧卖）和“线上履约管理”（统筹）等核心任务，帮助县域生产企业和商家形成竞争优势并占领先机。同时，通过线上应用与线下服务，让县域企业的直销对接、直采对接、分销对接可以一站式完成，实现向全渠道产销模式的升级。阿里巴巴协助浙江龙泉围绕茶蔬菌菇，打造龙泉农师区域公共品牌，以唐代龙泉农师季大维为原型，通过品牌文化塑造、形象设计战略规划，将龙泉市农特农产品内容故事化、媒体化，形成农产品统一品牌特征与文化。农业主体可以通过申报获得品牌授权，享受免费的营销红利和品牌溢价，免除“有好产品，没好名片”的烦恼并获益。现已打造 12 款独立农品，授牌农业企业 11 家贴牌，品牌赋能效应初步形成。以特色产品香菇为例，通过龙泉农师品牌附加值及配套供应链优化服务，整体溢价 25%。

在品牌打造过程中，农产品标准体系的建设至关重要。中化农业现代农业技术服务平台（MAP）和阿里数字农业在洛川开展数字化产业升级计划，制定了苹果在糖度、酸度、外表、克重、果径、农残等方面清晰的标准体系；在供应链环节，通过西安产地仓的智能设备，开展数字化分选，确定每一个苹果的等级。四川峨眉山的豌豆尖通过与盒马（中国）有限公司合作，引入标准化种植体系，打造日日鲜系列产品，按照统一发放种子、统一播种、统一施肥、统一工人采摘的标准化种植体系，使得蔬菜种植方面有了质的提升，实现了从选种、种植、采摘、包装到运输的全链路标准化、可溯源，全面提升蔬菜品质，带动豌豆尖基地年亩产从 1500 斤提高到了 2000 斤，并帮助农户月收入由 3750 元增加到 7500 元。

**（四）通过新业态新模式助推农产品出村进城**

一是直播电商在县域商业的应用场景不断拓展。由于可以带给消费者更直观、更具互动的消费体验，农民学起来容易上手，叠加新冠疫情催化效应，直播带货在农村的应用场景不断拓展。“手机成为新农具、直播成为新农活、农民成为新网红”正在越来越多县域成为现实，直播电商正在成为农产品销售新渠道和农民增收“新路子”。通过短视频、直播来宣传、推介、代言优质农产品的农户、商家、县领导、明星越来越多，让很多“藏在深山人未识”的优质特色农产品，通过直播电商“终有时日露峥嵘”。一些村庄通过“短视频 + 直播”模式展示宣传，在线积极推动本地特色农货、文化旅游、餐饮住宿等资源。

二是电商直采数字农业基地实现快速发展。盒马、京东、拼多多等大型专业电商企业在很多地区建设了农产品直采基地，通过数字化助力农产品品种研发、生产流程优化及农产品标准研制，优化农业产业链资源配置。数字化产销渠道、数据要素和数字技术应用场景等资源，正在成为农产品品种研发、种植养殖、加工、存储、运输与流通多个环节数字化的重要基石。

三是以预制菜为代表的农产品加工业快速发展。新冠疫情的倒逼，“懒人经济”“宅经济”的兴起，都催生了包括半成品菜、速食菜、料理包在内的预制菜等新业态新模式的快速发展，成为优质特色农产品出村进城的重要渠道，也成为餐饮业的重要亮点。未来五年，全国预制菜的市场规模有望突破万亿元。预制菜系列产业的快速兴起，也促使预制菜电商标准陆续出台。2022 年

6月，京东超市与中国预制菜产业联盟联合发布并实施《佛跳墙预制菜产品标准规范》。

## 第二节　我国县域商业体系建设的主要问题

### 一、统筹推进县域商业体系建设，体制机制待健全

#### （一）相关部门间缺乏有效的统筹协调机制

近年来，商务部、国家发改委、农业农村部、供销总社、国家邮政局等部门均在不同项目下竞相推进县域商业尤其是农村电商建设：仅中央财政支持项目，就有商务部门牵头的电子商务进农村综合示范工程、供销总社牵头的“新网工程”国家发改委牵头的城乡冷链与国家物流枢纽建设专项、农业农村部门牵头的“互联网+”农产品出村进城工程（相关的计划为《推进农业电子商务发展行动计划》）和国家邮政局牵头实施的“快递进村”工程。2022年以来，县域商业体系建设整体由商务部门牵头，但不少具体工作仍由平级的其他部门（农业农村局、乡村振兴局、发改局、交通运输局、工信局、市监局、供销社与邮政公司）牵头。若缺乏有效的部门统筹协调机制，各部门各行其是、分头推进就成为常态。实际上，上述很多部门在推进电商进农村时建立了诸多电商服务站点，但未能进行资源整合，在广泛存在重复建设、重复补贴（很多农村基层网点同时挂了几个部委相关项目的牌子）的同时，很多重要领域未获政策扶持。

很多省的县域商业体系建设实施方案强调建立健全商务等多部门参与的县域商业体系建设工作协调推进机制或联席会议机制（如江苏省强调“建立健全商务、党委农办、发展改革、财政、自然资源、农业农村、邮政、乡村振兴、供销合作等多部门参与的县域商业体系建设工作协调推进机制，明确责任分工，形成工作合力”；贵州省强调“省级建立由省商务厅牵头、省直相关部门密切配合的联席会议机制，定期调度工作推进情况，会商解决工作中存在的困难和问题。各市（州）、县（市、区）比照省级建立联席会议机制，统筹推进县域商业体系建设工作”），会商解决困难和问题，但地方商务部门牵头或作为主要部门参与的工作协调推进机制或联席会议机制太多，且权威

性不足，在实际运行过程中，上述“分工不分家”的协调或会商机制效果并不好。尤其是到了市与区县两级层面，统筹协调与资源整合更是困难。加上在市场与政府间未能形成合力，导致规划或政策意见中提及的任务很难高水平高效完成。

### （二）相关行政管理体制机制与政策掣肘

2021 年，国家提出，“要完善对县域商业设施建设的用地、金融等政策支持。将县域商业设施、农产品产地流通设施建设纳入乡村振兴投入保障范围，对鲜活农产品运输给予快捷通行、车辆通行费用减免等支持”。但是，课题组调研发现，不少地区缺乏对商业设施建设用地的支持政策，尚未将县域商业设施、农产品产地流通设施建设纳入乡村振兴投入保障范围，也没有出台针对县域商业设施建设的金融支持政策。在用水、用电、用气价格方面，县域商业企业仍受到显著的政策性歧视，峰谷定价进一步加剧了市场主体的经营负担。某些地区反映，对鲜活农产品运输给予的快捷通行、车辆通行费用减免等政策支持在实际执行中被打了折扣。县域商业体系建设还受到住建、规划、土地等方面的体制掣肘。西部某基层商务局反映，该地某购物中心设施老旧、品质不高，拟拆除重建，但在现行规划、土地、住建体制下，除缴纳不菲的增容费外，还有繁琐的审批手续和大量预算外支出，业主方最后只能选择放弃。

食品安全管理体制也影响很多土特食品拓展市场范围，尤其影响其网上销售。相关文件规定，“食品生产加工小作坊的产品销售最多不得超出县级行政区域，严格限制食品生产加工小作坊的产品进入商场、超市等单位”。2016 年，深圳市发文规定，食品小作坊加工的食品不得在网上销售。湖北省发生过土特产食品被人拍照向工商部门举报为“三无产品”的事情，甚至恶意举报讹诈土特产食品加工者。

资金与项目管理机制也有待优化。即便只考虑商务部牵头的主要项目的中央财政专项资金，当前有关县域商业体系建设的专项资金额度就已非常可观，2022 年仅中央财政在服务业发展资金就安排了约 25 亿元支持加快农产品供应链体系建设和约 38 亿元支持实施县域商业建设行动。如果再算上农业农村部、供销总社、国家发改委和国家邮政局等部门牵头的项目和资金以及地方政府的配套项目和资金，众多项目与数额巨大的专项资金，在资金分配机制、项目建设机制、项目验收考核机制与资金使用效益都有较大的优化空间。

### （三）对县域商业体系建设规划不够重视

在很多地区，“重城市、重生产、轻农村、轻消费、轻流通”理念非常流行。在不少县域，要么未编制过正式的商业体系建设规划或商业网点规划，要么在编制规划过程中工作底数不清，未充分结合本地实际，导致发展思路、重点任务、建设路径和保障措施的科学性不足，可操作性不强，规划颁布后实施困难。其中一个非常重要的方面是，未能统筹考虑线下实体商业与网络零售之间的关系，未能充分考虑商业网点建设中县域内商业地产过剩风险的规避。

## 二、县域商业体系建设与消费需求的匹配度不高

### （一）商业网点建设未高度重视人口与市场需求的支撑

《县域商业建设指南（2021版）》将“市场主导，政府引导”作为基本原则，但在落实过程中，很多地区忽视市场对资源配置的“决定性”作用。尤其表现为，在规划和推动网点建设的过程中，严重忽视县域尤其是乡镇的人口与市场需求支撑，影响县域商业体系建设的可持续性。不少基层干部、企业家和农户都认为，由于交通状况持续改善，农民进城消费早已成为潮流。加上电商迅速发展，快递到镇进村，“只要有钱，不愁买不到想要的消费品”。在很多农户看来，担心农民因乡村网点/站点少或不够“现代化”而买不到适销对路的优质消费品是“杞人忧天”。西部某省商务厅文件提出，到2025年，全省乡镇商贸站数量不少于2200个，新设和升级改造的村级商业网点不少于10000个，每个行政村原则上应至少有1家农村便利店。但是，多数乡镇与行政村的人口数量持续下降，且加速老龄化。有农民戏谑，现在的乡村，越来越多的人正在因就业、居住或上学“漂”向甚至搬迁至县城和其他城市，“男漂”带“女漂”，“大漂”（青年和中年人）带“小漂”（小孩）和部分“老漂”（帮忙照顾小孩的老年人），乡村人口结构正在从“386199部队”（以留守妇女、留守儿童和留守老人组成）逐渐转变为单一的“99部队”（部分被调查村庄常住人口平均年龄超过65岁），而那些购买力较强和主要的购物决策者正在离开行政村和县城以外的乡镇。如果不顺应上述趋势，耗费大量资金新建、改造、升级乡镇和村级商业网点/站点，可能很快面临尴尬局面，即网点和物流设施建立起来后，需求却持续萎缩。很多商业网点、物流快递点

很可能被逐步废弃掉，从而造成大量浪费。调研表明，多数乡镇已经很难支撑成规模的商贸中心和规范化、连锁化商店。在江苏徐州、湖北荆州、湖南常德、山东临沂等地的调研都发现，很多乡镇和村级的商业设施都呈萎缩之势，商业设施空置化现象日益严重，原有的夫妻店和其他零售网点都在减少。在一些企业家看来，动用财政资金扶持村级和乡镇商业网点，类似揠苗助长，而且不公平。

### （二）部分地方政府低估了县域商业体系可持续运营的复杂性

很多地区在推动县域商业体系建设过程中，政府部门严重低估了县域商业体系可持续运营的复杂性。在部分地区，主管部门将县域商业中与城市商业不同的特点归结为问题和需要改造、提升的方面。实际上，很多问题并非真正的问题。如一些偏远山村的快递服务很难按“村村通快递”标准来建设，主要是因为订单少、货值低，山高路远、物流半径大，快递公司运货到村将得不偿失，所以大多选择与镇上代理点合作，打电话通知收货人自取，这其实是市场演化出的次优解决方案，是一种退而求其次的办法。又如大型连锁零售企业的网点以服务市区、县城与城乡接合部为主，只有少数大企业将网点延伸至乡村。湖南一家拥有30多个大卖场的连锁超市集团常务副总经理表示，他们曾将网点延伸至部分中心镇，但由于物流半径过大以及不适应乡村市场而最终放弃了乡镇网点。另外，政策执行过程未充分考虑地区差异性，简单移植发达地区和城市商业的经验，提出在短期内实现某些难以完成也没必要完成的约束性指标，片面强调改造、新建、提升、织密网点，无视配套条件，忽视运营复杂性与长期性。很多项目过度依赖政府尤其是中央财政补助资金，重点关注当期建设投入，缺乏长期运营的谋划与细致的成本－收益核算，在短期内尚可通过财政专项资金覆盖建设成本，但项目建成尤其是验收后，缺乏长期运营经费支持，经济－社会效益偏低，缺乏可持续性，甚至“年年建，年年喊，但年年没进展”。正如中部某县级政府官员指出的“农村商业建设流于表面，比较形式化，项目孵化能力和资本运作能力都很弱”。由于缺乏市场需求、产业基础、专业人才与资金实力支撑，不少县级电商公共服务中心孵化的电商企业或站点很快撤离，办公场所基本闲置。西部某县利用350多万中央财政补助资金建设的20个乡镇级和100个村级电商服务站，很多没发挥功能就歇业了。

### （三）市场主体高估县域需求并低估了市场开拓难度

很多大企业在高估县域需求的同时，严重低估了县域商业体系可持续运营的复杂性。超过9亿的用户（即便是仅仅计算县域的用户，也超过7亿），会让很多企业不自觉地夸大“下沉”市场的真实需求和发展潜力。实际上，很多地区和企业的经验都表明，“下沉”市场的生意很难做，很多企业都在“下沉”市场“折戟”受挫。即便如此，很多著名企业仍将目光投向以县域为代表的“下沉”市场，试图开拓新天地。

2017年，京东集团董事局主席刘强东宣布，京东便利店作为京东布局“下沉”市场的项目，5年后要开到100万家；2020年12月，京东将主攻“下沉”市场的“京喜”，由原来隶属于零售集团下面的事业部升级为事业群。阿里巴巴集团董事局主席张勇在2021年12月也明确表示阿里要从“下沉”市场寻求新增长。腾讯则从电商与视频两个方向入手探索如何在“下沉”市场获取流量。本就主打“下沉”市场的拼多多，在2021年提出“百亿农研计划”，将触角延伸至田间地头；2021年抖音推出“新农人计划2021”，对“下沉”市场的原创视频给予最高5000元的奖励。然而，正如汇通达总裁徐秀贤所言，“下沉”市场看似大海，其实是浅海，并不好做。经过艰难探索，京东便利店不仅未能在五年内开到100万家，反而节节“败退”，主攻“下沉”市场的“京喜”持续出现巨额亏损；阿里曾重点推动的农村淘宝业务已被称为“瘸腿”的农村淘宝，多数农村淘宝店或关闭或改为其他业态，还有不少转变为天猫优品店；农村淘宝的升级版本淘特因与“京喜”“淘宝”“拼多多”用户群体高度重合，也陷入“红海”。2022年登陆港交所号称“‘下沉’市场零售第一股”的汇通达，其毛利率也低于电商行业平均水平且逐年递减。

上述事实都表明，必须以更严谨的目光审视当下的县域和“下沉”市场。

## 三、县域商业体系建设的着力点尚需更加明确

### （一）未协同县域商业体系建设中“下沉”与“上行”

在2022年“中央一号”文件中，对于“三个下沉”与“农产品上行”是同等重视的，在篇幅上基本上等量齐观。商务部等17部门印发了《关于加强县域商业体系建设 促进农村消费的意见》，明确提出“以渠道下沉和农产品上行为主线，推动资源要素向农村市场倾斜，完善农产品现代流通体系，畅通工业品下乡和农产品进城双向流通渠道”。但是，很多地区在贯彻落实上述精神的过程中，有意无意忽略“畅通工业品下乡和农产品进城双向流通渠

道”，出现两种不同性质的偏差：一是在项目、工程、资金支持等方面将“三个下沉”与“农产品上行”割裂开来，未能做到两者间协同协调；二是很多地区出现“重下沉、轻上行”的不良倾向。在发展农村电商过程中，“农产品上行”难度明显偏大，不少地区存在发展三个“下沉”很积极，发展“农产品上行”动力不足等问题。多数农民未能真正融入电商产业生态体系，未能充分享受数字经济发展红利。

### （二）未高度重视县城在“三个下沉”的中心地位

近年来，县域常住人口整体下降，但乡镇和行政村两级人口大量流向县城，已有33.8%的县域人口集中在县城或县级市城区。在沿海地区，部分县城常住人口已超过本县常住人口的50%，且比例仍在提升。在苏南地区、杭嘉湖地区、珠三角地区及部分大城市郊区，县域的整体发展水平已超过很多地级市，甚至超过部分省会城市。在很多县域，县城日益成为人流、物流、资金流与信息流的中心，是就业机会的主要来源，是创业、就业、置业中心，也是优质公共服务中心，同时也是现代商业服务中心。简而言之，无论是发达地区，还是欠发达地区，很多县城仍是县域居民子女入学、就医、务工、购物的首选和置业兴业的重要选择（在很多中部县城，超过75%的商品房由县城以外的农民购买）。在上述背景下，加快以县城为重要载体的城镇化，推进县城公共服务、环境卫生、市政等领域设施提级扩能，与县城更新改造、打造一刻钟便民生活圈等工作结合，加快县城商业体系建设，让县域居民享受更好的教育、医疗和消费服务，可实现老旧街区更新、留住年轻人、创业就业机会增加、居民收入增长与县域消费扩张的良性循环。商务部强调加快建设“以县城为中心、乡镇为重点、村为基础的县域商业体系”，但县城在县域商业体系建设尤其是“渠道下沉”中的中心地位未得应有的强调，县城商业综合服务和辐射带动能力有待进一步提高。

### （三）未高度重视“农产品上行”与“最先一公里”

近些年国家虽然全面加强了农产品供应链体系建设和冷链物流体系建设的力度，但是，政策支持多聚焦于“最后一公里”，大城市和销地冷链有长足进步，“最先一公里”短板仍然突出，农产品上行动能仍不理想。很多企业家认为，相比更适合通过市场化方式解决的“渠道下沉”，政府应更关注难以通过市场化方式解决且公益性显著的“农产品上行”。农户们认为，“真正的问题是农民收入低，农产品卖不出好价钱”，“农产品物流成本太高，保鲜很难解决”。业界也普遍认为，农产品冷链物流的关键在农产品采摘后的“最先一公里”，解决“最先一公里”问题是典型的普惠性、基础性民生建设。

但是，我国农村冷链物流发展普遍滞后，直接后果之一就是果蔬等鲜活农产品在流通环节的平均损失率超过20%，相当于近亿亩耕地的果蔬浪费在“最先一公里”。其重要原因之一，在于产地预冷设施建设覆盖率偏低（目前的预冷率不足5%，发达国家普遍超过60%），多数果蔬采摘后没有及时进行预冷处理，导致即便在采摘后采取冷链运输方式，仍然会有较高的损失率。另外，多数生鲜农产品产地不仅缺乏预冷设备，也缺乏长期存储设备，很难在整个采摘后的链条上保证必要的鲜度，在影响产区调节供需、错峰上市能力的同时，也影响农民抵御价格波动风险能力与收入提升机会。农业生产季节性较强的特点，容易造成固定的预冷库阶段性闲置，而共享式移动预冷设备尚未普及。另外，由于农产品标准化和品牌化水平偏低，分拣加工设施不足，品控能力偏弱，影响必要的品级品质区分度，导致优质难以优价，无论是品牌，还是包装、冷链、物流、仓储和供货稳定性方面，都难以较好匹配电商渠道的需求。另外，基层反映，商务部农产品供应链体系建设原则上向中西部倾斜，但在执行过程中变成了只支持中西部。实际上，东部地区和发达地区的农产品上行与“最先一公里”也存在诸多短板，也需要加大政策支持力度。东部地区和发达地区因为有着更好的发展基础与配套条件，政策支持将会产生更好的社会效益。

另外，东、中、西部之间以及各省、各设区市、各县域之间的整体发展水平、人口密度与商业发展水平差异太大（在1866个县域中，常住人口超过100万的县域有92个，常住人口少于5万的县域也有106个），决定了县域商业体系建设实践、路径与模式必然是多样化、多元化、个性化的，无论是连锁化，还是数字化与其他现代化方面，尤其是着力点和重点的选择方面，必然有重要差异。

## 四、市场主体在县域的商业运营面临多重挑战

当前，作为县域商业体系建设尤其是渠道下沉的主力，市场主体除了要直面疫情防控政策的不确定性对企业运营的持续冲击外，还要面对如下挑战。

### （一）市场主体开拓县域市场的能力呈下滑趋势

县域商业体系建设与农村消费市场开拓的主力，是各种商贸流通主体和

物流主体。前文已析，农村市场开拓的难度绝不亚于城市市场。近年来，受新冠疫情和国内外经济下行影响，作为县域商业体系建设尤其是渠道“下沉”的主力，很多市场主体都遭遇不同程度的经营困境：很多大型连锁零售企业业绩显著下滑，2022年上半年主要电商企业网络零售额均出现历史性下滑，加上很多地区出现商业信用环境恶化（在很多地区，供应商与商贸企业间开始出现“账期短期化”甚至现金交易趋势），很多市场主体开拓县域市场的能力在下降。在上述背景下，政府项目与财政资金“一头热”不利于推进县域商业体系建设。

市场主体开拓县域市场的能力下滑，与县域商业的线下营商环境不优也有关。线下流通企业，是流通体系的中坚，是引导生产、扩大消费、繁荣市场、保障就业的基本载体。但是，近年来，很多线下流通企业经营困难，加上成本刚性上涨，前景不乐观，上述情况在县域更突出。相比线上经营为主的企业，线下企业的营商环境更不乐观——不得不与更多部门打交道（包括市监、税务、卫生、消防、城管等部门，该问题在欠发达地区尤甚），在选址方面因缺乏弹性而不得不承担更高的租金，税费负担比线上更重。如果县域的线下营商环境不能显著改善，网络零售凭借来自资本市场的巨额补贴持续侵蚀市场份额，将会使作为流通业中流砥柱的线下流通企业面临更糟糕的竞争格局。另外，直播带货等新业态存在货不对版、以次充好、言行失范、悲情营销、偷税漏税等不规范问题，在给行业健康发展带来挑战的同时，也冲击了线下企业的正常运营。

### （二）市场主体的数字化转型升级遭遇诸多困境

在县域内，很多市场主体都意识到必须加快创新转型，但在转型升级过程中遭遇多重挑战。（1）部分企业的数字化转型决策比较盲目。部分企业在未深入全面分析自身数字化转型必要性和可行性的前提下，就盲目推进数字化转型。由于转型方式、路径与企业的能力、资源、需求等不匹配，不少企业在数字化转型方面“烧钱”不少，但见效不明显，甚至出现巨额亏损。（2）企业内部对数字化转型的目的、方式、路径等方面思想不统一，直接导致数字化转型难以顺利推进。（3）企业内部太多的系统（有的企业有多达十几个甚至几十个系统），相互打通比较困难。（4）投入产出难以量化导致决策困难。（5）人才匮乏、人员结构老化和组织架构、激励机制不适应数字化转型要求。（6）实体企业的部分数字化经营业务受制于平台垄断的困扰。

实际上，成功地实现了数字化转型并实现线上线下深度融合发展的成功案例并不多见。线上线下两类业务的深度融合发展仍处于探索阶段，企业各部门间协作融合程度不高，无法实现线上线下营销活动的高效契合，其中的基本原因在于线上与线下在很大程度上遵循差异极大的经营逻辑，两种经营逻辑之间难以协同。以线上经营为主营业务的成功企业，遵循的基本逻辑是资本逻辑或曰股东财富最大化逻辑，可以在资本市场的支持下在较长时期内巨额亏损；但以线下经营为主的企业，如果持续亏损就只能关门大吉。经营逻辑的根本差异，决定了以线上经营为主的企业与以线下经营为主的企业必然采取差异极大的经营策略，从而也决定了那些拟实现线上线下融合发展的企业所要面对的深层次挑战。近年来，不少线下流通企业都在线上线下融合发展的转型升级中遭遇了严重挫折和巨额亏损。主营为零售的“苏宁易购（曾一度改名“苏宁云商”）”、步步高旗下的“云猴全球购”、大润发旗下的“飞牛网”、永辉旗下的“超级物种”，都在数字化转型过程中遭遇了重大挫折；在批发领域，典型的失败案例是两湖绿谷物流股份有限公司旗下由用友软件开发的农产品电子交易平台“中国绿谷网”。

### （三）县域商业可持续发展的生态体系有待完善

在农村或县域市场，现代商业发展总体滞后，相关服务商的数量和水平都难以满足行业快速发展的需要，软件开发、营销、运营、摄影美工、仓储物流、追溯防伪、人才培训、金融支持等诸多产业链环节都缺乏合格的市场主体，必然影响县域商业可持续发展。

县域现代流通体系的建设过程，也是不同业种、业态、类型的企业通过不同链接或组织形式相互开放资源、实现大型企业和中小型企业生态型共赢发展的过程。不同规模的流通企业应尽可能地实现错位经营，大型流通企业应以引导和创造消费需求为重点，中小型流通企业应以满足居民便利性需求、“活化”社区为市场定位目标，重点满足高购物频度、小范围购物半径的周边居民生活需求。但是，各种类型和规模的流通企业尚未实现良性错位发展，导致企业间的竞争过于激烈，不仅影响大型流通企业发展，而且制约着中小型流通企业的创新。2020年下半年以来，在新冠疫情对中小企业造成持续冲击的背景下，甚至还出现过互联网平台企业凭借资本力量利用巨额补贴打价格战，在客观上挤压中小流通企业生存空间的极端事件；部分实力雄厚的大型流通企业忽略特许连锁在快速促进中小流通企业“他组织”过程中的重要性，依托资本市场的巨额“低成本”股权资本（典型的预算软约束所致），更青睐直营连锁和快速开店方式，试图迅速扩大企业规模，在很快陷入失败的同时，严重恶化了市场竞争环境。

## 五、县域商业体系建设的相关知识短板待补齐

### （一）县域商业相关底数不全、不准、不及时

当前，县域商业建设相关的底数不完整、不准确、不及时，难以支撑政府与企业决策的数据需求。无论是国家统计局的数据，还是商务部的大数据、电子政务数据和部门统计监测数据（包括商贸流通业统计监测），以及农业农村部信息中心的数据，都缺少县城－乡镇－村级三级商业网点/物流快递设施数量及分布、主要品种农产品产量等方面的翔实、实时、准确数据。各省商务部门下发的文件，都要求“各县商务部门要对本地商业/物流体系建设情况进行摸底”，从侧面表明，各地商务部门对本地商业与物流体系建设的基本情况并不真正掌握。即便是在数据资料相对好一些的农村电商领域[①]，相关公共数据信息也分散在商务局、农业农村局、发改局和邮政公司等不同部门，缺乏必要的整合。农产品电商信息公共服务平台建设普遍比较滞后，即便是质量不太高（一般都是高估的）的相关数据，还分散在不同部门。一些大型电商平台企业虽已积累大量数据，但由于缺乏相应的激励机制，主动公开和分享行业数据的动力不足。

### （二）理论研究、案例研究与政策研究有欠缺

无论是县域商业体系建设与农村消费开拓，还是县域商业连锁化、数字化、现代化改造，都在不断产生新生事物，有很多新现象、新模式、政策问题与理论问题都需要进行专门的持续追踪研究。但是长期以来，受“重城市轻乡村”“重生产轻流通轻消费”等观念影响，商业体系建设和农村消费并没有真正受到重视，相关的理论研究、案例研究与政策研究均付之阙如。搜遍中国知网和主要的图书数据库，关于县域商业体系建设的专门研究非常少。国家社科规划办每年发布的研究指南和每年中标的国家社科基金、国家自科基金项目，也很少涉及县域商业体系建设领域。缺乏持续聚焦流通尤其是县

① 与商务部牵头实施的“电子商务进农村综合示范”等项目有关，因为要报项目，就必须上报相关的数据。

域商业体系建设领域的高水平专业流通智库和科研团队，研究水平停滞不前，研究成果未能有效回馈社会，对县域商业体系建设领域的新问题、新现象、新趋势的研究缺乏深度、广度、速度和创新性，与业界的交流、合作不够紧密，缺乏介入社会公共事务的渠道。

### （三）专业人才培养培训数量质量不符合要求

专业人才“难培、难引、难留、成本高”是很多布局在县域的工商企业面临的共同挑战。义乌等地的很多企业反映，县域内缺少既懂电商等现代流通技术又懂农业农村的复合性人才，加上多数县域商业发展生态和生产生活环境与城市差距较大，电商运营、直播带货等方面专业人才难找、难留和成本过高等难题依然存在。2014 年以来，国家通过“电子商务进农村综合示范”“农村电商百万带头人计划”“推进农业电子商务发展行动计划”等诸项目加大了电商专业人才培训力度。但农户反映，培训的针对性差，培训深度浅，不实用。基层干部反映，国家统一的培训费标准过低。[①] 如果参照上述标准，基本上请不到、请不起既有丰富实操经验又有娴熟培训技巧的培训师。为完成培训任务，部门多委托企业或培训机构开展培训，对培训效果并不真正在意。在很多地区，农村电商培训虽然免费且管饭，但农户报名积极性普遍不高，甚至常出现拼凑名额的现象。

## 第三节　推进县域商业体系建设和改善农村消费环境的建议

县域商业体系建设，是畅通国内大循环与全面促进消费的应有之义，也是全面推进乡村振兴与加快城乡融合发展的重要内容。结合县域商业体系建设的理论与实践进展以及调研发现的主要问题，课题组认为，应立足畅通国内大循环，聚焦“下沉”与“上行”的短板弱项，加快建设城融合的现代流通体系，健全县乡村物流配送体系，增强农产品商品化处理能力，着力发展“商贸带动型”现代化农业农村，全面释放农村居民消费潜力，助力全面推进

① 当前很多地区执行的规定是：副高级技术职称专业人员每学时最高不超过 500 元；正高级技术职称专业人员每学时最高不超过 1000 元；院士、全国知名专家每学时一般不超过 1500 元。讲课费按实际发生的学时计算，每半天最多按 4 学时计算，其他人员讲课参照上述标准执行，同时为多班次一并授课的，不重复计算讲课费。

乡村振兴。具体而言，包括如下方面。

## 一、优化县域商业体系建设统筹推进的体制机制

一是加快构建县域商业建设部门统筹协调机制。事实证明，当前商务部、国家发改委、农业农村部、供销总社、国家邮政局等部门平行交叉共同推进县域商业的“分工不分家”体制，虽能发挥多部门积极性，争取更多财政资金和项目支持，但由于缺乏有效的部门统筹协调机制，多个部门各管一摊、电商平台各自为政、物流企业千军万马，重复建设与重复补贴已成常态。很多省商务等多部门参与的县域商业体系建设工作协调推进机制或联席会议机制权威性不足，县域层面统筹协调与资源整合更困难。立足长远，应按产业链供应链整体推进逻辑，考虑产业生态和谐共生，下决心调整部门管理权限，彻底改变长期以来县域商业体系建设多头负责、切块管理、相互割裂的低效率格局，实现统筹协同高效推进。在近期内，可考虑强化更有力度和高级别的部门统筹协调，在项目和经费上加快整合，加快优化资金分配机制、项目建设机制与验收考核机制。

二是全面落实2021年国务院常委会县域商业体系建设专题会议精神。重点落实“要完善对县域商业设施建设的用地、金融等政策支持。将县域商业设施、农产品产地流通设施建设纳入乡村振兴投入保障范围，对鲜活农产品运输给予快捷通行、车辆通行费用减免等支持”，改变在用水、用电、用气价格方面对县域商业的政策性歧视。在补短板弱项尤其是基础设施建设方面，应该鼓励各地在住建、规划、土地等方面探索更灵活的体制机制，最大限度地降低业主的建设成本与运营成本。

三是加快编制县域商业体系建设规划或商业网点规划。各地应在加强调查研究、摸清工作底数和全面听取业界意见的基础上，增强规划科学性、预见性与可操作性，统筹考虑线下实体商业与网络零售的关系，明确发展思路、重点任务、建设路径和保障措施，加快编制县域商业体系建设规划或商业网点规划。

## 二、提升县域商业体系建设与消费需求的匹配度

一是在全面征求基层和企业意见的基础上加快修订《县域商业建设指南(2021版)》。基层和企业普遍反映，县域商业体系建设相关政策意见和《县

域商业建设指南（2021版）》的可操作性有待加强，不少指标尤其是约束性指标，有照搬发达地区之嫌，不符合很多县域市场需求的实际情况，有必要切实落实“市场主导，政府引导”“分层分类，因地制宜，实事求是”等基本原则，高度重视县乡村网点建设的人口与市场需求支撑，精减部分约束性指标，尤其是村级便民店的数量和覆盖率指标，降低网点大范围闲置废弃的可能性。如《关于支持实施县域商业建设行动的通知》附件强调，县城综合商贸服务中心、乡镇商贸中心和村级便民商店的数量和覆盖率，均为约束性指标，且在具备条件的地区要实现约束性指标在县乡村全覆盖。在个别发达省份，完成上述指标难度不大，但在多数省份（在文件中明确，县城综合商贸服务中心和村级便民商店不纳入中央财政支持范围），若不操纵数据，很多县域将很难完成部分约束性指标。

二是县域商业建业项目与资金支持应更多强调市场需求与产业基础。县域商业体系建设相关的很多项目，如“电子商务进农村综合示范”项目，其出发点是通过更好地发挥政府作用，帮助基础设施薄弱、电商发展意识较低的农村地区发展电商，以服务农民生产生活和促进农产品销售。在一些中西部地区的偏远县域，交通设施落后，缺乏市场需求支撑，产业基础薄弱，但是，由于项目指标倾斜及来自完成考核目标的压力，很多原本不适合发展电商的欠发达县域勉强上马电商产业，最后沦为缺乏竞争力的半拉子政绩工程。财政部、商务部印发的《关于支持加快农产品供应链体系建设 进一步促进冷链物流发展的通知》规定，2022年的建设项目向中西部倾斜，江苏等东部省份并未安排任何项目，但从市场需求角度，发达地区农产品冷链与相关基础设施升级的需求显然更大，而且同样面临准公共物品提供难题。在未来的项目安排中，向中西部倾斜本身没有问题，但也应该兼顾发达地区，因为发达地区有较好的市场需求基础，可以产生更好的试点示范效应。

三是顺应人口年龄结构与需求变化，加快县城社区商业发展与商业设施适老化改造。2021年末，我国65岁以上老人的占比已达14.2%，正式迈入深度老龄化社会，部分省份将很快整体迈入超老龄化社会（如江苏65岁及以上人口占常住人口比例已达17.04%，占户籍人口的比例已达18.32%），南通和泰州65岁及以上老年人口占比更是高达22.67%和22.01%，已迈入超老龄化社会。[①] 与此同时，由于大量年轻人从县域流失，县域人口老龄化的速度加

① 按照联合国给出的标准，某地区65岁以上人口占比超过7%，则进入老龄化社会；超过14%，则为深度老龄化社会；超过20%，则为超老龄化社会。

快。在老年群体占比日益提升的背景下，应该考虑将县域商业体系建设与“一刻钟便民生活圈”建设相结合，通过政策倾斜与补贴等措施，重点促进县域社区商业发展，提升社区商业多重社会功能与多领域综合服务能力，并将商业设施适老化改造作为重要的政策支持方向。

## 三、根据各地实际情况确定重点领域，补齐短板

一是将县城和强镇作为商业网点与渠道“下沉”的重点地区和首选。(1) 将县城更新改造、一刻钟便民生活圈建设与商业体系建设结合，鼓励流通企业通过数字化、连锁化等手段，对县城购物中心、综合商贸中心、超市等载体改造升级，强化数字赋能，加快打造消费新模式新场景，推动商旅文体多业态集聚，提升县城商业的综合服务和辐射带动能力，将县城打造成为农村消费升级的“排头兵”。(2) 在经济基础好、消费潜力大和交通便利的人口大镇、经济强镇，试点建设改造购物、娱乐、休闲等业态融合的乡镇商贸中心或商贸综合体。

二是以县城为关键节点推动农村物流配送体系“下沉”。(1) 在市场需求与产业基础较好的地区，以县城为关键节点，以布局建设物流配送中心为基础，完善县域物流配送体系，补齐仓储、配送等基础设施短板。(2) 适应农村网点分散、订单量少、频次低、物流半径大等特点，支持相关市场主体在仓储、分拣、揽件、运输与配送方面开展合作，加快推动统仓共配。(3) 加快建设产地仓，助力市场主体统一备货、集中发货，从而显著降低物流成本，提高物流效率。除分拣包装、检验检疫、仓储物流等基本功能，产地仓还可提供电商培训、品质溯源、仓内直播、一件代发、打造品牌等增值服务。

三是进一步健全农产品“上行”网络体系。(1) 继续加强农产品流通基础设施建设和改造升级，提升服务功能。依托农产品主产地、主销区、集散地，支持全国骨干农产品批发市场建设，重点加快欠发达地区的产地市场建设。聚焦重要流通节点和优势农产品产区，完善农产品集散中心和物流加工配送中心。促进农产品批发市场和农贸市场数字化、智能化升级改造，推动农产品生产、运输、仓储、消费数据互联互通、设施共享。(2) 稳步提升农产品商品化处理能力。加快推动农业标准化、品牌化进程，加大对市场主体在产地就近建设改造产地市场（包括田头市场）、集配中心、产地仓和低温加工处理中心的补贴力度，引导配备清洗、杀菌、加工、包装、分拣、分级、

仓储保鲜等设备，加快农产品运输、仓储设施专业化改造。（3）依托“互联网+”农产品出村进城工程和“数商兴农”行动，培育农产品网络品牌与电商主体，加快农产品电商发展。（4）助力打通农村公路“最后一公里”，支持村内道路建设与改造，有效串接田头市场、住户与邮政快递网点。（5）支持制定农产品数字化标准，让农产品在终端定价权、种养殖指导上有标准可循，促进农业质优价优高效发展。

四是加快补齐农产品冷链设施短板。加快建设覆盖农产品加工、运输、存储、销售的冷链网络，降低生鲜农产品流通领域损耗。（1）聚焦农产品主产区和特色农产品优势区，全面推进包括田头小型冷藏保鲜设施在内的农产品产地冷链保鲜设施建设，加快建设产销冷链集配中心。（2）加强农产品产地预冷、分拣包装、移动冷库等设施建设，发展产地低温直销配送中心，高度重视补齐生鲜农产品流通“最先一公里”短板。鼓励涉农企业购置、租赁共享式移动预冷设备。农业生产季节性较强的这一特点，要求国家应有针对性地鼓励涉农企业购置、租赁共享式移动预冷设备，以缓解预冷设备阶段性闲置难题。（3）支持产地“冷藏库”建设，通过长期储存农产品，稳定其因季节性上市造成的价格波动，稳定和增加农民收入。（4）加快“区块链”技术在农产品流通中的试点示范，让农产品流通环节更加透明，在更好地保障食品安全的同时，减少层层验货流程。（5）加强销地和集散地冷链分拨配送设施建设，推动批发市场及部分零售网点冷链物流设施改造升级，支持其配备农产品预冷、保鲜、温控、移动冷藏车等设备，引导电商、快递等市场主体建设配备冷藏、低温配送设备的前置仓与分拨仓，建设中央厨房等设施，提高“最后一公里”冷链物流服务效率。

## 四、做强做优县域商业体系建设的市场主体

一是在近期内全面助力市场主体纾困解难。在新冠疫情反复的背景下，中小微商业企业首当其冲遭遇困境，应加大对中小企业的纾困解难支持力度。对遭遇阶段性经营困境的大型商业企业，政府也应从融资、税费减免、社保费用减缓缴等方面提供实质性支持，提升其开拓县域市场的能力与意愿。

二是在长期中更加尊重企业主体地位与市场规律本身。政府应致力于营造公平营商环境和放心消费环境，助力基础性、普惠性基础设施建设。必须重视县域商业体系运营的复杂性和区域差异性，重视人口与市场需求的变化，不应片面强调改造、新建、提升、织密网点，动用财政资金扶持村级和乡镇

商业网点建设时必须高度谨慎。

三是要鼓励市场主体推动存量资源的共享合作。在推进县域商业体系建设过程中，应更加重视对存量资源的高效利用，通过合作、共享、共赢方式优化存量资源使用——这也正是县域商业体系建设推进得较好的地区的基本经验。如在完善县-乡-村三级物流配送体系过程中，应最大限度地整合平台电商、专业物流快递运营商、夫妻店、邮政等市场主体和当地农民的人力、物力（如三轮车、面包车、电动自行车等）、财力等资源，实现市场主体的员工与其他资源的高效共享，实现降本增效，降低资源闲置。另外，有必要推进电商服务站点（包括线下服务站点和配送点）与线下实体零售网点之间的合作共赢，鼓励农村电商服务站点、村邮站、供销社、便民店、农村运输站场、乡镇综合运输服务站等多站合一、服务共享。

四是重视从产业生态角度推进县域商业体系建设。（1）县域商业数字化进程，必然意味着非常复杂的产业生态，既要考虑传统电商交易平台、物流平台、平台卖家之间的关系，也要考虑与直播带货、小程序电商、社区团购、兴趣电商、信任电商、社交电商、短视频等新业态新模式的关系，以及与县域超市、便利店、夫妻店、连锁店等线下实体商业的融合，对县域餐饮、外卖、旅游、娱乐等生活服务场景的撬动。（2）围绕农产品“上行”，不仅涉及种养殖环节标准化、绿色化、品牌化等基础性工作，以及采摘、分拣、预冷、初加工、包装等多个商品化处理环节，还涉及储存、运输等方面的基础性工作（包括产地仓、前置仓、枢纽仓建设等），以及“最后一公里”的基础性工作，从而构成了一个非常复杂的产业生态。

## 五、强化县域商业体系建设的相关知识储备

一是加快弥补专业人才与数据方面的短板。引导建立企业、高校和政府部门合作的人才培养培训长效机制，重视发挥企业尤其是平台型企业的积极性，培养更多“村红”“带货主播”和其他新型实操型运营人才。

二是以县域商业体系建设行动为契机，健全国内贸易统计体系和组织架构，引导大型平台企业定期向商务部门报送脱敏后的公共数据，包括县域商业方面的数据。另外，基于现有统计来源以及未来更加丰富的统计数据，立足东中西差异，建立县域商业评价指标体系（发展指数）。

三是通过国家社科基金、教育部人文社科基金、各省市社科基金等渠道和商务部相关司局、地方政府商务部门特别委托等方式，聚焦县域商业体系

建设与农村消费的新现象、新问题、新趋势、新实践和新矛盾，围绕商业组织、布局、结构、监管，瞄准新技术、新模式、新业态、新标准与新规范，展开理论研究、案例研究与政策研究，并为业界和政界参考借鉴。高度重视与掌握数据的机构（主要是国家统计局、各地方统计局、中国国际电子商务中心、主要平台型企业）的合作，打造能更好地发挥统计和数据优势的新型智库，实现“数库”到“智库”的关键跨越。

## 六、县域商业建设与促进农村消费的配套政策

一是以稳步推进农民收入持续增长为前提。遵照国务院常务会议专题部署的加强县域商业体系建设的基本精神，促进农民收入与农村消费“双提升”。为此，必须更加重视构建农民收入持续较快增长的长效机制，实现农民人均可支配收入增幅持续高于城镇居民。在全国层面，应继续优化农民创业、就业环境，强化就业岗位供需衔接服务，创造条件让更多农民参与到农产品加工、储存与运销环节，挖掘农民财产性收入增长空间，加快释放改革红利、政策红利，推动权能变现，激活农村资源资产，让农民更多地分享财产性收益。在县域层面，应加快推进以县城为重要载体的城镇化建设，加快做大做强县城。将一刻钟便民生活圈建设、县城老城区更新改造、县域经济集群发展与推进县域商业体系建设有机结合，大力发展比较优势明显、带动农业农村能力强的富民产业，推进以产业为纽带的产城融合进程，可带来更多就业与增收机会，让更多农民在“家门口”创业就业，增强综合承载能力，增强县城商业综合服务和辐射带动能力，从而实现县城人口集聚、县城能级提升与扩大农村消费的良性循环，有利于协同推进新型城镇化与乡村振兴，促进农民增收和释放农村消费潜力。

二是以提升农村居民社会保障水平为支撑。进一步释放农村消费潜力，还必须改善农民支出预期。（1）稳步提高农村医疗保障水平，重点缓解农村居民看病难、看病贵等问题。推动农村基层定点医疗机构医保信息化建设；加快发展面向农村的远程医疗协作网；在有条件的地区深入推进紧密型医疗卫生共同体建设。（2）继续提高农村教育保障水平，重点缓解村校空、乡校弱、城校挤和农村教育质量差等突出问题。多渠道加快农村普惠性学前教育资源建设，扎实推进城乡学校共同体建设，建立健全城市优质校对农村薄弱校的帮扶机制。（3）稳步提高农村养老保障水平，重点缓解农村居民基本养老保险统筹层次低、养老金待遇低和保障功能弱等问题。加快推进养老保障

省级统筹，稳步缩小地区与城乡差距；加大农村居民基本养老保险财政补助力度；提升县级敬老院失能照护能力和乡镇敬老院集中供养水平。

三是全面改善县域商业营商环境。将简政放权、减税降负推动营商环境的行动持续好转向县城和县以下稳步拓展，为市场主体创新发展营造更加宽松公平的营商环境。对新业态新模式，应继续坚持鼓励创新、包容审慎、严守底线、线上线下一体化的监管原则，线上线下企业应基于同样的监管标准，严厉打击线上市场假冒伪劣、虚假宣传、消费欺诈等违法行为，切实规范线上营销秩序。对于土特食品，应探索更加灵活的监管方式。

（本章作者：徐振宇，南京大学长江产业经济研究院特聘研究员、南京审计大学教授）

# 第九章　长三角地区服务稳定全国宏观经济大盘研究

长三角三省一市经济总量约占全国1/4，是我国经济最发达、产业配套最完善、整体竞争力最强的地区，在国家发展大局中具有重要地位。在当前国际、国内发展环境不确定性日益增长的情况下，推动长三角地区经济增速保持在合理水平，以更好地发挥全国经济压舱石的重要作用，迫切需要采取更加精准具体的务实举措。产业是推动经济发展的重要载体，稳定宏观经济大盘关键是立足长三角地区产业发展基础和产业协同发展的现状，坚持问题导向，提出长三角三省一市通过产业分工与合作推进都市圈经济持续稳定增长，以更高水平、更高的质量服务全国宏观经济大盘稳定的思路与对策。

## 第一节　长三角地区产业发展现状与发展特色

### 一、长三角地区产业发展情况

长期以来，长三角地区生产总值占全国比重持续超过20%，呈现出明显的强劲活跃增长特征，长三角地区对全国经济影响力、带动力不断增强，对全国经济贡献率持续提高。客观分析长三角地区产业发展情况，明确产业发展的特色与优势，有助于我们准确把握长三角地区产业协同发展的现实基础。

#### （一）长三角地区产业发展总体情况

“十三五”期间，长三角地区第一产业、第二产业和第三产业占全国的比重分别为13.66%、25.30%和24.29%，尤其是制造业占全国比重长期维持在1/4以上，成为全国制造业名副其实的主阵地。

1. 长三角地区产业发展优势。为了准确界定长三角地区产业发展优势，本报告采用区位熵分析法，对长三角地区各产业在全国经济发展中的地位及总体情况进行定量分析，重点是对31个制造行业进行详细分析，以判断一个地区在特定产业的专业化程度，进而界定该地区该产业在全国的比较优势。首先，通过公式（9－1）的区位熵指数 $q$ 对长三角三省一市"十三五"时期的31个制造业产业进行比较分析。

$$q_i = \frac{r_i/r}{R_i/R} \qquad \text{（式 9－1）}$$

其中，$r_i$ 表示长三角地区 $i$ 产业的主营业务收入；$r$ 表示长三角地区制造业的主营业务收入总额；$R_i$ 表示全国 $i$ 产业的主营业务收入；$R$ 表示全国制造业的主营业务收入总额。如果区位熵指数 $q$ 大于1，则说明该制造业行业在长三角地区具有比较优势；如果小于或等于1，则说明该制造业行业欠缺比较优势。

根据测算结果，本报告将2016—2020年间长三角地区31个制造行业划分为具有相对优势、相对优势增强、相对优势减弱以及处于相对劣势四个等级，其中相对优势表示该行业在2016—2020年的区位熵指数 $q$ 持续大于1，相对优势增强表示该行业在2016—2020年的区位熵指数 $q$ 由小于1逐渐增长到大于1，相对优势减弱表示该行业在2016—2020年的区位熵指数 $q$ 由大于1逐渐下降至小于1，处于相对劣势表示该行业在2016—2020年的区位熵指数 $q$ 持续小于1。具体结果如表9－1所示。

表9－1　"十三五"期间长三角地区制造业分行业发展优劣势分布

| | 相对优势 | 优势增强 | 优势减弱 | 相对劣势 |
|---|---|---|---|---|
| 农副食品加工业 | | | | √ |
| 食品制造业 | | | | √ |
| 酒、饮料和精制茶制造业 | | | | √ |
| 烟草制品业 | | √ | | |
| 纺织业 | √ | | | |
| 纺织服装、服饰业 | √ | | | |
| 皮革、毛皮、羽毛及其制品和制鞋业 | | | | √ |
| 木材加工和木、竹、藤、棕、制品业 | | | | √ |
| 家具制造业 | | √ | | |
| 造纸和纸制品业 | | | | √ |

续表

| | 相对优势 | 优势增强 | 优势减弱 | 相对劣势 |
| --- | --- | --- | --- | --- |
| 印刷和记录媒介复制业 | | | | √ |
| 文教、工美、体育和娱乐用品制造业 | √ | | | |
| 石油、煤炭及其他燃料加工业 | | | | √ |
| 化学原料和化学制品制造业 | √ | | | |
| 医药制造业 | | √ | | |
| 化学纤维制造业 | √ | | | |
| 橡胶和塑料制品业 | | √ | | |
| 非金属矿物制品业 | | | | √ |
| 黑色金属冶炼和压延加工业 | | | | √ |
| 有色金属冶炼和压延加工业 | | | | √ |
| 金属制品业 | √ | | | |
| 通用设备制造业 | √ | | | |
| 专用设备制造业 | √ | | | |
| 汽车制造业 | √ | | | |
| 铁路、船舶、航空航天和其他运输设备制造业 | √ | | | |
| 电气机械和器材制造业 | √ | | | |
| 计算机、通信和其他电子设备制造业 | | | √ | |
| 仪器仪表制造业 | √ | | | |
| 其他制造业 | | | √ | |
| 废弃资源综合利用业 | | | | √ |
| 金属制品、机械和设备修理业 | | √ | | |

资料来源：作者根据各省市统计年鉴中的规模以上企业营业收入数据测算所得。

由表 9-1 不难看出，长三角地区的高端装备制造业相对优势明显，而传统加工制造业相对劣势明显，在家具制造业、医药制造业、金属制品业、机械和设备修理业、橡胶和塑料制品业等行业的相对优势呈现逐渐增强趋势。

2. 长三角地区产业发展趋势。在长三角地区产业发展优势分析的基础上，本章进一步采用比较行业增长率分析法，通过公式（9-2）比较各行业2016—2020 年营业收入增长率与长三角地区生产总值增长率的相对变化，进一步明确长三角地区产业发展的动态变化。

$$Trend_i = \frac{\Delta r_i}{\Delta GDP} \quad （式 9-2）$$

其中，$Trend_i$ 表示长三角地区 $i$ 产业的变化趋势；$\Delta r_i$ 表示长三角地区 $i$ 产业的营业收入增长率；$\Delta GDP$ 表示长三角地区生产总值增长率。若 $Trend_i$ 大于 1，则说明该制造行业在长三角地区处于加速发展阶段；如果小于或等于 1，则说明该制造行业处于调整转型中。

根据测算结果，可以得到如表 9-2 所示的结果，长三角地区处于加速发展的制造行业共有 14 个，而处于调整转型阶段的制造行业则有 17 个。

**表 9-2　“十三五”期间长三角地区制造业发展优劣势分布**

| 加速发展行业 | 调整转型行业 |
|---|---|
| • 烟草制品业<br>• 石油、煤炭及其他燃料加工业<br>• 医药制造业<br>• 橡胶和塑料制品业<br>• 非金属矿物制品业<br>• 黑色金属冶炼和压延加工业<br>• 有色金属冶炼和压延加工业<br>• 金属制品业<br>• 通用设备制造业<br>• 专用设备制造业<br>• 汽车制造业<br>• 计算机、通信和其他电子设备制造业<br>• 废弃资源综合利用业<br>• 金属制品、机械和设备修理业 | • 农副食品加工业<br>• 食品制造业<br>• 酒、饮料和精制茶制造业<br>• 纺织业<br>• 纺织服装、服饰业<br>• 皮革、毛皮、羽毛及其制品和制鞋业<br>• 木材加工和木、竹、藤、棕、制品业<br>• 家具制造业<br>• 造纸和纸制品业<br>• 印刷和记录媒介复制业<br>• 文教、工美、体育和娱乐用品制造业<br>• 化学原料和化学制品制造业<br>• 化学纤维制造业<br>• 铁路、船舶、航空航天和其他运输设备制造业<br>• 电气机械和器材制造业<br>• 仪器仪表制造业<br>• 其他制造业 |

资料来源：作者根据各省市统计年鉴中的规模以上企业营业收入和地区生产总值数据测算所得。

### （二）各省市产业发展情况

1. 上海市。上海是长三角地区的龙头，产业发展水平和产业创新能力处于领先水平。在产业发展结构上，2021 年，上海三次产业结构为 0.2∶26.5∶73.3。其中，工业战略性新兴产业总产值占全市规模以上工业总产值的比重达到 40.6%，比上年提高 0.6 个百分点；同比增长 14.6%，高于同期规模以上工业总产值4.3个百分点。在产业发展体系上，《上海市战略性新兴产业和先导产业发展“十四五”规划》明确了上海“六大重点工业行业，九大战略性新兴产业，六大未来产业”架构的产业格局（见表9－3）。在产业空间布局上，《上海市国民经济和社会发展第十四个五年规划和二〇三五年远景目标纲要》提出要加快形成“中心辐射、两翼齐飞、新城发力、南北转型”的空间新格局，促进市域发展格局重塑、整体优化。

表9－3 上海产业布局整体情况

| 六大重点产业 | 九大战略性新兴产业 | 六大未来产业 |
|---|---|---|
| • 电子信息产品制造业<br>• 汽车制造业<br>• 石油化工及精细化工制造业<br>• 精品钢材制造业<br>• 成套设备制造业<br>• 生物医药制造业 | • 集成电路产业<br>• 生物医药产业<br>• 人工智能产业<br>• 新能源汽车产业<br>• 高端装备产业<br>• 航空航天产业<br>• 信息通信产业<br>• 新材料产业<br>• 新兴数字产业 | • 光子芯片与器件产业<br>• 基因与细胞技术产业<br>• 类脑智能产业<br>• 新型海洋经济产业<br>• 氢能与储能产业<br>• 第六代移动通信产业 |

资料来源：作者根据上海市相关产业规划整理。

2. 江苏省。江苏是长三角地区生产总值排名第一的省份，其制造业发展水平和创新能力处于区域领先水平。在产业发展结构上，2021年江苏三次产业结构为4.1∶44.5∶51.4。其中，工业战略性新兴产业、高新技术产业产值分别占规模以上工业比重达39.8%、47.5%，分别比上年提高3个、1个百分点。规模以上高技术服务业营业收入同比增长18.1%，对全省规模以上服务业增长贡献率达32%。高技术产业投资比上年增长21.6%，高于全部投资同期增速15.8个百分点。数字赋能动力强劲。规模以上工业中数字产品制造业增加值比上年增长19.7%，高于规模以上工业同期增幅6.9个百分点。规模以上服务业中互联网和相关服务营业收入比上年增长27.5%。在产业发展体系上，《江苏省国民经济和社会发展第十四个五年规划和二〇三五年远景目标纲要》围绕“聚力打造制造强省，积极构建自主可控安全高效的现代产业体系”，对江苏在全球产业链、供应链、价值链中提升位势和能级提出了具体举措。在产业空间布局上，《江苏省国民经济和社会发展第十四个五年规划和二〇三五年远景目标纲要》更是从培育壮大先进制造业集群、大力发展战略性新兴产业、激发传统产业发展动能等方面为制造业高质量发展指出了具体路径，并通过实施“531”产业链递进培育工程（见表9－4），着力培育50条重点产业链，做强30条优势产业链，推动10条卓越产业链快速提升。

表9－4　　　　江苏“531”产业链目录

| | |
|---|---|
| 50条重点产业链 | 特高压设备、晶硅光伏、风电装备、智能电网、起重机、农业机械装备、应急装备、挖掘机、路面机械、车联网、工业互联网、传感器、品牌服装、化学纤维、纺织加工、纺织设备、先进碳材料、纳米新材料、特钢材料、高温合金材料、生物医药、新型医疗器械、化学药、中药、集成电路、高技术船舶、海洋工程装备、豪华邮轮游艇、轨道交通装备、航空发动机和燃气轮机、工业机器人、高档数控机床、民用航空装备、水污染防治设备、高效节能设备、大气污染防治设备、固体废弃物处理设备、大数据＋、信息技术应用创新、工业软件、5G、人工智能、动力电池、新能源汽车充电桩、氢燃料电池汽车、新型显示、液晶显示（LCD）、有机发光二极管（OLED）、酿造（酒）、食品机械 |
| 30条优势产业链 | 特高压设备、晶硅光伏、风电装备、起重机、农业机械装备、应急装备、车联网、工业互联网、品牌服装、化学纤维、先进碳材料、纳米新材料、特钢材料、生物医药、新型医疗器械、集成电路、高技术船舶、海洋工程装备、轨道交通装备、航空发动机和燃气轮机、工业机器人、高档数控机床、水污染防治设备、大数据＋、信息技术应用创新、工业软件、5G、动力电池、新型显示、酿造（酒） |
| 10条卓越产业链 | 特高压设备、起重机、车联网、品牌服装、先进碳材料、生物医药、集成电路、高技术船舶、轨道交通装备、大数据＋ |

资料来源：作者根据江苏省相关产业规划整理。

3. 浙江省。浙江是长三角地区重要的社会主义现代化先行省，数字经济引领经济发展是其突出特色。在产业发展结构上，2021年浙江省三次产业结构为3.3∶40.8∶55.9。其中，以新产业、新业态、新模式为主要特征的“三新”经济增加值占GDP的比重为27.8%。在战略性新兴产业中，新一代信息技术、新能源、生物、节能环保产业增加值分别增长18.7%、20.4%、14.4%和13.7%。在产业发展体系上，浙江省早在2017年政府工作报告中就提出，浙江未来重点打造的是信息、环保、健康、旅游、时尚、金融、高端装备制造和文化等“八大万亿产业”，建立起实体经济、科技创新、现代金融、人力资源协同发展的现代产业体系。在产业空间布局上，《浙江省国民经济和社会发展第十四个五年规划和二〇三五年远景目标纲要》提出要“把发展经济的着力点放在实体经济上，全面优化升级产业结构，打好产业基础高级化和产业链现代化攻坚战，加快建设全球先进制造业基地，做优做强战略性新兴产业和未来产业，加快现代服务业发展，形成更高效率和更高质量的投入产出关系，不断提升现代产业体系整体竞争力”（见表9－5）。

表9－5　浙江产业链、产业平台与产业政策布局

| 十大标志性产业链 | 六大产业平台 | 六大产业现代化政策 |
|---|---|---|
| • 数字安防<br>• 集成电路<br>• 网络通信<br>• 智能计算<br>• 生物医药<br>• 炼化一体化与新材料<br>• 节能与新能源汽车<br>• 智能装备<br>• 智能家居<br>• 现代纺织 | • 高能级战略平台<br>• 开发区（园区）<br>• “万亩千亿”新产业平台<br>• 农业产业平台<br>• 现代服务业创新发展区<br>• 省级特色小镇 | • 制造业高质量发展体制机制创新<br>• 制造业基础再造与产业链提升<br>• 服务业改革开放政策<br>• 促进物流降本增效<br>• 先进制造业与现代服务业融合发展<br>• 质量基础设施“一站式”服务 |

资料来源：作者根据浙江省相关产业规划整理。

4. 安徽省。安徽是长三角地区重要组成部分，近年来其产业结构不断优化，产业创新能力不断增强。在产业发展结构上，2021年安徽省三次产业结构为7.8:41.0:51.2。其中，规模以上工业中，高技术制造业增加值比上年增长27.4%，占规模以上工业增加值比重为13.6%；装备制造业增加值增长15.5%，占规模以上工业增加值比重为33.8%。战略性新兴产业中，新一代信息技术产业、新能源汽车产业产值分别增长31.2%和31%。在产业发展体系上，安徽不断加强“政产学研用金”六位一体融合发展，提出实施“4＋N”未来产业培育工程计划，前瞻布局量子科技、人工智能、未来能源、生物医药等未来产业，探索发展类脑智能、极限科技、超材料等一批未来产业，着力打造世界量子中心、科大硅谷、中国声谷、蚌埠传感谷等未来产业名片，培育未来产业创新主体，积极抢占未来产业发展先机。在产业空间布局上，《安徽省国民经济和社会发展第十四个五年规划和二〇三五年远景目标纲要》提出“要把做实做优做强实体经济作为主攻方向，大力实施制造强省、质量强省战略，一手抓战略性新兴产业发展壮大，一手抓传统产业转型升级”（见表9－6）。

表 9-6 安徽产业布局整体情况

| 十大新兴产业 | 四大新型制造工程 | 四大服务业重点工程 |
|---|---|---|
| • 新一代信息技术产业<br>• 人工智能产业<br>• 新材料产业<br>• 节能环保产业<br>• 新能源汽车和智能网联汽车产业<br>• 高端装备制造产业<br>• 智能家电产业<br>• 生命健康产业<br>• 绿色食品产业<br>• 数字创意产业 | • 智能制造<br>• 绿色制造<br>• 精品制造<br>• 服务型制造 | • 现代金融<br>• 会展经济<br>• 文旅观光<br>• 商贸流通 |

资料来源：作者根据安徽省相关产业规划整理。

## 二、长三角地区产业发展特色

近年来，长三角地区产业规模持续扩大、产业结构不断趋于优化、产业分工趋于深化、产业创新能力不断加强、产业区域布局日趋合理，为长三角地区产业持续转型升级与区域协同发展奠定了坚实的基础。

### （一）长三角地区产业发展总体特点

1. 产业规模持续扩大。2021 年，上海、江苏、浙江、安徽的规模以上工业企业增加值同比增幅分别为 11.0%、12.8%、12.9% 和 10.9%，长三角地区平均规模以上工业企业增加值增长率高于全国平均增速 2 个百分点，长三角地区制造业增加值占地区生产总值比重占比全国最高，区域内先进制造业集群规模占规模以上工业比重持续提高，成为工业经济发展的“稳定器”。

根据本课题组统计，截至 2021 年底，长三角地区拥有制造业上市公司达 1014 家，市值合计 13.58 万亿元，占长三角地区全部上市公司比重分别为 69.45% 和 61.12%。在全国制造业上市公司中，长三角地区上市公司数量和市值占全国比重分别达到 38.29% 和 29.56%。从链主企业、龙头企业，到作为产业链关键环节的“专精特新”企业，各条产业链上骨干企业正不断壮大。

2. 产业结构趋于优化。长三角地区产业基础雄厚，是稳定国内制造业比重的主战场。“十三五”时期，长三角地区经济结构战略性调整和转型升级加快推进，三次产业发展的协调性显著增强，三次产业结构由2016年的4.9∶42.9∶52.2调整至2020年的4.1∶39.5∶56.4。三次产业结构的主要变化在于第一、二产业比重持续下降，第三产业比重显著上升。尽管长三角地区制造业比重有所下降，但在制造业内部构成中，劳动密集型制造产业占比逐渐下降，而资本密集型和技术密集型制造产业的占比则有不同程度的提高，显示出长三角地区制造业的内部结构在不断优化。

3. 产业创新能力不断加强。城市群是优质生产要素的聚集地，长三角地区是我国三大超级城市群之一。以上海为龙头的长三角地区是我国经济高度发达、制造能力强、创新链条各环节分布相对均衡的区域，具有科技、资本、市场等资源丰富的比较优势，是科技与产业深度融合、创新能力较为突出的区域之一。长三角地区拥有雄厚的科技创新资源，425所高等院校中包括8所“双一流”大学（占全国的20%）和25所211高校，2个国家综合性科学中心分别坐落在上海和合肥，更拥有15项大科学装置、74家国家重点实验室、上千名两院院士及大量跨国公司研究机构、高端人才和国内知名高科技企业等。

2021年，长三角地区研究与试验发展（R&D）经费投入8324.57亿元，占全国R&D经费投入的比重为29.9%。在创新基础设施方面，长三角地区科技资源共享服务平台集聚重大科研基础设施共23个，大型科学仪器37912台（套），国家级科研基地315家，服务机构2403家；在创新成效方面，长三角地区科创辐射效应显著，全年专利授权数量达到143.83万件，区域内技术交易合同输出超1.4万项，交易额超540亿元。

### （二）各省市产业发展特点

1. 上海市。从三次产业构成看，“十三五”期间，上海第三产业增加值占比持续超过70%，已经成为支撑上海经济发展的主要力量。在制造业领域，战略性新兴产业对工业的引领带动作用不断增强，从营业收入的占比来看，“化学原料和化学制品制造业”“通用设备制造业”“汽车制造业”“计算机、通信和其他电子设备制造业”占比分别达到了8.74%、8.39%、21.76%和15.41%，成为上海制造业中的支柱行业。同时，上海市产业发展呈现出高度集聚化、园区化的特征。2022年初发布的《上海市产业园区转型升级“十四五”规划》中指出，到2025年，全力打响5个具有全球影响力的园区品牌、

50 家特色产业园区和 50 个精品微园，加快建设 7 个数字化转型示范区和 5 个数字新基建标杆园区，规模以上工业总产值超千亿元园区达到 15 个，完成 10 个重点产业发展区域整体转型升级，更新盘活产业用地 50000 亩，园区高新技术企业达到 12000 家。

2. 江苏省。作为江苏经济压舱石，2021 年制造业增加值在江苏省地区生产总值中的占比达到 35.8%，贡献了全省 1/3 的 GDP 和 40% 的税收，是江苏省名副其实的第一大产业。江苏制造业规模在全国位居前列，6 个先进制造业集群数量位居全国第一，国家级制造业单项冠军和“专精特新”“小巨人”企业分别达 104 家、113 家。其中，战略性新兴产业对制造业的引领带动作用也在不断增强，从营业收入的占比来看，“化学原料和化学制品制造业”“黑色金属冶炼和压延加工业”“电气机械和器材制造业”以及“计算机、通信和其他电子设备制造业”占比分别达到了 9.75%、7.31%、11.21% 和 13.80%，成为江苏省制造业中的支柱。

3. 浙江省。一直以来，以轻工业为主的制造业在浙江经济发展中处于支柱地位，近年来，伴随着互联网经济的快速发展，浙江依托产业再创新模式实现了产业的转型升级，尤其是制造业发展的空间集聚态势明显。从营业收入的占比来看，“化学原料和化学制品制造业”“通用设备制造业”“汽车制造业”“电气机械和器材制造业”占比分别达到了 9.01%、7.30%、7.68% 和 11.14%，成为浙江省制造业中的支柱行业。面对需求收缩、供给冲击、预期转弱三重压力和多重挑战，自 2020 年以来，围绕制造业主题，浙江已连续 3 年召开全省制造业高质量发展大会，力求通过加快建设全球先进制造业基地，全力建设制造强省。

4. 安徽省。一直以来，安徽省承接长三角地区产业转移规模呈现出不断扩大的趋势，尤其是在“十四五”规划中明确指出要“积极承接上海非大都市核心功能疏解和苏浙产业转移，整体融入长三角产业分工协作，推动制造业高质量发展”。从“十三五”时期安徽省规模以上工业企业的营业收入的占比来看，“非金属矿物制品业”“有色金属冶炼和压延加工业”“电气机械和器材制造业”“计算机、通信和其他电子设备制造业”占比分别达到了 7.66%、8.26%、11.69% 和 7.60%，已经成为安徽省制造业中的支柱行业。近年来，在数字经济的大力发展下，安徽正积极推动安徽制造业的数字赋能，以实现弯道超车。随着境外世界 500 强企业在安徽不断落户，安徽规模以上工业增加值年均增长超过 10%，增速居全国前列，更是位居中部地区第一。

# 第二节　长三角地区产业协同发展的现实基础与问题剖析

## 一、长三角地区产业协同发展的现实基础

党的十八大以来，长三角三省一市在产业战略规划对接基础上，聚焦产业合作载体、产业协同创新和跨区产业集群建设，极大地提升了产业协同发展水平。

在协作平台建设方面，主要体现为跨省产业合作载体的建立和完善，包括上海自贸区嘉善项目协作区、宁波杭州湾新区浙沪合作示范区、G60等廊圈带等产业合作载体的建设。此外，充分利用互联网技术，长三角三省一市于2018年9月启动“长三角百万企业上云上平台”，重点支持智能云科、上海宝信、江苏徐工信息、浙江阿里云、安徽合力等工业互联网平台企业，推动长三角地区率先建设区域性工业互联网平台集群。2020年10月，创设国际标准化长三角协作平台，依托长三角区域内产业、技术、人才等合作基础，拓宽协作领域，提高协作水平，进一步推进区域国际标准化协作。通过协作平台的创建，推动区域产业一体化发展和协同创新升级，为产业梯度布局、精准发展，企业转型升级、市场对接提供重要支撑。

在协同创新方面，2020年10月，长三角国家技术创新中心经科技部批准成立。长三角国创中心聚焦新一代信息技术、新材料、智能制造、生物医药、能源环保等长三角具有发展优势的重点领域，已建设和布局了87家专业研究所和功能型平台。通过打造一流核心技术研发和集成创新能力的创新平台，为企业提供了高水平技术供给，为地区产业源源不断孵化培育科技型企业。截至目前，长三角国创中心累计建设企业联合创新中心224家，共凝练提出技术需求867项，企业意向出资金额23.8亿元。同时，依托各研究所、项目经理团队、海外战略合作高校科研机构等各类资源和渠道，帮助企业对接达成技术合作429项，合同额超过11亿元。

在产业跨区合作方面，从建设一体化示范区入手，先后出台两批支持政策，推动青浦、吴江、嘉善等毗邻地区在科技创新赋能、存量资产盘活、碳普惠联建试点、国土空间利用、营商环境优化、人才合理流动等方面为产业

跨区域合作提供政策支持。此外，通过设立长三角协同优势产业基金、G60科创走廊人工智能产业基金等，三省一市合力推动长三角地区跨域优势产业集群培育。

## 二、长三角地区产业协同发展的问题剖析

在长三角地区一体化发展国家战略的有力推动下，长三角地区产业协同取得积极进展。我们也应清醒地认识到，长三角地区在产业结构、技术攻关、要素流动等方面仍然存在着一些制约产业协同发展的突出问题，亟待在今后的发展中高度重视并着力加以解决。

### （一）产业同构化现象比较严重

对长三角三省一市工业支柱产业占本区域规模以上工业主营业务收入的比重（见表9－7）进行比较后发现，在比重最大的十个工业行业中，“铁路、船舶、航空航天和其他运输设备制造业”“仪器仪表制造业”“专用设备制造业”“医药制造业”“计算机、通信和其他电子设备制造业”“燃气生产和供应业”等6个行业占本区域规模以上工业主营业务收入比重均位居三省一市前十位。“有色金属冶炼和压延加工业”占本区域规模以上工业主营业务收入的比重居上海、江苏、安徽三省市前十位。另外，还有“电力、热力生产和供应业”“汽车制造业”“通用设备制造业”“黑色金属冶炼及压延加工业”位居两省市前十位。除了制造业支柱产业领域存在一定程度的重复性建设、同质化竞争问题，在新兴产业领域亦存在上述问题。比如，长三角地区新近设立的一大批专门研究机构和产业园区，都宣称重点支持新能源汽车、集成电路、新型显示、生物医药产业发展，各地独立建设集成电路、高档数控机床、高端医疗器械、增材制造产业，相互竞争的态势十分明显。由此可见，长三角地区产业结构趋同（特别是工业领域的产业结构趋同）的问题还是比较严重的，给长三角地区产业协同发展带来一定挑战。

**表9－7　长三角三省一市工业支柱产业比较（2020年）**

| | 上海市 | 江苏省 | 浙江省 | 安徽省 |
|---|---|---|---|---|
| 1 | 铁路、船舶、航空航天和其他运输设备制造业19.55% | 仪器仪表制造业14.72% | 计算机、通信和其他电子设备制造业11.01% | 计算机、通信和其他电子设备制造业9.85% |

续表

| | 上海市 | 江苏省 | 浙江省 | 安徽省 |
|---|---|---|---|---|
| 2 | 仪器仪表制造业14.25% | 计算机、通信和其他电子设备制造业10.74% | 仪器仪表制造业7.85% | 仪器仪表制造业9.05% |
| 3 | 专用设备制造业8.61% | 有色金属冶炼和压延加工业7.85% | 专用设备制造业7.16% | 黑色金属冶炼和压延加工业7.82% |
| 4 | 医药制造业8.42% | 医药制造业6.91% | 医药制造业7.12% | 铁路、船舶、航空航天和其他运输设备制造业7.25% |
| 5 | 计算机、通信和其他电子设备制造业6.63% | 专用设备制造业6.75% | 铁路、船舶、航空航天和其他运输设备制造业6.78% | 金属制品业6.41% |
| 6 | 电力、热力生产和供应业4.38% | 铁路、船舶、航空航天和其他运输设备制造业5.60% | 燃气生产和供应业6.17% | 医药制造业5.67% |
| 7 | 有色金属冶炼和压延加工业4.23% | 电力、热力生产和供应业5.14% | 纺织服装、服饰业5.24% | 有色金属冶炼和压延加工业5.52% |
| 8 | 汽车制造业4.03% | 通用设备制造业5.06% | 黑色金属冶炼和压延加工业4.78% | 食品制造业5.52% |
| 9 | 燃气生产和供应业2.99% | 汽车制造业4.82% | 通用设备制造业4.49% | 燃气生产和供应业5.35% |
| 10 | 化学原料和化学制品制造业2.78% | 燃气生产和供应业4.34% | 非金属矿物制品业3.66% | 专用设备制造业4.31% |

资料来源：相关省市统计年鉴。说明：表中百分比数值为工业各行业占本区域规模以上工业主营业务收入的比重。

### （二）产业发展的关键核心技术供给不足

在长三角地区乃至国内普遍存在的一个现象是，部分行业共性技术特别是关键核心技术和共性技术供给不足，导致许多产业转型升级缺乏内生动力，难以形成梯次发展的产业分工格局，难以给产业协同发展提供有效技术支撑。这一现象在集成电路、新材料、新能源等高新技术产业领域表现尤为突出。以集成电路产业为例，长三角地区是我国集成电路产业链最完整的区域，在全国占有举足轻重的重要地位。据中国半导体行业协会统计，2021 年，长三角地区集成电路设计业营收占全国比重为 48.9%，晶圆线产能占全国比重为 50.5%，封测企业前十强中有八家企业总部位于长三角地区。但除了封测环节基本可控外，在设计、制造环节以及原材料等领域的关键技术和生产设备都存在“卡脖子”风险。比如，芯片设计的重要支撑工具 EDA 软件由美国楷登电子、美国新思科技、德国明导等国际巨头垄断，包括长三角地区在内的国内芯片设计公司依然缺少自主 EDA 工具和关键 IP 核，不得不依赖国外设计软件。在芯片制造上，三星、台积电已实现 3 纳米制程工艺量产。目前台积电和 SK 海力士在长三角地区设有芯片制造工厂，台积电（南京）的 12 英寸 16 纳米生产线是国内目前制程工艺最先进的晶圆生产线。由于关键核心技术供给不足，某一技术领域的“卡脖子”就可能带来整个产业链发展遇阻，长三角地区芯片设计、制造等领域将难以集聚先进技术、设备、工艺、人才，极有可能陷入“研发即落后”的局面。

### （三）产业协同发展的要素制约依然存在

虽然长三角地区经济社会发展水平相对较高，但产业协同发展的要素自由流动依然存在一些制约。在劳动力要素方面，近年来随着人口福利的消失以及劳动力成本上升的影响，长三角地区人口净流入逐年减少。表 9－8 显示，2010—2020 年，上海、江苏、浙江、安徽四省市常住人口年均增量分别为 20.63 万人、67.65 万人、112.75 万人和 16.96 万人，但 2021 年度四省市常住人口增量则大幅下降至 1.07 万人、28.1 万人、72 万人和 8.0 万人。人口流入的持续减少，给产业发展和协同布局带来严峻挑战。在资金要素方面，跨区域经营企业的研发、管理、制造和销售环节已在长三角地区实现一体化布局，但受到信息不对称等因素的制约，企业在跨区域经营的同时往往存在融资难、融资贵的情况，“同城化”办理跨区域融资业务的需求十分强烈。在技术要素方面，长三角地区各类科技创新资源布局分散、自成体系、缺乏区域联动和互动。受行政区划限制等因素的影响，科技创新资源在长三角地区不能自由流动，难以实现优化配置，“相互开放、知识共享、联合公关”的协同网络仍未建成。比如，在科研院所的大型仪器、科技信息共享方面，虽然长三角三省一市签订了大型仪器设备共享协议，从协议内容上看似乎已经不存在障碍，但是在实际操作中却很难面向长三角地区其他省（市）真正放开。且目前各省市在科技项目、科技规划、科技标准等方面都存在较大差异，导致科技资源的共建共享格局尚未真正形成。

表 9－8　各省市常住人口增长情况（2010—2021 年）　（单位：万人）

| 地区 | 2010—2020 年常住人口年均增量 | 2021 年常住人口增量 | 地区 | 2010—2020 年常住人口年均增量 | 2021 年常住人口增量 |
|---|---|---|---|---|---|
| 广东 | 241.25 | 60.00 | 海南 | 15.66 | 8.12 |
| 浙江 | 112.75 | 72.00 | 云南 | 13.81 | －32.00 |
| 江苏 | 67.65 | 28.10 | 天津 | 10.31 | －13.60 |
| 福建 | 66.89 | 26.00 | 宁夏 | 10.01 | 4.00 |
| 山东 | 63.72 | 4.99 | 湖南 | 8.46 | －23.39 |
| 河南 | 59.35 | －58.00 | 西藏 | 7.18 | 1.19 |
| 广西 | 45.56 | 18.00 | 江西 | 6.90 | －1.46 |
| 新疆 | 44.88 | －1.00 | 湖北 | 5.72 | 54.70 |
| 贵州 | 42.17 | －6.00 | 青海 | 3.30 | 1.00 |
| 四川 | 36.19 | 1.00 | 甘肃 | －6.17 | －11.00 |
| 重庆 | 35.71 | 3.50 | 内蒙古 | －7.30 | －2.83 |
| 河北 | 30.62 | －16.00 | 山西 | －8.85 | －10.02 |
| 北京 | 25.35 | －0.40 | 辽宁 | －12.83 | －25.60 |
| 陕西 | 24.46 | －1.00 | 吉林 | －37.65 | －24.07 |
| 上海 | 20.63 | 1.07 | 黑龙江 | －71.80 | －46.00 |
| 安徽 | 16.96 | 8.00 | | | |

数据来源：相关年份各省市统计年鉴、统计公报。

## 第三节　推进长三角地区产业协同发展的思路与对策

推动长三角三省一市在产业发展上各扬所长、凸显特色，实现长三角地区产业优势互补、分工协作共进，需要厘清发展思路，坚持问题导向，针对性提出相应的对策建议。

### 一、长三角地区产业协同发展的总体思路

推动长三角地区产业协同发展，既是长三角地区经济高质量发展的现实需要，也是提升地区综合竞争力和抗风险能力的战略考量。因此，应着力打破行政阻隔和体制机制性障碍，坚持“以政府为引导、以市场为基础、以企业为主体”，坚持互利共赢、分工协作，进一步拓宽合作领域，进一步完善合

作机制，在更大范围内整合资源，在更高层次上实现优势互补，显著增强长三角地区经济实力、提高稳定全国宏观经济能力。总体而言，推动长三角地区产业协同发展的思路包括以下四个方面。

**（一）提前谋划，超前布局**

基于对当前宏观经济形势的综合研判，结合中央经济工作会议和政府工作报告的定调，保持量的合理增长至关重要。因此需要各方面政策形成合力，稳定宏观经济大盘。同时，政策发力宜适当靠前，从而实现经济平稳开局，向好发展。

**（二）强化协同，一体化发展**

立足解决产业发展统筹协调不够、资源要素跨区域流动不顺畅、产业同构现象严重等问题，着力坚持协同发展思路，依托各地产业基础和比较优势，进一步明确差异化功能定位和产业分工，加强纵向和横向规划衔接和政策配套，推动产业梯度转移，构建错位互补、一体化发展的产业布局体系。

**（三）精准发力，重点发展**

确保长三角地区经济保持一定发展速度，不可均衡发力，而需要聚焦主要矛盾精准发力，立足长三角地区的重点产业、关键环节，加大项目投入和政策支持力度，以上海为核心，围绕重点产业加强全产业链建设，提升产业发展的控制力。

**（四）打通堵点，畅通发展**

进一步健全和完善长三角区域内跨省市、深层次的产业联动和利益共享机制，通过在经济指标分配、用地占补平衡、税收分成等成本与利益关系问题上加强统筹协调，逐步构建起各方认可、行之有效的制度性安排，打通商品和要素在统一市场建设、产业区域布局等方面的痛点、堵点，为畅通区域内经济循环提供有力支撑。

## 二、推进长三角地区产业协同发展的对策建议

推动长三角地区产业协同发展，是助力长三角地区稳定我国宏观经济大盘的重要路径。立足长三角地区产业协同发展的基础，在明确发展思路的基

础上，建议在产业政策联动、区域创新协同、重点产业供应链完善、基础设施共建、生产要素共享等方面重点发力，显著提升长三角地区协同发展水平，为推动长三角经济快速发展、当好全国经济“压舱石”、提供发展动力源作出更大贡献，在服务构建新发展格局、推进现代化建设中勇挑重担、走在前列。

### （一）实现产业政策联动，营造良好制度环境

通过产业协同提升长三角地区稳定全国宏观经济大盘的能力和水平，需要充分发挥“有为政府”和“有效市场”两者的作用。在“有为政府”方面，要充分发挥区域产业政策在推动产业协同的能动作用，通过产业政策的联动，为长三角地区产业协同发展营造良好的制度环境。

一是加快出台长三角地区产业协同发展的指导意见和专项规划。聚焦长三角地区支柱产业和新兴产业，从产业和区域两个维度，通过加强在关键领域和环节的政策引导，引导产业在长三角区域内的合理布局，着力增强产业链供应链的韧性和活力。在产业维度，结合不同产业发展特点和比较优势，引导各重点产业、新兴产业及产业链的各个环节在长三角区域内进行合理布局（见表9－9）。在区域维度，要致力于推动长三角区域内大中小城市的错位发展、协同发展。一方面，对于上海、南京、杭州等中心城市而言，要进一步提高责任意识，在提升自身产业竞争力的同时，要着力加强对长三角区域内中小城市的辐射和带动能力；另一方面，对于长三角区域内众多中小城市而言，要在做大特色产业的同时，着力与区域内大城市加强产业配套，着力完善基于产业链分工的利益共同体。

**表9－9　长三角三省一市工业优化布局建议**

| 行业 | 产业评估结果 | 重点区域 |
|---|---|---|
| 农副食品加工业 | | 安徽 |
| 食品制造业 | | — |
| 酒、饮料和精制茶制造业 | | — |
| 烟草制品业 | √★ | 浙江、安徽 |
| 纺织业 | √√ | 浙江、江苏 |
| 纺织服装、服饰业 | √√ | 浙江、安徽、江苏 |
| 皮革、毛皮、羽毛及其制品和制鞋业 | | 安徽 |
| 木材加工和木、竹、藤、棕、制品业 | | 安徽 |
| 家具制造业 | √ | 安徽 |
| 造纸和纸制品业 | | 浙江 |

续表

| 行业 | 产业评估结果 | 重点区域 |
|---|---|---|
| 印刷和记录媒介复制业 | | 安徽 |
| 文教、工美、体育和娱乐用品制造业 | √√ | 江苏、浙江 |
| 石油、煤炭及其他燃料加工业 | ★ | 江苏 |
| 化学原料和化学制品制造业 | √√ | 江苏、浙江 |
| 医药制造业 | √★ | 江苏、安徽 |
| 化学纤维制造业 | √√ | 浙江、江苏 |
| 橡胶和塑料制品业 | √★ | 安徽、浙江 |
| 非金属矿物制品业 | ★ | 安徽、浙江 |
| 黑色金属冶炼和压延加工业 | ★ | 江苏、安徽 |
| 有色金属冶炼和压延加工业 | ★ | 安徽、浙江 |
| 金属制品业 | √√★ | 江苏、安徽 |
| 通用设备制造业 | √√★ | 江苏、浙江、安徽 |
| 专用设备制造业 | √√★ | 上海 |
| 汽车制造业 | √√★ | 浙江、上海 |
| 铁路、船舶、航空航天和其他运输设备制造业 | √√ | 江苏 |
| 电气机械和器材制造业 | √ | 江苏、浙江、安徽 |
| 计算机、通信和其他电子设备制造业 | ★ | 江苏、浙江 |
| 仪器仪表制造业 | √√ | 江苏 |
| 其他制造业 | | 安徽、浙江 |
| 废弃资源综合利用业 | ★ | 安徽 |
| 金属制品、机械和设备修理业 | √★ | 安徽 |

资料来源：作者根据表9-1、表9-2及各省市产业发展的区位熵、比较行业增长率并结合各省市产业发展规划整理制作。

说明：在“产业评估结果”栏中，√表示优势增强产业，√√表示相对优势产业，★表示加速发展产业。没有标注任何符号的产业为优势减弱、相对劣势及需要调整转型的产业。

二是加快构建长三角地区产业协同发展机制。围绕实现产业协同发展目标，组织长三角三省一市有关部门联合组成跨区域产业发展工作领导小组，实行各方轮值召集、常态化联席会议等制度安排，推动国家发展和改革委员会、经济和信息化委员会、科学技术部等职能部门共商共推产业协同发展情况和工作任务，加快建立重点产业跨区域协同发展的组织协调机制；围绕推动生产要素自由流动、加强政策协同，建立和完善人才、技术、信息等生产要素跨区域自由流动的市场机制；围绕企业跨区域转移、跨行业联合、加强区域间的协商，建立和完善资金、项目、GDP、税收等环节的利益共享和分成机制。

三是提高政策执行的精准协同。充分考虑区域发展差异，加强产业政策的跨区域协同，进一步提高财政、土地、人才等政策制定的精准性，促进产业联动发展政策落地见效。加强跨区域执法联动，在食品安全监管、知识产权保护、质量控制等方面加强跨区域合作，实现政策执行的协同共管。

### （二）强化区域创新协同，推动核心技术攻关

针对长三角地区关键核心技术供给不足的难题，需要着力强化区域协同创新，通过构建多主体、跨区域产业链创新链协同发展机制，推动长三角地区在重点产业和新兴产业发展上从“跟跑”向“并跑”“领跑”转变，实现产业技术重大突破，产业竞争力持续提升。

一是加强基础研究和原始创新。发挥高校和科研院所在基础研究、应用性基础研究和原始创新中的作用，以需求为导向，加强知识创造和技术突破。要以长三角区域内高校院所为骨干单位，抓紧布局一批重大创新平台，加快突破一批关键核心技术，强化关键环节、关键领域、关键产品的保障能力，加快新理念、新方法、新工具的知识产出；要发挥龙头企业在关键核心技术突破的主体引领作用，基于市场机制建立促进产学研有效衔接、跨区域通力合作的体制机制。

二是构建更为紧密的产业链创新链生态体系。要围绕重点行业领域的产业链、生态圈，系统梳理产业链创新链上下游各环节、生态圈中各市场主体和利益相关者，汇集和整理行业需求、特色资源、重要主体和支持政策等信息，整理影响重点行业领域协同发展的关键技术清单、配套缺项清单和重大问题清单，准确把握长三角地区产业链、供应链的突出优势、薄弱环节、明显短板和关键需求，围绕构建更为紧密的产业链创新链生态体系加强政策支持和要素支撑。重点是积极争取大基金股权投资，加入大资金产业圈，形成以资本为纽带的产业联系，提升产业上下游协同发展和创新能力。鼓励大企业开展并购，强化产业规模优势，向上向下拓展产业链；开展海外并购获取重点研发机构控制权。

### （三）推动重点产业供应链完善，增强发展活力

长三角地区产业协同发展，供应链完善是重要保障。吸取前期新冠疫情中出现的产业断链断供问题，亟须围绕重点产业链完善供应链，以增强长三

角地区产业发展的韧性和活力。

一是建立极端情况下重点产业发展的互信互助机制。围绕长三角区域内重点支柱产业，通过干部跨省轮岗、集体培训、协同演练等方式，加快构建稳定快捷的跨省域产业横向协调机制，重点是提升疫情等极端情况下产业链断链断供的应急处置能力。经常性开展长三角区域内重点园区、重点产业、重点企业供应链的风险研判和隐患排查，打造重点产业供应链跨区域互信互助、协同处置的快速反应机制，显著提升各区域、各部门在推动重点产业上下游产业链供应链稳定性的横向协作能力。比如，在新冠疫情期间，在长三角地区率先启用统一通行证，对持证司机只要核酸检测结果为阴性，健康码、行程卡为绿码且体温正常的直接放行，不再重复检测核酸。

二是建立重点企业“白名单”制度。产业链供应链的稳定需要产业链各个环节的共同协作，其产能上限取决于供应链的最短边。要按照《长江三角洲区域一体化发展规划纲要》“健全区域性重大灾害事故联防联控机制，完善总体应急预案及相关专项预案”的要求，加强长三角三省一市政府间的沟通和协商，发挥长三角地区跨行政边界行业协会、商会、联盟的重要作用，共同确定重点产业供应链保供企业白名单，推动跨省市白名单共认、共享、共管，逐步实现从企业白名单向产业链供应链白名单的转变。

三是推动重点产业供应链的区域一体化布局。借鉴相关国家和地区产业链供应链布局的经验，既要继续坚持与其他国家的开放合作，也要着力优化新发展格局下产业链供应链的区域布局，打造自主可控、安全可靠的产业链供应链。建议加快补齐重点产业供应链短板，在创新平台、产业链配套、技术服务等领域，按照规划统一、标准统一、规则统一，信息共享、平台共享、服务共享等原则推动重点产业供应链在长三角地区实现一体化布局，确保长三角地区重点产业自主可控。

### （四）加强基础设施共建，推动互联互通

长三角地区产业协同发展，基础设施互联互通是基石。以服务支持长三角地区产业协同发展为目标，在交通、能源、信息等重要基础设施领域加强密切合作，实现畅通“大动脉”和疏通“毛细血管”同步推进。

一是加强交通基础设施互联互通。以建设现代化综合交通体系为目标，系统化、高标准推进综合交通运输一体化，包括公路、铁路、机场、港口等连接联通、规划运营、布局安排的一体化，合力打造世界级公路网、铁路网、机场群和港口群。要进一步完善高速公路网络布局，打通省际“断头路”，提

升长三角区域公路通达能力；进一步完善铁路网络建设，着力打造“轨道上的都市圈”，确立轨道交通网在长三角城市群中主要运输方式的地位；加快构建分工明确、运行高效的区域机场体系，进一步提升上海、南京、杭州等航空枢纽服务都市圈的能级。加快推进港口资源整合，着力建设优势互补、市场合作的现代化港口群。加快建立覆盖整个区域的由高速铁路、城际高速轨道交通、市郊铁路构成的轨道交通网。充分利用丰富的科教资源、交通枢纽和区域创新能力优势，以交通枢纽偏好型产业集聚为目标，优化营商环境，完善配套设施建设，发展港口经济、高铁经济和空港经济。

二是统筹推进跨区域能源基础设施建设。建立长三角地区能源领域重大项目库，统筹推进长三角地区皖电东送、西电东送等重大能源项目建设，共同建设和完善长三角地区电网和天然气管网等基础设施，共同构建统一的、多能协同的能源供应体系，实现长三角地区能源互济互保、互联互通。

三是加强信息基础设施互联互通。聚焦集成电路、高端软件、智能硬件、新型显示等新一代信息产业，加强统筹布局，综合考虑长三角地区各地信息产业发展基础、信息通信应用需求等因素，推进国家集成电路、智能传感器创新中心等国家级平台建设，加快实现长三角区域信息港高速互联，加快推进数据开放共享和智慧应用落地。

### （五）加快统一大市场建设，推动生产要素共享

推动长三角地区产业协同发展的基础在于全国统一大市场建设。对于长三角地区而言，可行的路径是加快推进区域市场一体化建设，通过区域市场一体化的示范和引领作用，进而助力全国统一大市场的形成。相比于商品市场，统一大市场建设的难点和关键在于要素市场。要充分发挥市场在资源配置中的决定性作用，使人才、资本、技术等各种生产要素能够在长三角区域内各城市之间、城市与乡村之间、各产业之间按照市场规律自由流动和优化配置。

一是人才要素的一体化。要打破人才流动的制度性障碍，加快实现户籍准入和同城化互认，长三角区域内人才流动可允许其只办理人事调动，不变更户籍属地，推进高端人才柔性引进方式，将人才协同发展的目标放在整个长三角区域，推进人力资源区域协同、领域协同和层次协同。

二是资本要素的一体化。要把区域产权交易市场建设作为促进资本要素自由流动的重要抓手，通过产权交易信息共享、促进跨区域产权交易合作来构建长三角区域范围内的多元化、多层次资本市场，进一步提升资本市场的

配置效率，更好地服务长三角地区高质量发展的需要。

三是技术要素的一体化。首要任务是构建长三角地区协同创新体系，为创新发展提供源头供给。通过发挥新型举国体制优势，加强关键环节、关键领域的科技创新和技术攻关，形成各区域协同攻关、协同创新的强大合力。在此基础上，要加强技术市场价格发现、创新激励的功能，通过技术转让、技术授权、技术咨询、技术培训等方式，实现技术在长三角区域范围内的转移转化。

（本章作者：王树华　南京大学长江产业经济研究院特约研究员、江苏省社会科学院区域现代化研究院副院长、副研究员

顾丽敏　南京大学长江产业经济研究院特约研究员、江苏省社会科学院区域现代化研究院副研究员

查婷俊　南京大学长江产业经济研究院特约研究员、江苏省社会科学院区域现代化研究院助理研究员

宋颖弘　南京大学长江产业经济研究院特约研究员、江苏省社会科学院区域现代化研究院助理研究员）

第四篇

# 推进高水平对外开放

# 第十章　对标高标准国际经贸规则促进深层次改革研究

本章通过梳理 RCEP、CAI、CPTPP、USMCA 主要条款内容和发展趋势，可以将条款内容整合为货物贸易、服务贸易、投资、营商环境、经济合作与法律程序六大部分。本章以绿色经贸规则、数字经济规则、政府采购规则三大“后边界”经贸规则为重点，研究促进宏观经济稳定、增强微观经济主体活力、促进创新型经济发展、促进经济增长与节能减排双重目标实现的具体路径，由此推动经济实现质的稳步提升和量的合理增长。

## 第一节　五大高标准经贸规则重点内容与发展趋势比较

### 一、RCEP 内容及发展趋势

2020 年 11 月 15 日，在历经 8 年共计 31 轮“马拉松”式的谈判后，区域全面经济伙伴关系协定（RCEP）最终签署，世界上人口最多、经贸规模最大、最具发展潜力的自由贸易区由此诞生。RCEP 包括 20 个章节和 4 个市场准入承诺表附件，既包括货物贸易、服务贸易、投资等传统的市场准入章节，又增加了知识产权、竞争政策、电子商务等高标准经贸规则，是全面、现代化、高质量和互惠的自贸协定。

#### （一）货物贸易规则

在货物贸易领域，RCEP 的目的在于取消或降低区域内关税和非关税壁垒，提高货物贸易自由化和便利化水平，降低区域内贸易成本，提升产品国际竞争力。

RCEP 的第 2 章至第 7 章为货物贸易相关内容，共包括 6 个章节和 4 个附件，以下主要从关税减免和原产地规则等方面进行简单介绍。

根据 RCEP 规定，协定生效后区域内 90% 以上的货物贸易将最终实现零关税，且是立刻零关税和 10 年内零关税。此外，RCEP 使中日首次建立自贸关系，是中国首次与世界前十的经济体签署自贸协定。

降税模式主要包括协定生效立即降为零、过渡期降为零、部分降税以及例外产品，过渡期的时间主要为 10 年、15 年和 20 年等。中方和其他缔约方降税承诺情况分别如表 10－1、表 10－2 所示。

**表 10－1　RCEP 项下中国对其他缔约方降税承诺情况**

| 降税模式 | | 日本（%） | 韩国（%） | 东盟（%） | 澳大利亚（%） | 新西兰（%） |
|---|---|---|---|---|---|---|
| 协定生效立即降为零 | | 25 | 38.6 | 67.9 | 65.8 | 66.1 |
| 过渡期降为零 | 10 年降为零 | 46.5 | 41 | 12.7 | 14.2 | 13.9 |
| | 15 年降为零 | 11.5 | 3.1 | 3 | 0 | 0 |
| | 20 年降为零 | 3 | 3.2 | 6.9 | 10 | 10 |
| 最终零关税比例 | | 86 | 86 | 90.5 | 90 | 90 |
| 部分降税 | | 0.4 | 1 | 5.4 | 5.5 | 5.6 |
| 例外产品 | | 13.6 | 13 | 4.1 | 4.5 | 4.4 |

**表 10－2　RCEP 项下其他缔约方对中国降税承诺情况**

<table>
<tr><th rowspan="2">降税模式</th><th rowspan="2">日本（%）</th><th rowspan="2">韩国（%）</th><th colspan="2">东盟</th><th rowspan="2">澳大利亚（%）</th><th rowspan="2">新西兰（%）</th></tr>
<tr><th>马来西亚、越南、新加坡、泰国、印度尼西亚、菲律宾、文莱（%）</th><th>老挝、柬埔寨、缅甸（最不发达国家）（%）</th></tr>
<tr><td>协定生效立即降为零</td><td>57</td><td>50.4</td><td>74.9</td><td>29.9</td><td>75.3</td><td>65.4</td></tr>
<tr><td>最终零关税比例</td><td>88</td><td>86</td><td>90.5</td><td>86.3</td><td>98.2</td><td>91.8</td></tr>
<tr><td>部分降税</td><td>0</td><td>1.1</td><td>5.5</td><td>0</td><td>1.1</td><td>8.2</td></tr>
<tr><td>例外产品</td><td>12</td><td>12.9</td><td>4</td><td>13.7</td><td>0.7</td><td>0</td></tr>
</table>

由表 10－1 可知，中国将对 86% 的日韩产品关税最终降为零，对东盟、澳大利亚、新西兰产品关税最终实现零关税的比例达到 90% 以上。其他缔约方对中国产品关税最终实现零关税比例均达到 85% 以上，其中除最不发达国家外的东盟缔约方和新西兰达到 90% 以上，澳大利亚则高达 98.2%。

除了贸易自由化率大幅提升以外，中日、日韩首次建立自贸关系也是 RCEP 货物贸易领域的一大特点。这是中国实施自由贸易区战略取得的重大突破，提高了中国自贸区网络的含金量，为中日韩自贸区谈判以及东亚一体化进程奠定了良好基础。尤其是中日首次建立自贸关系，中国从中获利颇多。RCEP生效10—15年后，中国对来自日本的机电、化工、汽车零部件等将实现70%—90%的自由化率。上述产品是中国自日本进口的前三大类产品，其自由化率的大幅度提升，有利于未来中日之间相关产业展开密切的合作，形成中日乃至RCEP区域内活跃且更加稳定的产业供应链。

原产地累积规则被广泛认为是RCEP在货物贸易领域最亮眼的成果。RCEP对部分缔约方生效后，符合原产地要求且在另一缔约方用作生产另一货物或材料的材料，应视为原产于对制成品或材料进行加工或处理的缔约方。也就是说，各缔约方被视为一个整体，其他缔约方的原产货物与本国原产货物享受同等待遇，原产成分可以累加计算，这使得货物更容易满足原产地认定标准，从而更容易享受到优惠关税。

### （二）服务贸易规则

在服务贸易领域，RCEP通过其第8章和第9章内容明确了RCEP缔约方的义务和纪律，旨在全面、高质量并实质性地消除缔约方之间的限制和歧视性措施，为区域内服务贸易创造绝佳的发展机遇和上升空间。

各缔约方在RCEP项下的开放水平都显著高于各自“10+1”协定。日本、韩国、澳大利亚、印度尼西亚、马来西亚、新加坡和文莱等7个缔约方采用负面清单方式承诺，中国等其余8个缔约方暂时采用正面清单承诺。其中，中国、新西兰、菲律宾、泰国和越南5个缔约方承诺将于协定生效后6年内转为负面清单，老挝、柬埔寨、缅甸承诺将在15年内转为负面清单。中国在服务贸易领域的开放承诺是现已签署自贸协定中最高的承诺水平，承诺在中国“入世”承诺约100个部门的基础上服务部门数量新增22个，并提高37个部门的开放水平。此外，RCEP还包含金融服务、电信服务和专业服务三个附件，对金融、电信等领域作出了更全面和高水平的承诺，对专业资质互认作出了合作安排。

### （三）投资规则

RCEP致力于打造自由、便利、稳定、具有竞争力的区域投资环境，其投资章共包括18个条款和2个附件，以及15个RCEP缔约方列出的投资领域不符措施的具体承诺表，包含投资促进、保护、便利化和自由化四大方面，为投资者在协定区域进行投资活动提供全方位的制度保障，能够有效助推区域间产业融合，为各缔约方招商引资打好基础。

在投资领域，RCEP各缔约方采用负面清单形式对制造业、农业、林业、渔业、采矿业等5个非服务业领域投资作出较高水平的开放承诺。除了投资开放承诺外，投资章节还包括全面的投资保护、投资促进和投资便利化措施。尤其是投资保护，将显著提升投资政策的透明度和信心，进一步吸引区域内投资。这张清单是中国第一次以国际协定的方式作出承诺，确定了清单以外全面开放，不能再有限制性措施，彻底锁定了当前的改革成果。协定的清单还有一个特点，就是作出了“棘轮”承诺。“棘轮”最大的特点是只能向前转动，不能向后倒退。

### （四）营商环境规则

除了传统的市场准入章节以外，RCEP还涵盖了知识产权、电子商务、竞争政策、政府采购等营商环境相关的规则，以期促进营商环境进一步优化，为区域可持续发展贡献力量。

RCEP知识产权章包含83个条款和2个附件，是RCEP内容最多、篇幅最长的章节，也是中国迄今已签署自贸协定所纳入的内容最全面的知识产权章节。该章涵盖了著作权、商标、地理标志、专利、外观设计、遗传资源、传统知识和民间文艺、反不正当竞争、知识产权执法、合作、透明度、技术援助等广泛领域。在传统知识产权议题的基础上，增加了知识产权保护发展新趋势的相关规则，全面提升了区域内知识产权整体保护水平，有助于促进区域内创新合作和可持续发展。

RCEP电子商务章节是首次在亚太区域内达成的范围全面、水平较高的诸边电子商务规则，意在创造更加便利规范的发展环境，并做好制度保障后勤工作，促进各缔约方在此方面的合作发展。主要包括促进无纸化贸易、推广电子认证和电子签名、保护线上消费者权益、保护电子商务用户个人信息、加强针对非应邀商业电子信息的监管合作、不对电子传输征收关税等内容，并对计算设施的位置和通过电子方式跨境传输信息等核心议题提高规则标准，为此后电子商务议题谈判奠定了良好的基础。

RCEP政府采购章节是中国首次在诸边协定中设立政府采购专章，包括适用范围、基本原则、透明度、合作、不适用争端解决等内容，还增加了审议条款，为将来提高本章相关标准留有余地。RCEP政府采购有利于促进相关领域的信息共享，提升相关程序的透明度，有助于政府采购市场透明规范化建设。

## 二、CAI内容及发展趋势

2020年12月30日，经过7年、35轮谈判，中欧全面投资协定（China-EU Comprehensive Agreement on Investment，CAI）谈判工作圆满完成，其对标国际高水平经贸规则，着眼于制度型开放，是一项全面、平衡和高水平的协定。

2021年1月22日，欧盟理事会发布了CAI的部分文本，共6大部分97小条，分别是目标及一般定义、投资自由化、监管框架、投资与可持续发展、争议解决、体制和最终条款。根据CAI的文本，将其归纳为投资、营商环境和法律程序规则三大领域。其中最能体现利于高端产业发展的关键要素包括投资规则中的市场准入和投资自由化；营商环境规则中的公平竞争（补贴透明度、国有企业及技术转让）、监管程序、可持续发展（环境、劳工）以及法律程序规则中的争端解决机制。

### （一）投资规则

CAI中第2部分投资自由化共包含7项条款和4个附件。7项条款于2021年1月22日由欧盟理事会发布，分别是适用范围、市场准入、性能要求（涵盖实体、监管机构）、国民待遇、最惠国待遇、高级管理层和董事会及不符合措施和例外。4个附件于2021年3月12日由欧盟委员会发布，主要涉及中欧双方的承诺时间表。其中，中方承诺部分长达93页，欧方承诺部分长达175页。附件1和附件2采用负面清单的方式，对国民待遇、最惠国待遇、被禁止的业绩要求以及对高级管理层和董事会的非歧视性要求等作出承诺；附件3采用正面清单的方式，对影响市场准入的数量限制（如所谓的“经济需求测试”或有限数量的许可等）作出承诺；附件4对适用于企业内部调动人员和商务访客的入境和临时逗留的额外保留和限制作出规定。CAI投资规则的制定将代替此前中国与欧盟26国（除爱尔兰）分别签署的双边投资保护协定(BIT)，将有利于缓解欧盟缔约方间政策不统一及隐形壁垒层出不穷的问题，为中国企业提供统一的投资政策环境；同时为欧盟企业在中方金融、汽车制造、生物医疗、计算机技术等市场提供更开放的市场准入与更高的投资自由化水平。

市场准入方面。CAI市场准入条款集中在协定第2部分第2条及中欧双方承诺时间表的附件3。中国方面，CAI是第一个包含市场准入内容的投资协议，其将中国“入世”后的自主开放措施转化为对外经贸协议项下的义务，实现与《中华人民共和国外商投资法》（以下简称“外商投资法”）确立的外资负面清单管理体制全面对接。CAI首次对包括服务业和非服务业在内的所有行业以负面清单形式作出开放承诺，并对部分行业取消数量限制、股本上限、合资企业等要求。具体而言，在制造业层面，除少数产业（产能严重过剩的行业）之外，中国都对欧盟投资者作出了更大的开放承诺。如在汽车行业，中国已同意逐步取消合资企业的要求并将承诺新能源汽车的市场准入；在医疗行业，中国将取消在北京、上海、天津、广州和深圳等重点城市民营医院的合资要求；在从未对外资开放的生物资源研发领域，中国同意不采取新的限制措施，并将在未来可能发生的情况下，对欧盟解除现有的限制措施。在服务业层面，中国将进一步向欧盟投资者开放国内服务市场，包括金融、医疗、研发、电信/云服务、计算机服务等。如在金融服务业方面，中国已取消在银行业、证券交易和保险（包括再保险）以及资产管理领域对合资企业和外资股本的要求；在电信和云服务方面，中国同意取消对“云服务”的投资禁令（但股权上限为50%）；在计算机服务方面，中国将引入一项“技术中立”条款确保对电信增值服务设置的股权上限不会适用于金融、物流、医疗等行业的在线服务。欧盟方面，由于其开放程度已经较高，在服务业层面欧盟将不再做进一步开放承诺。在制造业层面，欧盟将进一步开放新能源、环保和电子产业等领域，并保留能源基础设施、农业、渔业、采矿公共服务等敏感领域的限制措施。

投资自由化方面。投资自由化待遇的主要条例集中在CAI第2部分第3条“业绩要求”、第4条“国民待遇”、第5条“最惠国待遇”、第6条“高管和董事会”以及中欧双方承诺时间表附件1、附件2和附件4中。在国际法实践的过程中，国民待遇、最惠国待遇、业绩要求及高管和董事会等方面的规则是保证外国直接投资及其投资者在东道国受到非歧视待遇的重要体现。CAI不但将国民待遇扩大到准入前，而且进一步放宽了准入后非歧视待遇的相关规定，如绩效方面，CAI不仅包括了《与贸易相关的投资措施》（TRIMs）所禁止的相关事项，还要求任何一方不得以技术转让、研发占比、转让生产工艺与专有知识来强迫、施压或以其他方式干扰另外一方，同时强调不得对企业高管和董事会成员施加要求。从这方面来看，CAI不同于以往的“简式”BIT，除了包括投资保护内容，其更寻求达成包括投资自由化目标在内的更富有雄心的综合性双边投资保护协定（见表10-3）。

表 10-3　投资规则对比

| | | RCEP | CAI | CPTPP | USMCA |
|---|---|---|---|---|---|
| | 正面清单 | × | √ | × | × |
| | 负面清单 | √ | √ | √ | √ |
| 投资自由化 | 国民待遇 | √ | √ | √ | √ |
| | 最惠国待遇 | √ | √ | √ | √ |
| | 最低标准待遇 | √ | √ | √ | √ |
| | 高级管理人员和董事会 | √ | √ | √ | √ |
| | 保留和不符措施 | √ | √ | √ | √ |
| | 安全例外 | √ | √ | √ | √ |
| | 禁止业绩要求 | √ | √ | √ | √ |
| 投资保护 | 征收与补偿 | √ | × | √ | √ |
| | 转移 | √ | √ | √ | √ |
| | 拒绝受惠 | √ | × | √ | √ |
| 投资促进 | | √ | × | × | × |
| 投资便利化 | | √ | × | × | × |
| 争端解决机制 | | √ | √ | √ | √ |

注：√代表协定包含该项内容，×代表协定不包含该项内容。

## （二）营商环境规则

CAI 中关于营商环境规则的规定主要集中在第 2 部分第 3 条“性能要求（涵盖实体）”、第 3 部分“监管框架”以及第 4 部分“投资与可持续发展”。CAI 致力于为企业提供优质的营商环境，除了禁止强制转让技术的规则外，中国在该协定中首次承诺履行国有企业行为义务、全面透明的补贴规则以及与可持续发展有关的承诺。同时，为了营造开放、公平、可预期的监管环境及加强国际监管合作，CAI 对监管框架下的许可程序进行约定，这将确保中欧双方投资者更好地进入彼此公平竞争的市场。

公平竞争方面。CAI 中关于公平竞争方面的规则主要集中在第 2 部分第 3 条“涵盖实体”及“强制性禁止技术转让”、第 3 部分第 2 小节第 8 条“补贴透明度及其附录”。

竞争中性与国有企业方面。CAI 用“涵盖实体”的说法代表国有企业，不再以所有权性质判定企业，而是以政府对企业的实际控制决策权来判断。其试图规范国有企业的行为，包括要求国有企业依据商业考虑采取行动，在购买和销售商品或服务时不得歧视等。另外，中国还承担基于请求提供特定信息的透明度义务，以评估企业行为是否符合 CAI 规定的义务。如果问题仍未解决，可以基于协定寻求争端解决。

强制性技术转让方面。CAI 制定了非常明确的规则反对强制技术转让。这些规定包括禁止几类迫使转让技术的投资要求，例如要求向合资伙伴转让技术的要求以及禁止干涉技术许可方面的合同自由。这些规则还包括商业秘密保护条款，以防止行政机关未经授权就披露其收集的商业秘密（例如在货物或服务审批过程中）。

补贴透明度方面。CAI 填补了 WTO 规则手册中的一个重要空白，其对服务业补贴规定了透明度义务。此外，CAI 要求中国与欧盟进行磋商，以提供可能对欧盟投资利益产生负面影响的额外补贴信息并积极寻求解决这些负面影响的方法。

监管程序方面。CAI 第 3 部分是“监管框架”，共包括 3 小节 18 项条款，重点对许可程序进行了约定，如“清晰性、客观透明性、事先公开可获得性”等具体要求，通过确保监管程序清晰透明来优化投资环境。监管框架涉及国内法规、透明度和金融服务三大块。国内法规涉及行政许可制度和资质要求的程序，透明度涉及法规公开透明、权威咨询点、复议或上诉机制等，金融服务提供了进入新金融领域的非歧视待遇，该部分内容将为双方带来更高水准内外资公平竞争的营商环境。

可持续发展方面。CAI 第 4 部分是“投资与可持续发展议题”，共包括 4 小节 21 项条款，是中国首次在自由贸易协定和双边投资保护协定纳入的可持续发展章节。与中国签订的其他协议不同，该协议将各方约束在基于可持续发展原则的价值投资关系中，相关条款受制于一个专门的执行机制，以在高透明度和民间社会的参与下解决分歧。在第 2 小节“投资与环境”和第 3 小节“投资与劳动力”中明确提到，双方承诺不降低保护标准以吸引投资，不将劳工和环境标准用于保护主义目的，尊重在有关条约中承担的国际义务。劳工方面，中国承诺致力于批准《国际劳工组织基本公约》，并对尚未批准的《国际劳工组织关于强迫劳动的两项基本公约》作出具体承诺。在环境方面，CAI 要求双方实施与环境气候相关的规定，如《巴黎气候协定》等。

CAI 中更高标准的营商环境规则对双方而言，既意味着机遇，又传递着挑战。如在特定规则上摒除对企业所有制性质的要求，将有利于中国企业特别是国有企业更好地参与相关商业活动。而诸如补贴透明度、劳工与环境保护适用范围的延展又将对企业的相关行为提出新挑战。

### （三）法律程序性规则

争端解决机制在CAI文本中第5部分，共包括22项条款。与美国主导的投资者诉国家争端解决机制（ISDS）（即投资者有权向国际商会（ICC）或国际投资争端解决中心（ICSID）提起国际投资争端仲裁）不同，CAI采用的是国家间投资争端解决机制，强调友好协调和调解原则、合规审查、临时救济和终止义务。这将与在政治层面建立的诉讼前阶段的监督机制相结合，使双方能够在问题出现时提出解决方案（包括通过紧急程序），在磋商、斡旋、调解或调停等不能解决争端的情况下，可以通报请求设立专家组审查争议事项。需要说明的是，CAI关于终止义务和临时赔偿是暂时性的，并对不适用的情形进行了明确说明。CAI强调通过“非政治化”的方式（磋商和调解）友好地解决投资争端，一方面有助于营造良好的投资环境，另一方面不会影响双方其他领域的深入合作与发展。

## 三、CPTPP内容与发展趋势

2015年10月，美国、澳大利亚、文莱、加拿大、智利、日本、马来西亚、墨西哥、秘鲁、新西兰、新加坡和越南等12国经贸部长宣布《跨太平洋伙伴关系协定》（简称TPP）谈判结束。2017年1月，美国总统特朗普上任后正式宣布美国退出TPP。2017年11月，TPP剩余11个亚太国家共同发布了联合声明，决定在美国退出后将协定改名为《全面与进步跨太平洋伙伴关系协定》（CPTPP），并于12月30日正式生效。CPTPP共有30个章节，可归纳为六大领域：货物贸易、服务贸易、投资、营商环境、经济合作和法律程序性规则。

### （一）货物贸易规则

CPTPP的第2章至第8章均为“货物贸易相关规则”，内容涉及市场准入、资源获得和区域价值链整合，基本上不涉及体制性或结构性问题。货物贸易规则具有以下三大特点。一是成熟性，CPTPP大多数货物贸易规则来源于WTO，合并了诸多WTO货物贸易协定的条款。相较于其他章节，货物贸易并不是CPTPP新规则集中的领域。二是先进性与进步性，CPTPP缔约方实现零关税的税目数和贸易额占比接近100%。除零关税之外，在禁止出口税、禁止农业出口补贴、不得适用农产品特殊保障措施、关税配额管理、动植物卫生检疫和技术性贸易壁垒等方面，CPTPP 也体现了取消缔约方间贸易限制的更高标准和更严要求。三是灵活性，CPTPP 仍给缔约方阶段性保护国内少数战略性产业留下了一定的政策空间，一定程度上能缓解缔约方接受 CPTPP 框架下更高水平的货物贸易自由化义务的压力。CPTPP 允许通过市场准入谈判制定各自的开放时间表，允许少量的排除，保留了适用反倾销和反补贴措施等贸易救济措施以及过渡性保障措施的权利。

### （二）服务贸易规则

服务贸易规则是 CPTPP 的主要成就之一，有超过 1/3 的章节与服务贸易相关。缔约方在服务贸易领域的关键义务分散于协定的若干章节，其中最重要的包括投资（第 9 章）、跨境服务贸易（第 10 章）、金融服务（第 11 章）、商业人员的临时进入（第 12 章）和电信服务（第 13 章）。其他章节，包括电子商务（第 14 章）、政府采购（第 15 章）、竞争政策（第 16 章）、国有企业（第 17 章）、监管协调（第 25 章）等，也与服务贸易密切相关。

总体上看，CPTPP 缔约方采取负面清单方式作出的具体承诺相较《服务贸易总协定》（GATS）而言大幅提高了服务领域的开放水平，协定有关服务贸易的章节和规定也显著增加了缔约方在服务贸易领域的政策透明度、确定性和可预见性。同时，CPTPP 协定包含的一些新规则，如国有企业、政府采购及竞争政策等，也有助于提高缔约方在服务贸易领域的市场准入水平。

### （三）投资规则

CPTPP 投资章节（第 9 章）分为 A、B 两节，包含 20 项条款和 12 个附件（9A—9L）。A 节主要涉及投资定义、适用范围、缔约方在投资方面的权利和义务；B 节是有关投资者与东道国争端解决（ISDS）的程序规定。附录主要是对正文所提及概念的补充及各缔约方的负面清单。CPTPP 投资章节呈现出以下特点：一是目标定位高，CPTPP 着力于扩大投资自由化和仲裁形式的投资保护，旨在为缔约方主体进行海外投资建立一个稳定、透明、可预见和非歧视的保护框架。二是涵盖内容广，CPTPP 投资章的各项条款齐备、内容全面具体，部分条款（如业绩要求、负面清单以及 ISDS 机制的设置）非常细致。三是重视可持续发展，CPTPP 投资章节通过纳入国内环境保护和公共健康等公共政策因素、澄清“公平公正待遇”的内涵、纳入企业社会责任条款、改善 ISDS 机制、明晰“间接征收”的具体范围等方式，展现了新一代经贸协定对可持续发展的高度关注。

**（四）营商环境规则**

电子商务方面，CPTPP 电子商务章节（第 14 章）共有 18 项条款，主要内容可分为减少壁垒措施、保护消费者权益措施和促进便利化措施三大部分。此外，CPTPP 的投资（第 9 章）、跨境服务贸易（第 10 章）、金融服务（第 11 章）以及 CPTPP 附件Ⅱ“投资和跨境服务不符措施清单”和附件Ⅲ“金融服务不符措施清单”也适用于电子商务章节或其部分重要义务。

政府采购方面，CPTPP 政府采购章节（第 15 章）正文包含 24 项条款，按主要内容可分为八个方面：政府采购的程序，适用范围，一般性规定，发展中国家过渡性措施，采购信息，资格条件、协商情形及技术规范，招标和决标信息及审查机制。另有单独附件 15A，包含 11 个缔约方采购活动的详细说明，对缔约方承诺采购的适用机关、门槛金额和排除清单等十个方面（A—J 节）做出了规定。

竞争政策方面，严格意义上，竞争政策包括国有企业和指定垄断的内容，但 CPTPP 首次将国有企业和指定垄断单独作为一章，体现其对“竞争中性”原则的落实与推广。其中，竞争政策章节（第 16 章）主要从反垄断和反不正当竞争两个方面入手保护市场竞争，国有企业和指定垄断（第 17 章）则以非歧视待遇和非商业援助为核心构建国有企业治理框架。具体而言，竞争政策章节包含 9 项条款和 1 个（16A）附件，涉及八个方面的内容：有效的竞争法、程序公正、私人诉权、合作、消费者保护、透明度、磋商和争端解决等规则。国有企业和指定垄断章节包含 15 项条款和 6 个附件（附件 17A—17F），按内容可分为五个主要部分：国有企业、指定垄断、国家企业及各类主体的定义，非歧视待遇和商业考虑规则，非商业援助规则，透明度规则，范围排除和例外。

总体而言，CPTPP 对竞争政策的规制具有以下特征。一是更全面的竞争保护。CPTPP 的竞争政策不仅涵盖了北美自由贸易协定（NAFTA）中的内容，还在程序公正、消费者保护及透明度方面进行了义务性规定，使得自由贸易协定对竞争政策的规制达到了新的高度。二是更强的规则限制。CPTPP 的非歧视待遇和商业考虑条款覆盖范围包括另一缔约方企业和该缔约方领土内涵盖投资的企业购买（销售）货物和服务的过程；非商业援助条款则明确规定不得给另一缔约方带来不利影响，并逐一列明不利影响所指的可能情形；同时例外条款从金融监管、主权基金或养老基金以及行使政府职权等方面对范围排除和例外进行了详细的规定。三是更高标准的透明度规定。CPTPP 强调竞争实施政策应尽可能透明，第 16.7 条强调努力维护和更新 APEC 竞争法律与政策数据库的信息；第 17.10 条则将国有企业和指定垄断信息分为主动公开和应请求公开的信息，旨在加强对国有企业的持续性监督。

知识产权方面，CPTPP 将知识产权单独设为一个章节（第 18 章），该章篇幅占 CPTPP 正文内容的 12.1%，是 CPTPP 中内容最多的章节。该章分为 11 小节（A—J 节），包含条款 83 项，另有 6 个附件（附件 18A—18F）。内容涉及合作、商标、国名、地理标志、专利和未披露的数据或其他数据的保护、工业品外观设计、版权和相关权、执行、互联网服务提供商等方面规定，涵盖了知识产权国际保护的主要内容，反映了缔约方对知识产权保护、技术传播与人类福祉平衡的内在诉求以及技术生产国和技术使用国之间的平衡（见表 10－4）。

**表 10－4　　知识产权规则对比**

| | RCEP | CAI | CPTPP | USMCA |
|---|---|---|---|---|
| 著作权和相关权利 | √ | × | √ | √ |
| 商标 | √ | × | √ | √ |
| 地理标志 | √ | × | √ | √ |
| 专利 | √ | × | √ | √ |
| 工业设计 | √ | × | √ | √ |
| 遗传资源、传统知识和民间文学艺术 | √ | × | √ | × |
| 技术保护 | × | √ | √ | √ |
| 未披露试验数据或其他数据 | × | × | √ | √ |
| 商业秘密 | × | × | √ | √ |

注：√代表协定包含该项内容，×代表协定不包含该项内容。

该章呈现以下特征：一是保护性强，CPTPP 知识产权章节的部分内容高于目前国际通行的保护标准，从实体到程序、从静态的保护范围到动态的执法机制，均体现出高标准的知识产权保护特点。二是覆盖性高，该章将知识产权国际保护所面临的大多法律问题都纳入规制范畴，在文本结构上前后衔接，具体而细致地设定保护规则，同时配套规定缔约方所应达到的适用标准。三是利益非平衡性，CPTPP 的知识产权保护仍然主要体现出发达国家的利益，对于发展中国家维护公众健康、保护生物多样性、促进技术转移和知识传播等合理诉求未进行有效回应。

劳工方面，CPTPP 的劳工章节（第 19 章）基本延续 NAFTA 的框架，除了对劳工基本权利进行的拓展。该章共有 15 项条款，按内容可分为四个方面：劳工问题的原则、劳工权利、缔约方义务、争端解决程序。其中对缔约方的义务要求和程序设置都紧紧围绕劳工权利展开。作为由 WTO 成员达成的区域贸易协定，CPTPP 全盘接受了国际劳工组织（International Labor Organization，ILO）《1998 年宣言》中的国际核心劳工标准，并将其适用于缔约方领土内的出口加工区和外贸区，体现了 CPTPP 作为新一代国际贸易规则的高标准和高要求。但与此同时，考虑到不同缔约方国情民情及其国内劳工立法的目标和具体需要，CPTPP 允许缔约方在某些方面可以与 ILO 基本公约的要求不一致。

环境方面，CPTPP 的环境章节（第 20 章）包含 23 项条款和 2 个附件（附件 20A—20B），涉及对环境问题的一般性和特殊性规定，并提供了详细的磋商和争端解决规则。该章按内容可分为五个方面：适用性规则，一般性义务和承诺，与多边环境协定相关的义务和承诺，合作机制、透明度与公众参与，磋商和争端解决机制。总体而言，CPTPP 的环境章节呈现以下特点。一是目标定位高，第 20 章提供了环境保护的目标和总要求：促进环境与贸易政策之间的相互支持，促进高水平的保护和有效的环境执法。二是涵盖内容广，第 20 章规定了多个特定领域的环境保护义务，其中渔业补贴、海洋渔业捕捞、保护海洋环境免受船舶污染和强有力的环境争端解决机制属于现有自贸协定中首创性的环境保护条款。三是合作机制灵活，环境章节重视公民环境权利和义务，多个条款规定了公众对环境保护的认知、参与、提议等内容，鼓励采用自愿、灵活的机制提高环境绩效。

### （五）其他规则

CPTPP 还包括关于经济合作和法律程序性的规则。其中，经济合作规则主要强调适当照顾发展中缔约方关于加强能力建设、注重发展问题、加强政府间合作等诉求，涉及章节包括合作与能力建设（第 21 章）、竞争力和商务便利化（第 22 章）、发展（第 23 章）、中小企业（第 24 章）。法律程序性规则是对协定的相关定义、管理机制、争端解决等问题作出了规定，包括初始条款和一般定义（第 1 章）、管理和机构条款（第 27 章）、争端解决（第 28 章）、例外和总则（第 29 章）以及最终条款（第 30 章）。

## 四、USMCA 内容与发展趋势

《美国 - 墨西哥 - 加拿大协定》（United States - Mexico - Canada Agreement，USMCA，简称《美墨加协定》）是美国、墨西哥和加拿大三国签署的一项自由贸易协定，于2020年7月1日正式生效，其前身是1994年的NAFTA。USMCA继承了大量NAFTA的条款，同时吸收了TPP的一些新规则。与NAFTA相比，USMCA有以下几个方面的变化：一是区域开放程度进一步提升，提高了制度开放的水平；二是新增了满足未来贸易与投资需要的规则条款，如数字贸易和宏观经济政策章节；三是新条款将更有利于美国的利益。

USMCA在进一步提高国际贸易规则标准、促进实体性规则与程序性规则深度融合的同时，还体现出强化区域价值链、具有单边主义倾向、“规锁”中国的特点。虽然中国不是USMCA缔约方也不可能成为其缔约方，但是美国、墨西哥和加拿大都是中国重要的贸易伙伴，因此USMCA的签署与实施必然对中国的国际贸易与投资、经贸规则制定以及产业发展产生深刻的影响。在此背景下，对标USMCA高标准的经贸规则将有助于中国产业融入世界舞台发展，同时也要注意USMCA高标准经贸规则可能带来的一些不利影响。

USMCA正文共有35章，对货物国民待遇与市场准入、原产地规则、海关管理和贸易便利化、贸易救济、投资、跨境服务贸易、金融服务、数字贸易、知识产权、国有企业、劳工、环境、中小企业和争端解决等多个领域做出了细致的规定，还包括关于投资与服务的不符措施附件，以及美墨、美加就部分问题达成的双边协议。USMCA是美国已签署的规模最大的贸易协定，也是目前针对国际贸易新问题制定规则内容最多、涵盖面最广的协定。

### （一）货物贸易规则

USMCA的货物贸易规则集中在第2章至第12章，包括货物的国民待遇与市场准入、农业、原产地规则、原产地程序、纺织品和服装、海关管理和贸易便利化、对墨西哥拥有碳氢化物的承认、卫生与动植物检疫措施、贸易救济、技术性贸易壁垒和行业部门附件共11个章节，以及美国、墨西哥和加拿大分别的关税减让表。货物贸易规则部分突出了对关税减让、农产品贸易、原产地规则等方面的重视，旨在进一步激励区域内商品和原材料的生产和采购，保护和扩大区域贸易和生产，增强和促进区域出口以及企业在全球市场上的竞争力。

USMCA进一步降低了货物贸易的关税减让水平，形成了更加开放透明的市场准入条款，以降低货物贸易的成本、提高货物贸易的效率，促进和支持区域内的企业参与货物跨境贸易。在关税减让方面，墨西哥将把零关税货物价值“最低减让标准”由50美元提升至100美元，对117美元等值及以下的跨境货物实施免关税政策；加拿大更是几十年来首次提高其“最低减让标准”，从20加元提升至40加元，并对价值150加元及以下的跨境货物免关税。在货物市场准入方面，增加了关于进口许可和出口许可程序透明度的规定，通过删除不相关的条款、更新关键参考资料更有效地支持美、墨、加之间的制成品贸易。

不同于RCEP和CPTPP将农产品贸易规则置于货物国民待遇与市场准入章节之中，USMCA将农业单列一章，体现了对农业发展议题的极大关注以及对开放农产品贸易的迫切需求，并实现了对农产品贸易开放要求的更高标准。具体而言，协定对农产品贸易保持零关税；鼓励农业创新和促进农业生物技术产品贸易以及交流与农业生物技术产品贸易相关的信息；保证食品和农产品的公平贸易；在农产品分级方面提供非歧视性待遇；不得对出口到另一缔约方市场的农产品使用出口补贴；如果不得不支持农业生产者，则应考虑使用不具有或具有极小贸易扭曲影响的国内支持措施，并确保国内支持透明度。

USMCA将关于原产地议题的规则分为了两章，分别是原产地规则和原产地程序，可见对原产地问题的重视。USMCA原产地规则的变动主要集中在汽车行业和纺织行业，大大提高了对货物的原产地要求。汽车方面，USMCA规定乘用车和轻型卡车整车及核心零部件的区域价值含量要达到75%及以上，比NAFTA要求的62.5%有大幅提高，并且要求乘用车、轻型卡车和重型卡车生产使用的钢和铝至少70%来自美、墨、加三国，还要求40%—45%的汽车零部件由时薪不低于16美元的工人制造，此外，对美国每年从加拿大和墨西哥进口的乘用车还有260万辆的配额要求。纺织品方面，限制在纺织品和服装贸易中使用非北美地区的投入，要求缝纫线、口袋布料、窄弹性带和涂层织物在服装和其他成品中加入时，必须在该地区生产。

### （二）服务贸易规则

USMCA与服务贸易相关的规则包括第15章至第19章的跨境服务贸易、商务人员临时入境、金融服务、通信和数字贸易共5章的内容，以及协定附件Ⅰ—Ⅲ关于服务和金融服务的不符措施。

美、墨、加三方以负面清单方式承诺的服务市场开放水平均已达到历史最高标准，尤其体现在分销服务、商业服务、金融和运输等具有明显价值链特征的部门，同时强调了金融服务的开放，首次将“数字贸易”替代“电子商务”并纳入了新的规则，进一步提高了透明度以及监管要求，加强了规则的约束力与执行力，体现了服务贸易规则制定的国际高标准水平。

金融服务一直是美国参与国际经贸谈判的“核心利益”所在，USMCA 的金融服务规则并不从属于一般服务贸易规则中，是自成一体的章节，在具体的承诺清单上也独立于协定附件Ⅰ和Ⅱ的投资和服务不符措施。协定规定了金融服务跨境投资的“准入前 + 准入后”国民待遇原则，投资范围采取了负面清单的形式。另外，USMCA 在禁止本地化要求与金融服务争端解决方面进行了重大调整。在禁止本地化要求方面，区别于数字贸易章节中对计算设备本地化要求的“一刀切”禁止，为金融监管机构采取和维持本地化措施提供了一定的合法空间。在争端解决方面，USMCA 各缔约方都可使用经调整的国家 - 国家争端解决机制，但只有美国和墨西哥之间可以使用经调整的投资者与东道国争端解决机制（ISDS）。

USMCA 数字贸易规则代表了国际贸易协定中规范数字贸易的最新及最高标准，形成了“美式数字贸易规则”。具体而言，USMCA 删除了原 TPP 中的“数据跨境自由流动”及“数据存储非强制本地化”等数据流动规则的“例外条款”，积极推动数据跨境流动。新增促进打击网络安全挑战的合作并通过推广行业最佳实践来实现网络与服务安全，新增促进政府公共数据开放以及互联网服务提供者的责任限制条款，扩大了源代码的保护范围。

### （三）投资规则

USMCA 投资章节包括正文 17 个条款和 5 个附件，此外，协定的附件Ⅰ和附件Ⅱ分别包含了关于投资的现在和未来不符措施，其中附件Ⅰ所承诺的不符措施的限制在之后不会变得更高，只会维持或放松限制，附件Ⅱ是尚未形成或已有但不够完备的不符措施，缔约方保留将来实施不符措施或实施更为严格不符措施的权利。

USMCA 投资章节较为重要的部分是其对争端解决机制的变动，投资者 - 东道国争端解决机制（ISDS）仅适用于美国和墨西哥，而加拿大和墨西哥、美国和加拿大之间的投资纠纷都不再适用。

另一个值得注意的规定是在附件 14 - D 墨西哥与美国的投资争端部分，USMCA 规定：如果来自非市场经济体的投资者控制了缔约方的一家企业，而此时这家企业与另一缔约方发生了投资争议，则该企业不能运用 ISDS 进行救济，该条款只针对美国和墨西哥之间的投资争端。

### （四）营商环境规则

USMCA 在营商环境改善方面，致力于加强知识产权的保护和执法、促进技术创新以及技术的转让和传播，促进透明度、消除贸易和投资中的贿赂和腐败，促进劳工权利的保护和执行、改善工作条件、加强缔约方在劳工问题上的合作能力，促进高水平的环境保护、推动环境法律的有效执行、加强环境合作。

在知识产权章节中，USMCA 对商标、国名、地理标志、专利和未披露试验数据或其他数据、工业设计、版权和相关权、商业秘密的知识产权保护都进行了详细规定，扩大了受保护范围，延长了受保护期限，加强了对特定对象的知识产权保护，尤其地，为农业化学品和药品提供了强有力的数据保护，规定对生物制药的数据保护延长为 10 年。

在国有企业与指定垄断这一部分，USMCA 从中央政府对企业所持有的股权、投票权、任命权和决策权四个方面来认定，只要满足其中一个条件就会被认定为属于国有企业。本章对国有企业的规制也主要是针对中央政府一级的国有企业，附件 22 – D 对次级中央政府一级的国有企业的不适用进行了详细说明。此外，本章还涵盖了非歧视待遇和商业考虑、非商业援助以及国有企业的信息披露义务等内容（见表 10 – 5）。

**表 10 – 5　国有企业规则对比**

| | CAI | CPTPP | USMCA |
|---|---|---|---|
| 国有企业界定 | √ | √ | √ |
| 公平竞争 | √ | √ | √ |
| 信息透明 | √ | √ | √ |
| 非市场因素限制 | × | × | √ |
| 监管机构义务 | √ | √ | √ |
| 一般例外 | √ | √ | √ |

注：√代表协定包含该项内容，×代表协定不包含该项内容。

关于劳工保护，在 NAFTA 对劳工的保护基础上，增加了关于强迫或强制劳动、暴力侵害工人、移民工人以及工作场所基于性别的歧视这些新规则，扩大了劳工标准的保护范围。同时也应注意到，本章附件关于墨西哥集体谈判中的工人代表的规定，加强了墨西哥对劳工保护的要求。此外在第 4 章原产地规则附件中，还有对生产汽车零部件的工人最低工资 16 美元/小时的规定。在丰富实体性规则的同时，USMCA 完善了执行劳工标准的程序性规则，使得规则更具有执行力。具体而言，USMCA 在劳工章节规定了劳工磋商程序，并且本章的劳动争端受主协定争端解决机制的约束，主协定争端解决章节的附件还规定了美国和墨西哥以及加拿大和墨西哥之间的快速响应劳工机制。同时，USMCA 还包含了多样化的救济措施，例如中止贸易利益，加强劳工标准与贸易利益的联系，从而增强了劳工标准的可执行力。

在环境保护方面，USMCA 肯定了缔约方有管理本国环境和制定环境标准的主权，因此发展水平较低的墨西哥不必在环境保护的标准上与美国和加拿大一致。要求缔约方有效实施其国内的环境法，并在履行国际环境条约上合作。渔业和海洋生物的保护在环境章节占据了很大的篇幅，同时增加了几个新议题，包括大气污染、海洋垃圾、负责任的投资和自愿的环境管理。USMCA 还大力推动政府向公众公布环境信息，鼓励公众参与，赋予公众对于环境章节下各议题履行的监督权和建议权。

此外，USMCA 还致力于增强北美经济竞争力，促进竞争执法、提高市场效率和保护消费者利益，促进中小企业就业和增长、增加中小企业的贸易和投资机会，打击反腐败行为、促进公职人员廉政，为企业进行贸易和投资提供良好的营商环境。

### （五）其他规则

USMCA 还有两个需要关注的条款，一是关于非市场国家自由贸易协定的规定，二是“日落条款”。前者出现在第 32 章第 10 条，非市场国家被定义为“在 USMCA 签署之日，协定任何一方因其贸易救济法而被认定为不具有市场经济地位，并且与协定任何一方没有签订自由贸易协定的国家”。规定任一缔约方在与非市场国家开展自贸协定谈判时，应至少在谈判前 3 个月通知其他缔约方。其他缔约方可在该缔约方与该非市场国家签署任何协议前对该协议进行审查。任一缔约方与非市场国家签订自贸协定将允许其他缔约方提前六个月通知后终止本协定并以他们之间的协定（双边协定）取代本协定。这就是所谓的“毒丸条款”。而“日落条款”出现在第 34 章第 7 条，规定 USMCA 应自生效之日起 16 年后终止，除非每一缔约方确认希望继续本协定。

数字贸易是数字经济中最为活跃的部分，其概念的内涵和外延仍在变化之中，有观点认为其可分为数字货物贸易（如电子商务）、数字服务贸易（如数字金融、软件贸易）和数据贸易三类。但在世界贸易组织（WTO）相关谈判等场合中，多数成员在语义上混用数字贸易与电子商务的概念，使其都含有利用平台的跨境货物销售和数字化内容及服务的跨境传输之意。

## 五、DEPA 内容与发展趋势

在数字贸易领域，各经济体之间存在规范冲突，有碍全球数字贸易的深入发展。对此，WTO 关注较早，但因多哈回合谈判中止，相关工作进展徐缓，未能跟上数字贸易的快速发展。1998 年，WTO 第二届部长级会议就已通过“全球电子商务宣言”，倡议对电子传输延征关税。此后，直到 2017 年，WTO 才重启“与贸易相关的电子商务议题”的谈判探索工作，各成员相继提出议案，形成共识依然道阻且长。鉴于此，美国和欧盟都以双边或区域经贸谈判为契机，推动内部规则国际化，各自搭建美式和欧式数字贸易规则体系。美式模板力求确保全球数字市场的开放，在双边自由贸易协定、TPP 和 USMCA 中依次提出跨境数据自由流动的原则、互联网开放、取消数字本地化限制和源代码披露等主张。欧式模板在认同跨境数据自由流动的基础上，更加注重公民个人隐私的保护，利用自身经济优势要求中等经济体对数字产品知识产权保护做出让步，同时反对将一般贸易规则强加于对意识形态影响巨大的视听部门。从立法技术角度来看，美式模板和欧式模板都存在循序渐进的演化过程，数字贸易规则能够单独成章（电子商务或数字贸易章节），同时也渗透到跨境服务贸易、投资、信息技术合作和知识产权等章节中。

随着欧美数字贸易规则的推广以及区域经济一体化程度不断加深，日本、新加坡等 CPTPP 缔约方后来居上，在数字贸易领域展现出较为开放的姿态，二者分列 2020 年度全球数字贸易促进指数排名的第 1 位和第 2 位，新西兰（第 4 位）、智利（第 22 位）等国也获得了较高的得分。其中，新加坡在近年来的国际贸易谈判中广泛纳入数字贸易相关内容，表现非常活跃。

### （一）DEPA 对传统议题的主要观点

经过多年的发展，数字贸易国际规则具体议题已相对清晰、集中。这些传统议题从时间跨度上可以分为两个代际。第一代规则内容相对简单、分歧较小，如透明度义务、电子认证和电子签名、无纸化贸易、禁止垃圾电子信息、消费者保护等。第二代规则则争议较大，包括跨境数据流动、源代码、数据本地化要求和个人信息保护等。

就DEPA而言，其共包含16个模块。前11个模块涉及实体性议题，依次为初始条款和一般定义、商业和贸易便利化、数字产品和相关问题的处理、数据问题、更广泛的信任环境、商业和消费者信任、数字身份、新兴趋势和技术、创新和数字经济、中小企业合作和数字包容。后5个模块涉及实施和程序性问题，依次为建立联合委员会和联络点、透明度、争端解决、例外条款和最终规定。在传统议题（模块1至8）上，DEPA主要围绕贸易便利化、电子传输免关税和数据跨境流动三个方面展开。

贸易便利化主要集中在模块2，又涉及国内电子交易框架、电子发票、无纸贸易、电子支付等多方面内容。其旨在通过程序和手续的简化，协调基础设施标准和法律适用来促进数字贸易的发展。首先，国内电子交易框架（DEPA第2.3条）建议缔约方法律允许以电子方式订立合同，且与纸质合同具有同等效力和可执行性。电子签名也应与亲笔签名具有同等效力（DEPA第16.9条）。其次，无纸贸易建议缔约方将贸易管理类文件电子化，由单一窗口受理，以此提高效率、降低成本（DEPA第2.2条）。再次，DEPA鼓励缔约方相互合作，开发类似的国际标准，促进电子发票的跨境使用（DEPA第2.5条）。此外，鉴于电子支付的快速发展，DEPA鼓励采用公认的国际标准和支付基础设施联通等措施，推动构建安全有效的跨境支付体系（DEPA第2.7条）。事实上，中国《电子签名法》早已明确了电子签名和电子合同的效力；2014年中国就已完成通关作业无纸化改革，建立了单一窗口制度，实现海关通关业务现场和业务领域的全覆盖。在电子支付领域，中国更是具有相对的领先优势和迫切的国际合作意愿。

对电子传输免除关税原本是各国共识，WTO成员在1998年的《电子商务工作计划》中就已明确对电子传输延迟征收关税，即电子传输的免关税承诺。然而，一些成员（如印度、南非等）近期开始质疑。对于这一问题，DEPA与CPTPP的内容完全一致（DEPA第3.2条、CPTPP第14.3条），即明确表示对电子传输的内容免征关税，但不否认缔约方征收其他形式的国内税费。这一要求基本符合中国的现行实践和中国在WTO提案的观点。

数据跨境流动主要集中于模块4，具体涉及跨境数据流动、个人信息保护和信息存储本地化三个方面，也是争议最大的部分。DEPA中，狭义的跨境数据流动条款与CPTPP完全一致（DEPA第4.3条、CPTPP第14.11条），即数据（含个人信息）原则上可以跨境流动，缔约方监管政策虽得到承认，但监管措施不得构成不合理的歧视、对贸易的变相限制抑或超出目标所需限度。

而跨境数据流动的核心又在于个人信息的流动。对此，DEPA 第 4.2 条比 CPTPP 第 14.8 条做出更为细致的规定，尤其是增设了个人信息保护国内法的一些基本原则（如收集限制、使用限制等），以及采用和相互承认数据保护信任标志。在信息存储本地化方面，DEPA 也与 CPTPP 完全一致（DEPA 第 4.4 条、CPTPP 第 14.13 条），即禁止将数据存储本地化的要求作为市场准入的条件，缔约方监管政策虽得到承认，但监管措施不得构成不合理的歧视、对贸易的变相限制抑或超出目标所需限度。换言之，DEPA 的数据跨境流动相关规则沿用了美式模板，但加强了个人数据保护，有意借鉴美欧之间"隐私盾"协议的安排，试图在数据跨境流动与隐私保护之间做出平衡。对于这些争议性较大的内容，中国在 WTO 的提案较能反映中国目前的观点，即该部分内容涉及各成员的核心利益，鉴于议题的复杂性和敏感性，各成员应进行更多的讨论。

### （二）DEPA 的创新性议题

在传统议题之外，DEPA 在模块 8 至 11 当中提出了一系列创新性议题。其中，较受关注的包括人工智能与中小企业问题。

人工智能在数字贸易中的重要性毋庸置疑，其与实体经济的深度融合是数字经济发展的既定方向。但同时，潜在的各种法律、政策和伦理问题日益显现，人工智能的出现也给现有的规范体系和治理思路带来了巨大挑战。对于这些问题，DEPA 走在了前列，明确提出构建"人工智能治理框架"，促进缔约方在道德和治理层面形成共识，以可以信赖、安全和负责任的方式使用人工智能，尤其针对人工智能的跨境使用（DEPA 第 8.2 条）。2019 年 1 月，新加坡在世界经济论坛年会上就已发布人工智能治理框架模型，供公众咨询。可见，这一规定契合新加坡的主张。

数字贸易为中小企业参与国际市场提供了良好机遇。数字贸易的主体已由传统的大型跨国公司扩展至中小企业和个人消费者，而中小企业遭遇的主要壁垒就是搜索和处理国外市场信息。过去，相关规则散见于各类经贸协定（见表 10-6），如 USMCA 第 19.18 条就建议缔约方向公众公开政府信息，尤其是为中小企业增加商机。对于新加坡、新西兰等国来说，其虽在数字经济领域处于前沿序列，但缺乏具有全球影响力的大型企业，因而尤其关注中小企业问题。DEPA 也相应地设置模块 10，专门探讨中小企业问题，建议缔约方以易于获取的方式进行信息公开（如政府采购信息），加强缔约方之间以及中小企业之间的对话和交流。

表 10－6 电子商务规则对比

| 对比项 | RCEP（电子商务章） | CPTPP（电子商务章） | USMCA（数字贸易章） |
| --- | --- | --- | --- |
| 计算设施的位置 | √ | √ | √ |
| 非应邀商业电子信息 | √ | √ | √ |
| 在线消费者保护 | √ | √ | √ |
| 海关关税 | √ | √ | √ |
| 国内监管框架 | √ | √ | √ |
| 无纸贸易 | √ | √ | √ |
| 电子认证和电子签名 | √ | √ | √ |
| 网络安全 | √ | √ | √ |
| 通过电子方式跨境传输信息 | √ | √ | √ |
| 电子商务对话 | √ | × | × |
| 透明度 | √ | × | × |
| 争端解决 | √ | √ | × |
| 个人信息保护 | √ | √ | √ |
| 合作 | √ | √ | √ |
| 源代码 | × | √ | √ |
| 数字产品的非歧视待遇 | × | √ | √ |
| 关于接入和使用互联网开展电子商务/数字贸易的原则 | × | √ | √ |
| 互联网互通费用分摊 | × | √ | × |
| 交互式计算机服务 | × | × | √ |
| 开放政府数据 | × | × | √ |

注：√代表协定包含该项内容，×代表协定不包含该项内容。

## （三）DEPA对现有数字贸易国际规则体系的影响

数字贸易国际规则发展至今，经历了由零星条款、专属章节到专项条约共三个阶段。对此，美国和欧盟布局较早，影响力巨大，但中国、新加坡等国的后发优势也愈发明显。DEPA的签订，深刻影响了数字贸易国际规则的走向，主要体现在三个方面。一是以“搭积木”的方式灵活应对数字经济的快速发展。DEPA模块式结构使得部分模块的更新和修订更为便利，能够应对信息技术的快速更迭；同时，缔约方灵活选择模块的方式，可以自发地吸引包括中国、韩国在内的其他国家热情参与，与USMCA的封闭和排外形成了鲜明的对比。二是专项条约的形式使得议题更加集中，共识更加深入。在内容上，DEPA在很大程度上借鉴或“照搬”了CPTPP的相关条款，但其又不完全局限于美式模板，反而吸取了美欧多年来不断磨合后形成的合作机制。相较于综合性的自由贸易协定，专项条约的内容不会作为妥协的代价与其他贸易目标进行置换，且在篇幅上有更大的空间安排更为细致的内容。三是创新性模块的设置为数字治理搭建了有益平台。数字科技的创新深刻影响了国际贸易的发展，也为后发国家参与规则制定提供了良好机遇。DEPA 具有影响创新性议题未来走向的潜力，应成为各缔约方共同努力的目标。总之，上述三方面影响使得数字贸易国际规则呈现多元化的发展态势，反映了更多国家参与数字贸易的多元化诉求。

## 第二节　对标绿色经贸规则促进绿色发展体制机制改革

碳中和是当代世界大势，碳排放空间稀缺有价逐步成为全球共识。近年来，发达国家纷纷在提出绿色经济增长战略同时，不断强化低碳认证、碳足迹标识、碳关税、绿色环境标志、绿色包装制度等绿色壁垒，同时围绕绿色制造和绿色贸易为主线的全球绿色供应链规则正在逐步形成。发展绿色经济是大国竞争的新焦点，也是谋求大国地位的新起点。未来绿色发展将成为拉动经济增长的新引擎，从根本上再造中国经济发展模式并重塑整个经济结构体系。中国必须抢占新一轮全球竞争的制高点，加快国内绿色发展体制机制改革，同时积极参与绿色全球治理。

### 一、全球绿色经贸规则发展动向

就近期全球绿色经贸规则动向来看，主要具有以下表现。

第一，从多边和诸边来看，绿色发展引领全球新规范，环境问题成为最有希望达成深度合作的领域。目前各国在环境商品覆盖范围方面长期存在分歧，世界贸易组织环境商品协定（EGA）谈判也于 2016 年破裂，但近期美国两党均有代表呼吁重启 EGA 谈判。之前 EGA 也因未能包括服务和非关税壁垒内容而受到批评，目前包括欧盟在内的 164 个 WTO 成员中有 59 个已承诺实现环境服务贸易自由化，EGA 的重新谈判可能需要处理包括环境服务在内的需求。另外，世界银行于 2022 年 2 月公布了新的营商环境评估体系（Business Enabling Environment，BEE）项目概念说明，更新后的指标体系纳入了环保可持续发展与电子技术应用方面的考量。环境可持续性将贯穿整个一级指标体系，涉及绿色融资监管质量、环境可持续贸易的监管质量、环境保护税务举措、绿色建筑监管举措、环保相关许可证件、破产程序的环保义务以及水电互联网等公用事业连接的环境影响等多个方面，这为进一步优化国内营商环境、推动绿色体制机制改革提供了指引和参考。

第二，从区域和双边来看，贸易与投资协定对环境问题愈发关注，呈现环境保护范围扩展、环境与贸易投资深度融合、规则约束强化甚至硬法化等多方面趋势。美国、欧盟近年签署的贸易协定均包含单独环境章节，涉及环境目标、企业社会责任、提高环境绩效的自愿性机制、透明度、环境合作、多边环境协定、制度安排、能力建设与对外援助、环境磋商等方面规则。除此之外，美国更强调公众参与，不仅提及公众参与机会，还规定了公众参与的程序事项和公众意见提交的相关问题，且环境章节适用于争端解决机制，可以通过制裁强制执行。而欧盟环境标准采用软约束方式，主张政策对话与合作，强调可持续发展，在贸易与可持续发展章节将劳工和环境问题联系了起来，涉及可持续性影响评估、预防原则和代际公平等问题，并注重应对气候变化领域的合作。目前中国与美国在环境争端解决机制、公众参与程序以及强化外部压力影响国内执法的有关条款方面存在分歧，而与欧盟在气候变化等推动可持续发展的领域存在更多的政策合作空间。

第三，各国来看，围绕碳中和与全球气候治理的国际博弈呈现白热化，国际绿色竞争全面展开。在贸易方面，2022 年 3 月，欧盟理事会就“碳边界调整机制”（CABM）相关规则达成一致，计划从 2026 年开始对钢铁、水泥等 5 类进口商品征税。美国《2021 年公平转型和竞争法案》立法草案也主张对进口的碳密集型商品征碳关税，试图效仿欧盟对中国出口到美国的工业产品加征碳关税，未来也可能扩展到物流、商贸、航空等服务业。在金融方面，美国通过建立金融业气候标准为国际绿色投资设立门槛和阻碍。美财政部和监管机构正拟定加强企业揭露环境冲击的规范，以全面防止绿色资金流入中国。目前欧洲碳市场发展进入第 4 阶段，欧盟委员会就碳市场改革提出进一步收紧碳交易市场、削减碳配额总量，并逐步将海运、陆运、航运等行业纳入碳排放交易体系，境外企业轮船在欧盟港口停泊以及国际航空公司初次入境欧盟的碳排放也将受用于该规定。英国政府在伦敦与利兹投资新建两个全球绿色金融与投资中心，试图强化绿色金融全球领导地位。新加坡也提出尝试建成国际碳交易中心。在知识产权方面，美国专利审查部门早已开展专利审查改革，加速审查程序推动绿色技术专利的通过与推广，加快有关环境质量、新能源发展、降低温室气体排放等发明专利申请以促进绿色技术发展，意图在碳中和时代占据绿色产业链的顶层地位，利用碳中和专利“卡脖子”。美国正试图抢占碳中和的专利授权、产业分类、标准认定和规则制定，并按照自身利益主导碳中和相关标准的定义权，中国应警惕碳中和成为美国及盟友遏华新工具。

## 二、中国绿色发展体制机制改革的策略建议

全球绿色竞争已经开始，正推动生产、生活、消费等全领域的系统性范式变革，更深层次上是话语权、规制权的竞争。中国必须抓住“绿色”机遇，以我为主继续深化绿色体制机制改革，塑造绿色核心竞争力，抢占新一轮全球竞争的制高点。

第一，在货物贸易方面，加快构建绿色贸易体系。健全绿色贸易促进政策体系，制定完善环境商品目录和绿色低碳产品进出口货物目录，大力发展高质量、高技术、高附加值绿色产品贸易，推动可再生能源设备、环境监测分析设备以及固液气废弃物处理设备等环境产品出口，强化国际环境公约受控物质进出口许可管理，严格动物来源产品、森林砍伐有关产品、非法捕捞鱼类产品以及化学品等的进口审查，强化特殊物品进口的生物安全管控。完善绿色低碳贸易标准、标识和认证体系，加强外贸商品碳排放管理，搭建全产业链碳核算服务平台，探索构建商品全生命周期碳排放计量系统和碳足迹溯源体系，推广企业“碳耗码”和商品“碳中和标识码”。建立绿色贸易评价指标体系，以评价指标为导向，开展绿色低碳产品进出口监管统计。主动引领绿色经贸规则和标准制定，支持重启 EGA 谈判，在环境商品清单谈判中发挥积极作用，适时向有关国家提出绿色贸易协定谈判倡议，开辟合作新领域。

第二，在服务贸易方面，持续推动环境服务贸易自由化，做优做强环境服务业。降低环境技术服务、环境咨询服务、污染治理设施运营管理、废旧资源回收处置等环境服务领域的关税和非关税壁垒，完善环境服务贸易统计制度，扩大先进生态环境治理与低碳技术进口以及研发设计、环境服务等生产性服务进口。积极培育和发展环境服务新业态新模式，支持通过贸易、合资合作、并购重组、协作联盟等方式促进国内外环境服务业合作，推行环境污染第三方治理、环保管家、环境医院、环境综合治理托管服务等模式。大力发展绿色会展经济，充分利用中国国际服务贸易交易会平台推广企业新成

果。健全产业环境服务体系，支持环境中介服务发展，培育和引进一批为环保产业提供技术信息、人力资源、绿色金融、管理咨询等服务的专业机构。

第三，在金融方面，构建全球领先的中国零碳金融系统。推进绿色金融标准体系、统计体系、评价体系、征信体系建设，落实完善绿色信息披露制度，优化绿色项目和产品认定标准，将碳资产和碳足迹纳入信息披露，鼓励对绿色金融产品和服务开展第三方认证评估，搭建零碳金融统计监测平台和绿色信息共享平台。推动碳金融产品和服务创新，扩大绿色金融试点范围，引导金融机构提前布局净零碳经济，创新碳减排支持金融工具。支持开发绿色股票指数、绿色债券指数、碳价格相关指数，推出更多基于绿色指数的交易型开放式指数基金（ETF）等产品。稳步推进碳市场机制建设，探索与国外碳市场链接及交易互认。强化与其他环境权益类市场机制的统筹协调，将碳汇交易纳入全国碳排放权交易市场，探索建设排污权、用能权、用水权交易市场。有序推动碳期货、碳期权、碳远期等碳金融衍生品交易和创新，设立以碳减排量为项目效益量化标准的市场化碳金融投资基金。

第四，在投资方面，健全环境、社会和治理（ESG）投融资体系，推动投资便利化。提升绿色投资便利化水平，搭建绿色投融资综合服务平台，促进市场主体准入准营便利，优化“准入前国民待遇＋负面清单”管理模式和配套措施，进一步缩减环境领域外资准入负面清单，将第三方环境影响评估纳入投资项目备案管理。引导社会资本进入ESG领域，将环境风险纳入审慎监管政策考量，激发资本市场对低碳转型的支持力度，推动气候投融资健康发展，加强ESG引导机制和模式设计。强化绿色投融资政策支持保障，加快完善ESG标准体系，健全生态环境保护投入保障机制，鼓励将符合条件的项目纳入政府专项债券支持范围，建立政府绿色投资稳定增长机制，设立国家低碳转型基金，鼓励开发性政策性金融机构按照市场化法治化原则为实现碳中和提供长期稳定融资支持。

第五，在知识产权方面，健全绿色创新成果研发、审查、保护与运用的全流程服务保障体系。建立绿色专利快速审查制度，出台绿色技术专利快速审查实施细则，推动绿色专利审查程序简化和标准完善，建立更为详细的绿色技术分类体系，健全绿色专利数据库。完善绿色技术转移转化市场交易体系，推进绿色技术交易中心建设，及时发布绿色技术推广目录，加快先进成熟技术推广应用。支持企业通过知识产权折价占股、抵质押、融资租赁、证券化等方式获得投融资支持。加强绿色技术服务中介机构能力建设，培育绿色技术创新第三方检测、评价、认证等中介服务机构，制定绿色技术创新中介机构评价规范和管理制度，打造专业化的绿色技术创新“经纪团队”。

第六，在政府采购方面，推进绿色采购制度化。加大政府绿色采购力度，开展政府绿色采购试点，扩大绿色产品和服务采购范围，推动政府由过去购买单一治理项目服务向购买整体环境质量改善服务方式转变。遴选市场急需、具有实用价值、开发基础较好的共性关键绿色技术。政府以招标采购等方式购买技术，通过发布公告等形式向社会免费推广应用。加强对企业和居民采购绿色产品的引导，建立相应配套措施。

第七，在数字经济方面，激发数字经济对绿色转型的赋能作用，构建碳达峰、碳中和数智治理体系。持续提升生态环境政务服务数字化水平，全面推动数字化技术与生态环境保护业务深度融合，加强数字政府建设在生态环境“放管服”改革和经济社会管理的协同，推进审批和制度流程全电子化，实现业务贯通、窗口整合、一网通办。充分挖掘数字技术在环境监管、环境监测、环境评价、污染防治以及绿色专利保护等方面对绿色转型的赋能作用。打造碳排放数字治理模式示范试点，强化大数据、云计算、人工智能、区块链等数字技术在碳足迹溯源体系中的应用，依托大数据精细管理企业工艺、制造、采购、营销、物流供应链及服务等全流程绿色化程度。

第八，在企业政策方面，提高环境绩效的自愿性机制，建立绿色供应链制度体系。加强企业环境治理责任制度建设，对接国际标准化组织ISO 26000，贯彻国家标准委《社会责任指南》，引导企业开展环境绩效自我评价和自愿审计。健全生态环境损害赔偿制度，全面落实生产者责任延伸制，推行强制污染责任保险制度。健全企业绿色发展激励机制，完善“政府补贴+第三方治理+税收优惠”联动机制，探索建立生态信用行为与金融信贷相挂钩的激励机制，持续优化绿色发展财政奖补机制，积极推行环境污染第三方治理。支持企业实施绿色供应链管理，组建绿色企业联盟，实施“绿色伙伴”计划。鼓励企业开展绿色设计、选择绿色材料、实施绿色采购、打造绿色制造工艺、推行绿色包装、开展绿色运输、做好废弃产品回收处理，实现产品全周期的绿色环保。

第九，在监管一致方面，提高环境规则实施水平，推动国内国际绿色低碳贸易规则、机制对接。强化环境监督和执法力度，健全生态环境监督执法正面清单常态化工作机制，创新执法方式，推行异地执法处罚，探索委托第三方开展执法辅助服务。完善跨部门、跨区域沟通协调机制，健全环境管理、环境监测、环境执法联动工作机制，依法推动联合监管、动态监管、信用监管和失信惩戒，提高环境政策决策、实施和执行透明度。加快国内环境规制与全球绿色经贸规则稳步全面对接，制定差别化对接策略，逐步推动全领域规则协调。

第十，在贸易与可持续发展方面，推动多元主体广泛参与，提升国家绿色文化软实力。强化公众参与透明度和规则保障，完善环境保护公众监督和结果反馈机制，对公众监督的受理时限、途径、范围等进行明确规定，畅通和规范多元主体参与环境治理途径，实行生态破坏违法行为举报奖励制度。支持发挥行业协商会、群团组织的桥梁作用，引导环保组织积极开展生态环境公益诉讼。创新公众参与机制，推行环境社会观察员制度，加强环境守护者队伍规范管理，推广环境圆桌对话制度，促进利益相关方对话协商，建设“绿色积分”体系，逐步形成完备并具有延续力的国家绿色文化软实力。

## 第三节　对标数字经济规则促进数字经济治理创新

DEPA 由新西兰、新加坡和智利 2020 年 6 月共同签署，是全球首个专门针对数字经济的多边协定。目前，我国正在积极争取加入 DEPA，相关工作正在有序推进。加入 DEPA 不仅对我国参与数字经济国际规则制定具有重要意义，也将对国内数字经济发展产生重要影响。如何抓住这一契机，大力推进国内数字经济治理创新和改革探索，是一个十分紧迫的问题。本章对此作以分析，供相关部门参考。

### 一、加入 DEPA 将为我国参与全球数字经济治理提供重要平台

目前，全球数字经济规则探索正在如火如荼推进。美国和欧盟在这一进程中发挥着主导作用。其中，美式规则主要以 CPTPP、USMCA、美日数字贸易协定等为代表，而欧式规则集中体现在《通用数据保护条例》（GDPR）和正在拟制中的多个法案中。其他发达国家也在积极探索符合自身利益的数字贸易规则。相比之下，我国在数字经济国际规则制定中处于边缘化的局面，话语权十分薄弱。在这个背景下，DEPA 为我国参与全球数字经济治理提供了重要平台。虽然其目前涵盖的经济体规模较小，但作为首个数字经济多边协定，在一定意义上为全球数字经济制度安排提供了模板，有利于将亚太地区的发展诉求融入全球数字经济规则制定中，扭转我国的被动局面。

基于文章评估，我国全模块加入DEPA基本不存在法律和技术障碍。DEPA的核心条款深度吸收和细化了CPTPP的相关内容（排除了源代码转让和互联网互连费用分担），在此基础上增加了一些新的议题。主要内容可划分为三类。一是数字贸易便利化、电子传输免关税等第一代议题。其中贸易便利化主要涉及国内电子交易框架、电子发票、电子合同、无纸贸易、电子支付等，我国在这方面处于领先地位，早在2004年出台的《电子签名法》已明确电子签名和电子合同的效力，通关无纸化和单一窗口已实现全覆盖，电子支付领域亦具有较强优势。我国对电子传输免关税的基本立场与DEPA规定一致。二是跨境数据流动、本地存储和个人信息保护等第二代议题。这是当前全球数字经济规则博弈的焦点。DEPA在跨境数据流动和本地存储方面完全照搬了CPTPP相应条款，但在个人信息保护方面的规定更为细致，尤其是增设了对国内立法的明确要求（如收集限制、使用限制等），以及采用和相互承认数据保护信任标志等。其个人信息保护条款与我国国内立法取向基本契合，而就跨境数据流动和本地存储条款而言，尽管DEPA主张跨境数据自由流动、反对强制本地存储，但同时列出了基于“合法公共政策目标”等例外条款，且这些例外条款含义相当模糊宽泛，我国现行法律规定与其并不存在明显冲突。三是人工智能、金融科技等前沿创新议题。这些议题在CPTPP、USMCA中存在空白，DEPA在这方面走在前列，倡导构建以信赖、安全和负责任的方式使用人工智能的治理框架以及促进金融科技部门中企业间合作，促进商业或金融部门金融科技解决方案的制定等，体现了对数字经济前沿议题的引领能力。我国在这方面正在积极研究，基本政策立场与其一致。

## 二、以争取加入DEPA为契机，大力推进国内数字经济治理

数字经济是决定国家竞争力的根本所在。我国数字经济规模连续多年居世界第二，但数字经济治理体系仍较为薄弱。下一步，一方面应以争取加入DEPA为契机，积极参与全球数字经济规则制定，在WTO、G20、APEC、金砖国家等多边框架和自贸协定谈判中提出符合我国利益的数字经济规则诉求；另一方面，应加快国内数字经济治理创新步伐，大力推进前沿领域改革先行先试，为参与全球规则制定奠定坚实基础。从后者来看，应重点在四个方面下力气。

1. 聚焦核心议题和敏感领域，抓紧健全跨境数据流动监管法规框架和操作细则。数据跨境流动是DEPA、CPTPP、USMCA等高水平协定的核心议题，

也是我国参与全球数字经济治理的最大难点。我国尚未提出明确的数据跨境流动的“中国方案”。现有法律对数据跨境规定十分严格，《网络安全法》规定关键信息基础设施的运营者在境内收集和产生的个人信息和重要数据应在境内存储，因业务需出境的需由网信部门进行安全评估；《数据安全法》提出建立数据分类分级保护制度，《个人信息保护法》亦对个人信息跨境提供作出了严格规定。尽管在法律框架上与 DEPA 和 CPTPP 并不存在直接冲突，但存在两个问题。一是涉及数据分类分级保护和出境安全评估的细则尚是空白，《网络数据安全管理条例》《数据出境安全评估办法》均处于征求意见阶段，目前相关法律较为笼统抽象，跨国公司和大型企业出于对合规风险的担忧，不愿在境内开展与跨境数据传输相关的业务，极大地影响了我国数字经济的发展；二是相关细则出台后如何实施缺乏透明度和可预见性，数据出境安全评估所需时间、耗费成本和结果难以预知，可能会极大地降低跨国公司在我国开展相关业务的信心和意愿，也会给我国加入 DEPA 和 CPTPP 谈判带来不利。下一步，我国应以“数据三法”为框架，采取“准许流动为主 + 本地化为辅 + 安全评估例外”的模式，加快健全数据出境安全评估和分级分类保护的操作细则，扩大适用自评估或备案方式管理的非敏感数据范围，建立数据保护能力认证、数据流通备份审查、跨境数据流通和交易风险评估等安全管理机制，同时在提升政策透明度和可预知性上下大力气，切实降低合规数据跨境流动的成本。

2. 立足电子商务基础优势，大力深化无纸贸易、电子发票、电子支付等便利化举措。相对于美国在数字经济核心科技领域处于领先优势而言，我国在电子商务领域更具领先优势，在与其相关的电子签名、电子合同和认证、无纸化贸易等议题上已与国际社会形成共识，已签署的 RCEP 在“电子商务”一章中亦对这些议题作出规定，为我国提升电子商务规则影响力奠定了良好基础。下一步，对标 DEPA 相关条款，我国应不断强化信息技术创新，通过互联网和可信数字化手段提升贸易便利化水平。尤其是以跨境电商为突破口，加快电子发票、电商物流仓储、金融支付等领域数字技术的全球应用，推进电子交易数据传输便利化和电子监管系统互通互认，扩大快速通关程序的适用范围。同时，优化人民币跨境支付服务，鼓励更多制造企业、跨境电商企业、金融机构以人民币计价结算，发展高效、安全和可靠的跨境电子支付。

3. 对接数字经济创新议题，积极开展人工智能、金融科技、区块链等前沿领域探索。全球数字经济呈现快速迭代、不断颠覆的演变趋势，前沿技术创新和深度应用是决定数字经济竞争力的关键所在。我国应对标 DEPA 在前沿议题的相关条款，发挥超大规模市场优势，加大前沿技术创新和治理创新力度。重点是加强原始创新和底层技术研发，瞄准量子信息、集成电路、大数据、人工智能、区块链等战略性领域，增强数字技术基础研发能力。加强面向多元化应用场景的技术融合和产品创新，发展基于数字技术的智能经济，积极发展元宇宙产业，培育智能制造、反向定制、智慧销售等新增长点，提升金融科技发展水平，打造新兴数字产业优势。加强人工智能等新技术应用的伦理问题研究，划定人工智能边界规则，引导企业建立自律机制，防止技术滥用。

4. 坚持安全与发展并重，加强网络安全治理和协同监管制度创新。网络安全和数字风险是各国面临的共同问题，DEPA 专设一章对网络安全监管与跨国合作进行了阐述，我国应积极对接和深化实施。重点是强化网络安全治理体系，加强网络安全基础设施建设，落实网络安全等级保护制度，完善网络安全应急预警机制，促进拟态防御、数据加密等网络安全技术应用。做好网络安全审查和云计算服务安全评估，增强重点行业数据安全保障能力。加强数字经济协同治理和监管，探索开展跨场景、跨业务、跨部门联合监管试点，创新基于新技术手段的监管模式，建立健全触发式监管机制。加强数字知识产权保护、个人隐私保护等关键规则制定，构建有利于数字经济合规发展的制度体系。

## 三、区分难易程度和风险等级，分层次推进我国数字经济治理

DEPA（亦包括 CPTPP）数字经济相关条款在难易程度和风险上差异很大。下一步，我国除自上而下主动改革外，应根据具体条款的类型，选择若干有条件的区域开展自下而上的试点，通过压力测试发现问题，有针对性地加以深化完善，为面上推广创造条件。具体可分三个层次进行。

1. 在海南、上海、深圳、北京等地积极推进跨境数据流动监管试点。跨境数据流动监管难度大，风险等级较高，在国家层面法律法规尚未形成系统、数据分类分级规则不健全、数据跨境传输安全评估和管理机制空白的背景下，可首先在少数特定地区进行压力测试，在测试中完善规则。2020 年 8 月，商务部出台的《全面深化服务贸易创新发展试点总体方案》已提出，在北京、上海、海南、雄安新区等地区推进跨境数据流动分类监管试点，目前相关工作正在推进中，但受制于上位协同不充分等因素，难度很大。地方层面对此期盼很高。下一步，建议加大国家部委的指导和支持力度，在相关试点地区开展汽车、金融、工业互联网、医疗等领域数据跨境流动安全评估试点，建

立试点白名单制度，健全数据保护能力认证、数据流通备份审查、跨境数据流动和交易风险评估等安全管理机制，允许符合条件的跨国公司和金融机构以集团化管理向境外成员企业传输有关数据，放宽对科研机构访问国际学术前沿网站的管制措施。

2. 在国家数字经济创新试验区、跨境电子商务试验区、全面深化服务贸易创新发展试点区和部分自贸区（港）开展面上数字经济治理创新试点。面上数字经济治理创新涉及国内电子交易框架、电子发票、电子合同、无纸贸易、电子支付、个人信息保护等议题，风险相对不高，我国在这方面具备扎实基础。鉴于数字经济涉及领域较广，我国在这方面已设立了多个类型的试验区，不需再专门新设，而应依托现有试验区和有条件的自贸区（港）推进改革试点。在试点内容上，重点聚焦跨境电子商务、数字服务贸易、制造业服务化、数据要素流通和交易等领域，结合 DEPA 和 CPTPP 相关条款，根据各地特点推进差异化试点，如实施全过程通关无纸化作业，将数字服务贸易纳入“单一窗口”，建立“数字围网”智慧监管体系，鼓励国内电子发票系统对接国际标准，研制关键共性数字技术标准，促进数据要素与制造业、服务业深度融合等。在试点流程上，由各地立足自身实际提出诉求，报国家发改委和商务部审核授权后实施，并进行全过程动态评估，及时发现存在的问题，将高水平试验成果在全国推广。

3. 选择特定地区在人工智能、区块链、金融科技、汽车安全等领域推进沙盒监管试点。数字经济涉及诸多前沿领域，不少技术以现有的科学认知难以预见其潜在风险。目前我国多个城市正在央行指导下开展金融科技创新监管试点，国家市场监督管理总局、工业和信息化部等 5 部委近期已启动汽车安全沙盒监管试点。下一步可在此基础上，聚焦人工智能、区块链、智能网联汽车、金融科技等前沿领域，对接 DEPA、CPTPP 等高标准协定中相关条款，选择少数有条件的地区，深化和扩大数字经济“沙盒监管”试点范围，建立严格的准入审核、测试标准、风险监测和退出机制，在真实市场环境下暴露风险并加强研究评估，及时采取弥补措施，探索可复制推广的数字经济监管制度框架。

## 第四节 对标政府采购规则促进政府采购市场开放

习近平总书记在 2020 年提出，中国要主动对接高标准的国际经贸规则，对加入 CPTPP 持积极态度。他还在 2018 年博鳌亚洲论坛年会开幕式上讲道，我国要“加快加入世界贸易组织《政府采购协定》进程”。2021 年的《政府工作报告》也将“积极考虑加入全面与进步跨太平洋伙伴关系协定”提上议程。CPTPP 代表高标准的国际经贸规则体系，其缔约国在政府采购领域的市场开放程度居于世界前列。对标 CPTPP 政府采购规则，有利于填补我国在政府采购相关领域的规则空白，加快与 CPTPP 规则对接的进程，也有利于消除拜登在经贸领域构筑“反华联盟”的不利影响，为我国在后疫情时代积极参与国际大循环拓宽新路径。

## 一、高标准经贸规则政府采购条款的特点

CPTPP 政府采购相关条款内容，基本沿袭了世界贸易组织的《政府采购协议》。由于 CPTPP 发起国日本、加拿大、新西兰和新加坡等部分成员既是世界贸易组织《政府采购协议》（GPA）参与方，也是 CPTPP 缔约方，因此 CPTPP《政府采购》章节是基于 GPA2012 年修订版制订的，但也有些改动。一是在原则性条款（第一条至第六条）中增删了少量条款。例如，定义（第一条）中新增关于“建设－运营－转让（BOT）和公共工程特许合同”的定义；范围（第二条）新增关于“遵守”的规定；例外（第三条）中删除 GPA 中关于国家安全例外的相关表述。二是在政府采购招标、程序等具体条款（第七条至第十九条）中调整相关条款顺序。例如，CPTPP 将限制性招标和谈判提至技术规格和招标文件前（GPA 为第十三条、第十二条，CPTPP 为第十条和第十一条）。

虽然 CPTPP 大部分相关文本内容沿袭了 GPA，但根据形势变化纳入了一些新规定。具体而言：一是在总则（第四条）中新增“电子方式的使用”条款，允许缔约国通过信息技术系统和软件公布采购信息、通知和招标文件、接收投标等；二是在参加条件（第八条）中新增涉及劳工权利的内容，规定采购实体必须在遵守透明度、反腐败和非歧视的情况下，推动相关劳工权利的法律法规；三是在技术规格（第十二条）中新增关于政府敏感信息存储要求，允许缔约方或其政府采购实体制订、采用和实施保护政府敏感信息的技术规格；四是增加保证采购实践中的诚信（第十八条），规定每一缔约方设置刑事或行政措施对政府采购中的腐败行为进行处罚。此类新增还体现在便利中小企业参加（第二十一条）、合作（第二十二条）等相关内容。诸多新规定不仅以高效、透明、规范的原则开放缔约国政府采购市场，还对各国支持

和促进中小企业参与政府采购提供制度性保障。

缔约方市场准入规则各具特点。从《政府采购》章节附件来看，CPTPP对各缔约方的政府采购市场开放程度极具包容性。具体体现如下。一是门槛金额，除墨西哥使用美元外，其他缔约国可使用特别提款权（SDR）。二是过渡性措施，文莱、马来西亚和越南享有特殊和差别待遇，采取分阶段降低门槛金额。例如，文莱的货物和服务采购在5年内分三次降至13万SDR。马来西亚的货物、服务和建筑服务分别享有5年、10年和20年的过渡期。越南中央政府实体和其他实体在货物和服务、建筑服务享受不同过渡期。三是对等原则适用，澳大利亚和新西兰对墨西哥的次中央实体适用对等原则。除此之外，部分缔约方在服务贸易领域采用负面清单模式，如澳大利亚、智利、墨西哥、新西兰、秘鲁等。

## 二、我国对标高标准规则政府采购章节的难点

1. 政府采购内容界定存有分歧。CPTPP《政府采购》在定义（第一条）中，明确了建设－运营－转让（BOT）合同和公共工程特许合同属于政府采购的范围，并纳入CPTPP政府采购章节进行管理。而在我国，BOT合同和公共工程特许合同是纳入政府和社会资本合作（PPP）范畴内，更多地适用《中华人民共和国招标投标法》（以下简称“《招标投标法》”）及其相关规定。对于PPP是否属于政府采购范畴，《政府采购法》对其管辖能力较为模糊。

2. 未形成政府采购对外谈判基本范式。一方面，我国现有的自由贸易协定（FTA）中涉及政府采购的范围较窄。在目前我国签署的双边自由贸易协定中，仅有中国－瑞士、中国－韩国、中国－冰岛、中国－秘鲁、中国－智利间的自由贸易协定在经济技术合作章节涉及政府采购相关内容，区域贸易协定区域全面经济伙伴关系（RCEP）首次将政府采购单独设章，内容均包括合作、透明度、咨询点以及未来谈判四个方面，但并未就门槛价、过渡期、实体范围等作出明确规定。五个双边FTA只是承诺在中国加入GPA之后进行政府采购领域谈判，RCEP提出正式生效后逐步完善政府采购规则。这些属于合作式、愿景式条款。另一方面，加入GPA是我国在自由贸易体系中开展政府采购合作的基础，我国目前已提交了7份出价清单，出价范围逐步扩大。但因将国有企业纳入出价清单以及发展中国家享有的特殊和差别待遇难获认同等问题，GPA谈判尚未结束。

3. 国内现行立法仍有差距。我国目前与政府采购相关的法律主要有两部：

《中华人民共和国政府采购法实施条例》以及《中华人民共和国招标投标法实施条例》，并相继出台实施《政府采购促进中小企业发展管理办法》《政府采购需求管理办法》等保障措施。但对标 CPTPP《政府采购》，我国尚欠缺对国内审查机制、技术规格和标准、中小企业、限制性招标等内容的规范性法律法规。例如，我国《中小企业划型标准规定》只是区分不同行业的中小企业，并向符合划分标准的中小企业给予政府采购政策优惠，并未将经济发展不等的各地区中小企业再加以区分，忽略了区域均衡发展的需要。再如，CPTPP 政府采购章节第十条还规定限制性招标，我国《招标投标法》仅对公开招标和邀请招标有明确规定，未涉及限制性招标的具体内容。

4. 对接 CPTPP 政府采购条款有利于减缓美对华经贸政策影。2008 年国际金融危机以来，奥巴马和特朗普两任美国总统都将“购买美国货”作为经济复苏的调控手段之一，通过提高政府采购项目的产品国产化程度，抬高外国零部件进入美国市场的门槛，促进本国制造业回流，创造国内就业机会。拜登就任总统不久，即签署《购买美国产品法案》行政令，要求联邦机构重新评估“美国制造”成分的真实性，防止外国公司将“贴牌”产品当成“美国制造”卖给美国政府。美国计划对《购买美国产品法案》进行 70 年来“最大的执行变化”，提出到 2029 年，在用美国纳税人的钱购买的产品中，75% 的零部件必须在美国生产，大幅高于目前 55% 的门槛，以解决美国在新冠疫情和经济危机中凸显的供应链弊端以及国内产业空心化问题。拜登上任后并没有撤销对华加征关税，相反，此次“国产牌”将进一步抬高中美经贸壁垒，不利于中美经贸关系修复与发展。

从影响看，汽车及其零部件、医疗和安全设备、钢铁及钢铁制品受影响程度较大，发生贸易摩擦的可能性较高。首先，拜登承诺要将美国联邦政府层面的公务用车全部替换为国内生产的清洁电动汽车，适用于购买美国货政策。这将对中国对美汽车及零部件出口造成严重冲击，医疗和安全设备被美国国产替代的可能性增加。其次《购买美国产品法案》明确规定，由政府投资主导的高速公路、桥梁、隧道、学校等基础设施建设所用钢材必须为国产，将严重削减我国钢铁产品在美市场份额。此外，这一新政也容易引起他国效仿，造成全球供应链、产业链和价值链断裂，对后疫情时代全球经济复苏稳定极为不利。

为此，中国主动对接 CPTPP 政府采购条款，加快国内政府采购市场开放意义巨大。一是有助于最大程度减少拜登新政对中国产业链和供应链的冲击。美国国会在 1979 年通过了《贸易协定法》，对来自 GPA 成员方和与美国签署其他政府采购条约的当事方给予豁免，加入 GPA 可以让中国供应商在一定程度上规避美国就政府采购设置的贸易壁垒。二是有利于中欧有效管控分歧并积极促进合作。欧盟商会发布《中国公共采购：欧洲企业在中国参与公共采购合同竞标的经历》报告中称，欧洲企业在中国的政府采购中饱受歧视，希望中国尽快开放公共采购市场。政府采购对中欧双方均属敏感区域，中国国内政府采购市场规模巨大，是欧洲企业竞相争夺的目标，当前应致力于与欧方达成一个关于政府采购的双边共识。三是吸引更多高质量跨国公司投资中国，减少与美国脱钩的风险。拜登新政本质是想让制造业回流美国，而中国主动开放政府采购市场将吸引更多跨国公司留在中国，加快国内政府采购改革，完善国内营商环境，保持中国市场对美国及其盟友企业的持续吸引力，是对“美国脱钩”政策最有效的还击。四是防止美国借政府采购规则重返亚太，构筑亚太经贸规则新秩序。拜登上任后虽然没有重返 CPTPP，但为遏制中国，正在强化与亚太国家在重点领域的合作。例如，最近美国正在起草“数字 TPP”的提案，为数字经济制定新标准。拜登也曾公开表示，希望与盟友合作使有关政府采购的国际贸易规则和相关国内法规现代化。一旦美国成功，将使得我国在后续 GPA 谈判面临更高要价，陷入更大被动。

## 三、我国促进政府采购市场“二次开放”的对策思路

第一，坚持对等原则，加快推进 GPA 出价谈判。历经七轮出价谈判，我国与国际政府采购规则的差距正逐步缩小，但仍需持续关注美国、欧盟、加拿大、日本、新西兰和新加坡等发达国家在出价上的关键保留以及发展中国家文莱、马来西亚和越南等在过渡性措施上的特别安排，精准研究不同缔约国的承诺。在此基础上，利用例外条款以及发展中国家的特殊和差别待遇，分阶段调整我国政府采购项目覆盖范围、出价水平占 GDP 的比重、出价总量、过渡期等重要指标，使之与 GPA 参与方的承诺水平一致，以便采取针对性出价谈判策略，在双边谈判中获得对等的政府采购市场准入机会。

第二，对标国际标准，完善政府采购范围和规范。一是对标 CPTPP 政府采购定义和范围，对 BOT 和公共工程特许合同、限制性招标、补偿等基本内容进行明确。二是做好国内标准与国际标准衔接。根据既有政府采购国内分类标准、CPTPP 沿用的《联邦供应分类》（用于货物，国防采购）以及联合国《主要产品分类》（用于服务及工程采购）标准，提前规范拟采购货物、工程或服务的分类标准、技术规格和招标文件格式，并适时推行。

第三，把握“一带一路”机遇，加快政府采购国际化步伐。“一带一路”是我国当前参与国际政府采购的重要平台。一方面，建立专业政府采购人才体系，设置政府采购法律研究机构，对具有“双重身份”的沿线国进行区分，厘清各国的国内政府采购法以及双边或多边规则。例如，既属于欧盟又是GPA成员的沿线国或地区需同时遵守《欧盟一揽子公共合同授予规则》和《GPA协议》。另一方面，实时跟踪沿线国或地区政府采购新规，加强政府采购管理机构的信息交流，促进国际采购项目最佳实践的复制和推广。充分利用“一带一路”政策红利，加大对沿线国或地区，尤其是同为CPTPP成员的采购项目合作，为加入CPTPP奠定基础。

第四，清理过时法规，健全国内立法保障机制。一是明确国有企业政府采购和商业采购行为。采用正面或负面清单模式加以规范国有企业采购项目，并在国内自由贸易试验区进行先行先试，再逐步扩大到全国范围推行。二是差异化扶持中小企业参与政府采购。借鉴韩国的强制性中小企业保护政策以及加拿大、日本等国实施的保护中小企业排除规定，根据我国产业发展水平，实施分阶段开放策略。对国际竞争力较强的中小企业先行开放，对竞争力较弱、处于发展期的中小企业给予适当保护期。三是完善国内政府采购审查机制。建立政府采购“事前公开、事中事后监管”法律法规以及“互联网+”投诉平台，增强我国政府采购市场透明度，优化资源配置，促进市场公平竞争。四是制订政府采购诚信和履约条例。将诚信和履约规定纳入政府采购项目招投标、合同订立、合同履行等全过程，严格把控项目中政府和企业的诚信和履约行为，提升我国在政府采购市场的国际形象。

（本章作者：韩剑，南京大学长江产业经济研究院研究员、南京大学商学院教授、中国（江苏）自由贸易试验区研究院院长）

# 第十一章　制造业外资企业撤离问题调查研究

外贸统计数据表明，迄今我国外商直接投资（FDI）多年来持续增长，但制造业实际使用外资金额在2011年达到521亿美元峰值后，除了2018年略有反弹外，制造业吸引外资总体呈逐年下降趋势。在投资逐年下降的同时，近几年来制造业外资企业撤离压力持续增大，不利于我国充分利用外资稳定产业链供应链、提升产业链现代化水平。本课题组在相关单位的协助下，对东部沿海福建、江苏、山东3个省份以及长江中上游地区的湖北和重庆2个省（市）的242家外资制造企业进行了问卷调查；又先后分省组织了25家大型外资制造企业的线上访谈；还对上述省份外资制造企业历年的变动情况进行了分析。同时课题组调阅了我国政府和全球研究机构相关的研究报告，并对华东地区已经撤资的外资企业进行了案例分析。

## 第一节　全球制造业跨国（地区）投资现状

### 一、从时间维度来看

受全球新冠疫情影响，2020年，全球FDI流量从前一年的1.5万亿美元骤降至1万亿美元以下，降幅超35%，但对中国的FDI却逆势增长并首次超过了美国。2021年随着疫苗普及与放松管制，全球FDI从2020年的9290亿美元快速增长至1.65万亿美元，增长77%，其中发达经济体涨幅最大，主要受到跨境并购激增的提振，其中美国的FDI流入量增加超过100%，至3230亿美元。但2020年全球跨国制造业投资出现了大幅下滑，2021年跨国企业在海外投资新的生产性资产的兴趣仍然很弱。虽然以基础设施为导向的国际项目融资在2021年增长了68%，跨境并购增长了43%，但绿地投资数量仅增长了11%，仍比新冠疫情大流行前的水平低1/5。

## 二、从区域维度来看

以新冠疫情影响的2020年为例，欧洲FDI下降了80%，北美FDI下降42%，然而亚洲地区FDI则增长了4%，这主要得益于中国、东南亚、南亚等发展中国家的逆势增长，如印度2020年FDI流入同比增长26.7%，绝对值位居全球第五仅次于新加坡。2021年，尽管发达国家总体恢复至接近疫情前的水平，但除美国外的欧洲国家只有2190多亿美元，约为2019年的60%，而亚洲发展中国家的FDI连续第三年升至6190亿美元的历史新高，凸显了该地区的韧性。

亚洲是FDI的最大接受区域，占全球流入量的40%。然而，流入量仍然高度集中于六个经济体：中国内地、中国香港、新加坡、印度、阿拉伯联合酋长国和印度尼西亚。2012—2021年，中国制造业实际用外资持续下降，年均实际使用外资仅为385亿美元，与“入世”前相当，总额占比下降，不足2021年的20%。

迄今为止，投资联系在范围上虽然呈现出更多的全球性，而不是区域性，但未来几年，随着跨国公司对供应链、产业链区域化推进，区域FDI的势头有望持续增长，以比较优势理论为基础的全球化制造业布局正在向区域循环、区域全环节生产制造模式演变。从美国最新的印太战略框架内容来看，未来的发展趋势将是大国在关键行业寻求区域化、多元化，小国继续参与大国主导的产业链体系。

## 三、从产业维度来看

从全球FDI投资流向看，服务业一直在全球总投资中占比较高，特别是1998年亚洲金融危机以后，服务业投资活跃度远超制造业。以全球跨国并购为例，2000年服务业并购投资额占比为74.7%，达到历史新高，2021年占比为63.9%。但不论是跨国并购还是绿地投资，历次危机后对各产业的FDI总是以制造业投资优先复苏，此次新冠疫情也不例外。因此制造业虽然投资占比不到40%，但其全球经济发展引擎的地位不会变，这也是世界各国尤其发达国家出台各类政策吸引制造业回流的根本原因。

根据 UNCTAD 的统计数据（2003—2021 年），将 2019—2021 年三年数据进行分析得到，制造业绿地项目年投资平均额前三名为：电子与电气设备制造、汽车制造和化工制造；跨国并购年平均销售额前三名为：医药制造、食品饮料制造和化工制造。仅以 2021 年数据来看，绿地项目投资价值前三名不变，但跨国并购销售额排名为医药制造、汽车制造和电子与电气设备制造。由此可见，全球 FDI 在制造业领域中除去民生和工业基础行业外主要聚焦于高端制造业和高科技领域。

## 第二节 当前及今后一个时期我国制造业的引资形势分析

### 一、对新增绿地投资的引资工作日益面临“高端回流、中低端分流”的国际挑战

#### （一）发达国家实施“再工业化”及“制造业回流”战略导致高端产业回流

根据历年《中国外资统计公报》看，欧美等发达国家是我国制造业外资的主要来源国，但自 2008 年金融危机后，在全球经济普遍下行背景下，各国经济发展速度放缓，全球范围内需求紧缩，各经济体之间竞争日益激烈。为了改变本国制造业产业空心化并解决失业问题，以美国为首的发达国家出台一系列举措，旨在振兴本国制造业。如美国呼吁“制造业回归”、德国提出“工业 4.0”高科技战略、法国政府提出“新工业”计划、日本发布“制造业白皮书”、英国提出“工业 2050”发展战略等。跨国公司作为全球价值链分工体系的主导者，在全球范围内寻找新的价值洼地，重塑全球价值链。发达国家借助新一轮的科技革命和产业革命以及数字经济，吸引了部分中高端制造业回流本国，以谋求在未来的全球价值链分工体系中占据更加有利的主导地位。以美国为例，美国政府通过降低制造业税收、加大基础设施建设投入、实行贸易保护、直接提供搬迁资金等手段吸引部分高端制造业回流美国，而新冠疫情及俄乌冲突加剧了这个趋势。值得警惕的是美国拜登政府目前采取的战略表明其正在联合欧洲、日韩及澳新等盟友实施全球产业链“去中国化”的策略，尽管短期看不太现实，但美欧的部分当政者都认同这种做法并正在

努力实践推进与中国脱钩，这也势必会影响大量在华外资企业的全球布局。

### （二）东南亚等发展中国家释放政策及资源要素红利不断分流中低端制造业

在经济结构调整和转型升级过程中，我国已由高速增长阶段向高质量发展阶段转型，三大产业结构不断优化。中低端产业比重直线下降，中高端产业比重不断提高，我国原有的吸引外商投资优势在逐渐减弱，劳动密集型制造业外资外迁趋势凸显。在我国逐渐丧失传统成本优势的同时，东南亚、南亚各国的制造业发展正处于初中期阶段，成本优势逐渐显现。跨国公司为了实现利润最大化的目标而在不同区域进行投资布局，因为东南亚、南亚各国劳动力成本较低，所以发达国家将一部分处于价值链中低端的零配件生产和组装加工类制造业企业撤出中国，转移至东南亚和南亚。此外，东南亚、南亚等国制定优惠政策，改善营商环境，实施更为开放的政策，对在当地进行投资的跨国公司实行优惠的税收政策以及土地使用政策。以越南为例，从1986年开始效仿中国进行革新开放，照搬学习我国开放政策的基础并进行本土化创新，目前对外接近于“三零”——零关税、零壁垒、零补贴，其参与国际组织和贸易协定的数量甚至超过我国，所以有不少外资企业如三星、英特尔、富士康、戴尔等部分产业末端组装环节转移到了越南。在FDI方面，越南80%的开放投资领域是制造业，美国也在部分产业或制造环节寻求东南亚替代中国，如最近美国宣布豁免越南等四国（不包括中国）光伏关税24个月，这也在引导亚洲光伏企业转移至以上国家。虽然越南企业在中高端制造领域竞争力较弱小，但在不少低附加值基于成本优势的制造领域对我国有一定的替代效用；同样与我国存在部分竞争替代效应的还有南亚印度，其要素禀赋予越南有一定的相似性，特别是近年来国家外部环境处于历史最好时期，例如在1990—2020年印度的年均经济增速为7.72%，于2015年首次超过我国增长率，2021年GDP达到2.95万亿美元。除了效率寻求型的外资制造企业会进入印度，市场寻求型的外资企业基于印度庞大的GDP和人口规模，也纷纷在印度投资办厂：除欧美日韩等外资企业外，小米等中国企业也在印度设厂投资，销售产品的国产化率达到了95%；2020年新款iPhone 13也在印度实现了国产。莫迪政府推出阶段制造业促进项目（PMP）以及配套的生产关联奖励计划（PLI）、电子元件和半导体制造业促进计划（SPECS）和改进型电子制造业集群计划（EMC 2.0）与我国产业规划有较多重合，即使在2020年全球疫情影响下印度FDI流入增幅仍达到了26.7%。流入总额创出历史新高（640亿美元），虽仅为我国1/3，但印度高层一直视我国为战略竞争对手，因此客观上也会对我国吸引外资产生一定影响。总之，东南亚廉价丰富的要素资源、良好的国际外部环境以及一系列优惠政策将会对跨国公司投资行为产生积极影响，使东南亚、南亚国家吸引了众多的制造业领域外资。跨国公司将原本设立在我国的企业或产业链迁移到生产成本更低的东南亚、南亚，既享受贸易优势，又享受低成本优势，这也是为什么我国东南沿海中低端制造业没有按预期向中西部转移而是转移到东南亚的外部客观原因。

## 二、对国内 FDI 存量的再引资存在冷热不均的局面

由 2004—2020 年统计数据可知，FDI 当年设立企业数在 2018 年创下新高，为 60533 个，FDI 当年实际使用外资金额在 2020 年创下的新高为 1443.69 亿美元；但制造业 FDI 当年设立企业的数量基本呈逐年下降趋势，制造业 FDI 当年实际使用外资金额在 2011 年创下新高为 521 亿美元后，除了 2016 年略有小幅反弹外，也呈现逐年下降趋势；而制造业 FDI 外资占比则从 2004 年的 71.0% 直线下降到 2020 年的 21.5%，但同时制造业 FDI 单位企业使用外资平均金额在 2016 年创下新高 884.4331 万美元，2020 年也有 830.5721 万美元。

从投资去向来看，对华 FDI 实际使用外资金额屡创新高，对照日益萎缩的制造业 FDI 外资占比，可以得出结论：实际投向中国服务业的 FDI 外资骤增。同时结合问卷调查、企业访谈及地方外贸统计数据分析可知，对在华现存外资企业的追加投资，大多用在了对现有企业的旧项目增改扩建上。例如，242 家被调查企业中，48.3% 的企业承认，如果有新增投资计划，公司会考虑将投资用于旧项目增改扩建。上述现象一方面说明我国的产业升级带动了外商服务业的直接投资，另一方面又说明对现有外资制造企业的追加投资很少用于新建企业，对存量企业的投资呈现“集中化”和“主要对大型企业追加投资”的特点。

## 三、制造业外资企业的国内产业转移主要受市场和产业政策的外生因素驱动，企业内生因素导致的产业转移不明显

以福建、湖北、重庆的外资统计数据为例，考察历年东、中、西部地区外资制造业排名前三位的产业，可以发现：2001 年东部地区发达的计算机、通信和其他电子设备制造业，以用户市场为导向，2010 年已经扩展到中部和西部地区；而 2001 年中部地区发达的汽车制造业，以用户市场为导向，2010

年已经扩展到西部地区；2010 年东部地区发达的化学原料和化学制品制造业，由于东部地区对化工生产日益严格的产业监管，于 2016 年转移至中部地区，2021 年又转移至西部地区。明显地，制造业外资企业的国内产业转移主要受市场和产业政策的外生因素驱动，企业内生因素导致的产业转移不明显，西部地区的资源禀赋优势也没有获得有效发挥。

## 第三节 制造业外资企业撤离及引资下降的原因分析

2018 年之前在华外资制造企业撤离的主要原因是经营方面的，如劳动力成本上升、企业市场变化等。大致原因可以归结为以下几类。

1. 本地生产的成本偏高，关闭工厂将产能转向东南亚既有工厂生产。像耐克在 2009 年、阿迪达斯在 2012 年关闭苏州工厂并将生产业务转向东南亚国家等，就属于此类。其中又包括了：（1）“用工荒”和劳动力成本过高的双重效应叠加；（2）在华跨国公司实施人才本地化战略，导致中国籍高级经理人的薪水上涨过快并带动各级中国职员薪水的普遍性上涨；（3）人民币的逐年快速升值造成以产品出口为主的外企盈利能力大幅降低；（4）税收优惠效应逐渐消失，地方税收征管日趋严格。“三免二减半”的税收优惠已经过期，基于 WTO 规则的国民待遇使得外企的所得税从 15% 上升到 20%；而逐年拉高的地方政府的财政收入压力，使得对外企的税收征管日趋严格；（5）经过 20 多年的招商引资，可供工业的用地已经枯竭，外资企业的用地成本高昂。

2. 母公司全球业务萎缩导致下属工厂停产关闭或转移到其他国家生产基地。

3. 总部被收购或兼并（M&A）导致下属工厂股权变更或直接被关闭。

4. 上游采购方业务萎缩或倒闭导致下游供应企业丧失订单后关闭。

5. 产品或业务被创新产品替代，出现不可逆转的产业淘汰。

6. 本地政府对于生产安全和环保政策的实施力度不断加强，使得本来艰难维系日常运营的外企最终萌生撤资想法。

7. 随着城镇化的快速发展，早先规划中的工业区逐渐演变为开发区内的中心商业地块或高档商品房地块，使得企业可变现的机会成本急剧增大，最终企业乘着“腾笼换鸟”政策的“东风”，套现关厂。

而 2018 年之后，外资企业撤离的外部原因大都是中美贸易战、疫情防控以及地缘政治方面的。如福建一家生产无机盐的外资企业反映，它的产品为非退税产品，而欧盟和美国又对该产品征收高额关税，使得其产品在国际竞争中处于劣势。再如一家世界知名的牙科外资企业反映，从东部地区到中西部地区新建分厂，新厂进口的几十台生产设备在疫情期间滞留在上海码头仓库，每天还产生五六千元的仓储费。外资制造业地区总部较为密集的苏州工业园区不少外企高管反映，因为防疫要求，三年来对外经贸的人员往来锐减，不仅仅是到访中国的外商高管少了，而且中国外资企业高管出国与投资母国总部的联系也少了。其实，许多对华投资与投资母国总部对中方高管的信任度有关，但现在在华外企高管发现，投资母国总部业务分管领导近三年来人员更替了许多，甚至开国际电话会议，整个参会人员几乎都换了。在这种缺乏了互访、面谈、私交的工作关系下，要想获得投资母国对华业务的持续比较困难。

对于我国大量外资制造企业而言，大多是国际产业链分工上的某个制造环节，为了阻断当前供应风险在全球供应链上的传递，不少外企的海外母公司已经着手在东南亚国家寻找替代生产方案。被调研的江苏日资汽车制造企业、欧洲在重庆投资的芯片制造企业、山东美资汽车制造企业都表示，总部考虑工厂回迁的计划中有成本和政治因素考量。

具体来说，我国制造业外资企业撤离的原因分析，可以分为以下几个维度。

## 一、从撤离企业的产业要素密集程度来分析

1. 劳动密集型产业撤离。这些年因中国人口红利逐渐消失，国内用工成本上涨迅速，一些对工资福利成本比较敏感的劳动密集型产业，陆续搬迁到劳动资源更为丰富的东南亚地区。现在大部分外企搬迁都是属于这类。例如韩国 LG 的笔记本在华业务陆续搬迁到了越南和印度。

2. 资本、技术密集型产业撤离。资本密集型产业撤离，大部分原因是市场变化。如一家由多个国际资本投资建立的江苏保健品生产企业，其产品85%出口。新冠疫情发生后，对其产品的国际需求不断增长，投资方考虑到产品的全球化布局，继欧洲、澳大利亚后，又在美国建立了具有更高生产效率的生产基地。目前发生在我国的本土技术密集型产业撤离的现象并不多，主要由于本国技术密集型企业被外资并购审查严格，因此此类企业向外转移的现象也很少，如中国汇源果汁与美国可口可乐的涉外并购失败案例。此外，

由于在垂直分工序列上，中国目前仍然处于产业链上的技术水平不高的生产加工制造环节，而技术密集型部件的生产一般布局在发达国家，因此技术密集型企业撤离现象极少。

## 二、从撤离企业的目的地来分析

1. 撤离至东南亚。如富士康集团在山东和重庆投资经营大型游戏机制造企业后，已到东南亚国家投资新厂。其山东工厂的管理者反映，东南亚最低工资标准是中国的一半，“五险一金”制度不健全，用工成本低，招商政策甚至比中国改革开放早期还优惠；但劳动力素养差，次品率高。再比如，山东一家生产四缸发动机的公司反映，其日本母公司2021年在印度开工建设新厂，生产两缸低端发动机供应当地市场，暂时没有对国内业务产生影响。

2. 撤离至美国。根据美国2021年底《Reshoring Initiative》数据显示，自2008年以来从全球回流美国本土的企业数量为8280家，其中制造企业有7860家，占比94%；从中国回流美国本土的企业数为675家，占美国总回流企业数的8.2%；现在美资企业在华数量超过7万家，在华美资企业回流比例不足1%。但应该值得重视的是，其中有97.2%即656家企业为制造业企业，包括了鸿海精密、通用电气、飞利浦等电子电气设备组件制造企业123家；苹果、施乐、联想等电脑及电子消费品企业60家。此外，2022年前5个月，就有24家企业从中国回流美国本土，以新能源、制药、半导体等高附加值制造企业为主。

3. 撤离至欧洲。2020年欧洲FDI下降了80%，2021年尽管发达国家总体恢复至接近新冠疫情前的水平，但除美国外的欧洲国家只有2190多亿美元，约为2019年的60%。从国际FDI流向看，目前撤离至欧洲的趋势不明显。

## 三、从撤离企业的价值链分工来分析

1. 以产业横向一体化分工的撤离。对用于日常消耗的民生用品，投资方一般以实现横向规模扩张为目的。例如重庆一家港资造纸集团，已经先后在越南、马来西亚、印度尼西亚建厂生产相同的纸产品。

2. 以垂直分工的撤离。可以分为产业链链主撤离、上游配套供应商撤离和下游外包加工商撤离等。随着在华综合经营成本上升以及国内竞争的加剧，许多日韩跨国公司在华业务撤离后，它们在华的“协力”供应商业务萎缩，纷纷随之撤离。例如山东一家主要生产5G手机通信用滤波收发器、隔离器的韩资企业，由于其最大客户韩国三星集团在中国的手机工厂全部搬迁到越南，导致其公司生产规模大幅下滑，有可能演变为上游配套供应商的撤离；又譬如，重庆的韩国化工企业70%原料依赖进口，如果国外供货商断供，就有可能演变为下游加工商的撤离。

## 四、从产业链上撤离的原因来分析

除了众所周知的贸易战、疫情、地缘政治、美国主导的中美供应链脱钩导致全球价值链重构等因素外，产业链上撤离也有国内因素的作用。

1. 土地、人力、能源等导致的综合成本上涨因素影响。课题组在调研中，请5个省份242家外资企业对可能造成撤资的8个影响因素排序后发现，综合经营成本过高被排在了首位。重庆的多家外资企业反映，原材料涨价、用工费用持续提高、生产性能源涨价（如煤炭上涨了2—3倍、电费上涨了30%、液化气上涨了20%）、疫情期间物流费用暴涨（上涨了10倍），导致综合经营成本至少提高了30%。

2. 受国内竞争的影响。在可能造成撤资的8个影响因素中排序第二的，是国内激烈的竞争态势。随着国内企业竞争能力的不断提升，外资制造业中技术含量较低产业的经营状况不断恶化，持续的亏损造成其投资方不得不撤出中国市场。

3. 受资源禀赋丧失的影响。例如福建一家出口导向型的外资乐器公司，因为喷漆工艺影响周围学校，本地搬迁没有置换土地，产量90%的出口占比又使得它无法迁往内地，遂产生了撤资的想法。一家20世纪90年代中期设立的外资轮胎制造企业，随着时间的演变产生了土地资源限制，加上所处的苏北地区又不紧邻新兴的上游配套企业和下游客户，因而一直在保留原地还是前往西部地区徘徊，反复的论证严重影响了母国增资扩产的信心。

4. 受营商环境影响。调研中呼吁优化营商环境的建议最多。如长江中上游地区的多家外资企业希望能提高政府干部的业务素质和办事效率；江苏一家保健品生产企业反映，食药作为一般贸易在进出口行政审批上周期过长，为缩短物流时间改为走跨境电商形式；福建一家精密仪器制造商反映，其产品线下和线上税率不统一，因增值税分别为13%和6%而被迫经营网上业务，而事实上产品并不适合网上销售；山东一家电子企业反映，临时性的拉闸限电，造成工厂工艺池中的浸渍料全部报废；又如，江苏一家韩资汽车制造企业，希望增资扩股审批下放到省一级；江苏一家外资铸件制造企业和重庆一家工业气体制造公司希望环保等各类政府审核内容应预先告知，让企业具有可操作性，减少形式主义的检查，应重现场审核而减少文档工作；一家在东部和西部地区都设厂的日资汽车制造企业希望能加大对制造业固定资产投入的奖补力度；一家山东的饲料和食品添加剂制造企业和重庆一家汽车配件制造企业都希望政府的奖励申报能简化流程并及时兑现政策资金；湖北一家显示器生产企业希望政府部门间实现企业数据的共享，避免企业反复提供；江苏一家变压器生产企业希望能建设企业间交流合作平台；湖北一家汽车内饰注塑件企业希望加强企业法律培训和法律服务。

通过上述对制造业外资企业撤离及引资下降多维度的分析，结合我国产业链供应链的发展现状，总结我国外资制造业稳存量、促增量的主要制约因素如第四节所述。

## 第四节　我国外资制造业稳存量、促增量的制约因素

### 一、国内资源要素的边际成本上升过快，导致撤资或引资下降

国内土地资源、人力资源等主要资源要素紧缺，造成它们的边际成本上升过快。产业园为了提高土地利用率，近几年实施的“土地亩产指标”“腾笼换鸟”“工厂上楼”等措施，无形中挤压了重资产性质的制造业的增资扩产或绿地投资。而自2010年前后东部沿海工业企业出现“招工难”和“用工荒”现象以来，近十年来没有得到根本性的解决。这种结构性矛盾，一方面表现为因人口结构变化导致适龄青年工人供给的减少、过低的工资水平导致青年工人不愿意进入工厂等，使很多低技能的工种普遍存在着供给上的短缺现象。另一方面，这种结构性矛盾又主要表现在制造企业缺乏高技能型的中青年技工。此外，对于企业急需的科技和研发人才，同样存在“人难招”“人难留”的窘境。大幅度增加各类人员的工资水平，极大地削弱了外资制造企业的市场竞争力。

### 二、外资制造业产业转型升级缓慢，导致企业面临巨大市场压力

除了资源要素成本上升导致的企业竞争力下降，外资制造业产业转型升

级缓慢还导致了企业面临巨大市场压力。参与问卷调查的企业平均注册资本超过 1 亿美元，员工数超过 1 000 人，已经属于大中型企业。但其中仍然有 49. 2%的被调查企业尚未在华设立研发机构，53. 5%的企业尚未执行智能化改造和数字化转型。另一份研究资料表明，2011—2017 年，外企在华研发经费内部支出一直稳定在 100 亿元以上。但 2018 年同比下降 37%至 71. 4 亿元，2019 年更是同比下降了 67%至 23. 9 亿元，直到 2020 年才回升到了 90. 1 亿元，但也未恢复到历年平均水平。这种在研发和技术改造上“母国总部不积极、东道国企业无能为力”的局面，对比国内日新月异的科技转化，导致了制造业外资企业在价值链创新上的落伍。

## 三、产业链自主可控性较弱，导致企业留不下来

在华制造业外资企业大多是跨国公司全球产业链分工的一个组成部分。例如波音公司的飞机发动机在英国制造，尾翼在德国制造，而起落架的铸件在中国生产。这种国际分工格局导致各类外资制造企业成为众多产业链上的“散点”企业，没有形成高质量的产业链集聚，因此我国对众多产业链的自主可控性较弱，当外部环境发生变化，这类加工制造企业的外迁非常容易。而千人以上的外资企业外迁，却给本地的上游配套企业和当地就业和社会稳定带来了巨大隐患。

## 四、外资战略新兴产业存量不足，导致对全球产业链的吸引度不够

参与问卷调查的企业平均设立时间为 2004 年，基本属于在华投资近二十年的老企业，当初投资时的先进技术而今已经不再先进。被调查企业中 58. 7%的行业分类不属于我国定义的战略性新兴产业。这种在战略新兴产业上的存量不足，导致我国的对外引资吸引度不够，对国内产业的带动作用不显著。

## 五、制造业外资企业在中西部的绿地投资，大多为市场导向型，导致中西部要素资源优势没有转化为引资动力

调研中发现，制造业外资企业在中西部的绿地投资，大多为市场导向型的，即考虑到物流成本和秉持靠近市场的原则前往中西部地区投资。而中、

西部地区土地资源、人力资源、矿产资源丰富的要素资源优势并没有成为外商前往该地区投资的主要动因。例如，在 162 家被调查的东部地区企业中，扣除 32 家已经前往中西部地区投资的企业，余下仅有 13 家企业有前往中西部地区投资的意愿。

## 第五节　吸引外商直接投资、稳定产业链供应链的对策建议

### 一、进一步简政减税，降低企业经营总成本

许多被调研外资企业建议，政府要加大对不合规竞争和恶性竞争行为的打击力度，进一步推进政府“放管服”改革，降低行政费用、提高市场监管效率。江苏一家外资水处理设备商的被调研人员指出，“制造业重点在于成本和市场，因此要降成本，放市场”。福建某知名太阳镜生产企业、山东某汽车空调压缩机生产企业、重庆某汽车部件生产企业都提到了要降税降负；江苏某陶瓷铸件公司提出要给予出口退税；江苏某温控器生产企业和湖北的显示器企业建议继续降低企业所得税；江苏某汽车发动机生产企业和重庆的摩托车生产企业，都建议提高个人所得税起征点，减少工人个调税纳税额；福建某塑料制品企业建议降低社保缴费率；重庆某芯片制造企业建议学习苏州工业园区社保缴费分 ABC 三个不同档次税率的做法；福建某塑胶休闲娱乐运动产品制造商要求对解决就业岗位多的企业实行优惠税收。

### 二、加快建设高质量配套产业链和企业集群

大量受访外资企业在回答“愿意留在中国继续经营的主要原因”时，给出的影响因素如下：一是企业在本地区已经形成了比较完备的供应体系，去其他国家未必有；二是中国庞大的市场需求。从被调研的 242 家外资企业来看，平均注册资金 1.09 亿美元，平均成立年份为 2004 年，都是深耕中国市场多年的企业。其中高科技企业对此的期待尤为迫切，如被调研的湖北的光伏玻璃外资企业、湖北的晶圆再生制造外资企业、福建的生物医药外资企业、重庆的线路板外资制造企业都建议要增加对上下游产业链引资力度，完善相

关产业链的配套。

现代生产性服务业是人力资本、知识资本和技术资本密集的行业，其对制造业的投入不仅表现为后者的交易成本，更体现为制造业的国际竞争力。现有研究表明，生产性服务业投入大的地区，其制造业发展水平就高。结合全球FDI中服务业占比骤增的趋势，我国应大力引进现代生产性服务业（如研发服务、技术服务、信息服务、商务服务、货物运输服务等），给制造业嵌入强大的“心脏”，安上起飞的“翅膀”，套上聪明的“脑袋”，实现高质量发展。

## 三、以智能化改造和数字化转型降低对劳动力的依赖

近十年来东部沿海地区的“用工荒”问题，不仅没有获得缓解，还有向中西部地区蔓延的趋势。福建某显示器制造企业和重庆某造纸企业反映，它们不得不到云贵川地区招募工人，山东某发动机企业反映不得不到河南、河北、东北地区招募工人。从人工和智能生产设备的成本比较来看，东部地区人工综合成本的上升和智能生产设备规模化运用后的成本下降，已经接近持平的水平。因此在人口红利锐减且人口结构短期无法优化的当下，建议在全国范围内以各地劳动成本为基数，逐次推进“智改数转”工作，以减少对低端劳动力的依赖。

同时，高级技工、研发和技术等高端人才的“招聘难”，也正在困扰着在华外资企业的产业转型升级。湖北一家日本机电企业的部长认为，虽然我国的高技术工人在投入产出比上对欧美有优势，但十分难招聘到；湖北化肥制造企业反映，企业外销人才招聘困难；江苏的日资汽车企业、山东的台资电子企业和欧洲投资在重庆的芯片制造企业都不得不走企业自行培养或与大学联合培养的道路。

## 四、积极推进全国统一大市场建设

调研发现，外资企业即使是在海外或内地异地设厂（如在东南亚建立新工厂），也很难离开中国的供应链。如福建一家显示器企业，其总部已经在国内广西和陕西建有工厂，近期又在泰国设立了组装厂，其主要中间零部件都是从中国福建的兄弟公司进口的，主要是为了快速响应泰国市场的需求。同样，福建一家精密仪器制造企业，其总部近期在马来西亚设立了调试工厂，目的是提高马来西亚市场的售后服务水平，其维修零部件仍然从中国进口。

同时，中国庞大的市场需求也是外资企业留在国内的主要动力，有90.9%的被调研企业赞同这样的说法。许多大型跨国公司在国内有区域逐次布点的战略部署，一般遵循先沿海东部地区再长江中上游地区，或者先北京、上海再辐射全国的运营布点方式。在产业链上，既有横向一体化布局，即分别在异地开设生产相同产品的制造厂以扩大产能和获取新兴市场（如LG化工分别在天津、广州和重庆都设有生产塑料原料粒子的工厂），也有垂直分工的布局，如在异地开设产业链上下游衔接的制造厂，以获取各地的资源优势、强化在华产业链地位。

调研中还发现一些问题。（1）某外商总部向我国福建开设的新厂追加投资，由于我国各省的审批、监管、奖励等制度是分割的，所以该海外外商总部将资金汇入其中国区管理总部上海，然后由上海再汇给福建。但这笔对福建公司的追加投资算到了上海，而上海并不是资金的实际使用方，也享受不到应有的奖励和优惠政策。（2）由于没有建立全国统一大市场，一家韩资轮胎制造企业发现，江苏和重庆的企业社保缴费比率存在较大的地区差异；重庆一家欧洲工业气体制造商反映，由于重庆和四川电网订价差异较大，而其工厂所在地又临近四川省，因此四川竞争对手的制造成本明显低，严重冲击了它的市场。

## 五、组建具有国际多式联运能力的国际性物流集团

2020年四季度大量国际订单涌向国内，导致2021年国内制造业产量增长迅速。但由于2021年下半年国外疫情严重，导致我国的成品出口受阻，而能组织国际多式联运的都是拥有大量航空货栈、港口码头、班轮和货机的国际大型物流集团，如马士基、申克、UPS等。10倍以上的国际物流费用涨幅将中国新增订单的利润盘剥殆尽。在被调研的242家外资企业中，有35.7%的企业承认出口量较大，但尚未建立海外仓库。重庆一家芯片制造企业反映，其欧洲总部不得不在马来西亚建立生产相同产品的工厂，以降低供应链风险。因此建议国家整合现有央企中的物流运输企业，组建具有国际多式联运能力的国际性物流集团，并在国际主要航线进行资产投资，以便提高我国国际货运的自主性。

## 六、优化营商环境，进一步深化企业与政府沟通的形式和渠道

在242家外资制造企业中，分别有37.2%和30.6%的被调查企业认为长

三角地区和珠三角地区的投资环境更为优越。虽然目前各地通过建设行政审批或服务中心实现了“一地办”的目标，但对于企业的各类政务服务需求，由于政府部门职能之间的条块分割，并没有实现流程上的“一次办”。例如，对于外商单笔投资3亿美元以上的工业固定资产投资审批，2020年《外商投资法》实施后，有的省份海关需要国家发改委批文，有的省份需要外资处备案表，有的省份两者都需要；又如，对于企业符合政策的奖补申请，企业需要跑完各个部门，盖章后才能启动申请程序。建议各地学习苏州工业园区的企业服务经验，精减合并产业园区内的职能管理部门，将企业政务管理的职能授权给企业服务中心，通过其提供的“政策计算器”创新服务，主动为企业提供一揽子的政务服务。

## 七、变革招商重点和招商模式，加强对中西部地区的引资

外资的招商重点，由改革开放初期的注重数量，到2011年后逐渐转向重视企业投资质量，现如今应该更加关注半导体、生物医药、智能汽车、高端装备制造等对产业链有巨大带动作用的战略新兴产业。相应地，招商的模式也应该向“产业生态招商”模式转变。

对于中西部地区的外资招商重点，要考虑逐次升级，并在招商过程中注意加强对本地资源禀赋的宣传以及推动建设东、西部地区产业转移的协调机制。

## 八、加强改革开放的政策宣传，积极主动拓展非洲和拉美市场

中国正积极采取措施继续实施改革开放战略。例如在海外联合建设海港，不断推动“一带一路”建设，新冠疫情以来实现了通往南亚次大陆高铁的通车，开辟了海南自由贸易区港，启动了多个自由贸易区，2021年又加入了RCEP。但在问卷调查中，针对“如果让贵公司重新选址，会选择在中国的自贸区吗”这一问题，63.6%的被调查企业回答“不愿意”。除了部分企业的供应商和客户都在国内，不适用保税业务外，湖北、福建、山东、重庆均有企业表示“对自贸区政策不了解，不知道保税维修、选择性征税的概念”等。因此建议政府强化对在华外资企业的政策宣传，特别是相应优惠政策的宣传力度。

积极利用产业生命周期的国别差异，在我国快速增长的对非、对拉美贸

易活动中增加对其外国直接投资（FDI）中的绿地投资。例如苏州在埃塞俄比亚工业园的投资就将纺织业这类夕阳产业做成了当地的朝阳产业。

（本章作者：徐天舒，江苏长江产业经济研究院苏州研究中心主任，苏州科技大学商学院教授

徐　宁，南京大学江苏长江产业经济研究院副院长

姜能涛，江苏长江产业经济研究院苏州研究中心副主任，苏州石湖智库研究员

朱天一，江苏长江产业经济研究院苏州研究中心研究员，苏州科技大学城市发展智库研究员）

第五篇

# 加快实施创新驱动发展战略

# 第十二章　制造业领域战略科技力量建设的路径与政策

在以大变革和冲突为时代主题的国际大背景下，加快制造业领域战略科技力量建设无疑是中国深度参与全球创新链治理、实现全球价值链攀升并提升国家核心竞争力的关键举措。制造业领域战略科技力量是面向制造强国战略需求的国家战略科技力量，核心范畴包括制造业领域国家实验室体系，制造业创新中心、技术转移中心等国家科研机构，高水平理工科、国防类大学以及制造业龙头和单项冠军等科技领军企业。中国制造业领域战略科技力量建设具备制造业体量大、结构完整、竞争力持续增强、战略科技力量体系完备等禀赋优势，但同时面临建设基础大而不强、建设主体实力失调、协同创新动能不足、开发研究环节薄弱等关键问题，中国制造业领域战略科技力量布局和建设需要依照各种模式的特点和战略导向功能，分类指导，分类施策，精准发力。

## 第一节　内涵范畴及框架结构

### 一、概念范畴界定

在以大变革和冲突为时代主题的国际背景下，中国依靠自身强大的制造业实力，加快推进制造业领域战略科技力量建设，在新一轮大变局中抢占先机。因此，加快建设制造业领域战略科技力量无疑是中国深度参与全球创新链治理、实现全球价值链攀升并提升国家核心竞争力的关键举措。

#### （一）概念界定

关于制造业领域战略科技力量的概念，尚无达成广泛共识的学术定义，也缺少权威政策文件的详细阐释。在科技创新“面向世界科技前沿、面向经济主战场、面向国家重大需求、面向人民生命健康”的语境下，可以将“制造业领域战略科技力量”解释为“制造业领域的国家战略科技力量”。

“制造业领域的国家战略科技力量”是一个具有中国特色和时代特色的新提法。也就是说，制造业领域战略科技力量指以满足国家制造强国战略需求为导向，以国家总体创新实力和制造业整体发展基础为支撑，以高投入、高风险、大兵团、长周期的产业革新为使命，以国家实验室体系为先锋队，以国家科研机构为主力军，以高水平研究型大学为生力军，以科技领军企业为排头兵的制造业领域优势科技力量的协同与集合。

### （二）核心范畴

2021 年 5 月 28 日，习近平总书记在中国科学院第二十次院士大会、中国工程院第十五次院士大会、中国科协第十次全国代表大会上明确指出，国家实验室、国家科研机构、高水平研究型大学、科技领军企业都是国家战略科技力量的重要组成部分。据此，制造业领域战略科技力量的核心范畴更加强调面向国家制造业战略性发展需求，应当包括制造业领域国家实验室体系，制造业创新中心、技术转移中心等国家科研机构，高水平理工科、国防类大学以及制造业龙头和单项冠军等科技领军企业。

### （三）典型特征

1. 战略性。一是肩负战略使命，制造业领域战略科技力量是为实现国家制造业战略目标而构建的科技力量体系；二是具备战略能力，制造业领域战略科技力量由多种类型的具有原始创新能力、关键核心技术突破能力的制造业领域创新力量构成。

2. 引领性。一是制造业领域战略科技力量以制造业战略需求为导向，聚焦制造业前沿的研究方向，对国内其他科研机构具有示范作用。二是制造业领域战略科技力量在相关领域均能够跻身世界前列，是制造业创新的领军者和技术路线的主导者。

3. 多元化。一是构成主体多元化，制造业领域战略科技力量由国家实验室、国家科研机构、高水平研究型大学、科技领军企业组成；二是战略方向多元化，制造业领域战略科技力量面向国家安全、国际竞争、经济和社会发展等关键战略方向。

4. 系统性。制造业领域战略科技力量的战略性特征要求兼具战略使命和战略能力，引领性特征要求兼具前瞻视野和领跑实力，多元化特征要求形成创新合力，这决定了制造业领域战略科技力量是一个由高度耦合的多元主体构成的集成创新系统。

5. 动态性。制造业领域战略科技力量整体上是一种无边界的、开放的、充分竞争的动态组织系统。因此制造业领域战略科技力量的主攻方向或组织单元都应随着制造业与科学技术的新发展以及科研组织实力的消长而动态调整和变化。

## 二、内容框架设计

中国制造业规模庞大、门类齐全，涉及产业链跨区域、跨行业、跨系统的诸多方面，是推动中国经济高质量发展转型和中国式现代化的中坚力量。因此，有必要对制造业领域战略科技力量的组成架构作进一步细分。

### （一）分布领域

一是国家安全领域。国家安全主要包括国土安全、军事安全、科技安全、网络安全、太空安全等16个方面。基于此，本章提出的国家安全领域制造业指不宜由市场力量主导的涉及国家安全的制造业领域，如军事工业、航天工业、核工业等。国家安全领域制造业主要由铁路、船舶、航空航天和其他运输设备制造业以及化学原料和化学制品制造业等制造业大类构成，国家安全领域的制造业战略科技力量以国家实验室和国家科研机构为主导，由高水平研究型大学以及国家控股的科技领军企业紧密配合。

二是国际竞争领域。国际竞争领域主要指在国际尖端科技以及面向未来的重大战略性产业等方面，以夺取战略科技创新制高点、赢得未来发展主动权为目的和战略的制造业领域，如可控核聚变、常温超导、空天飞机等。国际竞争领域制造业主要由通用设备制造业、有色金属冶炼和压延加工业、电气机械和器材制造业等制造业大类构成，该制造业领域的战略科技力量以高水平研究型大学、国家实验室和国家科研机构为主导，以前沿探索和面向国家重大需求为导向。

三是产业基础领域。产业基础领域指能够使中国由制造大国转型为制造强国、推动中国制造业占据全球价值链顶端的制造业领域。产业基础领域制造业涉及全部31个制造业大类，根据产业附加值的高低而有所侧重，并以科技领军企业为主导，扮演引领创新方向的“出题者”和“阅卷人”角色。

### （二）关键环节

一是基础研究。基础研究是为了获得关于现象和事实的基本原理而进行的实验性或理论性研究，是制造业领域战略科技力量可持续发展的动力源泉。

二是应用研究。应用研究是为了达到基础研究的预期目标或确定基础研究的潜在用途而补充的针对性研究，是制造业领域战略科技力量推动科学原理转化为可行方案的关键步骤，可细分为应用基础研究和应用开发研究。其中，应用基础研究旨在获得应用原理性新知识，应用开发研究则指进一步将应用原理性新知识转化为应用技术性新知识的独创性研究。

三是试验发展。试验发展是基于从基础研究和应用研究获得的新知识，为产生新的产品或建立新的工艺、系统、服务而进行的试验性工作，是制造业领域战略科技力量推动新技术从纸面走进现实的桥梁纽带。

四是开发研究。开发研究是对通过试验发展环节的新技术或原型机进行再研究，使其能够大规模应用和生产，是制造业领域战略科技力量建设区别于其他领域的独特环节和标志，可分为工程化研究和产业化研究。工程化研究是将新技术或原型机转化功能完整、性能优良、批量生产的工业化产品；产业化研究则是对能够大规模应用和生产的技术或产品进行生产规划等。

### （三）框架结构

通过对制造业领域战略科技力量的范畴内涵、分布领域及关键环节的多维度细分，结合后文归纳总结的制造业领域战略科技力量的建设模式与组织形态，进一步提出制造业领域战略科技力量建设的总体架构（见图12－1）。

其中，在建设模式和路径方面，制造业创新联合体是应对和解决制造业领域战略科技力量建设过程中存在的产学研政金合作障碍和问题的重要组织形态。主要包括战略使命孵化型创新联合体、市场竞争催化型创新联合体和组织耦合强化型创新联合体三种类型。依据国家战略目标和主攻技术方向，制造业领域国家战略科技力量建设有国家安全引领模式、国际竞争驱动模式、机构改革赋能模式和双链融合保障模式四种。

图 12－1 制造业领域战略科技力量总体架构

# 第二节 历史使命及发展历程

## 一、历史使命解析

当前，全球科技革命和产业变革在加速演进，全球治理体系和国际秩序不断重构，世界正在经历百年未有之大变局。站在新的历史节点上，中国正大力推进制造业领域战略科技力量建设以应对复杂严峻的时代挑战。因此，制造业领域战略科技力量建设被赋予独具时代烙印的历史使命。

一是要做引领科技创新发展的关键变量。20 世纪以来，全球科技创新活动空前活跃。层出不穷的新一代信息技术、新能源技术、新材料技术和生物技术使得产业边界逐渐模糊，引起产业变革不断加速，科技创新已经成为重塑国家竞争力的核心要素。制造业领域战略科技力量是国内前沿尖端创新项目和强竞争力科研主体的集合与协同，在国家科技创新发展中发挥着至关重要的风向标作用。一方面，制造业领域战略科技力量能够发挥新型举国体制“集中力量办大事”的优势，高效配置科技创新的力量资源，聚焦重点领域协同攻关。另一方面，制造业领域战略科技力量能够破除限制科技创新水平提升的体制机制障碍，提升国家创新体系整体效能，尤其是能够利用好中国科学院作为国家战略科技力量的主力军定位，引领中国科技创新发展。

二是要做增强国家战略优势的核心支撑。当前，美国将科技领域视为地缘博弈的舞台，试图以独占技术优势强化自身经济和科技霸权，大搞“胁迫外交”，推行“技术恐怖主义”。面对美国的技术管制和技术封锁，中国加快建设制造业领域战略科技力量以尽早实现高水平科技自立自强，增强中国在国际上的战略优势。一方面，制造业领域战略科技力量能够有效整合和利用国家先进科技力量攻关制造业领域中的技术阻点和难点，有助于破解当前中国基础研究薄弱以及关键核心技术欠缺的困境，提升国家重大原始创新能力和科技攻关水平。另一方面，制造业领域战略科技力量能够推动产业链创新链融合以提高要素配置效率，通过强化中国制造业创新能力和创新活力来解决全球价值链“低端锁定”的难题，通过稳链、保链、补链和强链，进一步提升国家核心竞争力和国际话语权。

三是要做推进中国式现代化的中坚力量。近年来，中国经济开始向高质量发展转型，这一阶段最主要的特点是增长方式由以往粗放型的、依靠高投入的模式向集约型的、依靠技术进步驱动的模式转换。在中国经济高质量发展转型的基础上，党的二十大报告提出，要以中国式现代化全面推进中华民族伟大复兴。从理论上讲，制造业领域战略科技力量会在诸多方面推进中国式现代化。其一，它有助于转变制造业传统发展模式，由中低端代加工向高端自主研发迈进，以制造业高质量发展带动国内经济高质量发展转型和推进中国式现代化；其二，有助于推动制造业创新发展，实现产业链跨区域、跨行业、跨系统链接，从而畅通国内大循环，促进国内国际双循环，推进中国式现代化。

## 二、发展历程回顾

制造业领域战略科技力量是国家战略科技力量的坚实基础和重要组成部分。关于国家战略科技力量，习近平总书记曾多次在公开场合作过重要论述（见表 12 -1）。

表 12 -1　习近平总书记关于国家战略科技力量的重要论述

| 时间 | 场合 | 论述 |
|---|---|---|
| 2016 年 5 月 | 全国科技创新大会、中国科学院第十八次院士大会、中国工程院第十三次院士大会、中国科协第九次全国代表大会 | 要以国家实验室建设为抓手，强化国家战略科技力量 |
| 2017 年 10 月 | 中国共产党第十九次全国代表大会 | 加强国家创新体系建设，强化战略科技力量 |
| 2018 年 5 月 | 中国科学院第十九次院士大会、中国工程院第十四次院士大会 | 要坚持科技创新和制度创新“双轮驱动”，强化国家战略科技力量，提升国家创新体系整体效能 |
| 2019 年 1 月 | 省部级主要领导干部研讨班 | 抓紧布局国家实验室，重组国家重点实验室体系 |
| 2020 年 10 月 | 中国共产党第十九届中央委员会 | 把强化国家战略科技力量作为在新发展阶段坚持创新驱动发展、全面塑造发展新优势的首要任务 |
| 2020 年 12 月 | 中央经济工作会议 | 将强化国家战略科技力量列在 2021 年八大重点任务的首位 |
| 2021 年 5 月 | 中国科学院第二十次院士大会、中国工程院第十五次院士大会、中国科协第十次全国代表大会 | 再次强调要强化国家战略科技力量，提升国家创新体系整体效能 |
| 2022 年 10 月 | 中国共产党第二十次全国代表大会 | 强化国家战略科技力量，提升国家创新体系整体效能 |

资料来源：课题组整理。

中国制造业领域战略科技力量建设的发展历程大致可分为三个阶段。一是服务社会主义建设和国防建设阶段（1949—1978 年）。这一阶段中制造业基础比较薄弱，社会主义改造尚未完成，国防力量尚待加强。该阶段以集中科技资源初步组建制造业领域战略科技力量为主要任务，建成中国科学院并完成高校院系大调整。二是服务改革开放和国家经济建设阶段（1979—2012年）。这一阶段中以经济建设为中心发展生产力成为现实背景。该阶段以深化改革并提高国内生产总值为主要任务，初步建成了中国工程院和国家实验室。三是经济新常态和百年未有之大变局阶段（2013 年至今）。这一阶段中基于中国经济增长主要依赖要素驱动、投资驱动的增长模式逐步转变为创新驱动的增长模式的现实需求。该阶段主要任务是增强制造业科技创新能力并攻克关键核心技术，形成以制造业领域国家实验室体系，制造业创新中心、技术转移中心等国家科研机构，高水平理工科、国防类大学以及制造业龙头和单项冠军等科技领军企业为核心范畴的国家战略科技力量综合体系。

## 第三节　现状分析及问题诊断

### 一、国内比较，识别禀赋优势

基于纵向比较和横向比较两个维度，分别从制造业战略科技力量建设基础和建设主体两个方面，分析和识别中国制造业领域战略科技力量建设的禀赋优势。

#### （一）制造业领域战略科技力量建设现状纵向比较

1. 制造业战略科技力量建设基础。中国制造业总体规模优势十分明显，拥有制造业全部 31 个大类、179 个中类和 609 个小类，是世界上制造业规模最大、门类最为齐全、体系最为完整的国家。在 2016—2021 年五年间，中国制造业增加值从 20.95 万亿元增加到 31.4 万亿元，年均增速达 7.76%。制造业在国民经济中的地位保持稳定，制造业增加值占工业增加值比重约为 85%，占国内生产总值比重 27.5%。

高端制造业规模增速明显（见表 12－2）。2016—2020 年，高技术制造业与装备制造业增加值年均增长率分别达 10.37% 和 8.44%，高于规模以上工业企业整体增速。同时，高技术制造业与装备制造业增加值在规模以上工业增加值中的占比逐年上升，截至 2020 年已达 15.1% 和 33.7%。

**表 12－2　中国高端制造业强度及增长率演进**　（单位：%）

| | 2016 年 | 2017 年 | 2018 年 | 2019 年 | 2020 年 |
|---|---|---|---|---|---|
| 高技术制造业增加值增长率 | 10.80 | 13.40 | 11.74 | 8.80 | 7.10 |
| 高技术制造业增加值占规模以上工业比重 | 12.40 | 12.70 | 13.90 | 14.40 | 15.10 |
| 装备制造业增加值增长率 | 9.50 | 11.30 | 8.10 | 6.70 | 6.60 |
| 装备制造业增加值占规模以上工业比重 | 32.90 | 32.70 | 32.90 | 32.50 | 33.70 |
| 规模以上工业企业增加值增长率 | 6.00 | 6.60 | 6.20 | 5.70 | 2.80 |

资料来源：中国国民经济和社会发展统计公报。

制造业创新效率不断提升。从投入看（参见图 12－2a），国内制造业企业创新费用支出从 2016 年的 1.66 万亿元增长到 2020 年的 2.36 万亿元，年均增速 9%；从成效看（参见图 12－2b），中国制造强国发展指数由 2016 年的 104.34 上升到 2020 年的 116.02，在 2020 年新冠疫情对产业链的冲击中仍逆势增长。

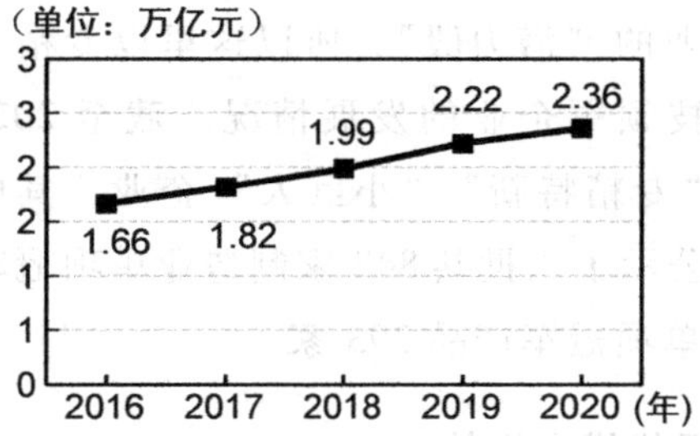


图 12－2a　中国制造业创新支出

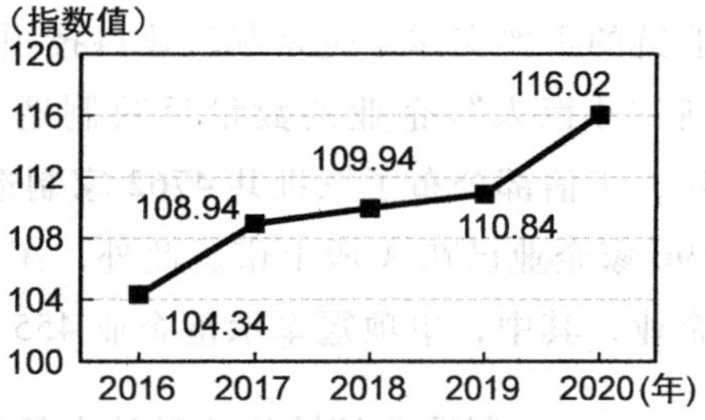


图 12－2b　中国制造业强国指数

资料来源：中国科技统计年鉴和中国制造强国发展指数报告。

2. 制造业战略科技力量建设主体。

一是制造业领域国家实验室。截至 2021 年，科技部已启动 20 所国家实验室建设试点，其中国家同步辐射实验室等 5 所建成运行，沈阳材料科学国家（联合）实验室正式转设为沈阳材料科学国家研究中心。此外，截至 2020，科技部批准设立了 549 所国家重点实验室（含港澳地区 27 所）。其中涉及制造业领域的国家实验室和国家重点实验室包括：船舶与海洋工程国家实验室、机械制造系统工程国家重点实验室、高性能复杂制造国家重点实验室、数字制造装备与技术国家重点实验室等。

二是制造业领域国家科研机构。以制造业创新中心、技术转移中心等为国家科研机构的典型代表。截至 2021 年，工信部已在新一代信息技术产业、高档数控机床和机器人、先进轨道交通装备、节能与新能源汽车、农机装备、新材料、生物医药及高性能医疗器械等重点领域布局建设了21家国家制造业创新中心和2家国家地方共建制造业创新中心。另外，2000年以来，中国科学院和中国工程院建立的制造业领域技术转移中心和研究所包括：中国科学院北京国家技术转移中心、中国科学院先进制造技术研究所、中国科学院宁波材料技术与工程研究所、中国工程院制造业研究室等。制造业创新中心、技术转移中心等国家科研机构有力支撑了中国由制造大国向制造强国转型。

三是高水平理工科、国防类“双一流”大学。自2017年正式启动世界一流大学和一流学科建设计划以来，国家已开展两批次的“双一流”建设行动。截至目前，国内共有147所“双一流”建设高校、331个建设学科，其中，基础学科布局59个、工程类学科180个。具有代表性的高校有哈尔滨工业大学、北京航空航天大学、北京工业大学、西北工业大学、南京航空航天大学、南京工业大学和哈尔滨工程大学等。

四是制造业科技领军企业。由于“专精特新”“小巨人”企业是未来产业链的重要支撑，也是制造业科技领军企业的“潜力股”，所以这里以专精特新“小巨人”企业的数量反映制造业科技领军企业的发展情况。截至2021年，工信部公布了三批共4762家制造业“专精特新”“小巨人”企业，其中296家企业已在A股上市。此外，工信部公示了六批共848家制造业单项冠军企业，其中，单项冠军示范企业455家、单项冠军产品393家。

## （二）制造业领域战略科技力量建设现状横向比较

以国务院发展研究中心《地区协调发展的战略和政策》划分的八大综合经济区为单位，横向比较国内制造业领域战略科技力量建设现状。

1. 不同地区制造业战略科技力量建设基础比较。

一是空间结构方面存在较大差异，制造业规模和研发投入均以东西部不均衡以及东北和西北地区相对较弱为主要特征。具体而言，东部沿海综合经济区2020年的制造业营业收入达22.9万亿元，排在八大经济区之首，在全国制造业总营收中占比达23.8%（参见图12－3）。大西南、黄河中游及东北综合经济区的制造业营业收入规模均未达到10万亿元，特别是排在末位的大西北综合经济区，与东部沿海综合经济区相比差距超过20万亿元。根据图12－4，南部沿海、东部沿海综合经济区的高技术产业研究与试验发展经费内部支出均于2020年突破1000亿元，而东北、大西北综合经济区不足百亿，梯级差距明显。

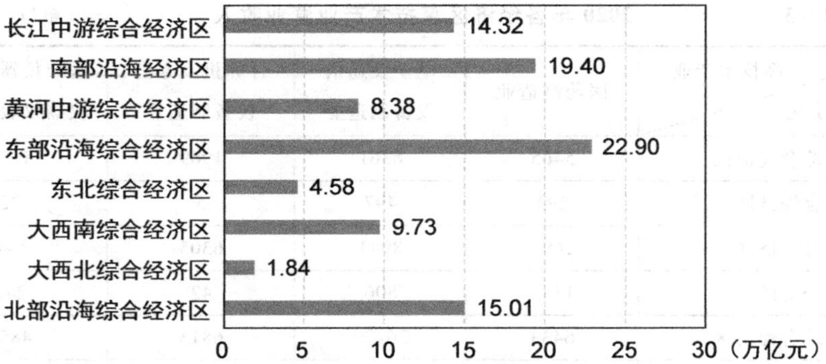


**图 12-3　2020 年各经济区制造业营业收入**

资料来源：中国工业统计年鉴。

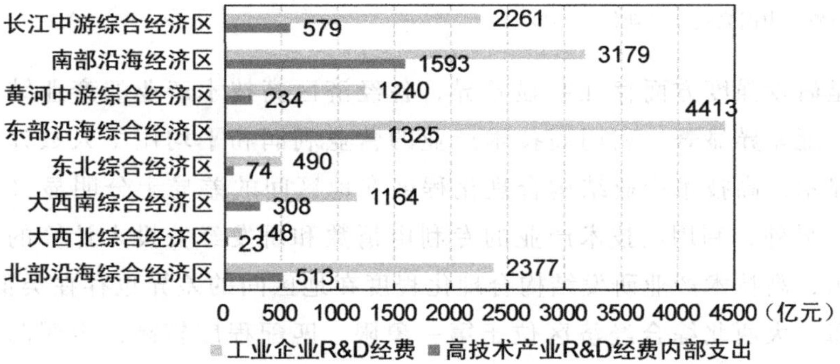


**图 12-4　2020 年高技术产业研究与试验发展经费内部支出**

资料来源：中国高技术产业统计年鉴。

二是行业结构方面存在明显差异，制造业结构呈现偏重电子及通信设备制造业和医药制造业的特征。以 2020 年高技术制造业的营业收入结构为例（见表 12-3），除了东北综合经济区之外，电子及通信设备制造业为各经济区的支柱产业，而医药制造业是东北综合经济区的重点产业。医疗仪器设备及仪器仪表制造业在各经济区中的营收占比均排在末位。从高技术产业的研究与试验发展经费结构来看（参见表 12-4），除北部沿海、东北综合经济区外，其他经济区都将超过 50% 的高技术产业研究与试验发展经费内部支出投入到电子信息及通信设备制造业。医药制造业是高技术产业研究与试验发展经费内部支出的另一大去向，除南部沿海、长江中游综合经济区外，其他经济区在该产业的研究与试验发展投入均超过 20%。各经济区在计算机及办公设备制造业与信息化学品制造业的研究与试验发展经费投入较少。

**表 12－3　　2020 年各经济区高技术产业营业收入**　　（单位：亿元）

| 综合经济区＼高技术产业 | 医药制造业 | 电子及通信设备制造业 | 计算机及办公设备制造业 | 医疗仪器设备及仪器仪表制造业 |
|---|---|---|---|---|
| 北部沿海综合经济区 | 5465 | 8361 | 1969 | 1658 |
| 大西北综合经济区 | 293 | 497 | 5 | 22 |
| 大西南综合经济区 | 2692 | 8944 | 6305 | 644 |
| 东北综合经济区 | 1188 | 806 | 42 | 242 |
| 东部沿海综合经济区 | 6433 | 26479 | 6813 | 4852 |
| 黄河中游综合经济区 | 2138 | 7448 | 134 | 857 |
| 南部沿海经济区 | 2437 | 45696 | 5918 | 2310 |
| 长江中游综合经济区 | 4408 | 11856 | 1885 | 1245 |

资料来源：中国高技术产业统计年鉴。

三是研发强度方面存在明显差异，各经济区高技术产业的产业结构与研发结构匹配差异显著。利用高技术产业的营业利润和平均用工人数计算的泰尔指数显示，高技术产业结构合理化程度在地区间的差异十分明显（参见图 12－5）。另外，利用高技术产业的专利申请数和研发经费投入计算的泰尔指数也显示，高技术产业研发结构合理化程度在地区间的差异也存在类似情况。北部沿海、大西北综合经济区位于第一象限，匹配程度较高，表明两地区能够较好地根据比较优势发展高技术产业。大西南综合经济区位于第二象限，高技术产业研发结构有待优化。南部、长江中游综合经济区位于第三象限，表明创新资源投入的匹配情况不理想，比较优势和战略定位不够聚焦。东部沿海、东北、黄河中游综合经济区位于第四象限，高技术产业结构有待优化。

**表 12－4　　2020 年高技术产业研究与试验发展经费内部支出**　　（单位：亿元）

| 综合经济区＼高技术产业 | 医药制造业 | 电子信息及通信设备制造业 | 计算机及办公设备制造业 | 医疗仪器设备及仪器仪表制造业 | 信息化学品制造业 |
|---|---|---|---|---|---|
| 北部沿海综合经济区 | 175.96 | 194.09 | 50.65 | 64.37 | 1.21 |
| 大西北综合经济区 | 7.08 | 14.91 | / | 1.02 | / |
| 大西南综合经济区 | 75.57 | 149.81 | 25.11 | 21.98 | 0.14 |
| 东北综合经济区 | 20.28 | 22.57 | 1.06 | 8.65 | 0.03 |
| 东部沿海综合经济区 | 278.51 | 754.41 | 67.49 | 199.07 | 2.73 |
| 黄河中游综合经济区 | 44.83 | 108.03 | 1.68 | 25.87 | 2.23 |
| 南部沿海经济区 | 75.56 | 1311.9 | 107.11 | 92.09 | 0.44 |
| 长江中游综合经济区 | 106.82 | 377.26 | 23.29 | 34.18 | 1.86 |

资料来源：中国高技术产业统计年鉴。

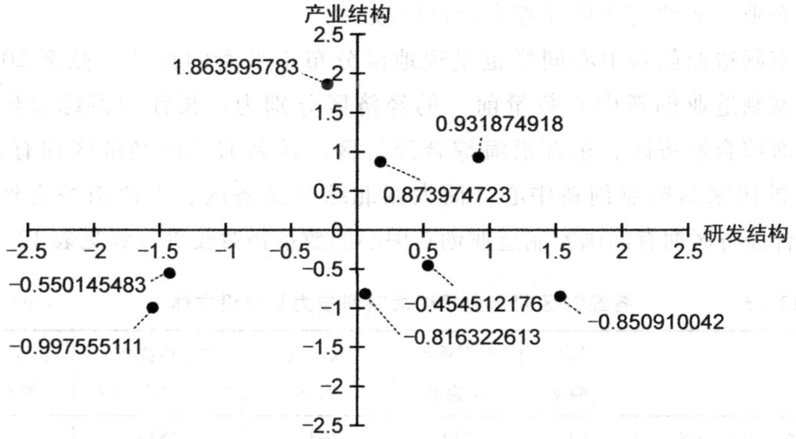


**图 12－5　2020 年各经济区高技术产业匹配情况**

资料来源：中国高技术产业统计年鉴。

2. 不同地区制造业领域战略科技力量建设主体比较。由于制造业领域国家实验室体系，制造业创新中心、技术转移中心等国家科研机构，高水平理工科、国防类大学和制造业龙头、单项冠军等科技领军企业暂时缺乏官方的数据，本章这里以有准确数据的国家（重点）实验室、“双一流”大学、“专精特新”“小巨人”企业、国家制造业创新中心数量来比较不同地区制造业领域战略科技力量建设主体情况。

全国各经济区的国家（重点）实验室数量梯级差距明显。目前我国共有国家实验室 20 所（截至 2021 年 9 月，含筹建中），国家重点实验室 522 所（截至 2020 年，不含港澳台地区）。北部沿海综合经济区国家实验室和国家重点实验室总数最多，东部沿海综合经济区次之，分别有 194 所和 101 所，属于第一梯队。大西北综合经济区仅有 13 所国家（重点）实验室（参见表12－5）。

截至 2022 年 8 月，全国 147 所“双一流”大学中，超过 50% 分布在北部沿海和东部沿海综合经济区。具体地域分布为：北部沿海综合经济区 43 所、东部沿海综合经济区 34 所、长江中游综合经济区 16 所、大西南综合经济区 13 所、黄河中游综合经济区 13 所、南部沿海经济区 11 所、东北综合经济区 11 所、大西北综合经济区 6 所（参见表 12－5）。

科技领军企业在空间上分布不平衡。截至 2021 年，工信部已公布三批共计 4762 个国家级“专精特新”“小巨人”企业，主要集中在东部沿海、北部沿海和长江中游综合经济区，上述地区合计占比超过 57%（参见表 12－5）。南部沿海、大西南及黄河中游综合经济区超过 400 个国家级“专精特新”“小巨人”企业，东北与大西北综合经济区较少。

国家制造业创新中心同样也呈现地区分布不平衡的特征。截至2021年，拥有国家制造业创新中心数量前三的经济区分别为：长江中游综合经济区、北部沿海综合经济区、东部沿海综合经济区。排名前三的经济区拥有占比超过60%的国家制造业创新中心，而大西北综合经济区、大西南综合经济区、东北综合经济区拥有的国家制造业创新中心的数量相对较少（参见表12－5）。

表12－5　各经济区制造业领域战略科技力量建设主体　（单位：个）

| | 国家实验室 | 国家重点实验室 | “双一流”大学 | “专精特新”“小巨人”企业 | 国家制造业创新中心 |
|---|---|---|---|---|---|
| 北部沿海综合经济区 | 10 | 114 | 43 | 1834 | 4 |
| 大西北综合经济区 | 1 | 10 | 6 | 157 | 0 |
| 大西南综合经济区 | 1 | 29 | 13 | 844 | 1 |
| 东北综合经济区 | 2 | 29 | 11 | 380 | 1 |
| 东部沿海综合经济区 | 2 | 57 | 34 | 2189 | 4 |
| 黄河中游综合经济区 | 0 | 25 | 13 | 705 | 3 |
| 南部沿海经济区 | 0 | 19 | 11 | 902 | 3 |
| 长江中游综合经济区 | 4 | 30 | 16 | 1589 | 6 |

资料来源：课题组整理。

基于纵向和横向比较可以看出，中国制造业领域战略科技力量建设具有以下优势：一是制造业体量大，总体规模与创新投入规模均达到较高水平；二是制造业结构完整，高技术产业门类齐全；三是制造业竞争力持续增强，创新升级成效显著；四是战略科技力量体系完备，各类主体在规模和实力上均持续升级。

## 二、国际比较，瞄准前沿差距

选取美国、德国、日本、韩国、法国五个制造业强国进行比较，瞄准制造业领域战略科技力量建设存在的前沿差距。

### （一）制造业领域战略科技力量建设基础比较

1. 制造业规模比较。中国制造业具有持续扩大的规模优势。2016年中国制造业增加值3.15万亿美元，是美国同期的1.5倍。2020年中国制造业增加值达3.86万亿美元，相较于其他制造业强国领先优势持续扩大。中国制造业在全球制造业中的占比也逐年增加，2020 年，中国制造业增加值占全球比重的 28.6%，约为美国、日本、德国的总和（参见表 12－6）。

**表 12－6　各国制造业增加值**　（单位：万亿美元）

| | 2016 年 | 2017 年 | 2018 年 | 2019 年 | 2020 年 |
|---|---|---|---|---|---|
| 中国 | 3.15 | 3.46 | 3.87 | 3.82 | 3.86 |
| 美国 | 2.10 | 2.19 | 2.33 | 2.37 | 2.34 |
| 德国 | 0.72 | 0.75 | 0.80 | 0.76 | 0.70 |
| 日本 | 1.02 | 1.01 | 1.04 | 1.03 | 1.00 |
| 韩国 | 0.40 | 0.44 | 0.46 | 0.42 | 0.41 |
| 法国 | 0.25 | 0.26 | 0.28 | 0.27 | 0.25 |

资料来源：世界银行。

2. 制造业结构比较。在中国门类齐全的制造业体系中，高科技制造业占据重要位置。从具有高研发强度的高科技产品（航空航天、计算机等）出口数据看（参见表 12－7），中国 2020 年高科技产品出口额为 7576.8 亿美元，远超其他制造业强国。从高科技产品出口占制成品出口的百分比来看（参见表 12－8），中国 2020 年高科技产品出口百分比为 31.2%，位列第一梯队且基本保持增长趋势。

**表 12－7　各国高科技产品出口额**　（单位：亿美元）

| | 2016 年 | 2017 年 | 2018 年 | 2019 年 | 2020 年 |
|---|---|---|---|---|---|
| 中国 | 5945.2 | 6541.6 | 7318.4 | 7158.1 | 7576.8 |
| 美国 | 1739.2 | 1545.5 | 1538.1 | 1539.2 | 1415.4 |
| 德国 | 2050.8 | 1952.5 | 2097.2 | 2081.5 | 1823.5 |
| 日本 | 991 | 1061.8 | 1107.4 | 1039 | 1027.5 |
| 韩国 | 1359 | 1666.5 | 1927.9 | 1535.5 | 1639.9 |
| 法国 | 1087.4 | 1087.8 | 1175.7 | 1205.3 | 871.2 |

资料来源：世界银行。

**表 12－8　各国高科技产品出口占制成品出口百分比**　（单位：%）

| | 2016 年 | 2017 年 | 2018 年 | 2019 年 | 2020 年 |
|---|---|---|---|---|---|
| 中国 | 30.25 | 30.90 | 21.00 | 30.80 | 31.20 |

续表

| | 2016 年 | 2017 年 | 2018 年 | 2019 年 | 2020 年 |
|---|---|---|---|---|---|
| 美国 | 22.40 | 19.30 | 18.40 | 18.50 | 19.40 |
| 德国 | 18.00 | 15.70 | 15.60 | 16.40 | 15.40 |
| 日本 | 17.60 | 17.50 | 17.30 | 17.00 | 18.60 |
| 韩国 | 30.70 | 32.70 | 36.30 | 32.30 | 35.80 |
| 法国 | 27.90 | 26.00 | 25.90 | 26.90 | 23.10 |

资料来源：世界银行。

3. 制造业质量比较。表 12－9 显示，中国制造业质量整体处在第二梯队，与位于第一位的美国有较大差距，与同梯队的德国和日本的差距逐年缩小并呈赶超趋势。

**表 12－9　制造强国发展指数**

| | 2016 年 | 2017 年 | 2018 年 | 2019 年 | 2020 年 |
|---|---|---|---|---|---|
| 中国 | 104.34 | 108.94 | 109.94 | 110.84 | 116.02 |
| 美国 | 172.28 | 170.99 | 166.06 | 168.71 | 173.19 |
| 德国 | 121.31 | 124.96 | 127.15 | 125.65 | 125.94 |
| 日本 | 112.52 | 111.84 | 116.29 | 117.16 | 118.19 |
| 韩国 | 69.87 | 78.11 | 74.45 | 73.95 | 74.39 |
| 法国 | 67.72 | 67.82 | 71.78 | 70.07 | 69.35 |

资料来源：中国制造强国发展指数报告。

中国制造业与其他国家的质量差距主要包括三点。一是制造业质量效益。中国制造业的质量效益不及五个制造业强国，2020 年，中国制造业质量效益指数仅为日本同期的 1/2、美国同期的 1/4。主要差距在于制造业拥有的世界知名品牌数和制造业全员劳动生产率。二是制造业可持续发展能力。中国制造业的可持续发展能力低于五个制造业强国，2020 年，中国制造业持续发展指数约为美国同期的 1/2。主要差距在于单位制造业增加值的全球发明专利授权量和单位制造业增加值能耗。三是研发人员密度。中国每百万人中 R&D 人员数明显低于五个制造业强国（参见表 12－10），虽然从 2016 年到 2020 年实现了 32.41% 的增长，但落后幅度并未显著缩小。2020 年，中国每百万人中仅有 1585 名 R&D 人员，制约了制造业创新水平的提升。

表 12－10　各国每百万人中 R&D 人员数　（单位：人）

| | 2016 年 | 2017 年 | 2018 年 | 2019 年 | 2020 年 |
|---|---|---|---|---|---|
| 中国 | 1197 | 1225 | 1307 | 1471 | 1585 |
| 美国 | 4251 | 4412 | 4749 | 4821 | / |
| 德国 | 4862 | 5077 | 5217 | 5396 | 5393 |
| 日本 | 5209 | 5304 | 5331 | 5375 | 5455 |
| 韩国 | 7086 | 7498 | 7980 | 8408 | 8714 |
| 法国 | 4415 | 4570 | 4700 | 4812 | 4926 |

资料来源：世界银行。

### （二）制造业领域战略科技力量建设主体比较

同样，从国家实验室、国家科研机构、高水平研究型大学、科技领军企业，比较各国制造业领域战略科技力量的建设情况。

总体来讲，与制造业领域战略科技力量的创新能力主要来源于高等院校不同，其他五个制造业强国均有较高比例的、职能定位不同的制造业领域战略科技力量，具备了国际领先的创新能力。将 2022 年各国进入自然指数 500 强的机构按照国家实验室、科研机构、高等院校、科技领军企业的标准分类进行比较之后发现：第一，各国进入自然指数 500 强的机构均以高等院校为主；第二，五个制造业强国的国家实验室和科研机构具有突出的创新能力，机构数占比均超过中国；第三，除美国的三家科技领军企业外，其他国家均未有科技领军企业入围（参见表 12－11）。

表 12－11　各国进入自然指数 500 强的机构分布　（单位：个）

| | 中国 | 美国 | 德国 | 日本 | 韩国 | 法国 |
|---|---|---|---|---|---|---|
| 国家实验室/科研机构 | 4 | 28 | 4 | 4 | 5 | 6 |
| 高等院校 | 104 | 106 | 37 | 14 | 8 | 11 |
| 科技领军企业 | 0 | 3 | 0 | 0 | 0 | 0 |

资料来源：自然指数（Nature Index）。

根据表 12－12，中国 QS 排名前三的大学 QS 平均得分排在第二位，高于日本、韩国、德国、法国，且近年来的领先优势逐步扩大。但在与美国的比较中，中国则明显处于劣势。

表 12－12　　各国 QS 排名前三的大学 QS 平均分

| | 2016 年 | 2017 年 | 2018 年 | 2019 年 | 2020 年 |
|---|---|---|---|---|---|
| 中国 | 84.4 | 82.23 | 82.3 | 82.5 | 83.8 |
| 美国 | 99.1 | 99 | 99 | 99 | 98.6 |
| 德国 | 76 | 70.77 | 71.1 | 69.1 | 70.1 |
| 日本 | 83 | 79.3 | 80.4 | 79.2 | 78.6 |
| 韩国 | 80 | 75.67 | 77.1 | 74.12 | 73.6 |
| 法国 | 78.7 | 71.4 | 70.5 | 69.3 | 69.6 |

资料来源：世界知识产权组织。

根据表 12－13，中国企业研发投入占 GDP 的比重较低，从 2016 年的 1.6% 上升到 2020 年的 1.7%，涨幅微弱，在与五个制造业强国的对比中仅略优于法国，长期处于第三梯队。

表 12－13　　各国企业研发投入占 GDP 比重　　（单位：%）

| | 2016 年 | 2017 年 | 2018 年 | 2019 年 | 2020 年 |
|---|---|---|---|---|---|
| 中国 | 1.60 | 1.61 | 1.60 | 1.70 | 1.70 |
| 美国 | 1.90 | 2.00 | 2.00 | 2.00 | 2.10 |
| 德国 | 1.90 | 1.95 | 2.00 | 2.10 | 2.20 |
| 日本 | 2.80 | 2.74 | 2.50 | 2.50 | 2.60 |
| 韩国 | 3.40 | 3.28 | 3.30 | 3.60 | 3.60 |
| 法国 | 1.50 | 1.45 | 1.40 | 1.40 | 1.40 |

资料来源：世界知识产权组织。

目前，中国研发投入的绝大部分来源主要是来自企业，但研发投入总量却仍然偏低。与其他制造业强国相比，存在企业研发动力不足和来源单一问题，表明中国制造业的技术创新单纯依靠企业提供有限研发投入驱动动能明显不足。从企业研发投入占总研发投入的比重来看（参见表 12－14），中国企业研发投入占 GDP 比重与占总研发投入比重以 75.87% 的均值位列第一梯队，明显超过德国、美国、法国。

表 12－14　　各国企业研发投入占总研发投入的比重　　（单位：%）

| | 2016 年 | 2017 年 | 2018 年 | 2019 年 | 2020 年 |
|---|---|---|---|---|---|
| 中国 | 75.40 | 74.73 | 76.10 | 76.50 | 76.60 |
| 美国 | 60.90 | 64.15 | 62.30 | 63.60 | 62.40 |

续表

| | 2016 年 | 2017 年 | 2018 年 | 2019 年 | 2020 年 |
|---|---|---|---|---|---|
| 德国 | 65. 40 | 65. 84 | 65. 60 | 65. 20 | 66. 20 |
| 日本 | 77. 30 | 77. 97 | 78. 10 | 78. 30 | 79. 10 |
| 韩国 | 75. 30 | 74. 55 | 75. 40 | 76. 20 | 76. 60 |
| 法国 | 55. 00 | 55. 65 | 54. 00 | 54. 00 | 56. 10 |

资料来源：世界知识产权组织。

从制造业领域战略科技力量协同创新比较来看，中国与其他制造业强国相比，差距明显。美国和德国始终位居第一梯队，保持了较高的产学研合作；日本属于第二梯队，韩国、法国、中国则位列第三梯队（参见表 12 – 15）。据《创新型政府：构建公共与私人部门共生共赢关系》介绍，“苹果公司并非致力于开发新技术和新部件，而是致力于整合新部件和新产品。”苹果公司展现出的强大能力与三个方面密切相关：识别潜力巨大的新兴技术；应用复杂的工程技术，这些技术成功整合了公认的新兴技术；企业愿景明确，以设计导向的产品开发为中心，提升用户满意度。马斯克的 SpaceX、Starlink、Hyperloop、SolarCity 以及 OpenAI 等全球科技前沿公司，瞄准太空战略、抢滩交通以及未来发展战略需求，展现出前所未有的独创能力，成为最有影响力的美国国家战略科技力量。

**表 12 – 15　各国产学研合作指数**

| | 2016 年 | 2017 年 | 2018 年 | 2019 年 | 2020 年 |
|---|---|---|---|---|---|
| 中国 | 56. 7 | 55. 27 | 56. 5 | 56. 5 | 56. 5 |
| 美国 | 80. 8 | 76. 22 | 78. 4 | 80. 9 | 75. 7 |
| 德国 | 72. 3 | 72. 52 | 72. 9 | 72. 8 | 70. 7 |
| 日本 | 66. 7 | 62. 54 | 62. 3 | 64. 5 | 62. 4 |
| 韩国 | 60. 3 | 56 | 57 | 56. 5 | 57. 4 |
| 法国 | 59. 7 | 54. 79 | 53. 7 | 54. 6 | 58. 5 |

资料来源：世界知识产权组织。

## 三、归纳总结，识别关键问题

中国制造业国家战略科技力量建设存在的问题如下。

一是制造业国家战略科技力量建设基础大而不强。首先，制造业整体量大质轻。中国制造业总体规模领先，但在结构优化程度、质量效益水平、可持续发展能力与其他制造业强国仍有差距，使得中国制造业的综合竞争力未与总量规模同步增长，中国制造业总体实力与制造业大国地位不匹配。其次，制造业行业结构失衡，过热行业与过冷行业并存问题严峻，过热行业中研发投入差异巨大，容易陷入“低端混战、高端失守”的境地。再次，制造业区域发展不均，各经济区制造业总体规模、行业竞争力、战略科技力量总量等方面的差距明显。最后，中国制造业的研发投入存在结构失衡，不同高技术产业间、不同区域间均存在千亿级的研发经费投入差距。

二是制造业领域战略科技力量的建设主体实力失调。国家实验室、国家科研机构、高水平研究型大学、科技领军企业都是制造业领域战略科技力量，具有不同的战略使命和功能定位，各主体的建设进程存在较大落差，国家实验室长期“愁建”“难产”、科技领军企业在全球领导力不足等问题突出，由此产生的短板效应明显。各类型制造业领域战略科技力量中都存在实力达到世界顶尖水平的个体，但均未能带动同类主体实现总体竞争力的跃升。

三是制造业领域战略科技力量的协同创新动能不足。中国产学研合作水平相较于制造业强国偏低，协同创新能力和手段欠缺，制约了制造业总体创新能力的提升。特别是中国在研发投入强度较低的情况下，仍由企业研发投入在总研发投入中占比最大，表明国家实验室、国家科研机构、高水平研究型大学在协同创新中的缺位。

四是制造业领域战略科技力量的开发研究环节薄弱。中国制造业科技成果向生产力转化存在短板。国家实验室、国家科研机构、高水平研究型大学等科研机构的人员投入、经费投入均逐年攀升，然而科技成果转化机制中的障碍使创新链与产业链耦合程度不高，创新成果未能转化为中国制造业在全球价值链持续攀升的动能，科技创新与经济发展“两张皮”问题突出。

## 第四节　作用发挥及模式比较

根据弗里德里希·李斯特的国家精神资本、克里斯托夫·弗里曼的国家创新体系、迈克尔·波特的国家竞争优势等理论，结合中国制造业领域战略科技力量的发展现状，在综合考虑制造业战略目标、技术特性和国际经验的基础上，提出四种建设模式。

## 一、国家安全引领，不断催生重大原始创新

### （一）国家安全引领的模式阐述

在事关国家发展全局、涉及重大安全关切的制造业领域，适宜采取国家安全引领模式。该模式主要应对遭遇技术封锁或国际格局发生重大调整的严峻考验，以国家战略使命为导向，以科技创新新型举国体制为抓手，动员与集结制造业创新力量。首先，通过集聚国内优势科技力量，快速建立起具有强大竞争力的创新组织，服务于国家重大战略需求；其次，在国家巨额经费支持下，不断催生颠覆式创新、重大原始创新；最后，基于优势地位对科技发展与产业布局进行前瞻规划，为制造业发展提供超前视野。

### （二）典型案例特征分析与总结

1. 典型案例特征分析。国家安全引领模式下，制造业领域战略科技力量建设呈现“举国创新，战略导向”的特点。在建设过程中，通常是国家基于重大战略需求，用巨额经费支持大规模的研究队伍。在主攻方向上，聚焦不宜由市场力量主导的涉及国家安全的制造业领域。在运行特征上，国家安全引领形成的战略科技力量不仅承担战略性研发任务，同时也肩负着统筹协调科研资源、规划部署科研任务的职责（见表 12 – 16）。

表 12 – 16　国家安全引领模式建设及典型案例分析

| | 美国洛斯阿拉莫斯国家实验室 | 中国科学院 | 美国国家航空航天局 |
|---|---|---|---|
| 建设过程 | 为配合美国重大战略计划，由美国政府和军方共同组建 | 为满足国防安全、经济建设重大需求，由中央人民政府组建 | 为建立太空探索开发领先优势，由美国联邦政府组建 |
| 主攻方向 | 核武器研究，能源、医药、材料等领域的基础研究 | 重大原始创新、重大战略性技术与产品、重大示范转化工程 | 参与战略先导科技专项，负责科研规划和科研项目管理 |
| 运行特征 | 承担基础性研发任务并负责配置科研资源 | 参与战略性先导科技专项，制定科研规划并管理科研项目 | 主持开展太空探索开发科技项目 |
| 重大成果 | 研制出世界上第一颗原子弹和第一颗氢弹 | 突破了一系列原子弹和导弹研制中的关键科学技术难题 | “阿波罗”登月计划等 |

资料来源：课题组整理。

2. 典型案例经验总结。该模式的对标案例，包括美国洛斯阿拉莫斯国家实验室，为配合美国重大国防战略计划，由美国政府和军方组建，主攻核武器研究，能源、医药、材料等领域的基础研究；美国国家航空航天局是为建立太空探索开发领先优势，由美国联邦政府组建，主攻战略性先导科技专项，负责太空探索开发项目，如“阿波罗”登月计划等。在国家安全引领模式下，面向制造业领域重大战略需求组建的战略科技力量，具有践行国家使命、维护国家利益的责任和实力。大规模的科研人员投入、研发经费投入和科学装置投入，加快颠覆式创新、重大原始创新进程。

### （三）可供借鉴的实践经验总结

在国家安全引领模式下，中国制造业领域战略科技力量的建设方案可以概括为“集聚全国创新资源，构建国家创新组织”。如在国防工业领域，以更大的支持力度构建更有活力的创新组织，提升国防创新体系内部的耦合性，降低国防创新体系对外部关键核心技术与产品的依赖性。

1. 善用举国体制，集聚优势力量。动员全国各种科技力量，用巨额经费支持大规模的研究队伍，能够加快重大科技难题的攻关进度。在面临技术封锁或国际格局发生重大调整的历史时期，庞大的科研实体承受各方面压力和冲击的能力更强，也更有利于保持该战略科技力量所属领域的持续稳定发展。

2. 强化使命引领，明确任务导向。在事关发展全局和重大安全关切的制造业领域设立战略性创新组织，以突破颠覆式创新类、重大原始创新类科学技术任务为导向，组织开展科研活动。发挥国家战略使命的感召力，激发创新动力、增强机构及成员凝聚力、提升研发攻关的战斗力，形成昂扬向上、积极进取的创新文化。

3. 优化科研管理，加强规划引导。以举国之力组建的制造业创新组织，不应仅仅承担研发任务，更要凭借其权威性和硬实力，对制造业领域战略性技术和产业进行前瞻性规划、合理性部署，形成强有力的制造业科研管理体系。

## 二、国际竞争驱动，群策群力研发关键技术

### （一）国际竞争驱动的模式阐述

在事关国际尖端科技竞争和国家发展先机的制造业领域，适宜采取国际竞争驱动模式。该模式主要应对中国制造业实现市场和技术双重追赶所面临

的挑战，以前沿科技竞争为导向，以动态比较优势为理论依据，开展更深层次、更大规模、更长周期的联动创新。首先，通过政府牵头组建创新联盟，为参与国际高端产业竞争提供协作机制；其次，通过提供政策与经费支持，推动创新联盟开展关键共性技术研发，为产业发展奠定基础；最后，通过合理划分知识产权以充分激发创新活力。

### （二）典型案例特征分析与总结

1. 典型案例特征分析。国际竞争驱动模式下，制造业领域战略科技力量建设呈现“科技竞争导向，聚焦共性技术”的特点。在建设过程中，通常是在国际高端产业竞争驱动下由政府部门牵头组建，由国家科研机构、高水平理工科和国防类大学、制造业科技领军企业共同投入研发资源。在主攻方向选择上，均以抢占创新制高点为根本目标，从国家战略需求、市场需求、技术发展轨迹等视角作出判断。在运行特征上，聚焦关键共性技术，创新成果由成员共享。

表 12－17　国际竞争驱动模式建设及典型案例分析

| 制造业领域战略科技力量 | 日本 VLSI | 美国 SEMATECH | 比利时 IMEC |
|---|---|---|---|
| 建设过程 | 为在半导体领域抢占先机，由日本通产省牵头组建 | 为重塑半导体产业竞争优势，由美国国防科学委员会和美国半导体协会牵头组建 | 为在半导体前沿领域对未来产业需求进行超前研发，由比利时弗兰芒地方政府牵头组建 |
| 主攻方向 | 政府领导、产业专家选择，与国家战略性需求保持一致 | 技术方向决定权交由业界领袖，与市场需求保持一致 | 站在专业技术角度，对行业关键共性技术突破的迫切进行判断后选定，与未来技术发展轨迹保持一致 |
| 运行特征 | 通用性和基础性技术由通产省资助研发且成员企业无偿使用，其他竞争性技术由成员公司自行投资研发 | 聚焦于成员公司共同面临的共性基础技术，后续的产品研发由企业自行完成 | 通过财政拨款支持研发产业界不愿过多介入的具有战略先导性、前瞻性的技术，主要开展领先市场需求 3—8 年的项目研究 |
| 重大成果 | 主要半导体产品在世界市场占有率超过 50% | 世界半导体市场份额反超日本，培育多家全球半导体龙头企业 | 成为世界领先的纳米电子和数字技术领域研发和创新中心 |

资料来源：课题组整理。

2. 典型案例经验总结。该模式的对标案例有日本 VLSI 计划，为在半导体领域抢占先机，由日本通产省牵头组建，重点资助通用性和基础性技术研发并供成员企业无偿使用；比利时 IMEC 是处于超前研发半导体产业的前沿领域，由比利时弗兰芒地方政府牵头组建，通过财政拨款支持研发产业界不愿过多介入的、领先市场需求 3—8 年的项目研究。

在国际竞争驱动模式下，政府为争取本国未来发展先机，主动作为发起人牵头组建制造业创新组织，为科技创新营造了有利的政策环境。通过政府统筹协调，将存在与同一竞争领域的科技领军企业聚集到一起，群策群力，共同开展产业通用基础性技术研发。政府拨付经费支持创新组织开展战略先导性、前瞻性技术研发，为组织成员承担了大部分风险，而创新成果由成员共享。此举充分激发了创新活力，并为国内产业持续升级提供了支撑。

### （三）可供借鉴的实践经验总结

在国际竞争驱动模式下，中国制造业领域战略科技力量的建设方案可以概括为“政府牵头主导，组建创新联盟”。如在集成电路领域深入开展有组织的创新，强化大基金二期的引领和导向作用，遵循行业成长规律，精准把握技术和市场窗口期。

1. 政府牵头主导，组建创新联盟。发挥新型举国体制优势，在高层级政府组织下，聚集一批具有卓越创新能力的研发机构组建制造业高端产业创新联盟。创新联盟定位为非营利性法人组织，由国家控股但不直接参与日常管理，并邀请国际知名学者和企业高管组成科学顾问委员，提供科技咨询建议。

2. 增加政府投入，开发共性技术。政府通过稳定研发投入，推动创新联盟面向未来产业需求进行超前研发，为产业发展积累原始创新技术、关键共性技术。同时，充分发挥政府的统筹协调作用，推动创新联盟充分共享创新成果，通过合理划分知识产权，进一步激发创新活力、增强合作意愿。

3. 构建开放平台，保持研发活力。明确进入与退出机制，构建动态开放的创新平台，保持创新联盟活力。组建由专职人员和基础设施组成的独立实体，企业通过合作项目阶段性地加入或退出，保持流动性。

## 三、机构改革赋能，重组激活现有创新体系

### （一）机构改革赋能的模式阐述

在具备创新禀赋优势而缺乏技术突破动能的制造业领域，适宜采取机构

改革赋能模式。该模式主要解决创新链“高端失守”与“低端混战”并存的问题，将重复创新转化为迭代创新，将分散式创新转化为分布式创新。一方面，通过有机重组产生一批制造业创新机构增量，通过重点引导激活一批制造业创新机构存量；另一方面，充分发挥制造业创新机构改革的赋能示范作用，发掘现有机构的创新潜力，成为体现国家意志、服务国家需求、代表国家水平的战略科技力量。

### （二）典型案例特征分析与总结

1. 典型案例特征分析。机构改革赋能模式下，制造业领域战略科技力量建设呈现出“有机重组做优增量，重点赋能激活存量”的特点。在建设过程中，通常是对现有制造业创新机构进行重组与赋能，充分发掘现有机构的创新潜力。在主攻方向上，从原有科研机构单一的研究领域，拓展到机构改革后围绕国家重大需求开展多个前沿领域。在运行特征上，致力于建立高效的管理运行机制（见表 12－18）。

表 12－18　机构改革赋能模式建设及典型案例分析

| 制造业领域战略科技力量 | 美国阿贡国家实验室 | 日本产业技术综合研究所 | 德国马克斯·普朗克学会 |
| --- | --- | --- | --- |
| 建设过程 | 由芝加哥大学的冶金实验室改革发展而来 | 由原产业科学技术署、原通产省下属机构整合发展而来 | 在威廉皇家学会的基础上发展而来 |
| 主攻方向 | 基础科学、能源资源、环境管理等 | 聚焦国家重大需求，开展多个前沿领域研究 | 生物学和医学、物理化学技术、人文科学 |
| 运行特征 | 形成政府所有、第三方运营、主任负责的管理运行机制；形成灵活的人员聘用和流动机制 | 建立了独立行政法人和企业化运作制度；成立具有专利独占实施权的机构推动技术转移转化 | 经费主要来自政府财政拨款，由联邦政府和州政府共同负担 |

资料来源：课题组整理。

2. 典型案例经验总结。该模式对标案例包括，日本产业技术综合研究所由原产业科学技术署、原通产省下属机构整合发展而来，建立独立行政法人和企业化运行制度；美国阿贡国家实验室是由芝加哥大学的冶金实验室改革发展而来，采用政府所有、第三方运营、主任负责的管理运行机制和灵活的人员聘用和流动机制。在该模式下，通过充分发掘现有科研机构的创新潜力，“做优增量”“激活存量”，避免重复建设。在此模式下建设的制造业领域战略科技力量，均探索出符合各自国情的管理运行体制，并对科研环境进行改革，加强科技成果转化，为制造业领域的高质量发展注入了强劲动能。

### （三）可供借鉴的实践经验提炼

机构改革赋能模式下，中国制造业领域战略科技力量的建设方案可以概括为“有机重组重点赋能，发掘创新机构潜力”。例如，在航天工业领域加快整合航天创新实体，加快航天法立法进程，发布国家级太空发展战略，构建系统完善的常态化顶层决策机制，妥善化解航天管理“九龙治水”难题。

1. 探索管理运行机制，明晰管理部门职责。探索符合中国国情的制造业创新机构管理运行机制，简化管理层级，明晰管理部门职责。可以借鉴美国阿贡国家实验室和日本产业技术综合研究所的模式，形成政府所有、企业化运营的管理运行体制。

2. 推动产学研一体化，提高科技成果转化。充分考虑科技成果的转化问题，将制造业领域战略科技力量建设为连接基础理论研究和成果产业化的“桥梁”，推动产学研一体化。如借鉴日本产业技术综合研究所的模式，成立专门的技术转移机构。

3. 改革人员聘用管理，增加科研经费投入。借鉴美国阿贡国家实验室和日本产业技术综合研究所的经验，改革人员聘用管理，减少固定编制，增加合同雇佣方式，促进人才流动。同时拓宽经费来源，增加科研经费投入。

## 四、双链融合保障，高效培育科技领军力量

### （一）双链融合保障的模式阐述

在建设主体实力失调且科技成果转化受阻的制造业领域，适宜采取双链融合保障模式。该模式主要解决科技创新与经济建设各行其道的问题，推动形成产业链与创新链的融合交汇机制，将两条链拧成一股绳，全面提升科技创新与经济发展的耦合度。一方面，选取在产业基础领域具有重大影响的创新链前沿技术作为主攻方向，以衍生产业为重点培育对象；另一方面，结合产业链扶持政策和有效的市场竞争，营造适宜的产业环境，加速产生科技领军企业。

### （二）典型案例特征分析与总结

1. 典型案例特征分析。

表 12－19　　双链融合保障模式建设及典型案例分析

| 制造业领域战略科技力量 | 美国英特尔公司、通用电气公司、太空探索技术公司等 | 荷兰 ASML 公司、德国 Infineon 公司 | 韩国三星公司 |
|---|---|---|---|
| 建设过程 | 《重振美国制造业框架》等产业政策扶持 | 《欧盟芯片法案》等产业政策扶持 | 韩国《半导体超级强国战略》等产业政策扶持 |
| 主攻方向 | 芯片、智能制造、太空探索等领域 | 芯片制造领域 | 芯片开发设计领域 |
| 受益政策 | 改革移民制度，开放高技能人才签证限制；推动研究与开发费用税收抵免政策永久化 | 实施“芯片计划”；设立“芯片基金”，重点支持中小企业和初创企业 | 对半导体研发实施税收优惠；支持下一代系统芯片研发；设立半导体生态系统基金 |

资料来源：课题组整理。

双链融合保障模式下，制造业领域战略科技力量建设呈现“聚焦前沿，政策扶持”的特点。在建设过程中，通常是国家层面针对制造业前沿领域制定优惠政策，促进产业链创新链融合发展，产生一批科技领军后备力量；在主攻方向上，通常是选择竞争性强、技术壁垒高的产业；在受益政策上，主要是国家实施的产业定向扶持政策。

2. 典型案例经验总结。该模式的主要对标案例包括，荷兰 ASML 公司和德国 Infineon 公司，由《欧盟芯片法案》等产业政策和“芯片基金”（该基金重点支持中小企业和初创企业）扶持；韩国三星公司对《半导体超级强国战略》等产业政策进行扶持，相关政策包括对半导体研发实施税收优惠、支持下一代系统芯片研发以及设立半导体生态系统基金。在双链融合保障模式下，构建有为政府与有效市场相结合的制造业发展框架。一方面，起到为政府发挥举旗定向的作用，对制造业创新链产业链布局作出整体谋划，并制定专项扶持计划，培育、扶持一批科技领军后备力量；另一方面，有效市场发挥激励创新作用，帮助企业在该产业国内外市场良性竞争中持续迭代创新，从而使本国产业形成全球竞争优势。

### （三）可供借鉴的实践经验提炼

在双链融合保障模式下，中国制造业领域战略科技力量建设的方案可以概括为“聚焦创新链前沿，谋划产业链发展”。如在新能源领域深入推进产学研耦合联动，为技术路线选择指明方向，为先进技术的应用推广提供便利，推动转换效率、装机规模、储能技术、输配技术协调发展。

1. 注重顶层设计，瞄准前沿领域。围绕制造业前沿领域进行布局，加强基础研究和关键核心技术突破。一方面，注重顶层技术标准设计，积极开展技术预见，产业政策的制定要围绕可能产生革命性突破的重点方向和前沿领域进行。另一方面，加强基础研究和多学科交叉研究，力争实现原始创新突破，为制造业领域战略科技力量的建设注入动力。

2. 加大财政投入，设立产业基金。根据美国、欧洲和韩国的实践经验，在围绕创新链制定产业链政策时，政府部门进行直接投资和税收减免是最有效促进产业发展的方式。同时，还可以借鉴欧洲和韩国的经验，通过设立产业发展基金，强化对制造业领域战略科技力量建设的金融支持。

3. 重视人才培养，壮大科研队伍。在支持政策中加入人才引进与培养指标的同时，加强与高校的定向培养合作，如可以与高水平研究型大学合作开展定向培养项目，培养高水平的制造业领域专业人才，并在其毕业后将其引入企业中。

## 第五节 建设路径及对策建议

### 一、坚持系统观念全局谋划，服务制造强国战略

一是完善顶层设计，加强规划引导。首先，在宏观层面尽快制定符合中国实际、彰显新型举国体制优势的制造业领域战略科技力量发展规划和指导性方案，从顶层设计的高度明确制造业领域战略科技力量的定位，提升国家创新体系的整体效能。其次，在中观层面组织专家学者与行业领袖开展技术预见，定期发布中长期制造业创新前瞻报告，预判可能产生革命性突破的重点方向和前沿领域，为制造业未来研发与创新政策的可能优先事项提供参考。

二是做强主体节点，构建创新网络。强化制造业领域战略科技力量各组成部分的主体优势，构建矩阵式创新网络。首先，推动取得重大成果、得到科技界广泛认同的筹建中的国家实验室尽快验收、正式启动。其次，巩固强化国家科研机构的制造业重大原始创新策源地地位，为制造业战略需求与国家战略意志上传下达搭建桥梁。再次，充分发挥高水平研究型大学基础研究深厚、学科交叉融合的优势，推进产教融合、科教融合，建设制造业领域基础研究的主力军和创新人才培养的主阵地。最后，引导科技领军企业与国家

制造业战略对接，参与制造业领域国家重点研发计划专项、重大项目和国家级创新平台建设。

## 二、提升创新资源配置效率，增强全球竞争能力

一是做优外引内培，强化人力资本。首先，在制造业人才引进方面“筑巢引凤”，鼓励各地设立股份制创新人才港、搭建国际引才孵化器，为制造业创新人才携带科研成果“软着陆”提供便利，形成具有全球竞争力的开放创新生态；基于制造业发展布局，定期定点举办国际创新高峰论坛，为各区域制造业领域战略科技力量建设定向输送人才。其次，在制造业人才选拔和培育方面，支持研究型大学和基础学科发展，培育制造业领域战略科技力量后备军；推广高水平人才高地建设试点经验，建立健全人才平台的“3 + N”空间战略布局；培育“科学家 + 工程师 + 企业家”的制造业高层次创新人才体系；培育专业素质过硬、跨学科理解能力突出、大兵团作战、组织和领导经验丰富的战略科学家，为制造业创新发展举旗定向、谋篇布局。

二是拓宽资金来源，丰富资助形式。首先，对于事关国家发展全局、涉及重大安全关切的制造业创新研究，由政府资金和国有资本全方位支持。其次，对于抢占国际科技创新制高点、具有公共品属性的制造业创新研究，设立国家重大创新先导基金并鼓励制造业创新主体申请。再次，对于那些已经进入竞争性研发环节的制造业创新活动，鼓励引入风险投资或绿地投资。最后，针对处于基础研究、应用研究、试验发展和开发研究环节实施差异化的所得税减免和研发加计扣除政策。此外，优化财政科技经费分配使用机制，更加有效地激发创新活力。

## 三、深化科研体制机制改革，营造创新创业环境

一是改革创新体制，优化科研管理。在机构管理体制机制改革方面，在跨学科、大协作、高强度的制造业创新领域，通过不同创新主体的有机重组，做大做优国家实验室、科技领军企业等创新机构增量，塑造 W 型价值链；通过研究方向精简、聚焦特色优势，激活高等院校、科研院所等创新机构存量；综合应用国际同行评价和颠覆性评价等方式，建立科学客观的制造业创新机构评价体系。在人才管理体制机制改革方面，通过稳定资助、差异化考核等方式为制造业创新人才松绑减负；改革科研人员聘用制度，建立能者上、平

者让、庸者下、劣者汰的创新人才流动机制；深化人才发展体制机制改革，爱才、育才、引才、用才齐头并进。

二是改善科研环境，提升创新质量。首先，保护制造业知识产权，加快知识产权基本法与各专项法的立法进程，提升制造业知识产权的司法、行政保护能力，推动形成全面支持创新的基础制度。其次，优化制造业营商环境，为科技领军企业构筑起稳定、透明、可预期的发展环境；消除行政区域、职能部门间的壁垒，实现制造业创新要素自由流动、高效配置；推动数字政府建设，提升服务制造业领域战略科技力量的效能。最后，塑造制造业创新文化，推广“揭榜挂帅”“赛马”等创新攻关机制，营造勇闯“无人区”、敢啃“硬骨头”、甘坐“冷板凳”的制造业创新氛围；弘扬企业家精神，培育具有家国情怀、国际视野、专业素质、战略眼光的制造业企业家模范。

## 四、聚焦协同创新体系构建，力促多链融合共生

一是打造创新平台，推进成果转化。以“链式思维”探索构建市场化、开放式、共享型、综合性的制造业创新合作平台，着力破解制造业科技成果转化前端资源零散、中端服务粗糙、后端落地困难等难题，打通从创新链到产业链的“最后一公里”，实现从科技强向企业强和产业强的高效转化。此外，政府部门、事业单位、国有企业应加大对制造业领域“专精特新”“小巨人”企业以及各类单项冠军企业、产业链领航企业重大创新技术、产品、服务的支持力度，首购首用。

二是优化创新政策，推动多链融合。首先，推动产业政策向产业链政策转变，把重心放在以战略性新兴产业为主导的制造业技术链建设上，集中资源更高标准地建设技术集群，统筹推进国际科技创新中心、区域科技创新中心建设。其次，倡导和重视技术市场、思想市场和产业基因的培育，倡导国家精神资本和城市知识资本，重视技术市场、思想市场和产业基因的培育，努力做到科学技术化、技术工程化、工程产业化、产业价值化、价值规模化、规模资本化、资本科学化齐头并进，科学施策精准，靶向发力。

## 五、多维度打造创新联合体，凝聚战略科技力量

一是战略使命孵化，挖掘创新潜力。首先，建立战略引导与市场主导相结合的制造业创新联合体总体制度框架，统筹编制制造业关键核心技术图谱，

系统谋划制造业领域战略科技力量布局。其次，优先推荐制造业创新联合体申报和承担国家重大科技专项，优先支持稳定合作关系的制造业创新联合体创建国家和省级重点实验室、工程研究中心、技术创新研究院等创新平台。最后，推进军民融合，以龙头军工企业为主导组建创新联合体，将军工系统长期积淀形成的优质创新资源和技术与市场需求结合。

二是市场竞争催化，塑造创新优势。首先，突出强调科技领军企业“出题者”“阅卷人”的地位和作用，引领创新联合体在创新方向选择和创新链布局上契合国际产业竞争与产业变革需求。其次，将市场机制融入建设过程，重视高势能客户的引领作用，加速市场需求的培育，按照“新范式创造新需求，新需求催生新技术”的思路，推动制造业创新联合体在市场需求引领下持续成长。最后，多措并举提升创新能力，支持制造业创新联合体设立离岸创新中心，并为海外科研院所加入创新联合体提供优惠政策，加大国家超算中心、大科学装置对制造业创新联合体的开放力度。

三是组织耦合强化，聚焦联动创新。首先，鼓励制造业创新联合体以公司制、合伙制、基金会、社会团体等法人形式运作，并倡导制造业创新联合体吸纳处于创新链不同位置的成员，支持制造业创新联合体构建自主知识产权网络和产业关键核心技术矩阵，形成制造业领域战略科技力量的联动“黏合剂”与创新“护城河”。其次，革新科研机构及其人员的管理模式，一方面，下放科研机构管理权限，扩大与其他主体合作交流的自主权；另一方面，优化科研人员身份归属、利益分享、绩效认定机制，尊重创新规律和人才成长规律。最后，改善创新环境，一方面优化高校学科布局，改革专业过于细分的培养模式，为制造业输送多学科交叉的复合型人才；另一方面，放宽认定标准，基于创新联合体的综合创新实力，优先推荐将法人化运作的制造业创新联合体认定为国家级“专精特新”、高新技术企业。

（本章作者：吴福象，南京大学长江产业经济研究院区域经济研究方向首席专家，南京大学教授、博士生导师）

# 第十三章　增强企业创新主体地位若干重点问题研究

近年来，党和国家一系列重大政策文件屡次提出增强企业创新主体地位，以及提升企业技术创新能力的相关论述。党的二十大报告提出要“加强企业主导的产学研深度融合”，我国《“十四五”规划和2035年远景目标纲要》中，第二篇第五章专门强调“提升企业技术创新能力”，并分别从激励企业加大研发投入、支持产业共性基础技术研发、完善企业创新服务体系三方面进行详细阐述。可以认为，企业在我国科技自立自强的过程中将发挥更加重要的作用。

## 第一节　2013—2020年长三角地区企业创新主体地位的总体评估

### 一、测算原理与方法

企业创新主体地位的测算是一项系统性工程，必须从多方面来开展综合测量，而不能简单地采用单一指标来直接衡量。本项目采用数据包络分析（Data envelopment analysis，DEA）方法来测算长三角地区企业技术创新主体地位。数据包络分析已经被广泛运用于各类投入产出分析和相应的绩效评价中，其优势在于能确定有效前沿面，并将落在有效前沿面上的决策单元作为有效数据，从而进一步提高评价精度。但是传统数据包络分析的不足在于需要提供投入和产出这两类数据，而长三角地区企业创新主体地位的测算工作是要确定企业在创新体系中的重要性，无法区分相应的投入和产出类数据。所以本项目依据超效率数据包络分析（Super Efficiency DEA，SE－DEA）理论，具体采用产出导向的无投入超效率 DEA 模型，不需要考虑投入要素或数据，仅考虑使得产出最大化。超效率数据包络分析的优点在于，能更为准确地识别有效的决策单元，增加相对有效的决策单元的评价重要性；能允许计算出的效率值超过 1，能比较各决策单元并排序。

## 二、测算指标选择与数据处理

长三角地区企业创新主体地位测量需要选取一系列基础指标，本项目借鉴鲁涛和马明（2017），根据创新体系研究的一般做法，并结合数据指标的可行性，筛选出 18 个指标，涵盖创新系统要素和创新活动要素两大类，形成相应的基础指标体系（见表 13－1）。创新系统要素类指标侧重衡量创新系统中参与者之间的相互作用，以此反映创新系统中相应参与者是否处于主体地位，相应基础指标重点是能反映出长三角地区企业在创新系统中的主体地位。创新活动要素类指标反映长三角地区企业在创新全过程的作用和功能。这类指标旨在从总量层面分析长三角地区企业在创新系统中的主体地位高低，能动态反映企业创新主体地位随着时间强弱变化的过程。具体来看，这类创新活动要素指标涵盖企业研发创新全流程的投入、产出、营销、活动等诸多方面。这些基础指标汇总起来，就能从多个侧面反映创新体系中各参与者的相互作用，且重点衡量出长三角地区企业在创新系统和过程中的地位和作用。

**表 13－1　　长三角地区企业创新主体地位测算的基础指标体系**

| |
|---|
| 创新系统要素 |
| 规模以上工业企业 R&D 经费支出占江苏 R&D 经费支出的比重（%）（y1） |
| 高技术产业企业 R&D 经费支出占江苏 R&D 经费支出的比重（%）（y2） |
| 规模以上工业企业 R&D 人员全时当量占江苏 R&D 人员全时当量的比重（%）（y3） |
| 高技术产业企业 R&D 人员全时当量占江苏 R&D 人员全时当量的比重（%）（y4） |
| 创新活动要素 |
| 规模以上工业企业 R&D 经费支出占主营业务收入的比重（%）（y5） |
| 高技术产业企业 R&D 经费支出占主营业务收入的比重（%）（y6） |
| 规模以上工业企业 R&D 人员占从业人员的比重（%）（y7） |
| 高技术产业企业 R&D 人员占从业人员的比重（%）（y8） |
| 规模以上工业企业中有研发机构的企业占全部企业的比重（%）（y9） |
| 规模以上工业企业办科技机构数与全部企业数的比率（%）（y10） |
| 规模以上工业企业有科技活动的企业占全部企业的比重（%）（y11） |

续表

| 创新活动要素 |
| --- |
| 规模以上工业企业引进技术消化吸收经费与引进技术经费支出的比值（%）（y12） |
| 规模以上工业企业每万 R&D 人员发明专利申请量（件/万人年）（y13） |
| 高技术企业 R&D 人员每万人发明专利申请量（件/万人年）（y14） |
| 规模以上工业企业新产品销售收入占主营业务收入的比重（%）（y15） |
| 高技术产业企业新产品销售收入占主营业务收入的比重（%）（y16） |
| 高技术产业企业全员劳动生产率（万元/人）（y17） |
| 高技术出口交货值占高技术产业主营业务收入的比重（%）（y18） |

注：R&D 指研究与试验发展。下同。

上述基础指标的原始数据来自 WIND 数据库、《中国科技统计年鉴》《中国高技术产业统计年鉴》《中国统计年鉴》和长三角三省一市的历年统计年鉴。少部分指标的原始数据存在缺失，本项目采用线性插值法补齐缺失数据。由于 2020 年后的部分基础数据尚未公布，所以本项目测算长三角地区企业创新主体地位的样本期为 2013—2020 年。

## 三、测算指数结果与分析

### （一）五大指数的测算结果

在表 13 -1 的基础上，本项目将这些指标进行聚类分析，确定五个综合指数，来测算长三角地区企业创新主体地位，依次为长三角地区企业创新主体地位整体指数（以下简称整体指数），涵盖表 13 -1 中所有指标；长三角地区企业创新系统要素指数（以下简称系统指数），涵盖 y1—y4 四个指标；长三角地区企业创新活动要素指数（以下简称活动指数），涵盖 y5—y16、y18 十三个指标；长三角地区规模以上工业企业创新主体地位指数（以下简称规上指数），涵盖 y1、y3、y5、y7、y9—y13、y16 十个指标；长三角地区高技术企业创新主体地位指数（以下简称高企指数），涵盖 y2、y4、y6、y16、y18 五个指标。

然后，本项目根据产出导向的无投入超效率 DEA 模型，将每一年度视为一个决策单元，相应指标作为产出变量，设定各年份指标变量权重并对指标值加总处理，得到 2013—2020 年长三角地区上述五大指数的具体数值。同时为了能衡量长三角三省一市的企业创新主体地位水平并开展横向区域比较，本项目还分别计算相同样本期内江苏省、安徽省、浙江省和上海市的五大指数的指标值。相应数值见表 13－2。

表 13－2　　2013—2020 年长三角企业创新主体地位测算结果

| 地区 | 指标名称 | 2013 年 | 2014 年 | 2015 年 | 2016 年 | 2017 年 | 2018 年 | 2019 年 | 2020 年 |
|---|---|---|---|---|---|---|---|---|---|
| 长三角 | 整体指数 | 105.54 | 104.93 | 102.58 | 102.58 | 101.60 | 104.95 | 108.51 | 113.73 |
| | 系统指数 | 99.80 | 99.90 | 102.13 | 100.92 | 97.55 | 98.11 | 97.19 | 107.31 |
| | 活动指数 | 105.54 | 104.49 | 97.11 | 99.10 | 99.40 | 104.95 | 108.51 | 113.73 |
| | 规上指数 | 101.20 | 102.61 | 101.10 | 101.52 | 101.60 | 104.95 | 108.51 | 112.16 |
| | 高企指数 | 105.54 | 101.03 | 101.75 | 101.71 | 97.70 | 100.52 | 107.08 | 113.73 |
| 江苏省 | 整体指数 | 101.99 | 128.03 | 101.70 | 103.56 | 100.18 | 107.29 | 113.34 | 147.55 |
| | 系统指数 | 100.97 | 100.12 | 100.91 | 99.02 | 98.54 | 98.82 | 98.69 | 104.83 |
| | 活动指数 | 101.99 | 128.03 | 96.06 | 103.46 | 100.05 | 107.29 | 113.34 | 147.55 |
| | 规上指数 | 99.74 | 128.03 | 101.70 | 103.46 | 99.52 | 107.29 | 112.80 | 147.55 |
| | 高企指数 | 99.75 | 96.58 | 94.76 | 96.38 | 91.14 | 97.20 | 111.20 | 117.41 |
| 安徽省 | 整体指数 | 108.30 | 104.88 | 105.42 | 110.84 | 109.62 | 109.89 | 110.16 | 120.97 |
| | 系统指数 | 97.70 | 99.90 | 98.25 | 101.13 | 101.10 | 100.30 | 102.34 | 113.52 |
| | 活动指数 | 108.30 | 104.88 | 105.42 | 110.74 | 109.62 | 109.89 | 110.16 | 120.97 |
| | 规上指数 | 107.78 | 99.90 | 98.53 | 110.57 | 104.37 | 108.23 | 103.55 | 120.45 |
| | 高企指数 | 101.55 | 104.83 | 104.44 | 98.05 | 104.21 | 102.30 | 110.16 | 114.13 |
| 浙江省 | 整体指数 | 122.04 | 104.86 | 103.36 | 112.98 | 108.16 | 103.77 | 103.78 | 123.31 |
| | 系统指数 | 98.97 | 100.23 | 102.83 | 99.90 | 101.17 | 101.79 | 97.52 | 102.64 |
| | 活动指数 | 122.04 | 104.86 | 103.28 | 112.98 | 108.16 | 103.50 | 103.78 | 123.31 |
| | 规上指数 | 122.04 | 101.14 | 101.34 | 112.48 | 108.16 | 103.31 | 100.66 | 123.31 |
| | 高企指数 | 101.23 | 104.86 | 103.36 | 103.04 | 101.51 | 103.15 | 103.67 | 108.75 |
| 上海市 | 整体指数 | 111.11 | 103.78 | 115.37 | 110.86 | 105.88 | 104.97 | 102.22 | 131.35 |
| | 系统指数 | 103.31 | 100.00 | 107.81 | 96.98 | 87.95 | 84.24 | 75.16 | 78.78 |
| | 活动指数 | 111.11 | 103.26 | 110.00 | 110.17 | 104.94 | 104.97 | 102.22 | 131.35 |
| | 规上指数 | 109.12 | 103.47 | 109.86 | 106.78 | 105.23 | 104.97 | 101.56 | 126.61 |
| | 高企指数 | 105.88 | 100.18 | 108.62 | 110.86 | 98.05 | 97.13 | 99.58 | 131.35 |

表 13－2 表明，总体而言，2013—2020 年长三角地区企业创新主体地位呈现波动上升。长三角地区企业创新地位的五大指数在 2020 年的数值均超过 2013 年的数值，但在这个期间内均呈现一定的波动态势，出现过一定幅度的下降后反弹。本项目根据表 13－2 中的数据，分不同层次研究 2013—2020 年

长三角企业创新主体地位的变化。

## （二）长三角企业创新主体地位整体指数变化

2013—2020 年长三角、江苏、浙江、安徽和上海企业创新主体地位整体指数变化情况如图 13－1 所示。从该图中可看出，2013—2019 年，除了江苏省，其他省市的整体指数变化幅度不大，基本都在 100—110 的区间内上下波动，略有上升。但从 2019 到 2020 年，长三角和各省市的整体指数都出现了明显的上升趋势。整个样本期内，长三角的整体指数年均增长率为 1.07%，这表明长三角三省一市的企业创新主体地位持续提高。

具体到各省市，江苏省的整体指数在 2014 年出现阶段性高点，2014 年后又迅速回落至 2013 年水平左右，且此后 3 年无明显增长；从 2017 年后有缓慢上升的趋势，2019 后该指数有明显的上升趋势，到 2020 年达到新的阶段性高点。2013—2019 年，安徽省的整体指数呈现缓慢上升的趋势，年均增长率为 1.59%；2019 年后有较大幅度提升。

2013—2020 年，浙江省的整体指数变化呈现“W”型的波动。2013—2015 年是下降阶段，先是迅速降至 2014 年的 104.86，后降速放缓；2015—2016 年是上升阶段，但仍未恢复至 2013 年的水平；2017—2018 年是下降阶段；2018—2020 年又恢复上升阶段，其中 2018—2019 年基本没有变化，仅有非常微小的增长，2019—2020 年则是迅速增长期。这 8 年间，浙江省整体指数年均增长率为 0.15%。上海市的整体指数在 2013—2019 年间变化幅度不大，围绕 110 上下波动；与其他省份相同，2019—2020 年整体指数增长较为迅速，一年间从 102.22 增长至 131.35。样本期内，上海市整体指数年均增长率为 2.42%。

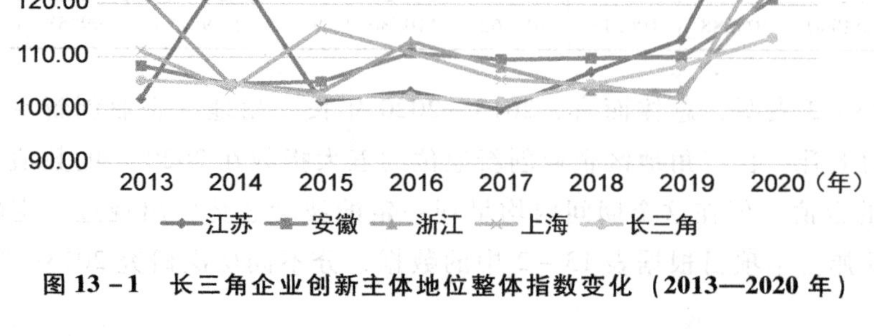


**图 13－1　长三角企业创新主体地位整体指数变化（2013—2020 年）**

长三角三省一市中，2013 年江苏省企业创新主体地位排名最后，到 2020 年，江苏省企业创新主体地位排名第一。尽管样本期内有波动，但这 8 年间，江苏省企业创新主体地位整体指数年增长率为 5.42%，年均增速超过其他省市。这与江苏省制造业强的产业特征有紧密联系，制造业企业规模大、实力强，有助于增强企业创新主体地位。

### （三）长三角地区企业创新主体地位细分指数变化

从长三角地区整体分析，其企业创新主体地位的 4 个细分指标变化情况如图 13－2 所示。2013—2020 年系统指数、活动指数、规上指数、高企指数这 4 个指标呈现不同幅度的上升趋势，2020 年指数均超过 2013 年指数。这说明，在该研究期间，长三角地区企业创新主体地位在各个细分层面上都保持上升态势，这有赖于长三角地区政府对发挥企业创新主体作用的高度重视。长三角态势规上指数上升 1.48%，上升幅度最大，对长三角地区企业创新主体地位整体指数提高的贡献也最大。高企指数上升 1.07%，说明长三角地区规模以上工业企业和高技术企业是增强企业创新主体地位的主力军。

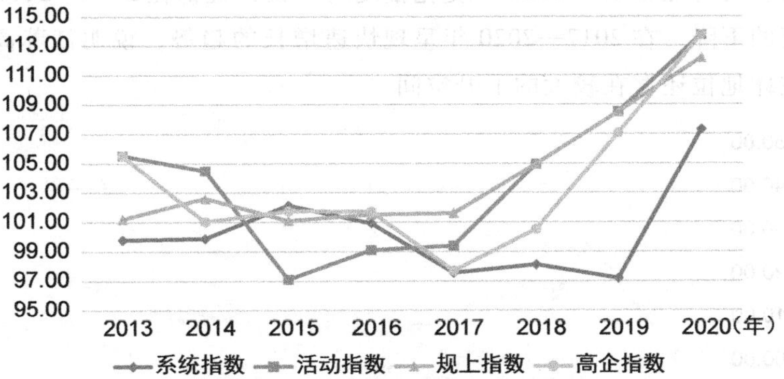


**图 13－2 长三角地区企业技术创新主体地位细分指数变化（2013—2020 年）**

### （四）江苏省企业创新主体地位细分指数变化

江苏省企业创新主体地位 4 个细分指数变化情况如图 13－3 所示。江苏省活动指数的变化趋势与整体指数大致相似，2013—2020 年的年均增长率为 5.42%，说明江苏企业创新主体地位的增强主要与江苏企业创新活动的增长相关。规上指数在 2013—2020 年保持增长，年均增长率是 5.75%，在 4 个细分指数中增长率最高。该指数的变化可分为 3 个阶段。第 1 阶段是 2013—2014 年迅速增长阶段，该阶段年均增长率为 28.36%。第 2 阶段是 2014—

2017年下降阶段，先迅速下降，后降速放缓，到2017年降至略低于2013年的水平。第3阶段是2017—2020年增长阶段，2017—2019年增速较缓，恢复并略微超过了基年水平，2019—2020年增速加快。从变化趋势上来看，该指数与活动指数变化趋势相似，可见江苏规模以上工业企业创新是增强江苏企业创新主体地位提升的最主要动力。

江苏省系统指数在2013—2020年变化较为平稳，基本在2013年的水平上下浮动。至2019年才出现明显的增长趋势，在2020年达到阶段性高点。在8年中，系统指数年均增长率为0.54%，增长速度缓慢，在5个指标中年均增长率最低。这表明，江苏企业在创新系统方面有极大的提升空间，在未来或许是增强江苏企业创新主体地位的推动力。未来江苏更应当高度关注该指数对应的基础指标，研究相应对策。

高企指数在2013—2020年的变化幅度不大，呈现先降后升的趋势。2013—2017年是缓慢下降阶段，该阶段高企指数基本保持与2013年相近的水平，至2017年下降至最低点；2017—2020年是增长阶段，年均增长率为8.81%，在2020年增长到最高水平。从发展趋势来看，该指数与系统指数有类似之处，两者在2013—2020年变化幅度均不大，且都在2013—2017年经历了小幅度的下降，在2017—2020年呈现快速增长的趋势，说明江苏高技术企业创新主体地位还存在较大的上升空间。

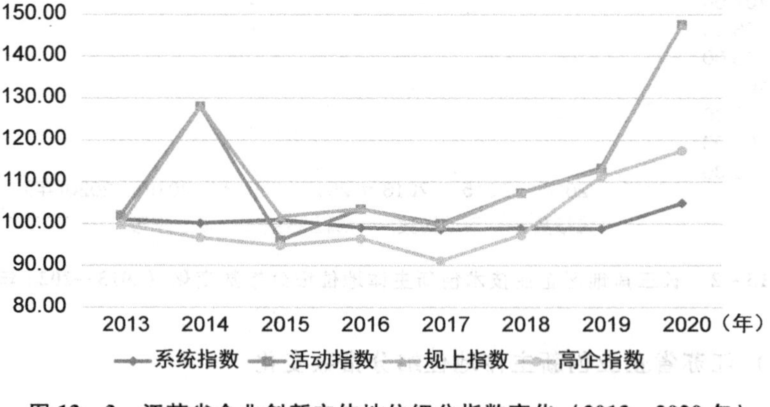


**图13-3　江苏省企业创新主体地位细分指数变化（2013—2020年）**

## （五）安徽省企业创新主体地位细分指数变化

安徽省企业创新主体地位4个细分指数变化情况如图13-4所示。2013—2019年，安徽省的系统指数围绕100上下波动，2019年的系统指数与2013年相比，仅有较小幅度的增长，实质性增长并不明显。但在2019—2020

年，系统指数增速提高，从 102.34 上升至 113.52，出现明显的上升趋势。样本期内安徽省企业创新主体地位的系统指数年均增长率为 2.17%。安徽省活动指数与整体指数保持基本相同的增长趋势，2013—2020 年均增长率为 1.59%，略低于系统指数。

从规上指数和高企指数来分析，安徽省规模以上企业和高技术企业均对安徽省增强企业创新主体地位起到巨大的推动作用。2013—2020 年，规上指数年均增长率为 1.60%，高企指数年均增长率为 1.68%，高科技企业对安徽增强企业创新主体地位的推动作用略强于规模以上企业。另外，规上指数在这 8 年中并不稳定，处于频繁波动之中，2013 年后出现了较大幅度的降低，在 2015 年降至最低点 98.53，后短暂地超过 2013 年指数值，2017 年又降至 104.37。这说明安徽省应当更注重保持规模以上企业创新主体地位的稳定发展，要稳中求进。

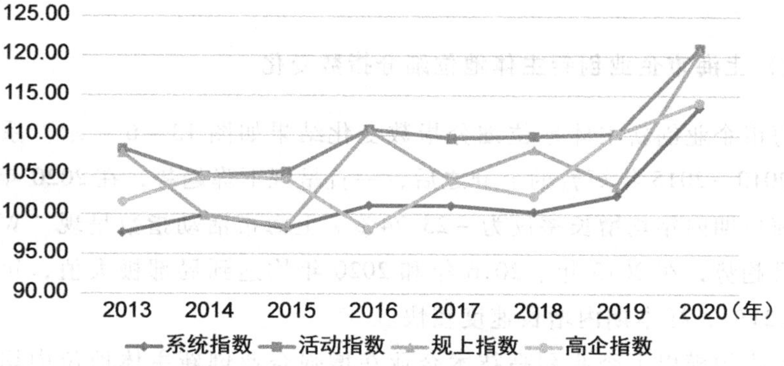


**图 13－4 安徽省企业创新主体地位细分指数变化（2013—2020 年）**

## （六）浙江省企业创新主体地位细分指数变化

浙江省企业创新主体地位 4 个细分指数变化情况如图 13－5 所示。2013—2019 年，浙江省系统指数基本没有明显的变化，保持在基年水平的附近；而 2019—2020 年，该指数从 97.52 增至 102.64，出现一定的上升趋势。在样本期间，浙江省系统指数年均增长率为 0.52%。浙江省的活动指数与整体指数保持基本相同的增长趋势，2013—2020 年均增长率为 0.15%，略低于系统指数。

浙江省规模以上企业和高技术企业均对其企业创新主体地位提升起到推动作用。2013—2020 年，浙江省的规上指数年均增长率为 0.15%，高企指数年均增长率为 1.03%，高科技企业对浙江增强企业创新主体地位的推动作用略强于规模以上企业。另外，浙江省规上指数的变化趋势与活动指数的变化趋势相似，均呈“W”型，波动程度较大。而浙江省高企指数变化趋势则与系统指数变化趋势相近，较为稳定。这说明，主要是规模以上企业创新主体地位的变化影响浙江省企业创新主体整体地位的变化。

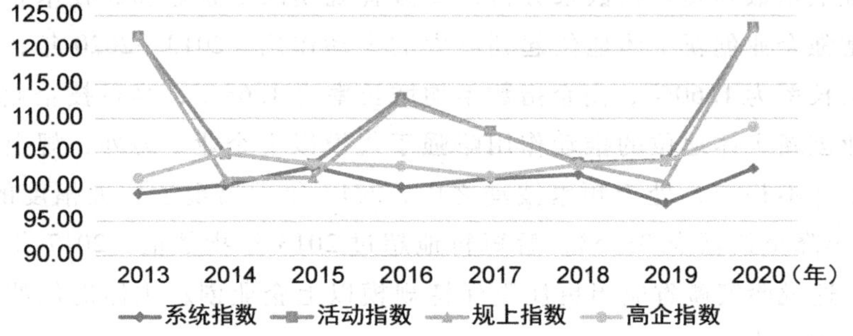


图 13-5 浙江省企业创新主体地位细分指数变化（2013—2020 年）

### （七）上海市企业创新主体地位细分指数变化

上海市企业创新主体地位细分指数变化结果如图 13-6 所示。系统指数在经过 2013—2015 年短暂的上升之后，一直呈现下降趋势，在 2020 年有微弱反弹，窗口期内年均增长率仅为 -23.74%。上海市活动指数呈现“W”型波动式上升趋势，在 2013 年、2016 年和 2020 年均达到局部极大值，年均增长率为 18.21%，样本期内增长速度较快。

上海市规模以上企业和高技术企业在增强企业创新主体地位中均起到巨大的推动作用。规上指数和高企指数的增长趋势与活动指数高度相似，但年均增长率更高，分别为 22.36% 和 24.05%，上海高技术企业对增强企业创新主体地位的推动作用稍大于规模以上企业。

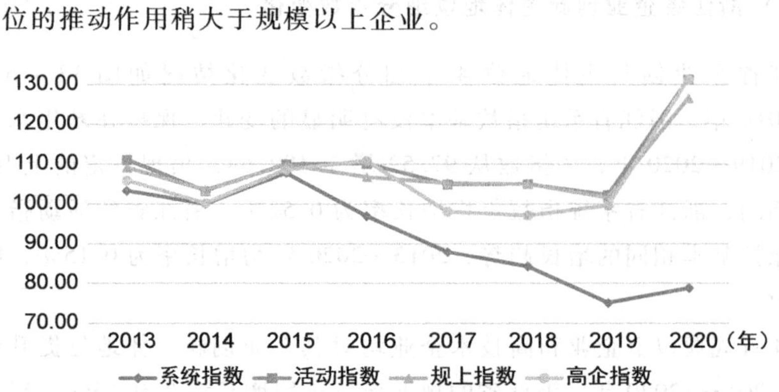


图 13-6 上海市企业创新主体地位细分指数变化（2013—2020 年）

总体而言，长三角各省市的企业创新主体地位呈现波动式提升。这一方面表明国家增强企业创新主体地位的重大战略决策在长三角地区得到坚决贯彻，另一方面表明，企业创新主体地位的增强并不是稳定的，会存在反复和波动，这就要求持续推进增强企业创新主体地位的工作，为企业技术创新能力的提升保驾护航。

另外，规模以上企业和高技术企业在长三角地区增强企业创新主体地位方面都发挥了重要的作用，因此应对激发这两类企业的创新主体地位给予更多的重视。当然，在各省市中，这两者的重要作用排序略有不同，这与各省市本身的发展路径与产业结构紧密相连。各省市的系统指数相较于其他指数来说普遍偏低，这就意味着在重点突破的基础上，还需要从系统角度来整体谋划增强企业创新主体地位的各类举措，构建充满活力的创新生态，提升创新体系的整体效能。

增强企业创新主体地位、提升企业技术创新能力，必须要真正贯彻“创新是第一动力”理念，通过推动体制机制创新，提高社会资源在全社会的配置效率和配置效能，促进社会资源向优质企业和产品集中，推动创新要素自由流动和聚集。具体而言，就是要发挥市场在资源配置中的决定性作用，更好地发挥政府作用，想方设法引导各类社会资源积极流向创新型企业，将其配置在以企业为主要载体开展的各类科技创新活动中，在全社会持续形成对企业创新活动的丰裕要素供给趋势。在这一过程中，政策、人才和资金是三方面的关键要素，所以本项目分别从营造激发企业创新活力的政策环境、引导高端人才向企业流动、加大对企业研发创新的金融支持三方面，来分析当前各自存在的问题，研究这些问题产生的原因，并提出相应的政策建议。

## 第二节 营造激发企业创新活力的政策环境

增强企业创新主体地位，提升企业技术创新能力的前提是企业具备强大的创新活力，也就是企业有强烈的自我意愿，有强大的内生动力和持续的内在积极性来开展创新活动。但是企业开展创新活动必然面对创新失败的可能和创新成果的不确定性，必然要权衡其投入的研发创新资金能否得到相应的回报。企业创新活力必然是内生的，需要营造相应的政策环境去激发企业的创新活力，而且营造政策环境的根本目标在于要让企业家和企业决策者通过权衡，意识到创新是企业长远发展的核心保障，是企业家个人价值实现的最有效路径，从而坚定地将创新作为驱动企业发展的最重要战略，将创新理念贯彻到企业经营的每一个环节中，将创新内化到每一位企业员工的自觉行动中。

为了与后续的引导高端人才向企业流动、加强对企业研发创新的金融支持两部分区别开来，本部分不研究与人才、资金两方面相关的政策问题，直接分析我国企业创新整体存在的问题，并探讨其产生原因，然后重点从激发企业创新活力角度提出相应的政策建议。

## 一、我国企业创新的基本特征

第一，我国企业创新投入强度有待提高，其基本背景是我国整体创新投入强度相对落后于世界主要经济体。2021 年我国研发经费投入强度为 2.44%，接近经济合作与发展组织国家平均水平，但我国 R&D 人员投入强度与世界主要经济体相比仍有不小差距：丹麦、韩国等发达国家 R&D 人员投入强度是中国的 3 倍以上，我国 R&D 人员投入强度仅高于土耳其等发展中国家。在该背景下，我国规上企业平均研发强度为 1.4%，实体上市公司达到 2.3%。

第二，我国企业创新活动主要集中在少数领军企业，企业创新的整体意愿不强。我国企业研发投入的头部集聚现象非常明显，华为一家企业的 2020 年度研发投入为 1418.93 亿元，超过其所属通信传输设备业其他企业的全部研发投入；把全国信息传输、软件和信息技术服务业，建筑业和通信传输设备业（排除华为的研发投入）3 个行业全部研发投入加总后，才高于华为的研发投入；全国 31 个省（自治区、直辖市）中，26 个省级行政单位同期研发投入不及华为一家企业，仅有广东、北京、上海、江苏、浙江 5 个省份的同期研发投入超过华为。有调查显示，数量占比超过 70% 的小企业在创新动力和创新效果上都不如占比不到 10% 的大企业，工业领域小企业开展技术创新的比重仅 29.6%，而大企业为 75.3%；小企业的新产品销售收入占比仅 4.8%，而大企业高达 22.1%。

第三，我国领军企业创新活动层次有所突破，但整体上企业创新活动层次依然相对较低。以华为等代表的一批领军企业开始注重基础研究，在全球积极布局研发中心，立足全球，连接全球创新资源，在全球创新网络中开展高层次创新活动。但是我国数量众多的中小企业研发活动依然以模仿创新为主，很少开展原始创新。2020 年四川省科技型中小企业年度报告就发现，即使在具备知识产权的科技型中小企业中，大多数只是拥有实用新型专利和外观专利，具备发明专利的企业占比很少；主导制定过国际标准、国家标准或行业标准的，获得过国家级科技奖励的企业占比小于30%。整体上核心竞争力有所欠缺，不利于推动自身持续发展。

## 二、我国企业创新活力有待提升的原因分析

第一，我国部分地区仍处于工业化中前期，工业结构相对传统，这些地区企业生存发展对研发活动的内在需求相对较低，导致企业创新活力不强。部分产业发展水平相对滞后，行业发展成熟程度还不够；同行业企业彼此之间竞争方式依然是以价格竞争为主，企业对产品质量、品牌和用户体验的关注还不高，企业家主观上不重视创新活动。这些因素自然导致我国企业创新缺乏活力。

第二，部分企业存在对过去成功发展路径的依赖，企业家对创新重要性的主观认识存在偏差。过去获得成功的制造业企业大多采取模仿创新的方式来获取技术，关键依靠发挥大规模生产方式下低成本、低价格优势抢占市场份额，进而获取迅速壮大、抢占产业链的话语权。在激烈的市场竞争中，成功企业善于抓住稍纵即逝的市场机遇，善于控制企业内部成本。当我国企业规模迅速做大，占据行业领先位置后，部分企业家难以迅速转变思路，难以从过去的成功经验中走出来。

第三，在创新起步阶段，创新对企业短期利润的贡献有限，开展创新的企业利润率并不明显高于未开展创新的企业。有调查显示，我国工业企业总体平均利润率为6.22%，其中有创新活动的企业平均利润率仅6.28%，没有创新活动的企业平均利润率为6.09%。如果企业仅关注短期利润高低，那自然就创新活力不足。

## 三、营造激发企业创新活力政策环境的建议

第一，重点引导企业形成对未来发展的积极和正面预期。在当前经济增速放缓、经济环境不确定性加大的背景下，企业对未来发展的信心比黄金还要重要。只有企业对未来发展有信心，企业才会有加大创新投入的勇气。所以要通过各种方式加强对企业预期的积极引导，坚定企业家在低谷期积极探索创新道路、穿越宏观经济周期的信念，并为企业渡过当前暂时性的难关提

供充分而必要的各种扶持措施。

第二，加大对创新型企业、企业家和科技人员的正面宣传和奖励。发挥企业家在科技创新中的重要作用，鼓励他们做科技创新的探索者、组织者、引领者，激发企业家从事创新的荣誉感和自豪感。定期评选和奖励科技创新先进企业、企业家、科技人员的典型代表，在国家和地方政府各项科技奖项评选中适当提高企业科技人员和企业家的获奖比例，在评奖规则中加大对企业技术创新产生经济效益的权重设置。

第三，坚持以市场化的方式激发企业创新活力。一方面，尊重企业创新活动的市场导向规律，不要代替企业和市场做判断、定路线、配资源。对于技术范式迭代速度快的战略性新兴行业，要充分认识到这类行业中主导技术范式尚未形成，前期技术标准尚未成熟，用户对新产品的接受度尚不高，企业间不同技术标准和技术路线的竞争极为激烈，各级政府，尤其是基层政府要避免使用收入规模、增速等数量指标来考核企业的短期经营绩效，避免仅根据规模大小来判断企业的贡献大小，避免在战略性新兴产业发展初期鼓励企业过早扩大投资、过早扩大规模。要允许战略性新兴产业的企业在发展初期规模增速不快，对当地税收贡献有限，也不能以硬性考核个别中间指标的方式来评估其短期内的创新成效。另一方面，要重点破除因政府干预不当，或监管缺失造成的体制机制障碍或政策歧视，扭转部分领域创新资源的低效配置，减少非市场行为对企业创新的“挤出效应”。不因为企业规模大小而差别对待其创新行为，要壮大包括科技型中小企业在内的创新群体。

第四，坚持分类施策，根据不同产业和企业特点制定差异化的政策。

针对属于全球前沿新兴产业的本土企业，推行普惠性创新激励政策。全球范围内新兴产业主导技术路线和技术标准尚未明确，企业大多刚成立，规模普遍较小。对于这类科技型中小企业，创新激励政策的设计和实施要以普惠制为原则，避免实施选择性的创新激励政策。通过普惠性创新激励政策，鼓励我国企业积极向不同方向的前沿领域探索，不限定、不引导企业技术创新的路线和方向。

针对头部企业、领军企业和平台企业，着力推动开展基础研究。尽快设计并出台鼓励企业开展基础研究的激励政策，如规定企业开展基础研究活动达到一定条件后，或基础研究活动研发费用占比超过一定比例后，企业可以适用更高的研发费用加计扣除比例，或对基础研究产生研发费用，专门制定更高的专项加计扣除比例。尽管该政策的重点对象是头部企业、领军企业和平台企业，但并不将初创企业排除在该政策的适用对象范围之外。同时建议科技部和教育部联合，由符合条件的领军企业、头部企业和平台企业深度参与高校的基础学科人才培养工作，在若干高校试点由这些企业冠名建设基础学科相关的学院，或定向建设相关研究团队，满足企业基础研究需要。

第五，加强政府多职能部门间的政策协调，强化政策合力，构建激发企业创新活力的综合政策体系。不能仅靠科技部门管企业创新，必须要协调发改、工信、财政、税收、金融、教育、国资、市场监督等多个政府职能部门的力量。在中央政府层面，要进一步升级由科技部牵头，国家发改委、财政部、工信部等15个部委参加的国家技术创新工程部际协调小组，提高其权威性，实现常态化运行，主要围绕企业创新全生命周期中的堵点和难点，在各部委职能范围内充分挖掘并组合激发企业创新活力的政策工具，加强跨部门的沟通协调和政策协同。在省级和地级市政府层面，也要推行实施这种跨部门的企业创新政策协调小组制度，并由地方政府的行政领导担任协调小组负责人。

第六，进一步解决好政策执行的“最后一公里”问题，加快落实科技创新激励政策。为了营造激发企业创新活力的政策环境，各级政府已经纷纷出台制定了包括财税优惠、金融扶持、人才支持等一系列激发企业创新活力的政策措施。2023年政府工作报告专门强调，要加大研发费用加计扣除政策实施力度，将科技型中小企业加计扣除比例从75%提高到100%，对企业投入基础研究实行税收优惠，完善设备器具加速折旧、高新技术企业所得税优惠等政策。要避免在创新扶持政策落实时根据企业规模、所有制性质而对其差别对待。基层政府科技部门要推广采用“政策计算器”做法，通过摸底掌握可能享受优惠政策的企业名单，主动将优惠政策送上门，帮助企业完成政策的申报手续，联合财政和税收部门，克服财政资金的压力，保证上半年尽快兑现政策。

根据企业调研的反馈，建议在向科技型中小企业落实政策时，不能仅限于帮助其获得相应的政策优惠待遇，还要让企业高层管理人员，甚至是企业创始人直接参与到创新支持政策的落实过程中，让企业家了解并熟悉政府鼓励企业创新的各项支持政策，推动企业家和高层管理人员将相应的创新政策要求纳入到战略决策和日常经营管理中。

## 第三节　引导高端人才向企业流动

纵观世界各国发展历史与科技竞争态势，创新驱动实质上是人才驱动——谁拥有一流的创新人才，谁就拥有了创新的优势和主导权。2021 年 9 月，中央人才工作会议指出，要坚持人才引领发展的战略地位，加快建设世界重要人才中心和创新高地。这深刻揭示了人才工作与科技创新之间的紧密关联。面对新发展阶段的高质量发展任务，面对科技创新领域的全球激烈竞争，我国企业技术创新比历史上任何时期都更需要重视人才工作，要广开进贤之路、广纳天下英才，充分用好人才这个第一资源。

企业开展技术创新活动离不开人才的支撑，高端人才是企业提升技术创新能力的核心要素。只有引导高端人才不断集聚到企业，企业的技术创新能力才可能迅速提升。从全社会角度分析，只有当企业拥有的高端人才数量占比最高时，企业的创新主体地位才能真正体现出来，才能真正稳固下来。换言之，高端人才持续流向企业是企业创新主体地位不断增强、企业技术创新能力不断提高的根本保障。

## 一、我国高端人才流向企业所存在的现实问题

第一，与世界主要经济体相比，我国科技创新中的高端人才占比相对较低。这体现在我国 R&D 研究人员在 R&D 人员中的占比明显落后于世界主要经济体。R&D 研究人员指 R&D 人员中具备中级及以上职称或博士学位的人员，主要负责新知识、新工艺等的构想创造或课题项目的主要负责人，以及 R&D 机构的高级管理人员。我国 R&D 研究人员在 R&D 人员中的占比仅为 43.9%，世界主要经济体中，该数据都在 50% 以上，例如，韩国 R&D 研究人员占比则高达 81.5%。科技创新中的高端人才相对稀缺，尤其是战略科学家极为稀缺，这种高端人才供给端的束缚自然导致总体上流向企业的高端人才相对较少。

第二，我国尚未形成高端人才顺利向企业流动的主流趋势。以大学生就业为例，近些年大学生就业去向的调查表明，政府机构、事业单位等体制内的稳定工作岗位最受青睐。据统计，2022 年国家公务员考试报名，有 212.3 万人通过了用人单位的资格审查，最热门职位达到两万人里挑一的程度。相对稳定的国有企业也是大学生愿意就业的去向。而大学生对外资企业、民营企业、互联网大厂的就业意愿在持续下降，尤其是不愿意进入实体经济，不愿意进入制造业企业就业。这与我国改革开放后一度出现的下海热潮形成鲜明的对比。

## 二、高端人才难以流向企业的原因分析

第一，高端人才难以流向企业的直接原因在于，企业尤其是实体经济企业对高端人才的吸引力相对薄弱，换言之，企业在薪酬待遇福利、事业发展空间等方面难以满足高端人才的要求。进而分析，我国部分企业，尤其是实体经济中的传统制造业企业利润率较低，行业普遍薪酬水平不高，难以对高端人才产生强大的吸引力。

第二，企业所在地区的城市化水平较低也会导致企业在聘用高端人才时遇到难题。除了工资薪酬等基础物质条件之外，高端人才，例如从事科技创新的研发人才和高层管理人员对生活环境、居住氛围、子女教育、医疗健康、休闲消费等方面都有较高的期待。这些期待只有在大中型城市才能得到实现，而中小型城市由于共同设施和配套条件方面的不足，难以吸引这些高端人才到当地就业。这就导致在中小型城市经营的企业需要在周边大中型城市设立研发机构或区域总部，才能吸引高端人才到企业就业。而这又进一步抬高了企业在高端人才方面的用人成本，限制其吸引高端人才的意愿和能力。

第三，地方政府引才工作和企业引才工作没能形成有机配合。2023 年我国各城市纷纷开展“人才争夺战”，降低人才落户门槛，发放人才住房补贴或奖金津贴等各种补贴，对人才到当地创业就业给予各类优惠条件。但这种地方政府主导的引才工作在一定程度上弱化了企业作为创新主体的引才积极性。可以将城市发布的引才政策分为两类，一是供给侧政策，针对就业供给方的企业，二是需求侧政策，针对就业需求方的人才。据不完全统计发现，我国37 个大、中城市的人才引进政策中，由政府直接主导并组织招才引才的需求侧政策比例高达 91.89%，是供给侧政策的三倍之多。城市引才政策举措主要集中在对高学历人才和应届毕业生群体的资金资助、创业扶持、住房优惠和生活保障等方面，而鼓励企业发挥选用人才、聚合人才、用好人才等方面作用的供给侧政策被严重忽视。需求侧政策过多强调对人才自身需求的满足，强调对人才到当地就业创业的短期激励，但忽略了企业对人才的实际需求，忽略了人才与当地企业的彼此融合和互动发展，在一定程度上打击了企业引进人才的积极性。

## 三、引导高端人才流向企业的政策建议

第一，准确理解高端人才的内涵，制定政策时要在较广泛的范围内界定

高端人才种类。除了重要的科技创新和研发人员之外，负责企业战略制定和实施的高层管理者、从事创新和技术管理的中层管理者、高级技术工人都是企业开展研发创新的不可或缺主体，都应该被纳入到高端人才的范围内，根据其各自的创新贡献度享受相应的优惠政策待遇。提升企业技术创新能力不仅需要高素质的研发人员，而且需要其他三类人才。高端人才界定要包括上述这四类人才，不能从狭义角度去理解高端人才的内涵，不能简单地根据学历高低来判断是否属于高端人才，这四类高端人才流向企业都应同等享受政策激励。

第二，坚持以企业为主体，积极推进供给侧政策创新。把强化企业对高端人才的吸引力作为政策设计的根本目标，充分调动企业聘用高端人才的积极性，建议将企业引进高端人才并在雇佣期间支付的工资薪酬和奖金福利纳入研发费用范围，享受研发费用加计扣除政策。支持各级政府对在当地企业就业的高端人才返还其缴纳个人所得税的地方留成部分，在创新型城市试点工作中，可探讨突破该返还比例。建立科学的人才能力评价关系体系，按照人才对于企业、社会或城市发展的可估贡献程度给予不同比例的薪资补贴。

第三，发挥市场力量，便利企业对接高端人才。要发挥龙头企业聚合高端人才的虹吸效应，并对其他企业形成显著的示范作用。帮助企业降低引才成本，按照引进高端人才的不同类型分别给予不同额度资金奖励，奖励引进高端人才工作的先进个人和企业，通过大型展览会等交流窗口加强高端人才引进的政策宣传。促进企业转变用人思维，由硬性的人才引进转向柔性的购买人才智力服务的灵活机制。鼓励企业和猎头公司等中介机构就高端人才引进、培训与使用建立广泛合作，各级政府按照相应比例予以成本补贴。

第四，帮助企业用好高端人才，促进高端人才群体快速融入企业并创造价值。在企业成功引进高端人才后，支持企业成立人才命名的工作室或研究团队，为工作室或研究团队在项目申报、贷款申请、业务开展、设备引进和成果审批等方面开通绿色通道。向具有重大贡献的高端人才授予荣誉称号，强化精神激励和社会褒奖。同时，对于高端人才跨地区自主创业或到企业就业，要建设全国范围内的信息共享渠道或平台，防止个别高端人才在多个城市“套利式创业”或“套利式就业”。

第五，提供优质的城市公共设施与服务，创造企业引进高端人才的优越环境。城市人才争夺战的重点应该从为高端人才提供短期奖金或补贴，转向为高端人才就业和生活提供更加优越的环境。仅仅依靠项目扶持和住房补贴，

“住房难、看病难、上学难”等生活问题以及个人发展提升难以得到根本性解决。这就需要各城市政府主动从“管理者”向“服务者”的角色转变，要加强城市基础设施和公共服务设施建设，合理调控城市房价，减轻各类高端人才的住房负担，提供必要的人才公寓配套。要扩大城市高质量医疗服务的覆盖范围，为高端人才群体及其家属提供优诊优疗服务。同时，为高端人才优先安排子女教育入学，打通绿色通道，缓解教育压力。

第六，重点在全国组织开展博士进企业工程，切实推进企业基础研究和应用研究。我国已经是世界培养博士规模最大的国家，2021 年全国博士研究生毕业人数已达到 8 万人，全部在高校或科研院所就业也存在困难。随着我国领军企业、头部企业和平台企业的成长，其研发团队已具备和高校平等对话的水平，高校培养的博士毕业生加入研发团队，承担基础研究和应用研究已经成为可能。建议科技部、教育部与人社部合作，以理科和工科专业为主，每年在全国范围内开展“百校万名博士进企业”活动。部分地区已经开展千名博士进企业活动，要总结这些地区的成功做法和不足之处。可结合上文提出的由符合条件的领军企业、头部企业和平台企业深度参与高校的基础学科人才培养工作建议，让这三类企业参与对口高校、科研院所的部分学科博士生招生、培养、毕业、就业全过程，推动博士在校期间积极对接企业，消除博士毕业生就业时不了解企业信息的顾虑，发挥企业相对于科研院所在机制体制、薪酬福利方面的优势。

## 第四节　加大对企业研发创新的金融支持

创新必然是资金密集型活动，高效的金融体系才能为企业提供持续且充足的资金支持。企业的研发创新活动从投入到产出往往具有长期性，部分研发项目尚属于实验室阶段，风险较高，投资巨大，仅靠内部资金难以支撑。所以世界范围内的创新大国、创新强国的金融体系必然十分强大。

### 一、金融支持企业研发创新存在的问题

第一，企业创新融资方式趋向多元化，但直接融资与间接融资依旧失衡。国家为企业科技创新出台了一系列金融扶持政策，为企业科技创新提供了更多的融资渠道。但整体数据表明，2021 年我国直接融资比重只有 37.68%，

在支持企业研发创新方面也是以间接融资为主。2021年多家上市银行战略性新兴产业贷款规模超过2000亿元，增速达到20%以上，部分大行和股份制银行同比增长超过50%，远高于其总贷款增速，科技型企业贷款和高技术制造业贷款余额同样大幅增长，科技创新型企业的信贷服务可触达性提升，“专精特新”“小巨人”企业整体获贷率超过七成，科技型企业贷款的授信户数大幅增加，实现支持科创市场主体贷款余额、户数双增长。在资本市场支持企业创新方面，目前我国多层次资本市场服务创新型中小企业，尤其是“专精特新”企业的能力也在逐步提升。北京证券交易所出台措施优先支持创新能力强、发展潜力大的“专精特新”企业在主板市场上市，降低融资成本和企业杠杆率，直接融资比重逐步提升。与此同时，2021年创投市场共计融资金额13550亿元，较2020年增加58%。其中，代表科技创新企业的先进制造领域融资事件数量则较2016年增加170.4%，一跃成为创投市场最受关注的领域之一，主要围绕半导体、芯片、传感器等“卡脖子”技术。

第二，由于企业创新活动的特殊性，融资贵且难问题依然存在。首先创新投资由于收益的不确定性而面对高风险，投资者必然要求更高回报率，因此创新投资的融资成本更高。其次，创新投资的双方信息不对称问题更为明显，可能产生逆向选择。同时投资方无法对后续企业创新行为进行全方位的掌握与监督，可能产生道德风险。这两方面问题都导致投资方要求更高的投资回报，这就是企业创新活动融资贵及融资难的困境。

第三，支持企业创新的金融创新不断推出，但总体进展不一。在国家政策引导下，各类金融机构都在开发新产品。针对科技企业的轻资产性质，专利商标质押融资规模进一步扩大。2021年，全国专利商标质押融资金额达到3098亿元，融资项目达1.7万项，惠及企业1.5万家，同比增长均为42%左右。为引导金融机构加大对科技创新的支持力度，2022年人民银行设立科技创新再贷款，再贷款额度为2000亿元，利率1.75%，期限1年，可展期两次，为金融机构发放符合要求的科技企业贷款本金60%提供资金支持。但金融机构的科技企业贷款往往不包括初创期的企业和科技中小企业。同时，保险公司为科技企业推出若干科技保险产品，如中国人民财产保险股份有限公司开展“科技项目研发费用损失保险”业务。2022年4月武汉东湖高新区联合多家保险机构总部，在光谷共同发起成立全国首个知识产权科技保险共保体，通过“保险+服务”的模式强化增值能力，对高风险业务采用一家牵头、多家共保、按需再保的模式，帮助光谷科技企业更好地创新。

## 二、金融支持企业研发创新存在问题的原因分析

第一，企业家的创新融资意愿不高，且存在融资方式的思维定式。国内外经济环境的不确定性和新冠疫情导致产业链供应链存在“掉链”可能，部分企业家仅关注企业生存问题，尽力缩减规模，不敢于在低谷中寻求发展机遇，对研发创新的关注不够，对研发的成功性缺乏积极的正面预期。还有部分企业家不善于学习，不了解支持科技创新企业融资的新政策与新措施，对商业银行、担保机构、私募基金等多种金融机构缺乏紧密联系。

第二，企业创新融资需求差异大，科技金融产品与特殊的创新融资需求难以完全匹配。目前领军企业和龙头企业的创新融资需求基本能得到满足，多种融资来源较为充足。但是专精特新企业和科技型中小企业对创新融资的需求不一定能找到合适的金融产品。专精特新企业有一定的创新基础，可能还在寻求关键技术方面有进一步突破，资金需求相对大且收益不确定。科技型中小企业，特别是初创期企业，投入大但收益少，风险投资和股权投资是其主要融资来源，但不一定能匹配成功。

第三，专业科技金融机构发展刚起步，现有金融机构服务创新的功能还有待提升。政策性银行在支持企业创新中仍存在缺位问题。我国现有的三家政策性银行虽然都提供支持创新的金融服务，但都没有专门服务于企业创新的职能和市场定位。国家开发银行对企业创新的支持力度最大，但 2021 年其发放给企业科技创新和基础研究专项贷款也只占全部贷款的 2.3%。另外，科技银行尚未充分发挥作用。我国科技银行是以科技支行为主，但科技支行没有独立的法人地位，在开展业务时仍受到总行风险偏好程度、风险承受意愿和业绩考核制度等方面的限制，风险控制机制与传统银行的风险控制机制并无太大差异。科技贷款仍是传统经营模式，科技支行无法实现“债权 + 股权”的盈利模式。

第四，金融科技发展有助于支持企业创新，但金融监管力度还需同步加强。随着区块链、大数据、云计算等互联网技术的兴起，科技金融虽然能为支持企业创新提供更多的机会，能通过缓解信息不对称减轻逆向选择和道德风险，但同时金融风险也变得更隐匿、更为突发。金融科技对于金融机构的形态、金融发展的业态都将带来深度影响，其去中心化特质加大了金融风险预测与管控难度，冲击原有的金融监管体制框架。这为未来的金融监管带来挑战，沿用传统的监管方式将很难做到有效的金融监管。

## 三、加强金融支持企业研发创新的政策建议

第一，加快落实《“十四五”时期完善金融支持创新体系工作方案》《关于银行业保险业支持高水平科技自立自强的指导意见》等顶层设计方案。按照整体部署，科技部主动与金融监管机构、各类金融机构合作，协调其他国家部委，围绕加强金融支持企业研发创新的总体目标推出一系列政策工具，提高各项政策之间的匹配程度，尽可能保证符合条件的企业对这些政策能“应享尽享”；打通各项政策之间的申报通道，一次申请就能享受有资格享受的所有政策待遇。

第二，优化间接金融结构，探索商业银行支持企业研发创新的新办法。(1）鼓励商业银行根据科技企业生产经营周期，依法合规延长流动资金贷款期限，采取更加灵活的利率定价和利息还付方式，适当提高科技型企业贷款不良容忍度。(2）开展科技成果转化贷款风险补偿试点并推广，可借鉴安徽省“政银担”合作模式，由市县担保公司、省信用担保公司、银行、政府各承担40%、30%、20%和10%风险，由市场和政府共同承担风险。(3）充分发挥科技银行/科技支行的作用，适当放宽对其监管的要求，允许企业研发创新的贷款时间宽限期适当拉长，风险容忍度适度提高。要围绕前沿创新、自主可控、国产替代、低碳减排等重点领域，打造覆盖创新型企业全生命周期的综合金融服务方案。(4）鼓励城市商业银行等地方性银行发挥熟悉当地中小企业的优势，开发“科技企业创新贷”“人才贷”“知识产权质押融资”等新产品并适当调整对这类产品的监管要求。(5）结合债权融资和股权融资，探索多种投贷联动模式，更好地推动商业银行服务企业创新。(6）鼓励商业银行开展产业链供应链金融创新。按照产业链供应链关系组建企业创新联合体，由龙头企业牵头并提供部分担保，商业银行为产业链上下游的中小科技型企业提供融资服务。(7）各级政府要自上而下，牵头建设统一的企业运营大数据平台，加快打破科技、税收、人社、商务、市场监督、水务电力等各部门之间的数据壁垒，通过数字技术大幅降低金融服务的门槛和运营成本，让商业银行全面掌握企业经营动态。(8）依托不断更新迭代的大数据、云计算、人工智能和区块链技术，不断完善产品形态；推进数字普惠金融快速发展，打通科技金融“最后一公里”。

第三，提高直接融资比重，强化多层次资本市场对企业研发创新的支持。(1）充分发挥风险投资、股权投资和创业投资等各类基金的作用，为科技型

企业的初期发展提供外部资金，协助原创性强、发展前景好的初创科技型企业积极与天使基金等投资机构对接并合作。（2）优先支持创新能力强、发展潜力大的“专精特新”企业在主板市场上市，降低融资成本和企业杠杆率；突出“更早、更小、更新”，推动更多“专精特新”中小企业在北交所、科创板、新三板等上市。（3）加快注册制改革进程，争取尽早实现全面注册制；鼓励科技型企业开展股权激励，形成核心人才与企业长期价值的利益协同机制。（4）鼓励各级政府积极引入外部投资机构，参与发起设立支持科创产业发展的引导基金和天使基金，解决“种子期”和初创期科技型企业的融资难题。（5）推动国家中小企业发展基金建立科技型中小企业投资储备库，为研发周期长、创新投入大、技术竞争力强、项目前景好的中小科技型企业提供中长期资金支持。

第四，鼓励保险机构完善科技保险产品体系，形成覆盖科技企业研发、生产、销售等各环节的保险保障。还要积极推动保险公司为科技企业提供综合性保险解决方案，通过承保大型商业保险和统括保单等方式，更好地满足大型科技型企业保险需求等。

第五，发挥高新区的载体平台作用，为金融支持企业研发创新提供完善的配套条件。高新区要搭建相关的融资平台，成立专门机构负责对接金融机构和企业，定制化解决园区科技企业的创新资金问题，为园区产业链的关键技术环节量身定制科技金融和产业金融。针对知识产权质押评估难、处置难问题，高新区要优化知识产权质押登记、转让办理流程，设立或指定有专业资质的知识产权评估机构，缩短业务办理时间。高新区还要搭建统一信息共享平台，运用大数据、区块链等新一代信息技术优化园区内中小企业信用评价体系。

（本章作者：巫强，南京大学长江产业经济研究院研究员、南京大学商学院教授）

# 第十四章　加快服务中小企业的创新资本形成路径探究

中小企业是构建新发展格局的有力支撑。习近平总书记高度重视中小企业发展，强调“中小企业能办大事”，并对“培育一批‘专精特新’中小企业”“支持中小企业创新发展”等提出明确要求。“十四五”时期，我国面临着复杂严峻的内外部环境，新形势下中小企业机遇与挑战并存，机遇多于挑战，中小企业不仅承担着改善就业、改善民生的作用，还承担着创新驱动发展的使命。因此，如何以金融支持中小企业的创新发展，成为新时代中小企业发展的关键问题。这不仅需要缓解中小企业的“融资难、融资贵”问题，更需要提升中小企业创新能力和专业化水平，走“专精特新”的发展道路。

## 第一节　科技型中小企业各发展阶段的直接融资工具

当前，多数中小微企业由于资产规模小，无法提供抵押物和担保，同时，实施科技成果向产业化转变的过程中投入风险大，因而很难获得银行的贷款，处于融资难的困境。根据经济合作与发展组织《中小企业融资 2020》的调查数据，对主要经济体的中小企业融资情况进行比较分析后发现，我国直接融资增速（10% 左右）不及经济合作与发展组织国家的平均增速（20.86%），故需要大力发展我国的中小企业直接融资市场，尤其是要发展以股权投资为主的创新资本，相比其债务资本，在金融支持创新发展方面，更是起到不可替代的作用。

### 一、创新资本有效促进高科技成果转化为生产力

创新资本是推动高新技术产业化的重要力量，资金的缺乏对高新技术企

业的起步创业和成长发展都构成关键性的制约。据统计，85%以上的创新资本投入到了与高新技术有关的领域。创新资本通过灵活特殊的投资方式，在资本和高新技术之间架起桥梁，为创新型成长性企业的诞生和成长，为高科技成果转化为生产力提供了资金保证。除了资金支持外，创新资本也为被投企业带去了先进的经营理念、商业模式和管理创新，加快了被投企业的发展。

## 二、创新资本引导传统产业的剩余资本投资到新兴产业

近年来，众多的民营企业家与创投企业构建了密切的联系和合作。这些创新资本通过对被投企业的评价、判断和遴选，形成传导机制，引导传统产业的剩余资本投向新兴产业，为新兴产业的发展助力，引领技术与产业变革，促进了产业结构调整。

## 三、创新资本支持新兴细分行业的中小企业发展成为行业龙头，并使这些行业的持续发展得到保障

电子商务、移动支付、即时通信、网络视频等新兴行业在国内均具有良好发展态势，行业内众多企业成为小型“巨人”，这都是在一轮又一轮的创新资本支持下发展起来的。

## 四、创新资本通过并购等方式，支持传统行业优化重组，促进产业链整合

当前，创业投资行业中的并购基金开始涌现，并有快速发展的势头。在创投基金的支持下，通过并购等方式，横向可以实现同行业的资源整合，实现传统行业的优化重组；纵向可以促进产业链整合，做大做强企业。

## 五、创新资本带动了银行向中小企业发放贷款

具有创新资本背景的企业，其内部管理、市场前景、盈利能力及发展趋势都经过创投企业详细的尽职调查，风险相对较小。同时，创投入股使其股权的价值和估值比较明确，银行能够以此为依据进行股权质押贷款。

科技型中小企业是知识密集型企业，企业内部大都是科技人员，主要从

事产品创新和研究，将科技成果转化成可利用的商品，同时还会提供相关的技术咨询和服务。2017 年颁布的《科技型中小企业评价办法》（国科发政〔2017〕115 号）为全国科技型中小企业制订了统一的评定标准，解决了科技型中小企业难以认定的问题，具体评定标准如表 14－1 所示。遵循这个标准，本章的研究对象均为满足这些标准的科技型中小企业（下文简称“中小企业”）。

**表 14－1　　我国科技型中小企业评定标准**

| | |
|---|---|
| 必须同时满足条件 | 1. 在中国境内（不包括港澳台地区）注册的居民企业 |
| | 2. 职工总数不超过 500 人、年销售收入不超过 2 亿元、资产总额不超过 2 亿元 |
| | 3. 企业提供的产品和服务不属于国家规定的禁止、限制和淘汰类 |
| | 4. 企业在填报上一年及当年内未发生重大安全、重大质量事故和严重环境违法、科研严重失信行为，且企业未被列入经营异常名录和严重违法失信企业名单 |
| 任选一个满足条件 | 1. 企业根据科技型中小企业评价指标进行综合评价所得分值不低于 60 分，且科技人员指标得分不能为 0 分 |
| | 2. 认定为高新技术企业的企业（有效期内） |
| | 3. 近 5 年内获得过国家级科技奖励，并在获奖名单中排名前三 |
| | 4. 拥有经认定的省部级以上研发机构 |
| | 5. 近 5 年内牵头制定过国际、国家或者行业标准 |

一般地，科技型中小企业从发展阶段上分为种子期、初创期、成长期和成熟期。由于科技创新是一项高风险的活动，科技成果能否成功地转化为产品存在巨大的不确定性，也无法预期何时能取得成功，故早期科技型企业不适合进行在给定期限内需要偿还本金的债务融资。大量研究表明，债务融资的硬约束难以支持早期的科技型企业。相比之下，股权是一种无期限的融资，它很好地契合了科技型中小企业的高风险特征，尤其是处于种子期和初创期的企业，股权融资几乎是它们唯一的融资途径。

在企业实现 IPO 之前，要经历数个不同的股权融资阶段：天使轮、A 轮、B 轮、C 轮、Pre－IPO 轮等，表 14－2 总结了中小企业融资渠道与创新资本形成的一般路径。

**表 14－2　　中小企业融资渠道与创新资本形成的一般路径**

| 发展阶段 | 轮次 | 股权融资 | 债务融资 |
|---|---|---|---|
| 种子期 | 天使轮 | 个人、企业孵化器 | 无 |
| 初创期 | Pre－A 轮、A 轮 | 风险资本（VC），如科技创新基金等 | 无 |

续表

| 发展阶段 | 轮次 | 股权融资 | 债务融资 |
|---|---|---|---|
| 成长期 | B轮、C轮 | 风险资本（VC）、私募股权基金（PE） | 融资租赁、信托等非银行债务融资 |
| 成熟期 | Pre－IPO轮 | 私募股权基金（PE） | 银行贷款、中小企业私募债 |

### （一）天使轮

作为股权融资的初创阶段，一般来说处在天使轮阶段的项目还仅局限于"蓝图"，需要投入一定的资金才能正式启动项目，将概念中的产品转变为实际产品。天使轮的融资额度一般介于50万到500万人民币之间，而天使轮给出的股权比例范围一般在15%—20%。由于投资金额较小，企业的直接接洽对象便是天使轮投资人。天使轮投资人数量不定。这个阶段的风险点主要在于企业自身能否进一步发展壮大。据调查，天使投资项目仅有0.25%能坚持到C轮，能够走到IPO的企业寥寥无几。

### （二）Pre－A轮

按照正常的融资进程，天使投资的下一轮融资应该是A轮融资。但是，有的公司会增加一轮融资：Pre－A轮。增加这轮融资的原因是多方面的，如初创企业估值不理想、资金困难，或虽然有良好的用户数据及增长趋势，但是尚未达到A轮融资的要求。Pre－A轮作为一个缓冲阶段，可以缓解创业者的资金压力，并结识新的投资人。

### （三）A轮

当中小企业发展到A轮阶段时，已组建起创业核心团队以及完整的商业及盈利模式，商业前景诱人。通常情况下，公司产品或者服务在此阶段已基本成熟，并且在正常运作一段时间、进行了有限和局部的市场检验后，产品价值变得更为清晰，投资损失风险开始减小。但是，尽管在行业内已拥有一定地位和口碑，企业仍然处于亏损的状态。A轮的投资金额一般在1000万元到1亿元范围内。

从天使轮到A轮是很多中小企业难以迈进的一步。在这个时期，投资人需要持续观察创业团队的执行力，对项目所在行业和市场进行调研，以更好地确认项目是否具备足够的商业价值和可信的盈利模式。任何一个环节出现问题都可能导致创业失败。

### （四）B 轮

中小企业的商业模式和盈利模式得到充分检验并完善，制定了长期的战略规划。在扩大了知名度和影响力后，积累了一定体量的用户，盈利模式趋于完善，后续可能需要推出新业务、拓展新领域。B 轮融资的资金来源大多是上一轮的风险投资机构、新的风投机构和私募股权投资机构，投资金额一般在 2 亿元以上。

### （五）C 轮

中小企业已经赢得了一定的市场份额，收入模式基本得到了验证。除了提升管理效率、拓展商业版图、补全商业闭环之外，该轮次的中小企业多有上市意图。C 轮融资的资金来源主要是私募股权投资机构，有些之前的风险投资（VC）机构会继续跟投，投资金额一般在 10 亿元左右。

一般地，公司 C 轮融资后就会上市，但也有公司选择继续 D 轮、E 轮、F 轮等更多轮的融资。这是中小企业不同的经营性质所决定的，因为有的产业需要大量资金铺垫，过早上市不符合这类中小企业的发展战略。

从以上介绍的创新资本形成的一般路径中可以发现，天使投资作为创业投资最早期的一环，起到至关重要的基础性作用，如果缺乏天使投资支持创业创新，众多的中小企业会在萌芽阶段倒闭，也不可能有后面的 A 轮、B 轮和 C 轮融资。由于企业上市的成功率非常低，因此，创新创业基础性的工作要从天使投资入手，采取积极措施鼓励民间资本参与，唯有做大天使投资的“基数”，才能培育更多企业登陆资本市场。

对比美国等发达经济体，可以发现，我国民间资本参与天使投资的规模非常小。新罕布什尔大学风投研究中心发布的《美国天使投资市场研究报告》显示，2017—2021 年美国天使投资资金总量占 GDP 比例超过 1%，相比之下，我国天使投资占 GDP 比例长期低于 0.01%，处于极低水平。美国天使投资主体主要是个人天使投资者、天使投资机构和孵化器（加速器）三种类型。其中，个人天使投资者是最重要的参与者，目前美国天使投资市场有 30 万左右的天使投资人，投资总规模是机构投资者的 3—5 倍，投资项目数量是机构投资的 20—50 倍。借助美国成熟的资本市场，大部分天使投资可以通过后续的并购退出，并获得较好的投资收益。相比之下，我国的天使投资人由于缺乏退出渠道，无论是个人还是机构都不愿意投资初创项目。因此，为大力发展我国的天使投资，需要政府介入，并构建通畅的退出渠道，以从根本上改变我国目前天使投资的困境。

除以上介绍的股权融资之外，还有债务融资方式。然而，从目前的情况来看，只有少量到达成长阶段的中小企业才可以选择债务融资。融资渠道主要是融资租赁和信托等。

1. 融资租赁。融资租赁指租赁公司根据中小企业对租赁物的特定要求和对供货人的选择，出资向供货人购买租赁物，并租给中小企业使用，中小企业分期向租赁公司支付租金，在租赁期内租赁物件的所有权属于出租人所有，承租人拥有租赁物件的使用权，但在中小企业支付完租金后，租赁物归中小企业所有。所以，这里的“租金”并不是一般租赁的租金，而是购买租赁物的本金和利息。融资租赁不需要企业抵押资产，但要求中小企业必须有偿还资金的能力，如果中小企业无法通过产品销售获得现金流，则难以获得租赁公司的融资。由此可见，只有当中小企业需要购买生产设备，且利用该生产设备可以获得现金流，或者中小企业由于获得了产品订单需要添置设备时，才适合采用融资租赁模式。

综上所述，融资租赁比较适合有可预期的现金流的企业，这显然针对的是中小企业处于发展阶段以后。早期的中小企业不适合采用融资租赁模式，因为这个阶段的企业没有现金流。

2. 信托模式：出让股权收益权 + 股权回购。信托公司通过集合信托计划，以募集的资金购买中小企业股东所持有的股权收益权，在信托计划终止时，由中小企业或者公司股东按照事先约定的价格对股权收益权进行溢价回购。由此可见，无论公司经营情况如何，在信托计划到期时，股东都必须兑现承诺——回购公司股权，这对于公司股东而言是一笔债务。所以，股权收益权信托实际上是一种“先股后债”或“名股实债”的融资模式，要求股东具有良好的信用。其次，由于信托的风险较高，信托投资者的目标收益高于银行存款、债券等，故中小企业信托融资成本远高于银行贷款利率。2021 年，股权信托融资的成本一般在 7%—10%，并且期限较短，一般为 1—3 年，所以信托融资模式并不适合中小企业早期的融资。更为关键的是，由于信托公司预期中小企业的股权价值存在巨大的不确定性，且创业者（股东）缺乏资金保障股权如期回购，一般不接受中小企业的信托融资。在实践中，直接由创业企业股东进行回购的情况并不多，需要由信用状况更好的其他股东作出回购承诺。

## 第二节 中小企业的投融资现状分析——基于江苏省创业投资的调查

### 一、江苏省创业投资现状特征

江苏是全国创业投资发展较早的区域之一，通过设立各类创业投资引导基金、省天使投资风险补偿资金等，引导和鼓励创业投资。省内天使投资不断扩大资金规模，支持科技企业创新发展。在政策支持与市场力量的双重推动下，江苏省创业投资行业发展一直保持在国内前列。本次调查以江苏为例展示目前我国发达地区创新创业的基本情况及其存在的问题，数据来源是江苏省创业投资协会，参与调查的创投机构共计 568 家，占全部创投机构的 87%，调查情况具体分析如下。

#### （一）创投机构数量有所增加，但资金规模相对较小

江苏创业投资机构的管理资金规模相对较小，近 90% 的创业投资机构资金规模小于 5 亿元，主要在 0.5 亿元以下以及 1 亿—2 亿元规模；0.5 亿元以下规模的机构数量有所增加，较 2019 年度增长 47.62%；管理资金规模在 0.5 亿—1 亿元、1 亿—2 亿元的机构数量占比变化不大；管理资金规模在 2 亿元以下的机构有 316 家，占比 67.96%，已经连续 4 年占比超过 60 %，如表 14－3 所示。总的来看，资金更多集中在规模 5 亿元及以上的大型创投机构，即较少数量的"头部"机构管理占据市场较大份额的资金，小型机构数量虽然多，但是管理规模较小。

表 14－3　　机构数量及管理资金总体分布

| 年份<br>资金规模 | 2019 年 | | | | 2020 年 | | | |
|---|---|---|---|---|---|---|---|---|
| | 数量（家） | 占比（%） | 总金额（亿元） | 占比（%） | 数量（家） | 占比（%） | 总金额（亿元） | 占比（%） |
| 0.5 亿元以下 | 105 | 26.05 | 18.44 | 0.75 | 155 | 33.33 | 23.57 | 0.91 |
| 0.5 亿—1 亿元 | 51 | 12.66 | 33.6 | 1.36 | 58 | 12.48 | 37.55 | 1.45 |
| 1 亿—2 亿元 | 93 | 23.07 | 115.08 | 4.65 | 103 | 22.15 | 124.45 | 4.80 |

续表

| 资金规模＼年份 | 2019 年 | | | | 2020 年 | | | |
|---|---|---|---|---|---|---|---|---|
| | 数量（家） | 占比（%） | 总金额（亿元） | 占比（%） | 数量（家） | 占比（%） | 总金额（亿元） | 占比（%） |
| 2 亿—5 亿元 | 88 | 21.84 | 232.95 | 9.42 | 87 | 18.71 | 230.35 | 8.89 |
| 5 亿元及以上 | 66 | 16.38 | 2072.79 | 83.82 | 62 | 13.33 | 2175.67 | 83.95 |
| 总计 | 403 | 100 | 2472.86 | 100 | 465 | 100 | 2591.59 | 100 |

注：2020 年在 465 家有效样本的创业投资机构中，为避免数据交叉重复计量，并且与往年分析口径保持一致，对存在委托/受托关系的基金公司、管理公司填报的数据做了去重处理。

### （二）政府和国有资本在创业投资中占据主导地位

从创业投资的资金来源看，来自政府和国有机构的资金超过 56%，来自民营机构的资金只占 41%。由此可见，在国内募资难、监管严的环境下，政府资金持续发挥了重要的引导作用。创投资金来源的所有制属性分类如表 14－4 所示。

表 14－4　　创投资金来源的所有制属性分类

| 资本类别 | 金额（亿元） | 占比（%） |
|---|---|---|
| 政府引导基金 | 107.77 | 5.44 |
| 其他政府财政资金 | 120.32 | 6.07 |
| 国有独资投资机构 | 897.68 | 45.33 |
| 民营机构 | 812.53 | 41.03 |
| 混合所有制机构 | 36.66 | 1.85 |
| 境内外资机构 | 2.6 | 0.13 |
| 境外机构 | 2.62 | 0.13 |

### （三）中小企业融资在地区间的不均衡

从区域分布看，江苏省创投项目数量最多的前三个地区依次是苏州、无锡和南京，分别占 55.46%、14.35% 和 8.78%。与 2019 年相比，苏州依然是江苏省投资最活跃的地区，无锡位居第二，而南京超过南通位列第三。从投资金额来看，前三个地区依次是苏州、无锡和南京，分别占 53.55%、12.44% 和 10.9%。较上年而言，苏州依然位居第一，无锡、南京超过常州和南通位居二三位。数据显示，2020 年总体投资项目的增加仍然主要集中在苏南地区，苏北、苏中投资项目相比去年有所增长。江苏各地区投资项目数量及金额分布参见表 14－5。

**表 14－5　　江苏各地区投资项目数量及金额分布**

| 地区 | 数量（项） | | 2020 年度投资项目数量占比（%） | 金额（亿元） | | 2020 年度投资金额占比（%） | 投资强度（亿元/项） | |
|---|---|---|---|---|---|---|---|---|
| | 2019 年 | 2020 年 | | 2019 年 | 2020 年 | | 2019 年 | 2020 年 |
| 南　京 | 31 | 41 | 8.78 | 7.04 | 7.76 | 10.90 | 0.23 | 0.19 |
| 无　锡 | 41 | 67 | 14.35 | 6.62 | 8.86 | 12.44 | 0.16 | 0.13 |
| 徐　州 | 4 | 8 | 1.71 | 0.33 | 2.30 | 3.23 | 0.08 | 0.29 |
| 苏　州 | 204 | 259 | 55.46 | 30.86 | 38.14 | 53.55 | 0.15 | 0.15 |
| 常　州 | 33 | 24 | 5.14 | 12.08 | 4.09 | 5.74 | 0.37 | 0.17 |
| 南　通 | 40 | 37 | 7.92 | 7.73 | 4.95 | 6.95 | 0.19 | 0.13 |
| 连云港 | 4 | 2 | 0.43 | 0.86 | 0.03 | 0.04 | 0.22 | 0.02 |
| 淮　安 | 4 | 7 | 1.50 | 0.41 | 0.36 | 0.51 | 0.10 | 0.05 |
| 扬　州 | 2 | 9 | 1.93 | 0.15 | 1.14 | 1.60 | 0.08 | 0.13 |
| 镇　江 | 3 | 7 | 1.50 | 0.25 | 1.30 | 1.83 | 0.08 | 0.19 |
| 泰　州 | 4 | 6 | 1.28 | 0.10 | 2.29 | 3.22 | 0.03 | 0.38 |
| 合　计 | 370 | 467 | 100.00 | 66.43 | 71.22 | 100.00 | — | — |

### （四）越早期的项目其融资难度越大

从投资阶段看（见表 14－6），出于规避风险的考虑以及对资本回报率的要求，在成长（扩张）期项目、后续投资上的投资力度明显增大，单个项目投资强度由原来的 500 万元以下更多集中到 1000 万—3000 万元，投资成长（扩张）期项目较 2019 年增长 10.44 个百分点。然而，与此同时，投资种子期、起步期的项目数较 2019 年下降了 4.78 个百分点。

**表 14－6　　投资项目阶段分布**

| 年份 / 投资阶段 | 投资项目数占比（%） | | 投资额（亿元） | | 投资额占比（%） | |
|---|---|---|---|---|---|---|
| | 2019 | 2020 | 2019 | 2020 | 2019 | 2020 |
| 种子期 | 62.22 | 57.44 | 26.26 | 30.07 | 42.81 | 44.61 |
| 成长（扩张）期 | 28.69 | 39.13 | 20.59 | 32.45 | 33.57 | 48.15 |
| 成熟（过渡）期 | 9.09 | 3.20 | 14.49 | 4.68 | 23.62 | 6.94 |
| 重建期 | 0 | 0.23 | 0 | 0.2 | 0 | 0.30 |
| 合　计 | 100.00 | 100.00 | 61.34 | 67.4 | 100.00 | 100.00 |

此外，从投资企业类型看，由表 14－7 可知，投资高新技术企业项目 187 项，投资项目强度约 1573.3 万元/项；投资科技型中小企业项目 200 项，投资项目强度约 1095.5 万元/项，科技型中小企业项目投资强度低于高新技术企业项目 30.37%，这也从一个侧面反映了科技型中小企业融资要比高新技术企业难。

表 14－7　　2020 年江苏区域投资项目类型

| 投资项目总数（个） | 投资高新技术企业项目数（个） | 投资金额（亿元） | 投资科技型中小企业项目数（个） | 投资金额（亿元） |
|---|---|---|---|---|
| 467 | 187 | 29.42 | 200 | 21.91 |

从投资项目的轮次分布来看，由表 14－8 可知，2020 年首轮投资的项目有 175 个，占比 63.87%，较 2019 年度下降 3.61 个百分点，投资项目数量整体上涨 11.38%。

表 14－8　　投资项目轮次分布

| 年份 / 投资轮次 | 项目数（个） | | 项目数占比（%） | |
|---|---|---|---|---|
| | 2019 | 2020 | 2019 | 2020 |
| 首轮投资 | 166 | 175 | 67.48 | 63.87 |
| 后续投资 | 80 | 99 | 32.52 | 36.13 |
| 合　计 | 246 | 274 | 100.00 | 100.00 |

由表 14－9 可知，经营时间 5 年以上的项目最受创投青睐，共计 189 家，占比达到 42.86 %，较 2019 年增长 2.86 个百分点。在被投资的企业中，成立时间在 1 年以下的初创企业共有 65 家，占比 14.74 %；成立时间在 1—3 年的成长期企业共有 109 家，占比为 24.72 %，较 2019 年度下降 2.25 个百分点。

表 14－9　　投资项目经营时间分布

| 经营时间（年） | 投资项目数（个） | 投资项目数占比（%） |
|---|---|---|
| >1 | 65 | 14.74 |
| 1—3 | 109 | 24.72 |
| 3—5 | 78 | 17.69 |
| ≥5 | 189 | 42.86 |
| 合计 | 441 | 100.00 |

以上数据表明，从江苏省的调查情况来看，早期项目融资难度增大，成

熟项目融资难度相对较小。股权融资对早期项目的支持力度尚未改善。

### （五）投资项目的主要行业分布情况

投资项目主要集中在生物科技、半导体等11个行业，占总投资项目数的68.96%，排名依次为：生物科技、半导体、新材料工业、医药保健、金融保险业、新能源/高效节能技术、IT服务业、传统制造业、软件产业、光电子与光机电一体化和科技服务。

从投资额来看，排名前5的行业依次是半导体、生物科技、新材料工业、科技服务、医药保健，占投资总额的50.85%。其可能的原因是新冠疫情的持续影响，加速了大健康行业的发展，激发了投资需求；同时，在国家对科技创新的大力支持等多重因素推动下，科技行业的投资金额和数量也在持续增加（见表14－10）。

表14－10　　2020年江苏省创业投资项目的行业分布

| | 数量（个） | 投资数量占比（%） | 投资额（亿元） | 投资额占比（%） |
|---|---|---|---|---|
| 软件产业 | 18 | 3.90 | 0.94 | 1.35 |
| 计算机硬件产业 | 10 | 2.17 | 0.75 | 1.07 |
| 网络产业 | 12 | 2.60 | 1.80 | 2.58 |
| 通信设备 | 13 | 2.82 | 1.92 | 2.75 |
| 半导体 | 51 | 11.06 | 10.45 | 14.97 |
| IT服务业 | 22 | 4.77 | 2.00 | 2.86 |
| 其他IT产业 | 4 | 0.87 | 0.19 | 0.27 |
| 生物科技 | 57 | 12.36 | 9.02 | 12.92 |
| 医药保健 | 28 | 6.07 | 5.11 | 7.32 |
| 新材料工业 | 41 | 8.89 | 5.64 | 8.08 |
| 光电子与光机电一体化 | 17 | 3.69 | 2.09 | 2.99 |
| 传统制造业 | 20 | 4.34 | 2.46 | 3.52 |
| 其他制造业 | 45 | 9.76 | 5.37 | 7.69 |
| 新能源/高效节能技术 | 22 | 4.77 | 2.77 | 3.97 |
| 环保工程 | 6 | 1.30 | 2.14 | 3.07 |
| 科技服务 | 17 | 3.69 | 5.28 | 7.56 |
| 农林牧副渔业 | 1 | 0.22 | 0.03 | 0.04 |
| 金融保险业 | 25 | 5.42 | 3.85 | 5.51 |

续表

| | 数量（个） | 投资数量占比（%） | 投资额（亿元） | 投资额占比（%） |
|---|---|---|---|---|
| 交通运输仓储和邮政业 | 2 | 0.43 | 0.03 | 0.04 |
| 传播与文化娱乐业 | 4 | 0.87 | 0.11 | 0.16 |
| 批发和零售业 | 12 | 2.60 | 3.68 | 5.27 |
| 建筑业 | 3 | 0.65 | 0.65 | 0.93 |
| 消费产品和服务 | 5 | 1.08 | 0.13 | 0.19 |
| 其他行业 | 24 | 5.21 | 2.92 | 4.18 |
| 社会服务 | 2 | 0.43 | 0.49 | 0.70 |
| 合计 | 461 | 100.00 | 69.82 | 100.00 |

## 二、创新资本的退出方式与盈亏状况分析

本报告共调查了2020年江苏省创新资本退出的269个项目，退出项目数量和投资回报金额呈现“双增”态势，分别较2019年增长5.91%和11.43%。

### （一）企业回购是创新资本退出的主渠道

2019—2020年，通过回购退出项目的创新资本达到42.13%和44.6%。在IPO阶段退出项目的创新资本分别为22.58%和30.65%。这说明，创新资本从资本市场退出的途径依然艰难。此外，由表14－11可以发现，从“新三板”和股权转让代办系统退出项目的创新资本几乎可以忽略不计，这说明，我国急需提高私募股权转让二级市场的流动性，故需要大力发展私募股权基金二级市场（S基金市场），否则，中小企业依然需要靠企业自身资金“偿还”股权融资，这实际上构成了中小企业的债务。与此同时，这也从一个侧面说明我国中小科技企业对股权资金的极度渴望，因为在面对创投机构的时候，即便需要增加回购等不利条款，中小企业依然愿意接受这样的投资。

**表14－11　　退出方式分布**

| 年份 / 退出方式 | 退出项目数（个） | | 退出项目数占比（%） | |
|---|---|---|---|---|
| | 2019 | 2020 | 2019 | 2020 |
| 上市 | 64 | 62 | 25.20 | 23.05 |
| 并购 | 43 | 40 | 16.93 | 14.87 |

续表

| 退出方式＼年份 | 退出项目数（个） | | 退出项目数占比（%） | |
|---|---|---|---|---|
| | 2019 | 2020 | 2019 | 2020 |
| 回　购 | 107 | 120 | 42.13 | 44.61 |
| 清　算 | 24 | 37 | 9.45 | 13.75 |
| 新三板 | 3 | 0 | 1.18 | 0 |
| 股份转让代办系统 | 0 | 8 | 0 | 2.97 |
| 其　他 | 13 | 2 | 5.12 | 0.74 |
| 合　计 | 254 | 269 | 100.00 | 100.00 |

### （二）境内主板和创业板上市是 IPO 的主渠道

由表 14-12 可知，2019—2020 年，IPO 阶段退出的项目分别为 64 个和 62 个，在这些上市项目中，2020 年境内主板上市占比为41.94%，较2019 年度下降 19%。虽然降幅明显，但境内主板退出仍是创新资本在 IPO 阶段退出的第一渠道。其次，30.65%的创新资本通过境内创业板市场退出，较 2019 年度增长 8.77 个百分点；4.84%的企业通过境内中小板市场退出，较 2019 年度下降 7.66 个百分点，其他情况如表 14-12 所示。

**表 14-12　　IPO 项目的资本退出情况**

| 退出方式＼年份 | 退出项目数（个） | | 退出项目数占比（%） | |
|---|---|---|---|---|
| | 2019 | 2020 | 2019 | 2020 |
| 境内主板上市 | 39 | 26 | 60.94 | 41.94 |
| 境内创业板上市 | 14 | 19 | 21.88 | 30.65 |
| 境内中小板上市 | 8 | 3 | 12.50 | 4.84 |
| 境内科创板上市 | 0 | 14 | 0 | 22.58 |
| 境外上市 | 3 | 0 | 4.69 | 0 |
| 合计 | 64 | 62 | 100.00 | 100.00 |

### （三）退出项目的盈亏状况分析

2020 年调查的 269 个退出项目中，完全退出项目有 208 个，投资总额 24.44 亿元，实现投资回报 57.14 亿元，投资增值约 2.34 倍。在完全退出的 208 个项目中，有 128 个项目实现投资增值（最大增值约 40.74 倍）、36 个项目本金退出、44 个项目亏损，保本增值率达 78.85%，较 2019 年提高 3.35 个百分点，但收益率较 2019 年下降 38.4 个百分点（见表 14－13）。

**表 14－13　完全退出项目的盈亏情况**

| 项目盈亏＼年份 | 项目数（个） | |
|---|---|---|
| | 2019 | 2020 |
| 保本 | 34 | 36 |
| 1—2 倍增值 | 70 | 90 |
| 2—5 倍增值 | 25 | 23 |
| 5—10 倍增值 | 16 | 6 |
| 10 倍以上增值 | 6 | 9 |
| 亏损 | 49 | 44 |
| 合计 | 200 | 208 |

此外，从退出项目区域分布看，苏州、无锡、常州作为股权投资体量和投资活跃度较高的地区，在退出项目上仍居于领先地位。从退出项目行业分布来看，退出项目中制造业仍排前列，占退出项目总数的 20.23%，其次是软件产业、新能源与高效节能技术、医药保健以及半导体。

### （四）投资效果不理想的原因

调查显示，2020 年导致投资效果不理想的 4 个主要原因分别是：市场竞争、内部管理水平有限、技术不成熟与退出渠道不畅，如图 14－1 所示。

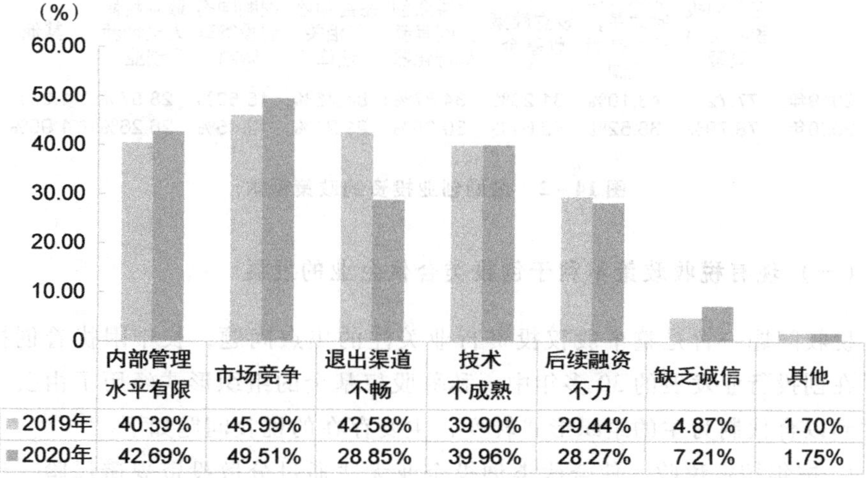


| | 内部管理水平有限 | 市场竞争 | 退出渠道不畅 | 技术不成熟 | 后续融资不力 | 缺乏诚信 | 其他 |
|---|---|---|---|---|---|---|---|
| 2019年 | 40.39% | 45.99% | 42.58% | 39.90% | 29.44% | 4.87% | 1.70% |
| 2020年 | 42.69% | 49.51% | 28.85% | 39.96% | 28.27% | 7.21% | 1.75% |

**图 14－1　投资效果不理想原因**

由图 14 - 1 可见，中小企业除了技术不成熟和市场竞争原因外，其内部管理和治理结构的不完善也是导致经营失败的关键因素。这说明，提升中小企业的内部管理水平，帮助中小企业打造一个合格的管理团队，是改善中小企业融资难的一个关键措施。其次，从调查结果来看，退出渠道不畅的问题依然比较严重，这说明，我国仍需要进一步完善多层次、多渠道的创新资本市场。

## 三、当前创新资本存在的问题与政策需求

本次参与调查的 568 家创业投资机构中，514 家机构提交了关于激励创业投资的政策措施的调查，调查结果如图 14 - 2 所示。其中，最突出的问题是税收优惠政策问题，78.79 % 的机构希望完善创投税收优惠政策。

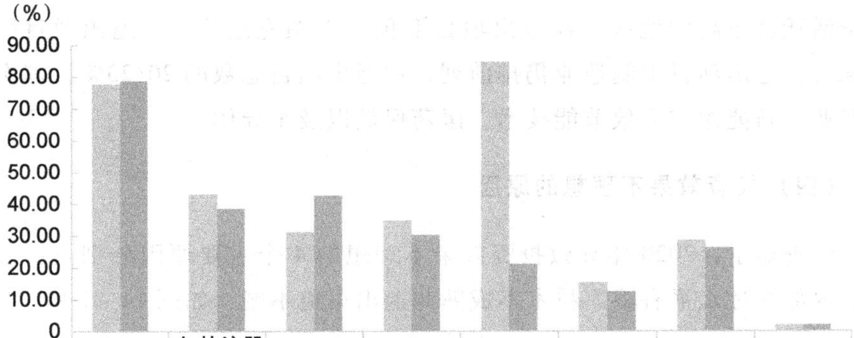


| | 完善创投税收优惠政策 | 加快注册制改革，建立转板机制 | 设立政策性基金 | 发展众创空间等新型孵化器 | 完善和落实相关法律 | 理顺国有创投管理体制 | 鼓励科研人员创新创业 | 其他 |
|---|---|---|---|---|---|---|---|---|
| 2019年 | 77.72% | 43.10% | 31.23% | 34.87% | 84.75% | 15.50% | 28.57% | 1.94% |
| 2020年 | 78.79% | 38.52% | 42.61% | 30.35% | 21.21% | 12.45% | 26.26% | 1.95% |

**图 14 - 2　激励创业投资的政策需求**

### （一）现有税收政策不利于创投类合伙企业的发展

税收问题一直是整个股权投资行业关注的焦点问题，长年困扰着创投行业。在创投行业发展的 30 多年中，私募股权基金的组织形式经历了由公司制为主到以合伙制为主的组织形式转变，主要存在的税收问题如下。

1. 按年核定税收，使合伙类创投企业无法通过分散投资规避风险。创投行业的特点是高风险、高收益，也意味着有些项目可能取得高收益，而有些项目可能亏本，甚至“血本无归”。现行纳税要求合伙企业按年度来核定税

收，由于项目退出时间不一致，造成赚的项目全额纳税，而亏损的项目无法在税前弥补，不利于创投企业通过分散投资、总体核算达到以收益抵亏损的目标。合理的方式应该将企业全部出资作为整体成本核算，投资者回收成本后再计算盈利的税收，也可通过递延税或允许企业税前提取一定比例风险准备金的方式来实现盈亏平衡。

2. 创投企业的投资在上市退出时要缴纳6%的增值税不合理。合伙制创投与有限公司制创投在投资企业上市退出时，均被要求缴纳6%增值税（价内税考虑为5.6%）再加附加0.7%。个人直接投资是没有这项税收的，对证券投资基金也是免征的。

3. 按照现有税制安排，创投类合伙制企业合伙人所得税负担明显偏重。创投类合伙制企业是2010年才开始出现的新生事物，却沿用旧有的小型个体工商户税制。按照当前合伙企业的税制，合伙人要缴纳5%—35%的所得税，这一规则是在创投合伙企业未出现的情况下制定的——早期针对个体工商户等小型一般合伙企业的纳税标准被简单地照搬为创投型合伙企业的纳税依据。由于创投类合伙企业资金量较大，按这一纳税依据，实际纳税水平即为35%；而公司制创投个人投资者的所得税达到了40%，远远高出了个人投资者20%的纳税标准。

2019年1月，财政部、税务总局等部门发布了《关于创业投资企业个人合伙人所得税政策问题的通知》（财税〔2019〕8号），允许创投企业如果选择单一基金可享受20%的税收优惠。但这政策明确不能列支费用，创投合伙企业的管理费和给管理人的收益提成无法列支，无形中提高了税率，当合伙企业收入较低时，甚至会出现投资人在未有收益时要缴税的情况。而且管理人在收到合伙人已完税后的管理费后还要缴纳增值税、企业所得税和个税，重复纳税明显。

4. 合伙制与公司制创投企业在税收方面的差异。合伙制创投机构投资企业享受70%税收抵扣，但只是针对具体的投资项目，而公司制创投企业却能享受整个企业（所有项目总和）投资额70%的税收抵扣。因此，应该将合伙制与公司制的税收政策进一步统一。

### （二）出台政策性基金的支持措施

调查显示，42.61%的中小企业希望设立政策性基金，并通过市场化的运作方式支持中小企业发展。政策性基金是由政府、企业或其他投资者出资设立，主要投向科技创新的各类基金。主要包括：（1）政府科技创新基金，主要是引导各类科技创新基金发展的政策性基金。（2）科技公益基金，主要是由社会力量通过科技慈善机构设立的公益基金。（3）科技私募基金，主要是采用市场化运作方式，聚焦投早投小的科技类私募基金。（4）重大创新平台科技创新基金，主要是推动创新平台成果转化产业化、实现可持续发展的成果转化引导基金。

### （三）加快注册制改革，建立转板机制

调查显示，38.52%的中小企业希望政府继续推动资本市场注册制改革，并且加快建立场内外市场之间的转板机制。当前，我国的资本市场已经形成了从新三板精选层到科创板和创业板的转板机制，但尚缺乏地方性场外市场（股权交易中心）到全国性场外交易所（新三板）的转板机制。

### （四）发挥众创空间等新型孵化器作用

调查显示，30.35%的中小企业希望政府加大对众创空间等新型孵化器的扶持力度，因为当前财税方面的优惠措施主要给予被孵化的企业，而非企业的孵化器。

### （五）鼓励科研人员创新创业

调查显示，26.26%的中小企业认为政府应当出台鼓励科研人员创新创业的相关政策，进一步激发其创新创业热情，促进科技成果转化。

### （六）完善和落实相关法律

调查显示，21.21%的中小企业希望政府出台相关激励政策、完善和落实相关法律，营造规范的制度环境。当前，尤其需要解决创投企业注册难以及合伙企业份额转让难的问题。

1. 创投企业注册难。受违规互联网金融的影响，2016年后创业投资企业的注册设立在各地时停时放。目前，注册创投企业前需要地方政府相关部门的审批已成为常态。

2. 合伙企业的份额转让问题。省内合伙企业的出资份额转让，只能按入伙、退伙形式，不能转让其出资份额，大大降低了合伙制创投出资份额的流动性，不利于合伙企业的再融资，进而影响创新资本的供给。

### （七）理顺投资机构的管理体制

调查显示，12.45%的中小企业认为有必要进一步理顺创投管理体制，激

发投资机构的活力，提高融资效率。调查显示，在这方面最突出的问题是股权变更中的前置审批和强制评估。由于创投资金投资回收周期长，其间一般会发生创投企业内部股权变更和转让，目前转让的变更也需要相关部门等前置审批，手续繁杂。涉及个人股权变动还要进行评估，导致募资成本增加，退出难度加大，而且创投企业股权的价值也较难准确评估。同样地，对所投企业的股权变更也存在这个问题。基于创新资本的运作规律，一般情况下其内部股权转让并没有使总税源流失，所以，应允许股权买卖双方商定买卖价格，减少评估等不必要环节，让市场成为交易价格的决定因素。

# 第三节 发达经济体创新资本形成路径的经验借鉴

美国、英国和日本等发达经济体的资本市场体系已经构建了集中与分散、条条与块块结合的创新资本融资体系，较好地满足了中小企业的融资需求，有力地推动了科技创新。发达经济体都建构了不同层次的股权融资方式，定位清晰、错位发展、竞争互补，基本上能够满足中小企业发展各个阶段的融资需求，且有利于提升整个资本市场的资源配置效率。我国在拓宽中小企业直接融资渠道、加快创新资本形成之路上可以从这些国家借鉴许多经验。

## 一、美国科技企业上市与创新资本的形成路径

### （一）美国的注册制与中小企业直接上市

首先，美国证券交易所更多地关注科技企业的成长性，设立了相对较低的上市标准，允许新创立甚至亏损的企业上市。2012 年通过的《JOBS 法案》定义了“发展阶段的成长型公司”（简称 EGC），简化和降低了 EGC 上市和公开披露的相关要求和标准，促进了小型公司通过证券市场融资。其次，考虑到近年来新兴科技企业成长期加速缩短，美国证券交易所还推出了直接上市制度（Direct Listing），相较于传统 IPO 设计了“没有承销商”“没有股票禁售期”等制度便利，进一步降低了科技企业上市成本。最后，科技企业上市程序较为便捷，满足了美国证券交易所上市标准和美国证券交易委员会披露要求并注册后即可上市，如在纳斯达克上市平均只需 6 周时间。

### （二）美国资本市场"可上可下"的转板制度

美国转板制度非常灵活，不仅交易所内部不同板块之间，而且不同交易所之间都可以转板。中小企业发展壮大后，可以从纳斯达克"上"纽约交易所（以下简称"纽交所"）主板，也可以主动地从纽交所主板"下"到纳斯达克，据统计，2000—2020 年共有 265 家企业从纳斯达克转到纽交所，总市值约为 1.3 万亿美元；与此同时，2000—2020 年，从纽交所转到纳斯达克的企业总市值也超过 1.88 万亿美元。既实现了科技企业的"可上可下"，也促进了交易所之间的良性竞争，有利于提升中小企业的融资服务质量。

### （三）有利于科技企业优胜劣汰的退市制度

美国资本市场的退市规模位居世界前列，截至 2020 年底，在美股上市的 26505 家公司中，退市公司数量高达 14183 家，占上市公司总数的 54%。2001—2018 年，纳斯达克市场年均退市公司达 274 家，年均退市率达到 9%。纳斯达克市场公司数量自 2006 年以来一直保持在 3000 家左右。由此可见，美国资本市场既让中小科技企业享受上市融资简便快捷的好处，也同时有效抑制了企业经营者提高股价、抛售股票谋利等短视行为。为防止公司利用资本市场欺诈投资者，他们还制定了严格的退市标准和退市程序，促进了上市公司优胜劣汰，大大提升了上市公司质量。

### （四）从"场内到场外，区域到全国"相联通的创新资本路径

作为资本市场最为发达的美国，为了进一步满足中小企业尤其是中小科技企业的融资需求，除了发挥传统的交易所市场作用之外，纳斯达克证券交易所采取了不同上市标准来吸引中型企业和小微创业企业，从而形成了纳斯达克全球精选（NASDAQGSM）、纳斯达克全球市场（NASDAQGM）和纳斯达克资本市场（NASDAQCM）三个具有不同风险特征的市场板块。正是由于纳斯达克市场的存在，许多规模较小、盈利偏低甚至没有盈利的创新中小科创企业得以从资本市场实现直接融资，解决了发展初期面临的资金困境。

受到纳斯达克在吸引中小微企业方面的压力，为了提高市场份额，纽交所（NYSE）增设了服务高增长板块（NYSE Arca）和初创期企业的板块（NYSE MKT），以加强对高科技中小企业的融资支持。到 2020 年，纽约证券交易所形成了包含主板（NYSE）、高增长（NYSE Arca）和中小板（NYSE MKT）板块的多层市场结构。分层后许多不符合纽交所上市标准的企业可先

在中小板块上市，一旦满足条件可直接转板主板市场，从而吸引暂时不符合主板要求的上市公司资源。美国多层次的资本市场所形成的创新资本体系如图 14－3 所示。

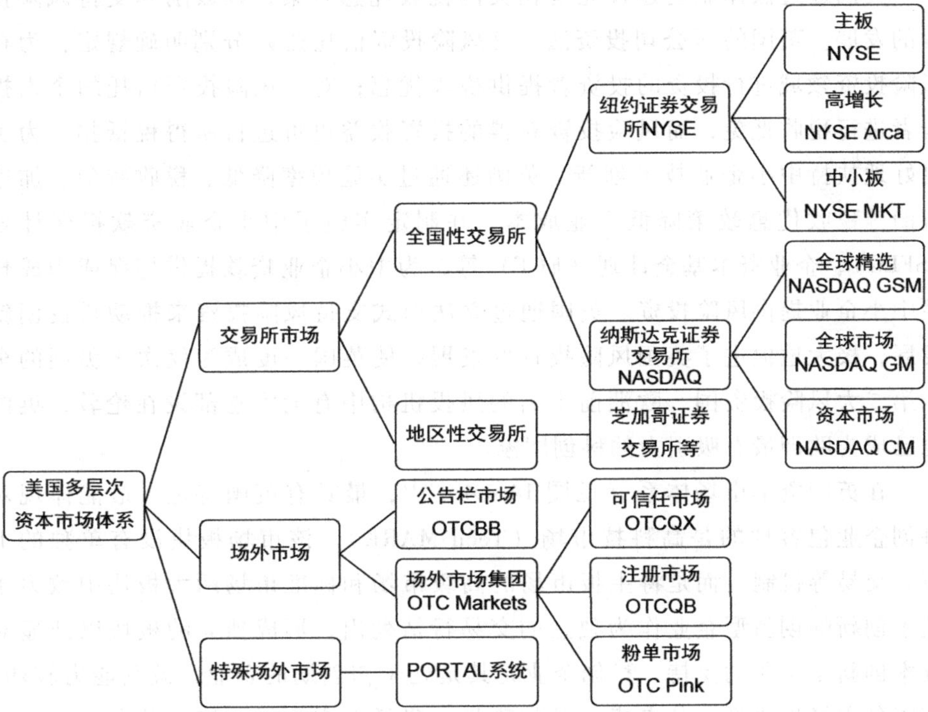


**图 14－3　美国多层次的资本市场体系**

### （五）引入战略投资者的非上市股权交易平台

美国还活跃着 Shares Post、Angel List、Equidate 等为非上市公司提供股权交易服务的平台。这些平台活跃于供给和需求方之间，增加了股权估值、转让、交易渠道，推动了科技成果转化，缩短了风险资本（VC）和私募股权（PE）退出周期，提高了资本使用效率。近年来，很多独角兽企业选择在私营公司股票交易平台进行交易，市场规模不断扩大。其中，纳斯达克与 Shares Post 合作建立的私营股票交易市场 Nasdaq Private Market（简称 NPM），截至 2020 年底已累计服务 450 次、310 亿美元的股票发售、回购等交易，2020 年大宗交易增加了 125%。2021 年 7 月，该平台进一步引入花旗集团、高盛集团、摩根士丹利、硅谷银行金融集团的战略投资，旨在继续扩大对非上市公司的服务范围与规模。

## 二、英国在风险投资方面的制度创新

英国通过法律制度建设完善相关的税收优惠政策，以鼓励和支持风险投资的发展。英国的《公司投资法》《风险投资信托法》分别明确规定：为在风险投资领域进行投资的投资者提供税收优惠；对于风险投资信托的个人投资者进行税收抵免，而风险投资获得的投资收益也可进行所得税抵扣。为了更好地扶持中小企业技术创新，英国还通过实施税率降低、税收减免、加速折旧等税收优惠政策降低企业成本，并制定实施了中小企业贷款担保计划（SFLG）、企业资本基金计划（ECF）等，为中小企业贷款提供担保或为成长性中小企业提供风险投资。英国通过立法形式支持风险投资来推动科技创新发展，极大地促进了英国风险投资的发展，使英国一度成为仅次于美国的全球第二大风险投资国，欧洲前十名的风投机构中有七家总部设在伦敦，英国也已成为欧洲最有吸引力的科创国家。

在英国资本市场体系（见图 14－4）中，最具有英国特色、最能体现对科创企业包容性的是高科技市场（Tech MARK），该市场板块没有单独的上市、交易等机制，而是将主板市场的高级市场和标准市场两大板块中致力于技术创新的创新型企业作为独立的交易行情列出，形成独立的板块以凸显对技术创新型企业的支持。科创企业尤其是处于初创期的企业，盈利能力较弱，英国各市场板块都充分考虑了其特殊性，降低上市门槛、淡化盈利能力指标要求，以支持其融资。

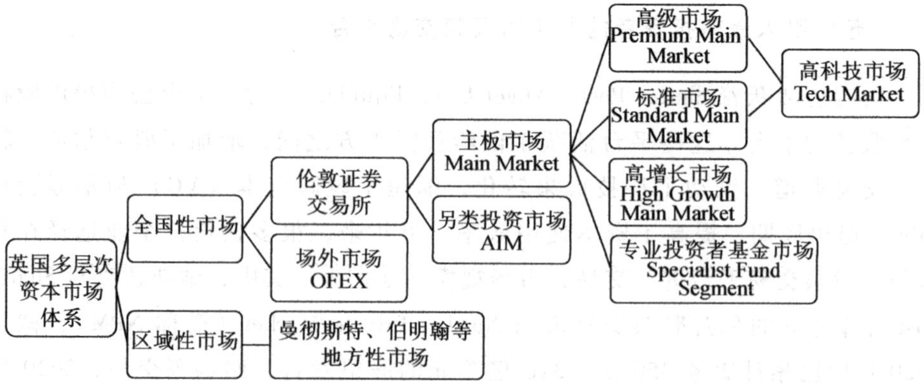


图 14－4　英国多层次资本市场体系

## 三、日本中小企业的直接融资及其税收等优惠政策

日本是以银行间接融资为主，这有别于以资本市场直接融资为主的美英两国金融体系，与我国的金融体系相类似。与此同时，日本的法律体系是制定法，而非英美的判例法，所以，日本从以间接融资为主发展资本市场的经验值得我们借鉴。

### （一）立法支持创新资本

日本以立法形式明确支持科技创新的相关财税和金融等政策，为创新型中小企业的迅速发展提供了稳定的法治环境和制度保障。比如，通过制定实施纲领性法律《科学技术基本法》，并据此制定《科学技术基本计划》，有力地推动了日本自主创新能力的提升；制定《基础技术研究顺利进行法》，以重点支持企业等研发主体从事基础性研发工作；实施《产业竞争力强化法》，通过给予优惠税制鼓励企业开展新兴技术创新和研究开发。

由于中小企业在高新技术产业中占有较大份额，日本还专门制定了一系列支持中小企业发展的法律制度体系，并通过专门法律给予中小科创企业特定的税收优惠政策。《中小企业投资法》鼓励日本风险投资发展以支持高科技产业发展；《中小企业创造活动促进法》加强对创新型中小企业技术开发费用的补助，并在资金方面支持中小企业基础阶段和应用阶段的技术开发；《中小企业创造活动促进法》规定研究开发费用超过营业额3%的中小企业，其购置的设备可享受7%的税额扣除；《中小企业技术开发促进临时措施法》规定政府可以从融资、减免税收等方面支持其技术开发得到了政府确认的中小企业。在日本完备的法律体系支持和保障下，科技型中小企业发展迅速，有力地促进了日本的科技发展。

### （二）日本多层次资本市场体系

为了更好地满足中小科技企业融资需求，增强资本市场对科创企业的包容性，日本不仅在主板市场内分层增设标准较低的市场板块，同时借鉴纳斯达克市场的经验，增设了支持新兴企业的市场板块，以契合科创企业的融资需求。日本既有全国性交易所市场即日本交易所集团，也有名古屋、福冈等地方性交易所市场，同时还发展了绿单市场（场外市场），形成了多层次的资本市场体系，如图14－5所示。

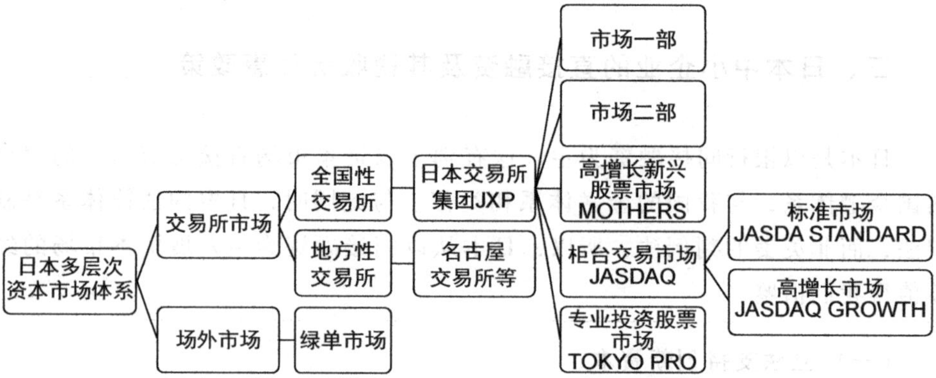


图 14－5　日本多层次资本市场体系

为了支持不同规模的企业融资，从 20 世纪 60 年代开始，日本在交易所市场内分层并形成了市场一部（主板）和市场二部（中小板）两个层次，其中：市场一部主要定位于全球范围内的大型企业；市场二部作为主板市场的中小板，则相应降低上市标准，主要服务于具有一定知名度和业务基础的中型企业。受美国纳斯达克市场影响，日本增设了高增长新兴股票市场（MOTHERS），允许初创企业、不盈利企业上市，以充分满足科技型中小企业的直接融资需求。另外，日本还建立了面向各类国内外企业但仅供专业投资者参与交易的专业投资股票市场（TOKYOPRO）。

## 第四节　股权融资的激励措施与政策建议——从种子期到成熟期

2020 年以来，新冠疫情等因素给中小企业带来巨大冲击，使得股权机构的投资决策愈趋谨慎，科技型中小企业更难以从资本市场进行融资。从资金供给来看，风险投资（VC）和私募股权基金（PE）同样存在募资难问题，主要原因是退出渠道不畅，私募基金的合伙人无法进行再投资。

私募股权市场的萎缩，直接给广大处于融资中的非上市中小企业的资金链带来了严峻考验。据时代数据创业公司数据库统计，2021 年一共有 775 家知名的创业公司倒闭，其中，617 家公司因未能获得股权融资而倒闭，占所有关闭公司的 79.61%。由此可见，当前的股权融资市场缺乏资金，且越早期、越小的科创企业越难以获得融资，所以，创新资本尤其需要进行供给侧结构性改革：一方面，需要发挥发挥政府资金引导带动作用，吸引社会资本支持科技创新，从激发科技人才的创新动力开始，围绕科创企业的生命周期改善资金供给；另一方面，也需要政府出台财税政策，以降低创投机构和科技创新企业的融资成本。

## 一、“种子期”的激励措施与政策建议

### （一）扩大创新创业人才队伍

人才是创业的基石，创业所需的两类重要人才，即经营型人才和科研型人才，对企业都有重要意义。一些初次创业者可能只有一项技术或商业灵感，缺乏完整的创业团队。因此，在“种子期”，创业者们需要的第一个帮助是建立完整的创业团队。

1. 搭建产学研一体创新平台。鼓励相关高校和科研人员，在技术开发、技术咨询、生产制造、示范应用、市场开拓等方面为创业者提供咨询。例如，许多创业者都是刚从高校毕业的学生，政府可以和当地高校合作，给予高校一定补贴，在校内建立扶持毕业生创业的机构。一方面，创业者得以就近、高效地获得帮助；另一方面，高校可以返聘已退休的资深科技人员，鼓励有着技术经验的老龄人员参与创业。

2. 建立全国统一的创新创业人才数字化管理平台。本着自愿的原则，鼓励创新创业人才在该平台记录其科技成果、创业经历、获得资助和个人资信状况等，以消除天使投资人与创新创业人才的信息不对称，提升创新创业人才和团队获得股权投资的便利性。

### （二）充实天使投资的资金来源

1. 公益性的天使投资基金。鼓励民间机构设立不以营利为目的的天使投资基金，目标是为“种子期”、初创期科技型企业发展注入优质“资本活水”。(1) 设立投资决策委员会，配置一定比例专业投资顾问，拟投项目经各地决策程序后报备至天使基金，由管理公司形式审核后实施投资。(2) 基金的支持对象、投资模式、运作管理、退出方式、激励机制、补助政策、风险控制、绩效评价及风险控制等方面需要进行详细规定，以符合公益性的要求。

还需要发展政府领投、投资者跟投的模式。政府投资平台负责领投融资项目。领投人的定位与普通合伙人类似，领投人先对项目进行投资，普通投资者则选择直接跟投即可。

2. 鼓励高校设立专门针对本校学生的科技公益基金，并成为政府科技创新基金的子基金，以解决大学生创业的第一笔资金，从而扩大创新创业的年轻人才队伍。

3. 支持创业投资机构、科研院所与企业进行三方合作，构建研、产、融相结合的孵化器，为被孵化企业在科学研究、产品开发与创业投资等方面提供全过程、专业化的服务，并以此作为获得省级、市级示范孵化器的资格条件。

### （三）消除投资方与融资方之间的信息不对称

1. 借鉴法律援助的思路，地方政府应设立科创企业的融资援助机构，以政府购买服务的方式，聘请会计师事务所、律师事务所或创投机构人员为科创企业提供无偿的融资咨询服务，主要是协助科创企业开展尽职调查，准备商业计划书等路演材料，从根本上解决科创企业“尽职调查难”的问题。

2. 建立健全地方性的股权融资数字化交流平台。由政府融资援助机构作出的尽职调查报告，应在平台上公布。本着自愿的原则，科创企业由自己聘请外部机构的尽职调查报告也可以在平台上公布。

### （四）科技公益基金的税收等方面优惠政策

1. 科技公益基金会经财政、税务、民政部门审核获得公益性捐赠税前扣除资格后，依法享受税收优惠。

2. 企业科技公益捐赠税收优惠政策。对企业用于科技公益事业的捐赠支出，年度利润总额依法可享受部分，准予在计算应纳税所得额时扣除；超过年度利润总额依法可享受部分，准予结转以后三年内在计算应纳税所得额时扣除。

3. 个人科技公益捐赠税收政策。个人将所得捐赠科技公益的，捐赠额未超过纳税义务人申报的应纳税所得额依法可享受的部分，可以从其应纳税所得额中扣除。

4. 支持科技公益基金会通过出资设立冠名教席、出资设立或冠名研究机构、设立顶尖科技奖项等。对科技公益基金会资助形成的研究成果，捐赠人享有优先转化权。

## 二、初创期（成长期）的激励措施与政策建议

这一阶段的创业项目已经开始初步发展，产品开发基本完成，实现了一定程度的盈利，对资金的需求进一步扩大。

### （一）完善创业者与创投机构的沟通机制

调查显示，中小企业享受的地方政府扶持政策最多的是“信息交流”，占比 58.17%，“所得税减免”占比 35.66%、“获得政府资金直接支持”占比 28.29%，如图 14－6 所示。

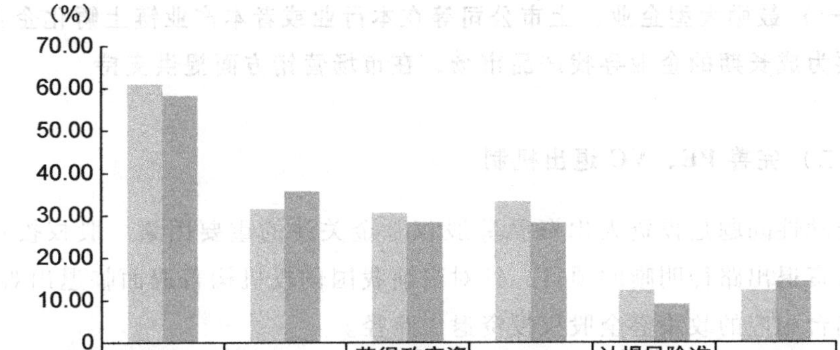


| | 信息交流 | 所得税减免 | 获得政府资金直接支持 | 人员培训 | 计提风险准备金 | 其他 |
|---|---|---|---|---|---|---|
| 2019年 | 60.88% | 31.54% | 30.56% | 33.25% | 12.22% | 12.22% |
| 2020年 | 58.17% | 35.66% | 28.29% | 28.09% | 8.96% | 14.34% |

图 14－6　中小企业享受的地方政府扶持政策

为了进一步发挥政府在信息交流中的桥梁纽带作用，需要政府设立路演平台，定期组织当地科技型小微企业路演，邀请 PE、VC 等机构参加。其次，应出台政策，鼓励地方政府与证券交易所合作建立非上市股权交易平台，以改善战略投资者与创业企业的沟通机制。

### （二）鼓励长期资金入场投资各类创业基金

美国私募股权投资基金以专业的机构投资者为主，以养老金为代表的长期资金占据半壁江山，而我国长期、稳定资金明显不足。面对这一环节的缺失，政府应鼓励养老金、保险金、银行理财子公司设立创投基金，或者与符合条件的创业投资基金、政府出资的产业投资基金、私募股权基金合作，提高各类长期资金的权益投资比例。

### （三）税收优惠政策

政府应该出台相应的税收优惠政策，对于投资科技型中小企业的投资人（企业法人或自然人）进行税收优惠。通过认定企业是否是科技创新企业，并通过界定企业所处的发展阶段（种子期、成长期、成熟期），投资越早期的项目，税收优惠力度越大；项目投资期越长的项目，税收优惠力度越大。从而通过税收政策，激励投资人“投早、投小、投久”。

## 三、成熟期的激励措施与政策建议

### （一）鼓励大型企业、上市公司等在本行业或者本产业链上孵化企业，尤其需要为成长期的企业寻找产品市场，在市场营销方面提供支持

### （二）完善 PE、VC 退出机制

流动性问题是投资人出资私募股权基金关注的重要因素。股权投资人都偏好投资退出路径明晰的项目，针对当前我国创投机构普遍面临退出难问题，需要出台相应的政策健全股权投资退出路径。

1. 建立健全区域性股权市场与全国性资本市场的对接和转板机制，提升私募股权交易市场的流动性。当前，由于区域股权市场与全国性的资本市场是分割的，这就造成了区域股权市场无人问津的局面，故需要搭建从区域股权市场转板到全国性的股票市场（新三板）的转板机制。建议如下：（1）具体化转板条件；（2）缩短转板审核时限，提高转板效率；（3）合理降低 PE、VC 方所持股份限售期。

2. 积极鼓励地方股权交易中心建立“二手份额转让基金（S 基金）”市场，大力发展科技创新基金的二级市场，完善科技创新基金的退出机制。S 基金是一类专门从投资者手中收购另类资产基金份额、投资组合或出资承诺的基金产品。S 基金使得有限合伙人（Limited Partner，LP）资金回流不再仅依赖于项目的退出，由此，可提升私募股权基金流动性，提高私募股权基金募资吸引力。当前，应鼓励各地政府设立更多 S 基金交易平台，支持政府设立的母基金进入 S 基金市场，以改善私募股权基金份额二级市场的流动性问题。

# 第五节　拓宽“专精特新”企业债券融资渠道

我国已上市的“专精特新”企业债券融资现状并不乐观，非上市公司融资渠道则更为狭窄。截至 2022 年 7 月 19 日，“创新层”挂牌 1692 家企业，

近三年内，仅有4家企业成功发行债券，发行规模合计56亿。其中，3家为金融业，1家为制造业，均非"专精特新"企业。与此同时，北交所现有的104家上市企业中，仅有4家上市公司有债券发行记录。由此可见，除了大力发展股权融资市场之外，还应该积极拓宽中小企业的债券融资渠道。

如前所述，早期的科技型中小企业不适合债券融资，股权融资是其唯一的融资渠道，然而，当中小企业发展到较为成熟的阶段时，尤其发展为"专精特新小巨人"企业时，则需要资本市场开辟"绿色通道"以支持其债券融资。

与此同时，按照中央的要求，地方政府投融资平台必须剥离政府融资职能，亟待转型。地方政府融资平台转型的路径之一是成为国有资本投资公司，以助力本地特色产业或主导产业发展，其融资服务的对象由地方政府转变为当地的企业。为此，通过重新明确地方投融资平台的定位，使其服务对象由政府转变为中小企业，既可以促进平台转型，又能纾解中小企业的债务融资困境。

我国现授牌的64496家"专精特新"企业相对比较成熟，信用状况适合获得债券融资，但是，市场上的中小企业私募债绝大多数都由地方政府融资平台发行，募集的资金实际由平台公司使用。也就是说，地方政府融资平台"借道"中小企业私募债进行变相融资，由此挤占了中小企业的融资份额。与此同时，这也从一个侧面表明，地方政府融资平台比中小企业具有更高的信用等级，在当前的债券市场上更容易受到投资者的青睐。

为了发挥地方政府融资平台的"信用杠杆"功能，助力"专精特新"企业的债券融资，也为了债券市场正本清源——中小企业债券理应支持中小企业发展，建议设立"专精特新"企业集合债券，以转型后的平台公司作为债券发行人，将发债所募集的资金以委托贷款的方式通过商业银行转贷给"专精特新"企业。由于单个中小企业独自发债，发行费用较高，且需要给外部担保公司支付担保费，融资成本难以降低，故建议由多个"专精特新"企业以"集合"方式发债，此举可分担发行费用，并由高信用等级的平台公司作为企业债的发行人，以达到节省担保费用、降低融资成本的目的。"专精特新"企业集合债券的设计思路主要如下。

1. 债券的发行主体为主体信用评级或债项信用评级为AA级以上的（转型后）地方政府融资平台公司（下文简称"平台公司"），由企业债省级主管部门审核其发债资质，每个省至少选择两家平台公司作为竞争性的发行人，以降低融资成本并提升服务质量。

2. 考虑到平台公司并非专业的企业信用风险管理机构，故建议引入信贷经验丰富、风险防控措施有效的上市商业银行作为主承销商，参与“专精特新”企业集合债券（下文简称“集合债”）的发行工作，其主要职责是：（1）发债前，对“专精特新‘小巨人’”企业（下文简称“融资企业”）进行信用评级，并将信用评级结果反馈给平台公司；（2）发债后，由商业银行以委托贷款形式投放给融资企业，并承担该贷款的风险管控责任。

3. 商业银行和平台公司共同确定集合债的融资企业名单以及各融资企业的融资额度，出于信用风险分散化的考虑，可以规定单个融资企业的融资金额占债券发行总额的比例（融资比例）不高于20%，各融资企业按融资比例分摊发行费用。

4. 为鼓励平台公司发行集合债，平台公司可与银行协商委托贷款利率，并征得融资企业的同意。原则上，委托贷款利率与集合债发行利率之利率差≤2%，该利率差作为平台公司和商业银行承担信用风险的补偿金，由双方自行协商分配比例。例如，利率差为2%，由平台公司和商业银行平分，则双方各获得1%的毛利率。

5. 为了提升集合债的信誉，建议地方政府应提供不低于债券发行总额的5%作为风险缓释基金。当融资企业出现违约时，首先由该风险缓释基金代为偿还，不足部分由平台公司和商业银行按照“谁获利多、谁责任大”的原则分别承担偿还责任。

6. 为防止恶意逃债行为，可由平台公司或商业银行牵头，与融资企业及其实际控制人（自然人）签订担保协议，当融资企业无法偿还的债务时，可向该企业的实际控制人（自然人）追偿。

7. 考虑到债券申报、筹备的时间较长，融资企业的信用等级和融资需求可能发生改变。商业银行在办理集合债的委托贷款时，应按照自营贷款的标准和程序，进一步审核融资企业的信用资质，重新确定委托贷款额度，并经平台公司同意后放款。未能成功贷出的资金应提前偿还给债券投资人。

8. 商业银行应在自营贷款和债券资金委托贷款业务之间设置“防火墙”。与此同时，作为主承销商的银行应建立托管账户，并担负起受托管理人的职责。

9. 平台公司和商业银行在债券存续期间应全程密切监督融资企业的经营情况。若预计融资企业经营环境恶化，到期无法还本付息，应由两方联合书面告知融资企业提前偿还。

（本章作者：林辉，南京大学长江产业经济研究院研究员、商学院教授）

# 参考文献


[1] 江飞涛，李晓萍．改革开放四十年中国产业政策演进与发展——兼论中国产业政策体系的转型［J］．管理世界，2018，34（10）：73－85.

[2] 张其仔，许明．实施产业链供应链现代化导向型产业政策的目标指向与重要举措［J］．改革，2022（07）：82－93.

[3] 刘志彪．产业政策转型与专精特新中小企业成长环境优化［J］．人民论坛，2022（03）：40－43.

[4] 中国社会科学院工业经济研究所课题组，张其仔．提升产业链供应链现代化水平路径研究［J］．中国工业经济，2021（02）：80－97.

[5] 刘志彪．全国统一大市场［J］．经济研究，2022，57（05）：13－22.

[6] 江静，张冰瑶．解构与转型：中国产业政策的政治经济学分析［J］．学术月刊，2022，54（12）：59－70.

[7] 刘志彪．中国应对全球产业链内向化的政策建议［N］．经济参考报，2020－05－12（007）．

[8] 刘志彪．全国统一大市场建设与产供链现代化的双向推动作用分析［J］．社会科学辑刊，2023（1）：150－157，239，2.

[9] 沈梓鑫，贾根良．美国在颠覆式创新中如何跨越“死亡之谷”？［J］．财经问题研究，2018（5）：90－98.

[10] 贾根良．构建以公共采购为支撑的“网络型举国体制”——保障以市场需求为主的核心技术创新［J］．国家治理，2020（42）：41－44.

[11] 刘志彪．全球产业链集群战略：中国应对全球供应链重组的政策举措和行动［J］．经济研究参考，2020（10）：5－10.

[12] 刘志彪，孔令池．双循环格局下的链长制：地方主导型产业政策的新形态和功能探索［J］．山东大学学报（哲学社会科学版），2021（1）：110－118.

[13] 孙华平，包卿．产业链链长制的来龙去脉与功能角色［J］．中国工业和信息化，2020（7）：30－34.

[14] 刘志彪．产业链安全：内在逻辑、实践挑战与战略取向［J］．清华金融评论，2022（10）：45－47.

[15] 刘志彪．“扬长避短”应转变为“扬长补短”——着力提升产业链供应链安全水平，https：//idei. nju. edu. cn/23/44/c26391a598852/pagem. htm.

[16] 凌永辉，刘志彪．内需主导型全球价值链的概念、特征与政策启示［J］．经济学家，2020（6）：26－34.

[17] 刘志彪，凌永辉．在主场全球化中构建新发展格局——战略前提、重点任务及政策保障［J］．产业经济评论，2021（6）：5－13.

[18] 张其仔．提升产业链供应链现代化水平要精准施策［N］．经济日报，2021－01－21（010）.

[19] 赵晶，迟旭，孙泽君．“协调统一”还是“各自为政”：政策协同对企业自主创新的影响［J］．中国工业经济，2022（8）：175－192.

[20] 董睿，张海涛．产学研协同创新模式演进中知识转移机制设计［J］．软科学，2018，32（11）：6－10.

[21] 吴金希，闫亭豫．发展国家战略科技力量要高度重视产业共性技术研究院建设［J］．科技导报，2021，39（4）：31－35.

[22] 李系，刘学文，王勇．一个中国经济发展的模型［J］．经济学报，2014，1（4）：1－48. DOI：10. 16513/j. cnki. cje. 2014. 04. 001.

[23] 王勇，黄宇轩，韩博昱．生产网络与垂直结构研究进展［J］．经济学动态，2022（3）：123－138.

[24] 刘志彪．以“同产业”平等推进全国统一大市场建设［J］．南方经济，2022（8）：1－9.

[25] 罗茜，王海燕，康志男．中国集成电路产业政策焦点变迁与演进规律［J/OL］．科学学研究：1－17［2022－11－04］.

[26] 范旭，刘伟．中美贸易冲突下的半导体创新政策工具选择［J］．科学学研究，2020，38（7）：1176－1184.

[27] 李先军，刘建丽．中国集成电路产业发展：“十三五”回顾与“十四五”展望［J］．现代经济探讨，2021（3）：87－96.

[28] 曲永义，李先军．创新链赶超：中国集成电路产业的创新与发展［J］．经济管理，2022，44（9）：5－26.

[29] 陈柳．增强产业链供应链自主可控能力［J］．群众，2021（4）：

31－32.

［30］刘志彪．产业链现代化的产业经济学分析［J］．经济学家，2019（12）：5－13.

［31］李晓华，刘峰．产业生态系统与战略性新兴产业发展［J］．中国工业经济，2013（3）：20－32.

［32］中国社会科学院工业经济研究所课题组提升产业链供应链现代化水平路径研究［J］．中国工业经济，2021（02）：80－97.

［33］Gereffi G. A global value chain perspective on industrial policy and development in emerging markets［J］. Duke J. Comp. & Int'l L.，2013，24：433.

［34］Sturgeon T J，Whittaker D H. Compressed development［M］//Handbook on global value chains. Edward Elgar Publishing，2019.

［35］Dugan，Regina E. and Kaigham J. Gabriel. "'Special Forces' Innovation：How DARPA Attacks Problems." Harvard Business Review 91，No. 10（2013）：74.

［36］Rothwell R. Reindustrialization and technology：Towards a national policy framework［J］. Science and Public Policy，1985，12（3）：113－130.

［37］Coe N M，Yeung H W C. Global production networks：Theorizing economic development in an interconnected world［M］. Oxford University Press，2015；Ponte S. Sustainability，global value chains and green capital accumulation［M］//Handbook on global value chains. Edward Elgar Publishing，2019.

［38］Li X，Liu X，Wang Y. A model of China's state capitalism［J］. Available at SSRN 2061521，2015.

［39］Liu E. Industrial policies in production networks［J］. The Quarterly Journal of Economics，2019，134（4）：1883－1948.

［40］Gereffi，G. The Governance of Global Value Chains：An Analytic Framework. Under review at. Review of International Political，2011.

